Les poissons de la Méditerranée

Traduit par
Paquerette Feissel

Dessin de couverture : Charlotte Knox

ISBN 2-85744-937-2

Titre de l'édition originale : *Mediterranean Seafood* par Penguin Books LTD
première édition 1972, deuxième édition 1981

Alan Davidson

LES POISSONS DE LA MÉDITERRANÉE

MANUEL DONNANT LE NOM DES 150 ESPÈCES DE POISSONS EN SEPT LANGUES, AINSI QUE DE 50 CRUSTACÉS, MOLLUSQUES ET AUTRES FRUITS DE MER.

UN ESSAI SUR LA GASTRONOMIE DES POISSONS.

ET PLUS DE 200 RECETTES DE TOUT LE POURTOUR DE LA MÉDITERRANÉE ET DE LA MER NOIRE.

Traduit par
Paquerette Feissel

Édisud

Je dédie ce livre à Jane, ma femme qui, à Carthage, un beau matin de printemps, en me demandant d'établir une liste de poissons tunisiens avec leurs noms anglais, sema la graine d'où naquit ce livre. Elle en a subi, voire encouragé, les conséquences et vit ainsi son foyer envahi par des spécialistes en poissons, submergé par des documents traitant de poissons et par des expériences culinaires avec des poissons.

Je voudrais, en outre, rendre aux "autres femmes de ma vie" un hommage tout autant littéraire que culinaire ; je compléterai donc cette dédicace en évoquant ma mère Constance, ma sœur Rosemary, et mes filles Caroline, Pamela et Jennifer, dont l'empressement à refléter mon propre enthousiasme l'a, par là même, intensifié, ce qui me fut d'une aide considérable.

Sommaire

NOTES

RECETTES

INDEX

Remerciements

En tout premier lieu, je tiens à remercier le Conseil général des pêches en Méditerranée (dépendant de l'Organisation des Nations unies pour l'alimentation et l'agriculture*) de m'avoir autorisé à me servir sans restriction des textes et dessins de son Catalogue des noms de poissons, mollusques et crustacés de Méditerranée qu'il a publié avec l'éditeur Vito Bianco, de Milan. Je remercie particulièrement le professeur Giorgio Bini, auteur du catalogue, qui m'a fait profiter sans limites de sa profonde connaissance des sujets dont ce livre traite.

Les spécialistes de mon propre pays ont été tout aussi généreux. M. Alwyne Wheeler, de la section d'Histoire naturelle du British Museum, a allié la patience pour corriger mes fautes à l'enthousiasme pour me donner des informations supplémentaires. Je remercie le professeur J.-M. Perès directeur de la station marine d'Endoume, le professeur Varlet, du musée océanographique de Monaco, pour les conseils avisés sur le chapitre de la Méditerranée, et le Dr John Richmond, de l'Université de Dublin, pour les informations sur les poissons de Méditerranée dans l'Antiquité gréco-romaine.

En Tunisie, je dois beaucoup à M. Mahmoud el Ghoul et à son personnel de l'Office national des pêches à Tabarka, Bizerte, La Goulette, Kelibia, Mahdia, Sfax et Houmt-Souk ; au personnel du marché central de Tunis et à celui qui travaille en mer. Je remercie également M. Othman Kark et M. Zakaria Ben Mostafa, de Tunis.

M. Hugh Whittall, d'Istanbul, a rédigé pour moi une remarquable monographie, reflet de sa grande connaissance des poissons turcs. Le Dr Radosna Muzinic, de l'institut océanographique de Split, m'a donné des conseils en ce qui concerne les poissons des eaux yougoslaves. M. Anthony Bonner a réalisé à mon intention une étude spéciale sur les noms catalans des poissons. M. Vito Fodera, expert résident de la FAO à Chypre, m'a communiqué le résultat de ses recherches.

En matière culinaire, un remerciement hors catégorie est mérité par Elizabeth David qui m'a inspiré tout autant qu'elle m'a aidé et encouragé. Je ferai une mention spéciale à Pamela Coate en ce qui concerne ses recherches sur la côte espagnole ; Mme Jean Ricard et Mme Paquerette Feissel pour leur aide efficace en Provence ; Mme Jeanne Caròla pour ses conseils concernant les recettes napolitaines et autres recettes italiennes ; Mme Helen Essely à Beyrouth et enfin, mon éditeur Jillian Norman, pour les recherches culinaires très utiles qu'elle fit à Minorque.

Je n'ai pas la place ici, dans cette édition française, de citer toutes les autres personnes qui m'ont aidé, mais il convient de souligner l'aide que m'ont apportée des amis méridionaux et d'exprimer ma profonde reconnaissance envers Mme Paquerette Feissel qui a non seulement conçu mais encore réalisé la tâche importante de traduire et d'adapter le livre pour les lecteurs français.

A tous ceux qui sont cités ci-dessus, à tous ceux qui m'ont aidé en me donnant des recettes et pour toute l'aide qu'implique la bibliographie, j'exprime ma sincère gratitude.

---

*En anglais Food and Agriculture Organization of the United Nations, dont le sigle est FAO. Ce signe étant utilisé en France, dans les milieux spécialisés, il ne sera pas francisé.

Les zones ombrées représentent le plateau continental dont les fonds sont inférieurs à 200 m.

Introduction

La raison d'être de ce livre est d'aider les lecteurs qui résident en Méditerranée ou qui y passent leurs vacances à profiter au maximum des poissons et fruits de mer qui leur sont offerts.

Pour cela, deux choses leur sont nécessaires :

- savoir identifier les poissons et autres spécimens de la faune marine,
- connaître la meilleure façon d'accommoder chacun d'eux.

Aussi, la première partie du livre est-elle un catalogue d'identification, alors que la seconde partie est consacrée avant tout aux recettes méditerranéennes.

Les catalogues ont été faits dans l'intention d'être utiles également aux amateurs de pêche sous-marine.

La nomenclature des poissons de la Méditerranée est très embrouillée. Je n'aurais jamais essayé de démêler cet écheveau si je n'avais pas vécu en Tunisie où tout m'y a encouragé. De notre maison située sur une falaise, près de Carthage, chaque jour nous pouvions contempler la Méditerranée, ses eaux bleu, vert et lie-de-vin ; nous observions aussi les bateaux de pêche qui rentraient à la voile chargés de poissons. En bas de la route, près d'une sombre petite crique, qui fut jadis le port où Hannibal hissa la voile pour partir à la conquête de Rome, se dressait l'important Institut océanographique de Salammbô.

Mais ce qui nous a surtout encouragé fut l'intérêt amical que nous ont témoigné les Tunisiens. Depuis, j'ai considérablement étendu mes recherches, mais la première version de ce livre, publiée à Tunis et qui avait un dessin de rascasse sur sa couverture du bleu de la Méditerranée, reste l'âme du présent ouvrage.

Malgré l'aide apportée par beaucoup d'experts en la matière, ce livre ne prétend être rien d'autre que l'œuvre d'un amateur qui n'a que des connaissances superficielles en histoire naturelle, en linguistique et en art culinaire. Mais c'est certainement l'œuvre d'un passionné ; et je souhaite à mes lecteurs autant d'agrément à utiliser ce livre que j'en ai eu à l'écrire. Dans le même esprit, je leur demande à tous de m'envoyer leurs suggestions pour en corriger ou en améliorer le contenu.

Alan DAVIDSON

Amilcar by Carthage
The World's End
Ukkel/Uccle

La Méditerranée

Notre étude des animaux comestibles vivant en Méditerranée sera intéressante et plus compréhensible si nous avons d'abord un aperçu des caractéristiques de cette mer.

Du point de vue océanographique, la Méditerranée actuelle est relativement petite et pas très profonde. Sa superficie représente approximativement 1/140 de l'océan mondial, son volume seulement 1/355. Sa profondeur moyenne est d'environ 1 500 m, ce qui est peu comparé aux presque 4 000 m de l'Atlantique, du Pacifique ou de l'Océan Indien.

Ce serait toutefois une erreur de considérer la Méditerranée comme une mer de faible profondeur. Non seulement elle est tout de même de profondeur respectable, mais son plateau continental (les fonds en pente douce au voisinage des côtes, qui constituent les bons terrains de pêche) est relativement réduit.

La mer Adriatique est une heureuse exception à cet état de choses, il faut rappeler que l'étroitesse générale du plateau continental est un facteur très défavorable à la prolifération des poissons ; en effet, ce plateau est la crèche rêvée où grandissent beaucoup de jeunes poissons. Mais si le plateau continental est étroit et s'il y a des courants venant de la côte, ce processus ne peut pas se dérouler normalement. C'est ainsi que, dans beaucoup d'endroits en Méditerranée, il arrive qu'un très grand nombre de larves de poissons se trouvent entraînées au large, et là, périssent inexorablement.

Étant donné son climat chaud et sec, la Méditerranée perd beaucoup d'eau par évaporation. Les fleuves ne l'alimentent guère : il n'y a pas de fleuve important sur la plus grande partie des côtes d'Afrique du Nord. Finalement la perte par évaporation est plus importante que l'apport en eau des pluies et des fleuves. Pourtant, le niveau de la Méditerranée reste constant ainsi que la salinité, bien que celle-ci varie selon les endroits.

Pour la Méditerranée, la source de vie est l'Atlantique. A chaque seconde, un million de mètres cubes d'eau se déversent de l'Atlantique par le détroit de Gibraltar. En même temps, l'eau de la Méditerranée passe dans l'Atlantique mais en quantité légèrement moins grande. Ces deux courants s'écoulent à des niveaux différents. L'eau venant de l'Océan étant de plus faible densité entre en surface ; l'eau plus salée, donc plus dense de la Méditerranée, sort à un niveau inférieur, au fond de la mer. Cet échange est le facteur essentiel de la constance du niveau et de la salinité de la Méditerranée.

Cet heureux équilibre a ses origines à l'époque pliocène au moment de la formation du détroit de Gibraltar à la suite d'une convulsion de la Terre. Au cours de la période précédente, la Méditerranée, n'ayant presque pas de contacts avec les océans, s'était détériorée jusqu'à n'être plus constituée que d'une série de lacs dont les eaux saumâtres se rétractaient et dans laquelle la faune marine semblait vouée à la disparition. La formation du détroit de Gibraltar a littéralement sauvé la Méditerranée, et depuis lors, il la maintient en vie.

L'existence du détroit et sa conformation ont d'autres conséquences importantes, Non seulement il est étroit (15 km), mais il est également de faible profondeur (350 m et parfois moins) ; aussi, forme-t-il un seuil élevé entre l'Atlantique et la Méditerranée, faisant de celle-ci une mer presque fermée. C'est pourquoi il n'y a pratiquement pas de marées dans la Méditerranée, ce qui explique bien des caractéristiques de ses côtes. Mais l'existence du seuil occasionne un autre phénomène important qui affecte les eaux profondes. Dans tout bassin séparé par un seuil d'un océan, la température jusqu'au plus profond du bassin tendra à être la même que celle du point le plus bas du seuil. Il en résulte que toute la faune vivant en Méditerranée au-dessous de 300 m vit à une température constante de 13°. Le contraste avec la température de l'Atlantique est frappant ; en effet, en Atlantique, la température de l'eau, à une profondeur de 1 000 m par exemple, a déjà baissé jusqu'à 5° environ. Cela explique qu'il serait bien difficile à des espèces vivant en eau profonde en Atlantique de s'établir en Méditerranée ; d'ailleurs, celle-ci est effectivement pauvre en espèces vivant en eau profonde. Les eaux profondes atlantiques sont non seulement plus froides, mais encore plus riches en éléments nutritifs. L'absence de ceux-là est donc un élément défavorable à la fertilité de la Méditerranée.

Outre l'Atlantique, la Méditerranée est reliée à la mer Noire par le Bosphore et les Dardanelles. Il se fait là aussi un échange d'eau mais à une échelle moins grande. Là aussi, il entre en Méditerranée davantage d'eau qu'il n'en sort. Il est d'ailleurs possible de suivre la trace de l'eau de la mer Noire, pauvre en sel, alors qu'elle s'étale à travers la mer Égée.

Et il y a le canal de Suez. Il constitue un passage entre le golfe de Suez et la mer Rouge. L'eau et les poissons y passent en toute liberté. Le débit de l'eau est négligeable mais la circulation des poissons y est intense et l'est devenue davantage encore au cours de ces dernières années à cause de la modification de la teneur en sel des "lacs amers" du canal de Suez. Ils étaient auparavant trop salés pour certaines espèces qui sans cela se seraient rendues de mer Rouge en Méditerranée par le canal. Or, l'effet diluant du canal, qui a maintenant cent ans, a fait baisser petit à petit la salinité des lacs à une teneur qui ne gêne plus ces poissons.

Un exemple : **Siganus rivulatus** (Forskål), "rabbit fish" en anglais, semble s'établir en nombre grandissant dans l'est de la Méditerranée. Plusieurs autres espèces s'y développent dont deux "rougets" qui sont d'origine indo-pacifique, **Upeneus moluccensis** (Bleeker) et **Upeneus tragula** (Richardson).

Il faut s'attendre à d'autres changements car le Canal de Suez est de plus en plus utilisé par les poissons. Les conséquences de l'achèvement du barrage d'Assouan en 1964, en haute Égypte, en sont un autre. En effet, l'apport des eaux du Nil à la Méditerranée au moment des crues annuelles a presque cessé. Cette eau qui était riche en phosphates et en nitrates avait un effet fertilisant remarquable sur les eaux de la Méditerranée orientale. Cet effet était plus marqué près du delta du Nil, mais il était encore sensible vers le nord, jusqu'à Chypre. Aujourd'hui, ces eaux, maintenues dans un barrage, servent à la fertilisation des terres, mais c'est une perte pour les pêcheurs. Là où, jadis, la pêche annuelle des sardines atteignait 20 000 tonnes, le tonnage actuel est inférieur à 1 000 tonnes.

Toutefois, la répartition des espèces en Méditerranée est surtout déterminée par des phénomènes naturels tels que les variations de profondeur, les températures maximales et minimales ainsi que la richesse en plancton. La plupart des espèces sont uniformément répandues à travers tout le bassin méditerranéen (et beaucoup se trouvent aussi en mer Noire, bien que la faune de cette mer soit moins variée).

Mais il est vrai aussi que certains poissons se trouvent uniquement dans le bassin oriental. Ce sont non seulement ceux qui sont d'origine indo-pacifique, mais également des survivants d'une époque où la Méditerranée tout entière était plus chaude qu'elle ne l'est actuellement. On peut encore citer le cas de plusieurs espèces d'origine atlantique ; elles pénètrent assez loin dans le bassin occidental, grâce, sans aucun doute, au courant atlantique superficiel de Gibraltar, mais elles ne s'aventurent pas plus loin que le canal de Sicile.

En ce qui concerne les profondeurs, la différence est minime entre le bassin occidental et le bassin oriental. Il est à noter que dans les deux bassins, le plateau continental et la pente continentale ont été surexploités ; ils sont encore plus pauvres dans le bassin oriental. La différence de salinité entre les deux bassins n'a pas d'incidence sur la répartition des espèces.

La température est un facteur plus important. J'ai déjà expliqué quelle était la remarquable constance de la température en eau profonde. Il y a pourtant une différence d'environ 0,5° entre les deux bassins, ce qui est suffisant pour que certaines espèces se confinent dans le bassin oriental et que d'autres n'y entrent pas. En surface, les variations de température sont évidemment beaucoup plus sensibles. L'effet des vents du Nord qui soufflent en certains points de la Méditerranée (le mistral en Provence, le bora en Adriatique et le meltemi en mer Égée) y est important ; ils rafraîchissent la surface de l'eau et y produisent un mouvement vertical qui tend à fertiliser les eaux de surface, donc à favoriser la prolifération du plancton.

Le plancton est la nourriture de base des poissons à l'état larvaire, et aussi de certains poissons, pélagiques ou non, adultes. Partout où il manque, son absence affecte l'entière population des poissons ; même ceux qui ne s'en nourrissent pas directement sont atteints par cette carence car l'équilibre écologique sera rompu à un échelon antérieur. La mer Noire, qui est bien alimentée par de grands fleuves tels que le Danube, est relativement riche en plancton. La Méditerranée elle-même en est pauvre.

Le bleu fameux de la Méditerranée et la limpidité de son eau trahissent cette pauvreté et, s'ils attirent les êtres humains, aux poissons ils indiquent un désert marin. La relative pauvreté de la Méditerranée, plus marquée dans le bassin oriental, explique la faible densité des poissons pélagiques. Les échanges d'eau avec l'Atlantique n'améliorent pas cette situation.

Les hommes de science se demandent, prévoyant l'avenir, s'il ne serait pas possible de trouver un moyen artificiel pour susciter des courants verticaux dans les eaux de la Méditerranée, afin d'amener en surface les éléments nutritifs qui restent inutilisés en profondeur. Malheureusement, nous n'en sommes pas là, et la tendance générale est à une diminution de la quantité de poissons fournis par la Méditerranée malgré la valeur du travail effectué en vue d'inverser les facteurs défavorables ; ce travail est souvent aidé et encouragé par la FAO : l'amélioration de la pisciculture dans de nombreux étangs saumâtres le long de la côte méditerranéenne en est un exemple.

---

*Indispensable a tous ceux qui, vivant dans le bassin méditerranéen, s'intéressent de près aux poissons.

Explication des catalogues

Ces catalogues ont été conçus de manière à y inclure, en principe, toutes les espèces de poissons et toute autre nourriture d'origine marine que l'on pêche en Méditerranée et que l'on peut voir sur les marchés méditerranéens et dans les restaurants. Quoique transgressant ce principe quelquefois afin de pouvoir inclure certains éléments particulièrement intéressants, j'ai éliminé presque toutes les espèces rares et celles qui ne valent guère la peine d'être consommées. C'est pourquoi ma liste est beaucoup plus courte que celle du catalogue officiel, très complet, édité par le professeur Bini pour la FAO*. Aussi, la disposition en est quelque peu différente. Toutefois, j'ai précisé pour chaque espèce le numéro de référence du catalogue FAO, afin d'en faciliter la consultation éventuelle et aussi en hommage à cette œuvre magistrale qui reste l'ouvrage de base sur lequel doit s'appuyer toute recherche dans ce domaine.

UN PEU DE SCIENCE

Le nom de chaque espèce est donné dans le catalogue, d'abord dans sa forme latine. C'est le nom scientifique qui est généralement formé de deux mots dont le premier indique le genre et le second l'espèce.

Certaines espèces portent plusieurs noms latins; la raison en est que différents naturalistes leur ont donné des noms (différents) et que plusieurs de ces noms sont d'usage courant. Le premier nom scientifique cité est le nom le plus courant, il est suivi du nom du naturaliste qui l'a classé dans cette espèce. Le nom du naturaliste est parfois mis entre parenthèses, parfois il ne l'est pas. Les parenthèses indiquent que le nom d'espèce donné par ce naturaliste a été retenu mais que le nom de genre a été changé depuis que l'espèce est transférée à un genre différent. On aurait pu souhaiter qu'une autre méthode ait été choisie, une méthode qui, au profane, donnerait moins l'impression d'une ponctuation fantaisiste ou d'une négligence de composition.

Le lecteur qui désirerait, à juste titre, se renseigner sur les travaux de ces naturalistes qui, aux XVIIIe et XIXe siècles, ont posé les bases de l'ichtyologie moderne, mais dont les noms ne figurent habituellement dans les livres actuels qu'à la suite des noms latins des poissons, trouveront ce qu'ils cherchent à la page 171.

Si le nom du genre est suivi de l'abréviation "sp.", cela signifie qu'on se réfère en même temps à plusieurs espèces du genre. Ce moyen est employé s'il se révèle fastidieux et sans intérêt d'établir la liste de toutes les espèces.

Une espèce appartient à un genre; un genre appartient à une famille; une famille appartient à un ordre, qui lui-même appartient à un classe. Les principes généraux qui figurent en tête des catalogues peuvent permettre au lecteur qui le désirerait d'élargir aux catégories le classement des espèces.

LES LANGUES

Les noms d'espèces sont catalogués en anglais, espagnol, français, grec, italien, tunisien et turc. Comme il est indiqué plus loin, beaucoup de noms sont donnés aussi en catalan, en serbo-croate et en maltais. Ainsi, j'ai cité les langues méditerranéennes qui sont les plus importantes en l'occurrence, omettant pourtant à regret quelques-unes (telles que certaines autres formes d'arabe et d'hébreu).

La variété des noms des poissons change considérablement selon les langues. L'italien est le plus riche. En plus du nom scientifique, chaque espèce a bien une cinquantaine, parfois plus, d'appellations locales différentes. Comme l'espagnol et le catalan, le français offre une grande variété de noms. Le grec n'en est pas aussi riche. La langue turque, quoique empruntant des noms au grec, semble être un soupçon plus fournie. Le serbo-croate est un véritable champ de bataille où noms étrangers et noms indigènes sont en lutte pour se faire admettre. L'arabe n'est pas riche en noms de poissons, en partie sans doute parce que les Arabes ne sont pas de grands pêcheurs.

Il est à remarquer que bien des noms de poissons, comme les autres termes maritimes, traversent les frontières. Ce sera une aide en Yougoslavie, à Malte, en Tunisie et en Libye de connaître les noms italiens, alors qu'en Grèce, en Turquie et à Chypre, les mêmes noms se retrouvent. Certains noms se retrouvent aussi avec de légères différences en France, sur la côte espagnole et dans les pays arabes du Maghreb.

Dans la rubrique "Noms du Midi" j'ai cité des noms que j'ai trouvés sur place et d'autres qui viennent des études approfondies dont les titres sont cités dans la bibliographie sous les noms de Bougis, Caraffa, Costantini, Le Danois, Euzière et la Direction des services vétérinaires. Tout en reconnaissant ma dette envers ces sources importantes, je voudrais ajouter qu'il me semble probable que certains de ces noms locaux, qui sans doute étaient en usage au XIXe siècle et même encore récemment, ne le sont peut-être plus actuellement. Bien que ce soit très regrettable, on aimerait savoir lesquels sont toujours utilisés et lesquels ont tendance à disparaître. Si quelque lecteur du Midi était assez aimable pour contribuer à cette information, je lui en serais très reconnaissant.

Dans la rubrique "Autres", j'ai inclus non seulement les noms catalans importants, utilisés sur une grande partie de la côte méditerranéenne espagnole et aux îles Baléares, les principaux noms maltais et serbo-croate (S.C.), mais aussi quelques noms locaux de Venise, de Sicile, d'Algérie etc. Ces autres noms ont été choisis soit parce qu'ils sont très courants, soit parce qu'ils me semblent intéressants ; cette sélection est, bien sûr, très limitée en regard de la quantité de noms qui pourraient être cités pour la plupart des espèces.

Le lecteur voudra bien noter :

– Que c'est un problème de transcrire les noms arabes, grecs, serbo-croates, turcs et qu'en raison de difficultés techniques, il n'a pas été possible de reproduire certains accents spécifiques à certaines de ces langues.

– Qu'il n'y a pas de "méthode standard" pour transcrire le grec moderne ;

– Que l'orthographe turque est variable, et que cet "ı" sans point, qui est dans beaucoup de noms turcs, doit rester ainsi, sans point*.

---

*Il est bon de noter ainsi que le nom courant, en turc, pour poisson est "balik" et que, assemblé à un autre nom il s'écrit "baligi". Ainsi, "Kalkan baligi" veut dire turbot, "Kalkan" voulant dire bouclier. Pour beaucoup de noms turcs de poissons, il est facultatif d'ajouter le nom "baligi" ; le turbot est couramment appelé simplement "Kalkan".

ORIGINE DES DESSINS ET REMERCIEMENTS

Le “Frontispice” et autres illustrations qui décorent ce livre sont des dessins de Peter Stebbing ainsi que les dessins qui sont en haut des pages 136 et 185, celles du bas des pages 199, 206. L’illustration du haut des pages 207, 212, 217, 218 et 219.

Thao Soun Vannithone, qui a fait pour moi au Laos de nombreux dessins et vit maintenant en Angleterre a fait les dessins spécialement pour cette nouvelle édition. On les trouve p. 18 45,46 et en bas de la p. 47. Puis en haut des p 63 et 69.p. 90,94 puis en bas de la p. 110, les p. 112, 115, 114, 115, 163 celle du bas de la page 194, pages 201 en haut à droits et en bas, pages 203, 206 et 210 en haut de page, pages 214, 364 et 375.

Il a aussi copié ou modifié des illustrations du livre du Pr Bini *Atlante dei pesci delle Coste Italiane* ainsi que l’ouvrage de Tortonese *Catalogue dei pesci del mare Ligure* et les ouvrages de Banarescu et Slastenenko cités dans la Bibliographie. Les dessins de ces ouvrages ne pouvaient pas être utilisés tels quels.

M. Thosaporn Wongratana a eu l’amabilité de me communiquer deux dessins parmi les centaines de ceux qu’il a fait des Clupéidés : celui du haut de la page 43 et celui de la page 48.

Les dessins suivants proviennent d’ouvrages du XIXe siècle tel que le livre de Bonaparte *Iconographia della fauna Italica* (1832) on les trouve aux pages 36, 91, 97, 139, 142, 143, 144, 151, 162 et 164.

Provenant de : *Histoire naturelle des Poissons* 1828-1849 de Cuvier et Valencienne, les dessins des pages 75, 77, 85, 104 en bas des pages. Puis en haut des pages 105, 107, 110, 111. Le dessin du haut de la page 201, à gauche, page 202 en bas da la page. En bas également des pages 204, 205, et 207 de l’ouvrage de Forbes et Hanley *An History of British Mollusca,* 1849-1353.

Des dessins extraits de *The Fishes le Great-Britain and Ireland* 1880-1884, se trouvent aux pages 42, 66 et 78.

Des dessins provenant de *Smithonian Institution collection of drawing* par H.L. Todd à la fin du siècle dernier se trouvent en haut de la page 27. Pages 100, 102, 141 et 168.

Des dessins du XXe siècle sont reproduits ici grâce à l’amablilté d’autres publications. Ce sont les suivants : de Poll *Poissons marins de Belgique.* Ils se trouvent page 28, puis en haut de la page 29. Pages 30, 31, 32, 34, 38, 44, 53, 55, 57, 60, 61, 64, 68 et 69 en bas de page. Pages 83, 89, 95, 98, 103, 108, 121, 132, 134, 153, 156, 157, puis en haut des pages 159, 161, 167. Du même auteur, pris dans la série des quatre volumes sur les poissons *Résultats Scientifiques de l’Expédition Océanographique Belge dans les eaux cotières Africaines de l’Atlantique Sud,* 1948-1949. On les trouve en bas de la page 43. Pages 46, 71, 72, 76, 79, 84 et en haut de la page 101 et page 113.

Dans l’ouvrage de Holthuis sur les Crustacés *Fauna van Nederland* (1950) pages 178, 179, 180 et 183.

D’autres dessins proviennent de l’ouvrage de Muss sur les Céphalopodes *Danemarks Fauna* (1859) on les trouvera aux pages 211, 213, 215 et 209 ainsi qu’en bas de la page 210, des pages 211 213 en haut de la page et page 215.

Des dessins de Leil et Scott *Fish of Atlantic Cost of Canada* (&c—) se trouvent en bas de la page 27 et page 131.

Du livre de Christiansen *Decapoda Brachyora* de Scandinavie (1969) , on trouve des dessins en bas de la page 185 et page 186.

De mon propre livre *North Atlantic Seafood* (1979) j'ai extrait le dessin de Dolf Boddeke qui se trouve page 172.

Enfin je tiens à remercier le *Food and Agriculture Organization* des Nations-Unies (F.A.O.) de m'avoir autorisé à utiliser leurs nombreuses illustrations provenant de : *Species Identification Sheets for the Mediterrenea.* C'est à dire celles des pages 39, 40, 52 puis 101 en bas de page. Pages 116, 118, 122, puis des pages 123 à 130, 135,146, puis des pages 148 à 150, les pages 152, 158, les pages 173 à 178, les pages 187, 192 et 198.

REMARQUES

J'ai donné pour chaque espèce la longueur maximale habituelle du poisson adulte. L'éperon de l'espadon et les queues des raies sont incluses dans les mesures. Pour identifier un poisson, il est important de contrôler sa taille, en se rappelant toutefois que beaucoup de poissons sont capturés avant d'être adultes. Il faut penser aussi à se fonder sur leur couleur; mais les couleurs de beaucoup de poissons varient selon l'endroit où ils vivent et risquent de changer quand ils sont hors de l'eau.

Ce sont des éléments tels que la forme générale du poisson, le nombre et la place des nageoires, le dessin de la ligne latérale, qui donnent les indications les plus sûres pour l'identification.

UTILISATION DU CATALOGUE

A chaque page du catalogue, le lecteur trouvera au paragraphe "Cuisine" des indications sommaires sur la façon d'accommoder au mieux le poisson ou l'autre animal marin qui y est représenté. La plupart des pages comportent de plus une liste de recettes appropriées que le lecteur pourra utiliser.

Outre les abréviations courantes qui ne nécessitent pas d'explication j'ai utilisé les suivantes : Alg., Algérie ; Angl., Anglais ; Bal., îles Baléares ; Bulg., Bulgare ; Cat., Catalan ; Eg., Égypte ; Esp., Espagnol, Fr., Français ; Gr., Grec ; It., Italien ; Mar., Maroc ; Roum., Roumain ; Sard., Sardaigne ; S.C., Serbo-Croate ; Sic., Sicile ; Tun., Tunisie ; Ven., Venise.

PREMIÈRE PARTIE

Ψ

Poissons crustacés fruits de mer

Catalogue des poissons

LA FAMILLE PETROMYZONIDAE

La première famille citée dans ce catalogue est, comme il se doit, la plus ancienne.

Elle appartient à la classe **Marsipobranchii** qui comprend les lamproies que Wheeler présente ainsi :

“Ces petits animaux, à l’allure d’anguilles à peau visqueuse, représentent les plus primitifs des vertébrés vivants. Ils ne sont pas à proprement parler des poissons mais comme ils en ont l’aspect et sont comestibles, ils sont considérés comme tels. Leur constitution est fondamentalement différente. Ils n’ont pas d’arêtes et à la place de l’arête principale ont une corde dorsale élastique qui est comme cloutée de morceaux de cartilage. Le reste du squelette est cartilagineux ainsi que les rayons des nageoires, peu vigoureux. Ils n’ont pas de véritables mâchoires.”

Malgré cette absence de véritables mâchoires, les têtes des lamproies sont équipées de façon remarquable ; elles ont une narine unique et médiane au-dessus de la tête, sept paires de fentes branchiales sur le côté et, en dessous, une bouche arrondie en forme de ventouse munie de denticules cornés.

Elles passent les cinq premières années de leur vie, à l’état larvaire, aveugles et sans dents, tranquillement installées dans le fond boueux d’une rivière. Elles s’y nourrissent de matières organiques ; à les voir, on ne s’imaginerait jamais qu’elles puissent s’adonner plus tard au vampirisme.

Mais, la sixième année, leurs denticules cornés sont prêts ; elles descendent alors vers la mer, en quête de leurs proies. Celles-ci seront aussi bien des aloses que des requins ou des esturgeons. La lamproie, dès qu’elle a repéré sa victime, s’accroche à elle, sa langue dentée lui perfore les téguments, pendant que la ventouse déclenche le puissant mécanisme de succion qui lui permet d’extraire, à son profit, la majeure partie du sang de sa victime.

“Et, poursuit Wheeler à ses lecteurs de plus en plus horrifiés, les glandes buccales de la lamproie sécrètent une substance qui non seulement empêche le sang de sa victime de se coaguler, mais aussi ronge sa chair. Sur les poissons moins grands, une telle attaque produit invariablement un dénouement fatal.”

Les lamproies de mer retournent dans leur rivière pour y pondre et on peut quelquefois les voir accrochées à une pierre à l’aide de leur ventouse afin de résister au courant qui les ramènerait vers la mer. C’est pour cette raison qu’on les appelle, par exemple, “suce-caillou” et “suce-pierre” en France, et “stone-sucker” en Angleterre.

La chair en est délicate, toutefois les amateurs semblent avoir disparu. Le peu d’estime que l’on porte actuellement à la chair de la lamproie est peut-être justifié, mais il n’en reste pas moins, me semble-t-il, que le dégustateur imaginatif peut éprouver une sensation très particulière s’il est conscient de l’ancienneté et des habitudes de ce poisson.

LAMPROIE – SEPT-TROUS – SEPT-YEUX

Petromyzon marinus
Linné

NOMS DU MIDI
Port-Vendres : Set-ulls, Lampresa. Agde : Lampreso. Sète, Marseille : Lampré, Lampreza.
Nice : Lamprüa.
NOMS ÉTRANGERS
Anglais : Sea-lamprey. Espagnol : Lamprea de mar. Grec : Lámbrena. Italien : Lampreda marina.
AUTRES
Llampresa de mar (Cat.) ; Xuclador (Bal.).

Caractéristiques

Longueur maximum : 90 cm.

Le dos est gris verdâtre ou brun olive avec des marbrures noires, le dessous est d'un blanc grisâtre et il y a derrière chaque œil une rangée de sept petits orifices.

C'est un animal primitif avec une bouche ronde, pas de mâchoires ni de nageoires paires.

Cuisine

Les lamproies s'achètent et se préparent comme les anguilles auxquelles elles ressemblent; mais elles ont une chair plus délicate. On peut préparer la lamproie à la mode de Bordeaux, recette qui se retrouve beaucoup sur la côte méditerranéenne. Il s'agit d une sorte de matelote de lamproie facile à réaliser. Enlevez la peau des lamproies et lavez-les, en ayant soin de conserver le sang. Coupez-les en gros morceaux (8 cm environ). Accompagnez ces morceaux d'un bouquet garni et d'ail, et déposez le tout sur une couche d'oignons et de carottes coupés en fines rondelles dans un plat que vous aurez beurré au préalable. Couvrez de vin rouge et laissez cuire à feu vif pendant dix minutes. Enlevez le poisson, filtrez le liquide de cuisson et utilisez-le avec un roux pour faire la sauce. Laissez-la cuire pendant dix minutes et filtrez de nouveau. Remettez le poisson dans le plat avec des poireaux que vous aurez fait revenir au beurre. Versez la sauce dessus et laissez cuire 15 minutes sans couvrir. Avant de servir, mélangez délicatement le sang des lamproies à la sauce.

Recette

Lampreda al vino bianco, p. 225.

LES REQUINS

Nous arrivons maintenant à l'ordre Squaliformes qui comprend les animaux appelés habituellement requins et roussettes.

La plupart d'entre eux ont un aspect déplaisant et il en est peu qui vaillent la peine d'être accommodés. Les sept espèces citées ci-après sont parmi les meilleures, mais il en est d'autres qui seraient parfaitement comestibles.

Il semblerait qu'il y ait quelque confusion dans la dénomination de cette espèce ; peut-être est-ce dû au fait qu'on les voit rarement vivants. Les noms qui leur sont donnés dans le langage populaire recouvrent vaguement plusieurs espèces. Les Français les appellent "chiens de mer", les Italiens "pesce cane", les Turcs "Kalb bahm". Les noms savants cités ci-après sont, eux, très rarement utilisés. On verra même que les poissonniers leur donnent encore d'autres noms : le "rock salmon" britannique, la "rosada" espagnole.

Il faut peut-être préciser, pour ceux que cela inquiéterait, que, dans la Méditerranée, les requins sont rares et ne présentent aucun risque pour les baigneurs. Le seul qui soit vraiment dangereux, le Carcharodon carcharias, ou requin blanc, est très rare, et nous n'en parlerons pas dans notre description.

TAUPE – LAMIE

Lamna nasus (Bonnaterre)
Lamna cornubica
FAO 5

NOMS DU MIDI
Roussillon : Naz llarg. Marseille : Pichoun lami. Nice : Melantoun.
NOMS ÉTRANGERS
Anglais : Porbeagle shark. Espagnol : Cailón. Grec : Carcharías. Italien : Smeriglio. Turc : Dikburun karkarias.
AUTRES
Marraix (Cat.) ; Pixxi plamtu (Malte).

Caractéristiques

Longueur maximum : 400 cm.

Peu commun et probablement complètement inconnu à l'est de l'Adriatique.

Cuisine

Fournit d'excellentes darnes, assez semblables à celles que l'on peut tirer de l'espadon. Une taupe avait été exposée dans la succursale d'un marchand de poissons londonien en 1968 ; elle attira l'attention du public, mais ce furent les "cognoscenti", du British Museum tout proche, ceux de la section d'Histoire naturelle, qui furent les plus prompts à l'acheter et à s'en partager la dépouille.

PETITE ROUSSETTE

Scyliorhinus caniculus
(Linné)
FAO 10

NOMS DU MIDI
Roussillon : Gat bayra. Languedoc : Cata, Cata roussa. Nice : Pintou roussou. Corse : Gattu bardu.
NOMS ÉTRANGERS
Anglais : Dogfish, Rough hound. Espagnol : Pintarroja. Grec : Skyláki. Italien : Gattuchio. Tunisien : Kalb barh. Turc : Kedi balığı.
AUTRES
Gat (Cat.) ; Macka (S.C.).

Caractéristiques

Longueur maximum : 75 cm.

Il est généralement d'un brun clair ou moyen avec des petites taches plus foncées.

Un troisième spécimen de cette famille, mais de qualité inférieure, est reconnaissable à ses taches plus voyantes sur chacun de ses flancs et par le noir qui colore l'intérieur de sa bouche, d'où le nom italien "boccanegra" (en français, cette espèce s'appelle "chien espagnol"). C'est **Galeus melastomus** (Rafinesque). Comme souvent, on rencontre quantité de noms régionaux en Italie : "moiella" à Gênes, "pesce'mpiso" à Naples, ou le dantesque "pisci d'infernu" à Palerme.

Cuisine

A utiliser comme le N° 11, mais la chair en est meilleure.

Les marchands de poissons d'lzmir, qui ont certainement eu vent de la popularité des "saumons de roche" d'Angleterre, ont donné à la petite roussette le nom subtil et charmant de "perche de Chios".

GRANDE ROUSSETTE

Scyliorhinus stellaris
(Linné)
FAO 11

NOMS DU MIDI
Roussillon : Gat de mar. Languedoc : Cata roussa, Cata rouquiera. Provence : Gat. Nice : Pintou roussou. Corse : Gattuciu.
NOMS ÉTRANGERS
Anglais : Nurse hound, Large-spotted dogfish. Espagnol : Alitán. Grec : Gátos. Italien : Gattópardo. Tunisien : Qattous. Turc : Kedi balığı.
AUTRES
Gató (Bal.) ; Gatvaire (Cat.) ; Macka (S.C.).

Caractéristiques

Longueur maximum : 120 cm.

C'est la plus grande des deux roussettes inscrites au catalogue. Elle est généralement d'une couleur gris sable et porte d'assez grandes taches d'une teinte un peu plus soutenue.

Cuisine

Le cuire alors qu'il est très frais y ajouter un puissant assaisonnement. Ce poisson-ci et le N° 10 sont semblables à l'émissole (Nos 13 et 14), mais ils sont moins bons.

Voici le moment venu de parler de ce que M. Whittall, d'Istanbul, appelle ses recettes pour "les poissons grossiers et sans goût" : Hacher finement des tomates et des oignons, les mettre dans une poêle à frire. Ajoutez juste assez d'eau pour les couvrir, portez à ébullition et laissez cuire jusqu'à ce qu'une sauce épaisse se soit formée. Retirez alors du feu et ajoutez du sel, des feuilles de laurier, quelques tranches fines de citron, versez sur le tout une quantité moyenne d'huile d'olive. Déposez dessus le "poisson grossier et sans goût" ou les darnes de poisson, ajoutez-y d'autres tranches de citron et beaucoup de persil haché. Couvrez le tout et laissez cuire jusqu'à ce que le poisson soit à point. Vous pouvez aussi ajouter du poivre et, ce qui donnerait une pointe d'exotisme, du point de vue méditerranéen s'entend, un soupçon de Worcester Sauce.

Recettes

Pesce alla pizzaiola, p. 214. Borthéto, p. 239.

ÉMISSOLE

Mustelus spp.

FAO 13, 14

NOMS DU MIDI

Roussillon : Moussola, Mustela de mar. Languedoc : Lentillat. Provence : Missola, Gat. Nice : Nissola. Corse : Nuciolu.

NOMS ÉTRANGERS

Anglais : Smooth hound. Espagnol : Musola. Grec : Galéos. Italien : Palombo. Tunisien : Ktat. Turc : Köpek balığı.

Caractéristiques

Longueur maximum : 160 cm.

Ces requins sont des êtres assez inertes. Ils se nourrissent de crabes langoustes, etc. Leurs dents forment un pavage régulier qui est adapté à leurs besoins, à savoir : écraser des coquilles et non pas capturer des poissons en mouvement.

Ils sont de deux espèces différentes qui sont souvent confondues. Ce sont : **Mustelus asterius** Cloquet et **Mustelus mustelus** (Linné). Le premier a beaucoup de petits points blancs sur le dos et les flancs. Le dernier (N° 14) est celui qui est représenté ci-dessus.

Cuisine

Les marchands de poissons de Venise désignent comme "veau marin" la chair de l'émissole et celle des espèces voisines. Argument apparemment trop gros pour abuser leurs concitoyens avisés. Toutefois, l'émissole est souvent présentée sous son véritable nom ; spécialement dans le plat appelé "Palombo con piselli" ; les petits pois qui l'accompagnent peuvent aussi bien être cuits avec le poisson que séparément.

Quelques cuisiniers siciliens les trempent dans du vinaigre et les enduisent de farine avant de les faire frire. Mais Mme La Bruna in Evans reste fidèle à la méthode traditionnelle et accommode les "costelette di palombo", avec de la chapelure et des œufs battus. Après avoir fait dorer les darnes de poisson à la friture, elle les laisse mijoter à feu très doux pendant environ cinq minutes dans la sauce suivante, afin qu'elles s'en imprègnent : faire cuire la moitié d'un oignon finement haché dans de l'huile d'olive, y ajouter 250 grammes de champignons qui cuiront en même temps. Quand tout cela a pris une bonne couleur, ajouter 400 grammes de tomates entières en conserve. Cuire doucement pendant 30 minutes, ajouter du persil et une demi-gousse d'ail haché. La sauce est alors prête à recevoir le poisson. C'est une recette commode.

Recettes

Musola con pasas y piñones, p. 289. Zuppa di pesce alla Barese, p. 206.

REQUIN MARTEAU

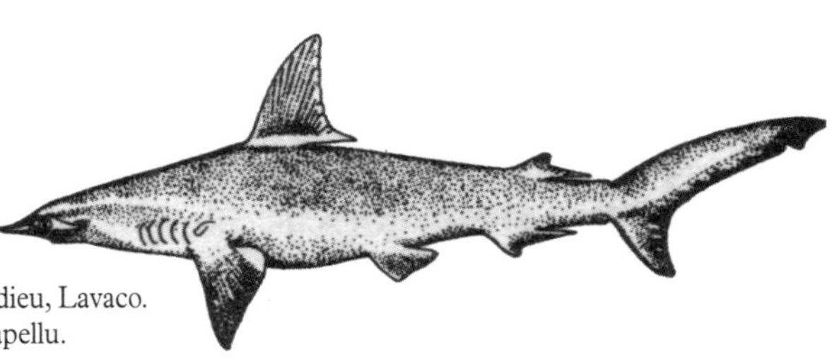

Sphyrna zygaena (Linné)
Zygaena malleus
FAO 18

NOMS DU MIDI
Sète : Pei luna. Provence : Pei jouziou, Pei judieu, Lavaco. Nice : Scrosena. Corse : Cagnozza, Pesciu capellu.
NOMS ÉTRANGERS
Anglais : Hammerhead. Espagnol : Pez martillo. Grec : Pateritsa. Italien : Pesce martello. Tunisien : Ain fi garnou. Turc : Cekiç.
AUTRES
Llunada (Cat.) ; Cornuda (Bal.) ; Guardia civil (Esp.).

Caractéristiques

Longueur maximum : 400 cm. Les plus petits sont les plus communs. Vue du dessus, leur tête a la forme d'un marteau.

Cuisine

Le seul requin marteau que j'aie cuit moi-même était un petit qui fut préparé au court-bouillon. La chair en était excellente. Il ne faut pas croire que la cuisson du requin marteau tienne de l'exploit puisqu'on les pêche surtout à l'état de bébé requin. Celui que j'avais fait pocher tenait tout juste dans la poissonnière, et sa chair était excellente. Après quelque hésitation, les dames qui avaient assisté à sa préparation l'avaient dévoré avec un certain plaisir.

AIGUILLAT TACHETÉ

Squalus acanthias
Linné
FAO 20

NOMS DU MIDI
Roussillon : Agouliat. Sète : Aguiat. Marseille : Aguilla. Nice : Agugliat, Mangin. Corse : Spinarolu.
NOMS ÉTRANGERS
Anglais : Spur dog. Espagnol : Mielga. Grec : Skýlos acanthías. Italien : Spinarolo. Turc : Mahmuzlu camgóz.

AUTRES
Cassó, Quissona (Bal.) ; Agullat (Cat.) ; Pas* kostelj (S.C.) ; Chernomorska akula (Bulg.)

Caractéristiques

Longueur maximum : 115 cm. D'un marron grisâtre sur le dessus. L'aiguillat tacheté se trouve souvent en banc. Squalus fernandinus Molina, légèrement plus petit, s'appelle aussi aiguillat en français.

Cuisine

Les Vénitiens considèrent ce requin comme étant le meilleur. Faber, dans son livre Pêches dans l'Adriatique (1883), le met également en tête de liste, il l'accompagne pourtant d'un commentaire péjoratif : "Les petits requins pourvoient sur les marchés aux besoins des pauvres".

ANGE DE MER

Squatina squatina (Linné)
Squatina angelus
FAO 26

NOMS DU MIDI
Roussillon : Angel. Narbonne : Pei anche. Sète : Antjou. Marseille : Pei angi. Corse : Squerru.
NOMS ÉTRANGERS
Anglais : Angel shark. Espagnol : Angelote. Grec : Anghelos. Italien : Squadro. Tunisien : Sfinn, Wagess. Turc : Keler.
AUTRES
Escat (Cat.) ; Xkatlu (Malte).

Caractéristiques

Longueur maximum : 200 cm.

Étrange poisson qui, vu de dessous, ressemble assez à un ange comme Thurber** l'aurait dessiné.

C'est un requin dont les ébénistes utilisent la peau séchée pour le polissage.

Cuisine

Vous ne trouverez sur le marché que la tête et la queue de l'ange de mer. Ce poisson mérite plus d'intérêt qu'il n'en suscite habituellement car il est délicieux et fort agréable à servir. Il n'a pas de petites arêtes.

On dit qu'à Istanbul, certains restaurateurs en introduisent des morceaux dans des plats de homard et autres poissons de prix qu'ils servent masqués de mayonnaise. Ceci ne confirme-t-il pas ses mérites ? Les Turcs le plus souvent, le découpent en tranches qu'ils font frire, soit dans de la pâte à beignets, soit passées dans la chapelure.

Il y a de nombreuses façons de préparer l'ange de mer. Celle que nous préférions lorsque nous habitions Tunis était l'ange au four, recette que nous avait communiqué Baharin Amor.

* "Pas" est le nom général donne aux requins en Yougoslavie.

** Thurber était un humoriste américain dont les dessins sont fort connus et appréciés en Grande-Bretagne (N.d.T.)

La voici : Prenez 6 darnes de 4 cm d'épaisseur environ.

Assaisonnez-les et mettez-les au four dans un plat beurré.

Posez sur chaque darne une noix de beurre, quelques rondelles de tomates et quelques rondelles de poivron vert, ajoutez 2 cuillerées à soupe de jus de citron.

Faites cuire 25 minutes à four modéré.

D'autre part, battez 2 jaunes d'œuf avec 1 cuillerée de farine, nappez-en les darnes et remettez le plat au four pour 15 minutes.

Recette

Ange de mer au four, p. 272.

LES RAIES

L'ordre **Rajiformes**, comme l'ordre précédent, comprend un assez grand nombre d'espèces, mais elles sont d'un intérêt gastronomique médiocre.

Tous ces animaux ont des corps larges, plats, plutôt arrondis ou en forme de losange, ils vivent au fond de la mer d'où ils sont souvent remontés par des chaluts. Les pêcheurs des chalutiers prennent soin de couper les queues des plus grandes d'entre elles avant qu'elles ne causent des dégâts. Ils se méfient plus encore des pastenagues et des torpilles ou raies électriques, espèces très dangereuses ; elles ne figurent d'ailleurs pas ici, car elles ne sont pas bonnes à manger.

Les torpilles étourdissent leur proie par une décharge électrique. On a enregistré pour les spécimens de grande taille, des courants de 8 ampères sous 220 volts. Les écrivains de l'Antiquité ont noté qu'un pêcheur pouvait recevoir dans les mains une décharge au moment où il harponnait le poisson ; Platon comparaît Socrate “subjuguant son auditoire” à une raie électrisant sa proie.

Parmi les raies, nous décrirons d'abord la “guitare” qui appartient à la famille **Rhinabatidae**. Les autres raies inscrites ici font partie de la famille **Rajidae**.

C'est pour leurs qualités alimentaires et pour la facilité avec laquelle on les trouve, que j'ai choisi les quelques raies qui figurent au catalogue. L'identification des différentes espèces est relativement difficile car les caractéristiques des raies changent au cours de leur croissance. Il est bon de savoir que la “raie bouclée” est considérée comme étant la meilleure de la Méditerranée.

Il y a un point commun à tous les poissons sans arêtes, les requins ou les raies, qui intéressera beaucoup les cuisiniers : ils sont meilleurs quand ils ne sont pas très frais. D'autre part, après leur mort, leur chair passe par différents stades de transformation. Ces changements sont signalés par une odeur d'ammoniaque très caractéristique, et celle-ci ne devrait pas rebuter le cuisinier. Toute odeur disparaît une fois le poisson cuit.

Cependant il est important de préciser qu'il est déconseillé de garder une raie trop longtemps sans la cuire. La bonification a lieu dans les quelques jours suivant la mort du poisson, après quoi la détérioration est celle de tout poisson conservé trop longtemps à température normale.

GUITARE – VIOLON

Rhinobatus rhinobatus (Linné)
FAO 27

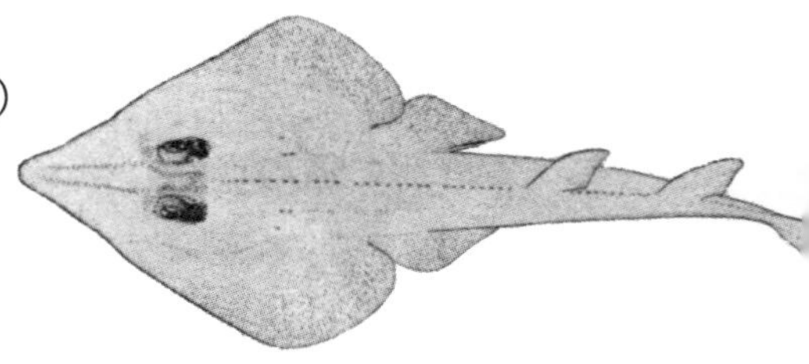

NOMS ÉTRANGERS
Anglais : Guitar fish. Espagnol : Guitarra.
Grec : Seláchi rinóvatos. Italien : Pesce violino.
Tunisien : Mohrat. Turc : Kemane.
AUTRES
Pisci chitarra (Sic.).

Caractéristiques

Longueur maximum : 100 cm.

Sa forme est celle à laquelle on peut s'attendre étant donné son nom. Elle ne se trouve pas dans les eaux du nord de la Méditerranée (ni en mer Noire), mais elle est abondante dans les parages de la Sicile et commune dans le sud de la Méditerranée.

Cuisine

Elle n'est pas aussi bonne que l'ange de mer, mais elle vaut bien les meilleures des raies.

RAIE BOUCLÉE

Raja clavata (Linné)
FAO 31

NOMS DU MIDI
Roussillon : Clavaillada. Languedoc : Clavelada.
Provence : Clavelado. Corse : Razza spinizza.
NOMS ÉTRANGERS
Anglais : Thornback ray. Espagnol : Raya de clavos.
Grec : Seláchi. Italien : Razza chiodata.
Tunisien : Gardesh. Turc : Vatoz.
AUTRES
Clavell, clavellada (Cat.) ; Raza (S.C.) ; Morska lisitsa (Bulg.).

Caractéristiques

Longueur maximum : 110 cm.

Grise dessus, blanche dessous, avec des "boucles" sur le dos.

Cuisine

C'est la meilleure des raies et la meilleure façon de l'accommoder est "au beurre noir" selon la première recette indiquée plus bas. Il n'y a que les ailes et le foie qui soient comestibles.

Recettes

Raie au beurre noir, p. 187.
Raya a la Malagueña, p. 293.
Pasta e Broccoli col Brodo d'Arzilla, p. 215.

RAIE MIROIR

Raja miraletus Linné
Raja quadrimaculata
FAO 33

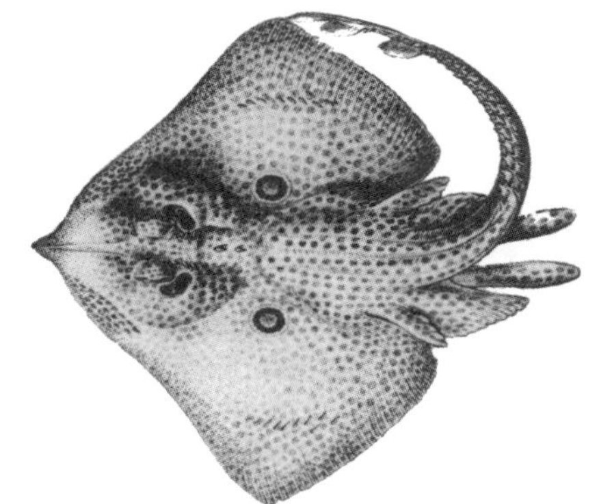

NOMS DU MIDI
Sète : Pelouzela. Provence : Miraillet.
NOMS ÉTRANGERS
Espagnol : Raya de espejos. Grec : Seláchi.
Italien : Razza quattrocchi. Tunisien : *. Turc : Vatoz.

*"Hassira", "Sajedda",. (ces deux noms signifient tapis ou natte), "Hammema" (pigeon) et "Raya" sont tous des noms généraux que l'on donne aux raies en Tunisie. Les deux derniers se trouvent aussi à Malte, comme "Hamiema" et "Rajja".

AUTRES
Rajada de taques (Cat.).

Caractéristiques : Longueur maximum : 60 cm.

Deux "faux" yeux se détachent du dos marron tacheté de noir (voir dessin). Ils sont bleus au milieu et ressemblent à des miroirs ce qui permet de distinguer facilement la raie miroir des quelque dix-huit autres espèces de raies trouvées dans la Méditerranée. Peu de langues font la différence entre toutes les espèces.

J'aimerais cependant faire mention ici de la **Raja Alba** Lacépède, appelée également raie blanche, dont la taille adulte est très impressionnante. Longueur maximum : 2 mètres. Son dos est gris avec des points blanchâtres.

Cuisine

Comme le N° 31, mais elle est moins bonne.

LES ESTURGEONS

Nous en arrivons maintenant au royaume des poissons osseux et commencerons par l'ordre **Acipenseriformes** et la famille **Acipenserides**.

C'est la famille des esturgeons, énormes poissons à l'aspect quelque peu préhistorique, dont le corps est partiellement couvert d'une espèce de cuirasse. Ce poisson est en fait le survivant d'une époque fort lointaine. Autre particularité, son squelette est en partie osseux et en partie cartilagineux. Peu de poissons peuvent se vanter d'avoir une constitution aussi extraordinaire.

L'intérêt quasi général que l'on porte à ce poisson n'est dû ni à ses origines ni à son ossature mais bien aux œufs que transportent les femelles jusqu'à vingt millions par poisson : c'est le caviar.

L'esturgeon vit en mer, mais remonte les rivières à l'époque de la reproduction, au printemps. C'est ainsi, par exemple, qu'il remonte le Pô. Le nombre d'esturgeons semble malheureusement diminuer en Méditerranée ; Pline l'Ancien disait déjà qu'ils étaient peu abondants, ce qui laisserait penser que cette diminution est asymptotique.

Il y a au Bonnenfantenmuseum de Maastricht une curieuse peinture de P. Gysels qui représente une construction classique de dimensions colossales dans laquelle on voit un marché aux fruits et un marché aux poissons. Plusieurs magnifiques esturgeons sont allongés côte à côte sur le sol de marbre. Une marchande tient en l'air quelques menus poissons les offrant à une cliente, une dame élégante et hautaine, accoutrée d'une espèce de chapeau en forme d'auréole et d'une robe d'un drapé majestueux de couleur mandarine, accompagnée de sa fille, petite et nue. Cette dame montre un des esturgeons. "Pauvre insensée !" semble-t-elle dire à la marchande de poissons. "Penses-tu me tenter avec un mulet ? Je prendrai un esturgeon comme d'habitude."

J'aimerais pouvoir un jour en dire autant, même si la somptuosité du cadre et les atours de l'assistance sont quelque peu différents.

ESTURGEON

Acipenser sturio Linné

NOMS ÉTRANGERS
Anglais : Sturgeon. Espagnol : Esturión.
Grec : Oxyrhynchos. Italien : Storione. Turc : Mersín balıgı
AUTRES
Nemska esetra (Bulg.) ; Sip (Roum.) ; Osëtr (Russe).

Caractéristiques

Longueur maximum en Méditerranée : 400 cm.

Taille adulte normale : 200 à 250 cm de long.

Cette espèce était assez répandue en Méditerranée et dans l'Atlantique Nord. Le nom grec utilisé à l'époque classique, signifie "nez pointu".

C'est également dans la Méditerranée que l'on trouve les **Acipenser Naccarii** Bonaparte, une espèce rare et de taille plus petite. On sait peu de chose à leur sujet si ce n'est qu'ils vivent en bord de côte dans l'Adriatique.

Il semblerait que les conditions de vie soient meilleures pour les esturgeons dans la mer Noire et la mer d'Azov que dans la Méditerranée. On distingue quatre espèces marines, dont une est rare. Les trois plus fréquentes sont détaillées dans les pages qui suivent. Il existe également un petit esturgeon d'eau douce qui s'aventure quelquefois en mer, c'est l'**Acipenser ruthenus** Linné, nom commun : sterlet. Son caviar est excellent et sa chair délicieuse. Sa taille adulte de 50 cm permet de le pêcher facilement. On notera par ailleurs que cette espèce abonde également en Sibérie où des recherches scientifiques sont en cours pour obtenir des croisements avec une espèce marine de plus grande taille, l'**Acipenser gueldenstaedti colchicus** (voir ci-dessous).

Cuisine

La chair de l'esturgeon est riche et charnue. Elle est souvent comparée à celle du veau et bien des recettes à base d'esturgeon sont décrites avec les termes réservés habituellement aux plats de viande. Ainsi, un morceau d'esturgeon, après avoir séjourné vingt-quatre heures dans une marinade de vin blanc, peut être coupé en tranches fines qui seront cuites comme des escalopes de veau.

Cavanna, l'auteur italien, qui écrivit au début du siècle, époque à laquelle il semble que les esturgeons aient été bien plus nombreux, dit que l'on peut faire cuire un morceau d'esturgeon de la même façon que l'on ferait cuire un rôti de bœuf, enduit d'un mélange d'huile d'olive et de beurre puis on le sert avec une sauce aux anchois ou aux champignons.

Un morceau d'esturgeon cuit à la vapeur peut être découpé en tranches fines que l'on fait mariner dans de l'huile d'olive et que l'on sert froid comme entrée.

J'ai eu l'occasion de goûter, à Belgrade, un petit esturgeon pêché dans la rivière et cuit de cette façon.

La préparation du caviar (œufs d'esturgeon légèrement salés) demande une grande précision, et se fait dans les centres situés au bord de la mer Caspienne, en Union soviétique et en Iran. Le caviar produit dans ces centres est exporté dans le monde entier. L'élevage de petits esturgeons en milieu favorable permet de maintenir, voire d'accroître le nombre des esturgeons. Dans la mer Noire, la situation n'est pas aussi favorable malgré tous les efforts pour maintenir la production du caviar à un bon niveau.

ESTURGEON DU DANUBE

Acipenser gueldenstaedti colchicus Marti

NOMS ÉTRANGERS

Bulgare : Ruska esetra.
Roumain : Nisetru. Turc : Koraca.

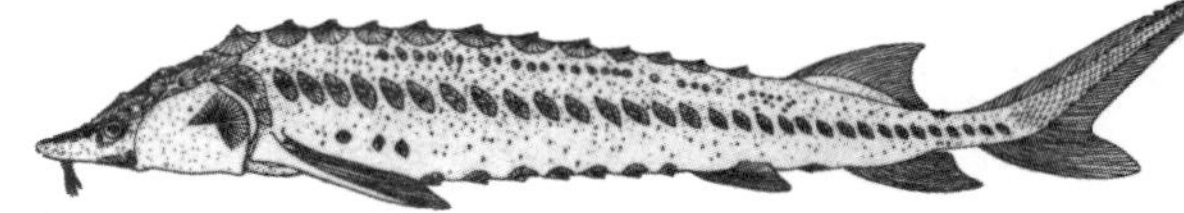

Caractéristiques

Longueur maximum : un peu plus de 200 cm. Sa taille adulte moyenne est de 1 m à 1,70 m. Son nez est court et le bout arrondi. La couleur du dos et des côtés varie entre gris-noir et vert sombre.

ESTURGEON ÉTOILÉ

Acipenser stellatus Pallas

NOMS ËTRANGERS

Bulgare : Pustruga. Roumain : Pastruga. Turc : Mersin balığı. Russe : Sevryuga.

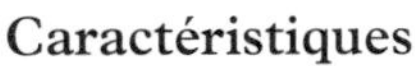

Caractéristiques

Longueur maximum : 1,75 m (mâles). 1,90 m (femelles). Cette espèce abonde dans la mer d'Azov. On la trouve aussi dans la mer Caspienne. On peut également rencontrer quelques spécimens séparés dans l'Adriatique.

BELUGA

Huso huso (Linné)

NOMS ÉTRANGERS

Bulgare : Moruna. Roumain : Morun.
Turc : Mersin morinası. Russe : Beluga.

Caractéristiques

Longueur maximale (mais rare) : 6 m.

En général, leur taille adulte varie entre 200 et 250 cm. Il arrive que l'on pêche cette espèce dans l'Adriatique. Néanmoins c'est surtout dans la mer Caspienne qu'il abonde, n'arrivant qu'en troisième position pour la quantité de caviar qu'il produit.

LES CLUPÉIDÉS

Dans l'ordre **Clupéiformes**, nous examinerons l'importante famille **Clupeidae**, la famille des harengs, sprats, aloses, pilchards et sardines. Tous ces poissons se trouvent en Méditerranée, à l'exception du hareng, si commun dans l'Atlantique. On trouve cependant en mer Noire quelques espèces telles que le "hareng de mer d'Azov".

L'anchois, qui est également un poisson méditerranéen, est placé par certains spécialistes dans la même famille alors que d'autres le mettent à part dans la famille **Engraulidae**.

Les clupéidés sont, du point de vue économique, un des groupes les plus importants du monde. Ils sont abondants et pêchés en grande quantité. Ce sont des poissons pélagiques qui se déplacent en bancs importants. Leur chair est délicate et relativement grasse.

Les Turcs sont les plus grands connaisseurs de la Méditerranée en matière d'anchois qu'ils prennent en abondance sur les côtes de la mer Noire. "Hamsi", le nom turc des anchois, est un surnom donné aux Turcs de cette région.

Parmi les Clupéiformes, on trouve le sous-groupe des **Salmonidae**, qui comprend le saumon et la truite saumonée, ainsi que d'autres poissons moins distingués. Ce groupe est représenté dans la Méditerranée par une seule espèce comestible : l'argentine, de la famille **Argentinidae**.

SPRAT

Sprattus sprattus (Linné)
FAO 53

NOMS DU MIDI
Roussillon : Melette. Sète-Nice : Melette.
NOMS ÉTRANGERS
Anglais : Sprat. Espagnol : Espadín. Grec : Papalína. Italien : Papalina. Turc : Çaça.
AUTRES
Amploia (Cat.) ; Papalina (S.C.) ; Tsatsa, Kopurka (Bulg.) : Shprot (Russe)

Caractéristiques

Longueur maximum : 14 cm.

En hiver, le sprat se rapproche des côtes.

Cuisine

Les petits se mangent frits. Le sprat est d'une qualité bien inférieure à celle de l'anchois mais les deux peuvent se confondre aussi bien par ignorance qu'intentionnellement.

ALOSE FEINTE

Alosa fallax nilotica
(Geoffroy Saint-Hilaire)
Alosa finta
FAO 55

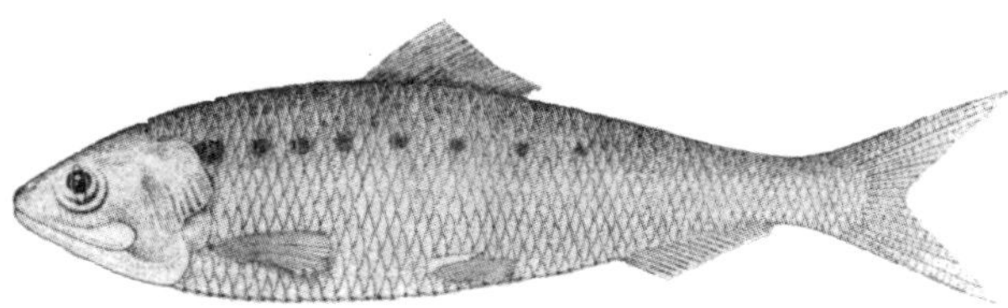

NOMS DU MIDI
Roussillon : Alausa. Languedoc : Caulat*. Marseille : Halachia. Nice : Lacia. Corse : Luccia, Saracca.
NOMS ÉTRANGERS
Anglais : Twaite shad. Espagnol : Saboga. Grec : Fríssa. Italien : Cheppia. Tunisien : Shbouka. Turc : Tirsi.
AUTRES
Sábalo (Esp.) ; Alosa (Ital.).

Caractéristiques

Longueur maximum : 54 cm.

L'alose a environ une douzaine de taches sur le côté. **Fallax** veut dire fausse.

L'**Alosa alosa** (Linné) ou **Alosa vulgaris**, qui n'a pas de taches, est moins commune en Méditerranée. Ces deux espèces viennent au printemps dans les rivières pour y pondre, et l'alose feinte peut aussi bien y vivre en permanence.

Cuisine

Grillée. Braisée sur un lit d'oseille. Ce n'est pas un très bon poisson, mais les spécimens pêchés dans une rivière, à l'époque où les œufs sont près à éclore, sont meilleurs que ceux qui sont pêchés en mer. Cependant, d'où qu'elles viennent, elles ont beaucoup d'arêtes.

Recettes

Alose à l'oseille, p. 178.

Alose cuite avec des dattes fourrées, p. 278.

GRANDE ALOSE

Alosa pontica pontica (Eichwald)
Alosa kessleri pontica

NOMS ÉTRANGERS
Roumain : Scrumbie de Dunare. Turc : Tirsi balıgı.
Bulgare : Karagiöz, Dunavska Skoumriya.
Russe : Chernomorsko-azovskaya sel'd, Rusak.

Caractéristiques

Longueur maximum : variable.

Cette alose est très répandue en bord de côte dans la mer Noire ainsi que, pendant les mois d'été, dans la mer d'Azov. En Union soviétique, les experts distinguent deux variétés : l'une dont la taille adulte varie entre 30 et 39 cm, l'autre dont la taille adulte varie entre 20 et 21 cm. La première variété a une croissance plus rapide, préfère l'eau froide et remonte les rivières pour frayer plus tôt que la deuxième. C'est à celle-ci que les Bulgares et les Roumains ont donné le nom trompeur de “maquereau du Danube”.

Dans l'un des classiques de la cuisine soviétique, *le Livre des aliments bons et savoureux* (publié dans les années 1930 sous le patronage de Staline, et survivant à la mort et la disgrâce posthume de celui-ci), la façon de présenter cette espèce donnait à penser que les Soviétiques en avaient le monopole. Ils l'appelaient “hareng de Kertch”, du nom du détroit reliant les mers Noire et d'Azov : “Notre hareng de Kertch a une réputation bien

* Un nom du Pays basque dans cette version est arrive sur la côte méditerranéenne en suivant la Garonne et l'Aude, comme fait ce poisson.

méritée et internationale. De par la saveur de sa chair et sa teneur en graisse (jusqu'à 22 %), il surpasse de loin les autres variétés de hareng. Les meilleurs sont ceux pêchés à l'automne dans les environs de Kertch, dans le détroit de Kertch. Notons que l'histoire de la pêche à cet endroit est ancienne et très particulière. Au cours des fouilles faites dans la région de Kertch, on a découvert des fosses de salage et aussi de la monnaie marquée d'une tête de poisson". Sans mettre en doute la véracité de ces propos, on peut toutefois préciser que la plupart des espèces de hareng ont une teneur en graisse de 22 %. L'**Alosa caspia** (Eichwald) se trouve également dans la mer Noire et on n'en distingue pas moins de quatre catégories. La plus importante semble être l'**Alosa caspia nordmanni Antipa**. Longueur maximale : 18 cm.

HARENG DE LA MER NOIRE

Alosa caspia nordmanni

Cuisine

Comme tous les autres harengs, il est meilleur grillé ou au four, bien qu'on puisse également le frire.

Clupeonella cultriventris cultriventris (Nordmann)
Clupeonella delicatula

Caractéristiques

Longueur : maximum 9 cm, courante 4 à 7 cm. Malgré sa petite taille, cette espèce mérite d'être mentionnée parmi les clupéidés de la mer Noire. On la trouve à l'ouest de la mer Noire et dans la mer d'Azov, souvent en eau saumâtre ou même en eau douce. Salé, ce poisson est très apprécié des Bulgares et des Roumains.

SARDINE

Sardina pilchardus (Walbaum)
Clupea pilchardus
FAO 56

NOMS DU MIDI
Roussillon : Sarde, Sarda. Provence : Poutine (voir texte).
Corse : Sardella.
NOMS ÉTRANGERS
Anglais : Sardine (petite) ; Pilchard (adulte) Espagnol : Sardina Grec : Sardèlla. Italien : Sardina.
Tunisien : Sardina. Turc : Sardalya.
AUTRES
Assili (Alg.) ; Parrocha (petites) (Esp.) ; Srdjela (S C.)

Caractéristiques

Longueur maximum : 20 cm.

Elles ont deux taches situées de chaque côté, près de la tête. Les sardines et anchois à l'état larvaire sont connus, dans le sud de la France, sous le nom de "Poutina" ou "Poutine" ; ils sont appelés "Bianchetti" ou "Gianchetti", dans certaines parties de l'Italie.

Cette espèce est rare en Méditerranée orientale. Elle a besoin d'une eau légèrement moins chaude que l'allache.

Cuisine

Les plus petites sont les meilleures. Mais ce sont toujours d'excellents poissons, aussi bien frais qu'en conserves. Elles peuvent être grillées, cuites au four, ou frites.

Avant de les faire frire à la grande friture, couvrir les poissons, une fois nettoyés, avec un mélange de persil haché, de fenouil, sel, poivre et jus de citron. Quand ce mélange est absorbé, tremper le poisson dans la pâte, le frire, le sécher, le servir avec une sauce tomate.

La liste qui suit montre la grande variété de recettes pour accommoder les sardines fraîches. J'ajouterai néanmoins celle des "Sarde alla Napoletana". Achetez un kilo de sardines fraîches. Ouvrez-les de la tête à la queue. Enlevez la tête, l'arête dorsale et videz les entrailles. Laissez la queue de façon que les poissons restent entiers quand vous les ouvrirez. Rincez-les et séchez-les. Prenez alors un plat allant au four, assez grand pour les contenir tous. Ouvrez-les a plat et placez-les dans le plat sur deux couches au maximum. Mettez suffisamment d'huile d'olive pour couvrir le fond du plat et les sardines. Ajoutez une bonne quantité de sel et de poivre, et du persil haché menu, une gousse d'ail pressée, une bonne pincée d'origan, et çà et là des morceaux de tomates pelées et épépinées. Pour finir arrosez le tout d'un filet d'huile d'olive, faites cuire à four chaud pendant 15 à 20 minutes. C'est très bon et très napolitain!

Recettes

Beignets de sardines, p. 194.

Sarde a beccaficcu, p. 229.

Pasta con le sarde, p. 216.

Et aussi, deux recettes italiennes pour les anchois, p. 219.

ALLACHE

Sardinella aurita Valenciennes

FAO 57

NOMS ÉTRANGERS

Espagnol : Alacha. Grec : Fríssa tríchios. Italien : Alaccia.
Tunisien : Lacha Turc : Sardalya.

AUTRES

Alatxa (Cat.) ; Ouzef (pour le frais et pour les espèces voisines) (Tun.) ; Sardina mabrouma (Eg.).

Caractéristiques

Longueur maximum : 30 cm.

Ne se trouve pas dans le nord de la Méditerranée où l'eau serait trop froide pour elle.

Il en est ainsi pour **Sardinella maderensis** (Lowe) espèce légèrement plus grande qui se trouve le long des côtes Sud et plus particulièrement Sud-Est. Son corps est plus dodu et un petit peu plus long. En français, elle s'appelle "Ia grande allache" en italien "alaccia africana".

Cuisine Comme pour le N° 5

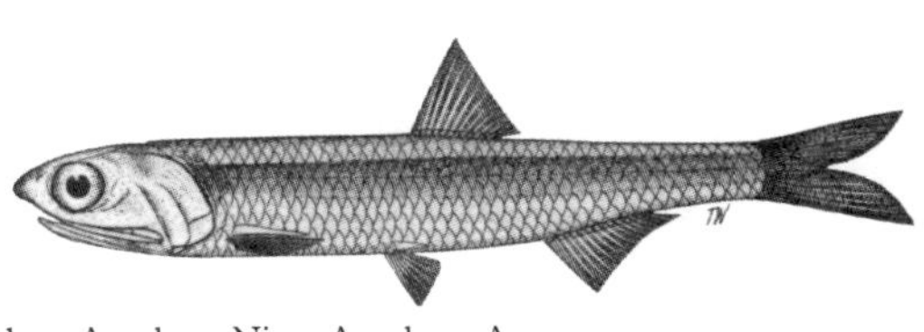

ANCHOIS

Engraulis encrasicolus (Linné)
FAO 61

NOMS DU MIDI
Roussillon : Anxova Languedoc : Antchoïa, Ladrot. Toulon : Amplovo. Nice : Amploua, Amarou. Corse : Anchiuva
NOMS ÉTRANGERS
Anglais : Anchovy. Espagnol : Boqueron, Anchoa. Grec : Gavros. Italien : Acciuga, alice. Tunisien : Anshouwa. Turc : Hamsie.
AUTRES
Anxova, Aladroc (Cat.) ; Brgliun (S.C.) ; Hamsiya (Bulg.) ; Hamsie (Roum.) ; Khamsa (Russe).

Caractéristiques

Longueur maximum 20 cm

Il est à noter que la mâchoire inférieure est en retrait par rapport à la mâchoire supérieure. Ses flancs sont bleu-noir et argentés.

Les divers noms qui sont donnés aux petits anchois comme aux petites sardines sont notés au N° 56.

“Aladroc” le nom catalan s’applique aussi bien aux tout petits anchois qu’a des spécimens plus grands.

Cuisine

L’anchois s’achète généralement en filets tout préparés et gardés dans des jarres ou des bidons ; mais il est aussi très bon frit lorsqu’il est frais.

Recettes

Boquerones à la malagueña, p. 288.

Anchois en antipasto, p. 219.

Trois façons turques d’accommoder les anchois, p. 249.

Acciughe tartufate, p. 218.

Alici ripiene, p. 218.

Anchoïade p. 179.

Voir aussi les recettes françaises et italiennes pour les sardines, de la p. 194 et de la p. 229.

ARGENTINE

Argentina sphyraena Linné
FAO 62

NOMS DU MIDI
Roussillon : Pei argen. Provence : Argentin, Meleto. Nice : Meletto.
NOMS ÉTRANGERS
Anglais : Argentine. Espagnol : Pez plata. Grec : Gourlomátis. Italien : Argentina.
AUTRES
Polido (Bal.) ; Srebrnica (S.C.).

Caractéristiques Longueur maximum : 20 cm.

Pas très connu.

C'est un petit poisson, svelte, de couleur argentée, au dos vert pâle, qui se trouve en eau relativement profonde.

Cuisine

En friture.

TRUITE SAUMONÉE DE LA MER NOIRE

Salmo trutta labrax Pallas

NOMS ÉTRANGERS
Anglais : Black sea salmon trout. Roumain : Pastrav de mare.
Russe : Chernomorskiĭ losos'. Turc : Denizala.

Caractéristiques

Poisson magnifique et de bonne taille. Poids : 7 kg en moyenne, mais peut peser jusqu'à 24 kg. Il ressemble à la truite saumonée que l'on trouve dans l'Atlantique. Il peut être tacheté de noir et remonte au printemps les rivières de la mer Noire pour s'y reproduire. Malheureusement, il est devenu plutôt rare.

Cuisine

On l'accommode de la même façon que le saumon et la truite saumonée de l'Atlantique.

LE POISSON-LÉZARD ET LES ANGUILLES

Le "poisson-lézard" qui appartient à la famille **Synodidae**, de l'ordre **Myctophiformes**, est un assez petit poisson vivant en eau profonde.

Les anguilles appartiennent a l'ordre **Anguilliformes**.

Les trois anguilles qui sont décrites ici appartiennent aux familles **Anguillidae**, **Muraenidae** et **Congridea.**

Les congres et les murènes ne vivent qu'en mer. Mais l'anguille a un cycle de vie compliqué qui la fait rester en eau douce pendant une grande partie de sa vie. Ses frayères se trouvent dans la mer des Sargasses, en Atlantique occidental. Là, les œufs d'anguille éclosent et deviennent des larves qui seront, deux ou trois ans plus tard, les "lephtocéphales" des côtes européennes, ces petits êtres transparents qui, déjà, sont reconnaissables en tant que jeunes anguilles.

Au stade suivant, elles remontent les rivières, les cellules pigmentaires de leur peau se développent, elles deviennent alors de vraies anguilles. A ce stade de leur développement, on les appelle des "civelles". Leur croissance s'accomplit entièrement en eau douce, mais après avoir vécu en rivière pendant une période qui varie entre huit et quinze ans, elles retournent vivre en pleine mer.

Les pêcheurs, qui guettent les anguilles alors qu'elles descendent les cours d'eau lors de l'avalaison (dernière étape de leur périple), les parent de noms tels que "anguille d'argent" ou "anguille argentée", car, à ce moment de leur vie, leurs flancs et leurs ventres ont pris une couleur argentée.

Les anguilles qui retournent en eau salé pour rejoindre la mer des Sargasses y arrivent en piteux état, yeux écarquillés, ventre atrophié, mâchoires affaiblies, ovaires gonflés elles ont tout juste le temps de pondre avant de mourir.

Les murènes étaient prisées des Romains, ils les élevaient dans des viviers. La croyance populaire dit qu'ils les nourrissaient d'esclaves vivants.

Une anecdote concernant un certain Vadiuis Pollio qui recevait Auguste à dîner est à l'origine de cette croyance :

"Un esclave de Pollio maladroitement, ébrèche une coupe ; Pollio le fait alors jeter dans un bassin plein de "muraenae". Aucune autre créature vivante, nous fait remarquer Pline, n'aurait pu lui offrir un tel spectacle, à savoir, celui d'un homme déchiqueté presque instantanément".

Or, ceci est au-dessus des possibilités des murènes et l'anecdote n'est pas plus vraisemblable si nous supposons, comme le fait d'Arcy Thompson, que les poissons du bassin étaient des lamproies. Me référant à une autre version selon laquelle l'esclave aurait été gracié par Auguste, j'en conclus que rien de tout cela n'est arrivé et que notre attitude vis-à-vis des murènes ne devrait pas être influencée par une histoire fortement exagérée en vue de servir les fins moralisatrices des Romains.

Les murènes ont aussi la réputation d'avoir un comportement sexuel extraordinaire. Si la description donnée par Oppien est exacte, ceci serait, je crois, le seul exemple d'une créature vivante s'accouplant avec un être appartenant à un autre élément que le sien. Mais je suppose que la description d'Oppien est le fruit de sa puissante imagination de poète plutôt que celui de l'observation.

"En ce qui concerne la murène, il existe un récit très connu de son accouplement avec le serpent. Ce récit nous dit que la murène elle-même bondit hors de l'eau, affolée par le désir violent qu'elle a de s'accoupler. Le serpent, stimulé par l'ardente passion qu'il suscite, dans son désir frénétique d'accouplement, se trame vers le rivage et avisant bientôt un rocher creux, s'y précipite pour y cracher son venin fatal ; il y déverse la dose mortelle du fiel de ses dents. Il peut alors, adouci et purifié, aller rejoindre son épousée Se dressant sur le rivage, il fait retentir un sifflement, son chant d'amour ; la sombre murène, qui l'entend immédiatement, file. plus rapide qu'une flèche. Elle s'allonge et se dresse hors de l'eau ; lui, de son rocher, fend l'écume de la vague... Avec ardeur, ils s'accouplent, s'enlaçant, et l'épouse, pantelante, reçoit dans sa bouche grande ouverte la tête du serpent.

POISSON-LÉZARD

Synodus saurus (Linné)
Saurus griseus
FAO 63

NOMS ÉTRANGERS
Anglais : Lizard fish. Espagnol : Pez de San Francisco. Grec : Scarmos. Italien : Pesce lucertola. Tunisien : Zerzoumia. Turc : Zurna
AUTRE
Dragó (Cat.).

Caractéristiques : Longueur maximum : 35 cm.
Remonté des grands fonds par les chaluts. Sa tète ressemble assez à celle d'un lézard.

L'**Aulopus filamentosus** (Bloch) est une espèce semblable mais un peu plus grande.

Un autre poisson des grandes profondeurs et du même ordre, **Chlorophthalmus agassizi** (Bonaparte) est plus petit et se reconnaît tout de suite à ses grands yeux places au sommet de la tête. On ne le voit pas souvent sur les marchés. il s'appelle "Ojiverdi" en espagnol, "Gourlomátis" en grec, "Occhione" en italien (nom souvent appliqué à certaines espèces qui ont des gros yeux).

Cuisine

Frire en beignets.

ANGUILLE

Anguilla anguilla (Linné)

FAO 66

NOMS DU MIDI

Languedoc : Mazeron, Verde, Anghialo.
Provence : Bomarinque, Margignou Nice : Anghilla.
Corse : Anguilla, Capitto.

NOMS ÉTRANGERS

Anglais : Eel. Espagnol : Anguila. Grec : Chéli. Italien : Anguilla. Tunisien : Hansha. Turc : Yılan balıgı.

AUTRES

Bisato (Ven.) ; Ancidda, Anguidda, etc. (Sard. et Sic.) ; Jegulja (S.C.) ; Zmiorka (Bulg.) ; Ugor (Russe).

Caractéristiques

Longueur maximum : 150 cm.

L'histoire de leur vie est racontée précédemment.

Les adultes sont de couleur variable. Certains d'entre eux deviennent gros et gras, un peu à la manière des chapons. Le nom italien "Capitone" va parfaitement bien à de telles anguilles, mais il est aussi utilisé pour les spécimens de moins grande taille. En France, les petites anguilles s'appellent "Civelles" ou "Piballes"; en Espagne, "Anguilas", et en Italie, "Cediole", "Cirioli", "Cieche", "Capillari" et "Sementare" selon les endroits.

Cuisine

L'acheter vivante, la saigner, la dépiauter, la désosser, la couper en morceaux et la faire frire ou griller. Ou encore, la laisser mijoter dans du vin blanc avec des oignons, des champignons, etc., ou aussi, la préparer "en croûte".

Les anguilles sont assez lourdes à digérer car leur chair est plus grasse que celle de la plupart des poissons. Les petites anguilles ou civelles peuvent être cuites à la grande friture.

Recettes

Terrine d'anguille à la martégale, p. 180.

Anguilas, p. 287.

Ce'e alla salvia, p. 222.

All i pebre, p. 286.

Anguilla arrosto, p. 220.

Bisato sull'ara, p. 221.

MURÈNE

Muraena helena (Linné)

FAO 67

NOM DU MIDI

Nice : Mourena.

NOMS ÉTRANGERS

Anglais : Moray eel. Espagnol : Morena. Grec : Sméma. Italien : Murena. Tunisien : Mrina, Lefâa (vipère). Turc : Izmirna.

AUTRES

Lamrini (Maroc) ; Morina (Malte) ; Marina (S.C.).

Caractéristiques

Longueur maximum : 150 cm.

De couleur variée, mais toujours très bariolée. Par exemple : taches d'un blanc laiteux sur un fond brun foncé.

Ces poissons sont aussi rusés que gloutons. Leur morsure est redoutable. D'après Euzière, certains pêcheurs prétendent que les murènes vivent toujours auprès d'un poulpe, dont, à défaut d'autre nourriture, elles mangent un tentacule, sachant que celui-ci repoussera.

La peau des murènes, une fois traitée, peut être utilisée par exemple pour la reliure, mais cette technique n'est pas commercialisée.

Cuisine

Les opinions varient! Dans une lettre, le professeur Bini m'a dit que, pour lui, la murène avait, sans doute, la chair la plus fine de tous les poissons de la Méditerranée. D'autres n'envisagent de l'utiliser qu'en bouillabaisse. Il semble que les Romains la faisaient soit grillée, soit bouillie. Apicius indique des sauces pour l'un et l'autre mode de cuisson. Il faut éviter d'utiliser la queue qui est pleine d'arêtes.

On peut, et je le conseille, pocher des tronçons du poisson nettoyé, les laisser refroidir, les découper en petits morceaux égaux et les servir avec de l'aïoli.

L'aspect reptile de la murène peut dégoûter certaines personnes. On peut dans ce cas la servir en petits pâtés en utilisant la chair nettoyée de sa peau et des arêtes.

La murène peut également être utilisée dans le couscous tunisien (voir p. 269).

CONGRE

Conger conger (Linné)

FAO 68

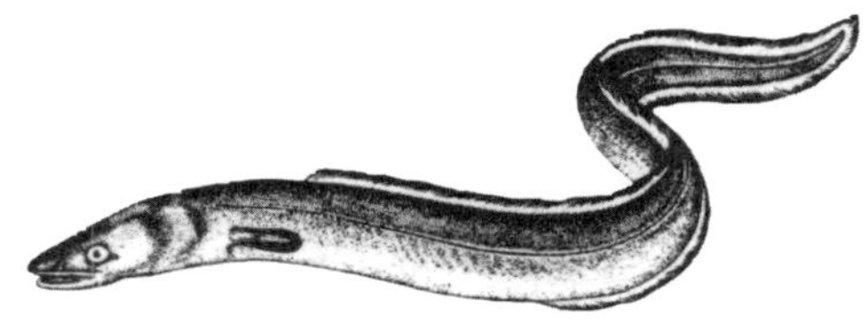

NOMS DU MIDI

Roussillon : Moussole. Languedoc : Coungré négré.

Provence : Fiela, Felat, Mournagrounch, Grounqué. Corse : Grongu.

NOMS ÉTRANGERS

Anglais : Conger eel. Espagnol : Cóngrio. Grec : Mougrí. Italien : Grongo.

Tunisien : Gringou. Turc : Migrı.

AUTRES

Congre (Cat.) ; Ugor (S.C.)

Caractéristiques

Longueur maximum : 200 cm.

De diverses couleurs.

La mâchoire supérieure est légèrement saillante.

Le congre se cache dans la journée et sort la nuit pour se nourrir.

Cuisine

La chair de ce poisson est bonne, spécialement celui qui a la peau noire. D'aucuns trouvent le congre malodorant et d'un goût fade ; il est pourtant très estimé en Turquie. Prendre un morceau de congre assez long, mais surtout en évitant de prendre le côté de la queue où les arêtes sont abondantes. Le dépiauter, le cuire légèrement dans du beurre, puis le mettre dans une casserole avec des petits oignons, de l'assaisonnement et du vin blanc.

Ou encore, en prendre un morceau de la taille d'un filet de bœuf, le larder, l'entourer de petits oignons et le faire rôtir, l'arroser avec du beurre.

Le congre (fiela) est souvent employé dans la bouillabaisse.

Recettes

Congrio con pasas y pinones, p. 289.

Salade antiboise, p. 178.

Brudet, p. 257.

L'AIGUILLE ET LES POISSONS VOLANTS

L'ordre **Beloniformes** comprend deux espèces de la famille **Belonidae** et une de la famille **Exocostidae**.

Ce sont tous des poissons pélagiques d'un aspect particulièrement frappant. Ceux qui sont décrits ici sont, soit ailés, soit munis d'un nez en forme de bec. Il y a aussi les demi-becs, mais il ne figurent pas ici car ils sont rares en Méditerranée. Ils n'ont que la partie inférieure du bec sans en avoir l'autre partie.

AIGUILLE-ORPHIE

Belone belone (Linné)

FAO 71

NOMS DU MIDI

Roussillon : Agonill. Languedoc : Agüia Agulio. Provence : Aguillo, Agojo. Nice : Aguio, Aguglia. Corse : Nucellula, Aguglia.

NOMS ÉTRANGERS

Anglais : Gar-fish. Espagnol : Aguja. Grec : Zargána. Italien : Aguglia. Tunisien : M'sella. Turc : Zargana

AUTRES

Sauteurs (Alg.) ; Agulla (Cat) ; Iglica (S.C.) ; Khirm (Eg.) ; Imsell (Malte)

Caractéristiques

Longueur maximum : 80 cm.

L'aiguille est capable de sauter hors de l'eau. Elle se déplace souvent en bancs.

Elle vient des eaux profondes vers la côte à l'époque de la reproduction, de février à mai.

Il existe de nombreuses sous-espèces d'aiguilles dans la Méditerranée. Mais elles ne sont pas très différenciées. Cependant, on remarque que parmi ces sous-espèces c'est la **Belone belone auxini** Günther qui abonde dans la mer Noire.

Cuisine

L'arête dorsale de ce poisson est pourpre ou verdâtre. Elle devient d'un vert éclatant à la cuisson, ce qui décourage certains de le manger; mais ils ont bien tort, car c'est un poisson sain et délicieux d'où l'on peut tirer de beaux filets sans arêtes. Sur la côte atlantique et même à Nice, il s'appelle "bécassine de mer", ce qui prouve qu'il est apprécié.

On peut le frire à l'huile, le cuire au court-bouillon, l'utiliser dans le couscous ou le cuire dans une sauce faite de tomates et d'oignons et parfumée d'origan.

On peut également, comme les Maltais griller l'orphie. Après avoir nettoyé le poisson et frotté avec du citron l'intérieur du ventre, ils le mettent en couronne en introduisant la pointe du nez dans la queue. Ils l'enduisent ensuite avec le mélange suivant (pour quatre personnes, quatre poissons) : le jus de la moitié d'un citron moyen, deux cuillerées à soupe d'huile d'olive, la même quantité de persil haché, 1 ou 2 gousses d'ail pressées, sel et poivre. Après cette préparation, le poisson est grillé à feu doux pendant 15 minutes, tout en l'arrosant continuellement avec ce qui reste du mélange. Ce plat est connu sous le nom d'« Imsell Mixwi ».

BALAOU

Scomberesox saurus
(Walbaum)
FAO 72

NOMS DU MIDI
Provence : Casteoudeou. Nice : Gastaudela.
NOMS ÉTRANGER.
Anglais : Saury Skipper. Espagnol : Paparda. Grec : Zargána.
Italien : Costardello. Tunisien : M'sella. Turc : Zurna.
AUTRES
Trumfau (Cat.) ; Gastaurello (It.).

Caractéristiques

Longueur maximum : 40 cm.

Le dos est d'un gris bleu.

Cuisine

Comme son proche parent l'aiguille, c'est un bon poisson. Il peut être conservé dans le sel.

POISSON VOLANT

Cypselurus rondeleti (Valenciennes)
Exocoetus rondeleti
FAO 75

NOMS DU MIDI
Roussillon : Pei bouladou. Sète : Pei voulan. Nice : Arendoula.
NOMS ÉTRANGERS
Anglais : Flying fish. Espagnol : Pez volador. Grec : Chelidonópsaro. Italien : Pesce volante. Tunisien : Khoutiffet el bahr, Koutiffa. Turc : Uçan balık.
AUTRES
Orenyola (Cat.) ; Exocet, Hirondelle de mer (Fr.) ; Rondinella (It.)

Caractéristiques

Longueur maximum : 30 cm.

Ce poisson peut planer dans l'air sur une distance allant jusqu'à 100 m, atteignant 7 à 8 m de hauteur, grâce à ses très grandes nageoires pectorales qui font presque office d'ailes.

Cuisine

Rien ne s'oppose à ce qu'il soit mangé, mais je n'ai pas de suggestion particulière à donner. C'est un poisson qui ne suscite pas l'enthousiasme général. Pourtant, Palombi et Santarelli, qui en louent la saveur, affirment que certains poissonniers en modifient les "ailes" avec beaucoup d'habileté et les font passer pour des maquereaux.

Cette espèce est certainement meilleure que l'autre poisson volant de Méditerranée, **Dactylopterus volitans** (Linné), l'hirondelle, "Pesce civetta" en italien et "Chicharra" en espagnol. C'est un poisson plus gros et dont les ailes sont harmonieusement marquées de bleu ; mais son intérêt nutritif est bien faible.

LES GADIDÉS

La catégorie de **Gadiformes** comprend la grande famille des **Gadidae**, famille de la morue, de l'églefin, de la lingue et du merlan, ainsi que la famille des **merluccidae**, comprenant le merlu.

On ne trouve pas de morue en Méditerranée, si ce n'est que sous sa forme séchée et salée chez les poissonniers. Le commerce de la morue salée, entre la Scandinavie et les pays chauds de l'Europe du Sud, est important depuis le Moyen Age. Aux XVIe et XVIIe siècles, le commerce de la morue s'est accru avec l'installation de pêcheries au large des côtes de l'Atlantique Nord, et principalement à Terre-Neuve. On distinguait deux produits : la morue qu'on faisait simplement sécher au vent là où le climat le permettait (en Islande et en Norvège) ou qu'on pouvait en plus saler légèrement. L'autre produit était la morue salée, que l'on sale d'abord et qu'on fait en partie sécher. Les Français, ayant du sel en grande quantité, furent les pionniers de cette méthode à Terre-Neuve, où elle convenait mieux puisque les conditions de séchage n'y étaient pas aussi bonnes qu'en Scandinavie. Dans les deux cas, le poisson pouvait être transporté à bon marché sur de longues distances, à cause de son poids réduit (la morue séchée équivaut à cinq fois son poids en valeur nutritive). Dans les pays de religion catholique, on observait de nombreux jours sans viande dans l'année, et comme l'approvisionnement en poisson frais était insuffisant, les poissons salés ou fumés étaient très recherchés. Ils le sont encore. Certains goûts acquis par besoin restent acquis même quand la nécessité a disparu.

Le lieu est presque inconnu en Méditerranée. Le merlu au contraire y abonde et est très important en Espagne, en Italie et en Yougoslavie. On y trouve aussi du merlan. Cependant, c'est plus dans l'Atlantique que dans la Méditerranée que les Gadidés foisonnent.

CAPELAN

Trisopterus minutus (Linné)
Gadus minutus
FAO 76

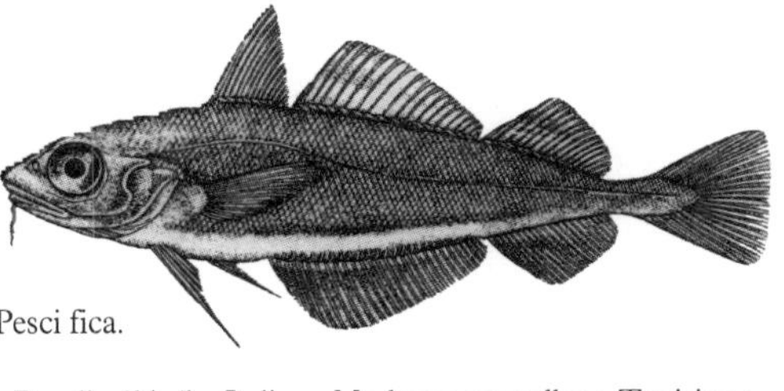

NOMS DU MIDI
Roussillon : Capailla. Provence : Fico. Corse : Pesci fica.
NOMS ÉTRANGERS
Anglais : Poor cod. Espagnol : Capellán. Grec : Bacaliaráki síko Italien : Merluzzo cappellano. Tunisien : Nazalli. Turc : Mezit balıgı

Caractéristiques

Longueur maximum : 32 cm.

Cuisine

Ce poisson a bon goût, mais il doit être mangé très frais. Il a beaucoup d'arêtes.

Les capelans sont parmi les poissons de taille moyenne que l'on peut utiliser dans la préparation de l'« Aqua pazza », un plat très apprécié par les pécheurs (d'origine italienne) de Marseille. Prendre quelques capelans et les nettoyer. Dans une casserole. émincer de l'oignon, mettre quelques gousses d'ail épluchées et écrasées, une feuille de laurier, des brins de fenouil, du sel, ajouter de l'eau mais pas trop (les poissons, qu'on ajoutera plus tard, ne devront pas être recouverts). Porter à ébullition. Puis, ajouter les poissons et les y laisser pendant 5 à 6 minutes. Les retirer. Entre-temps, on aura préparé le jus de trois citrons au moins, que l'on ajoutera au bouillon dans la casserole, que l'on retire aussitôt du feu. Le mélange mousse immédiatement. On passe le bouillon avec lequel on arrose les poissons avant de les servir. Le plat peut se déguster également froid; c'est très agréable l'été. (Recette de pécheurs). Henri Meffre me l'a recommandée aussi pour les gros siouclets (N° 103), les petits merlans (N° 77) et les sévereaux (N° 155.)

MERLAN

Merlangius merlangus (Linné)
Gadus merlangus
FAO 77

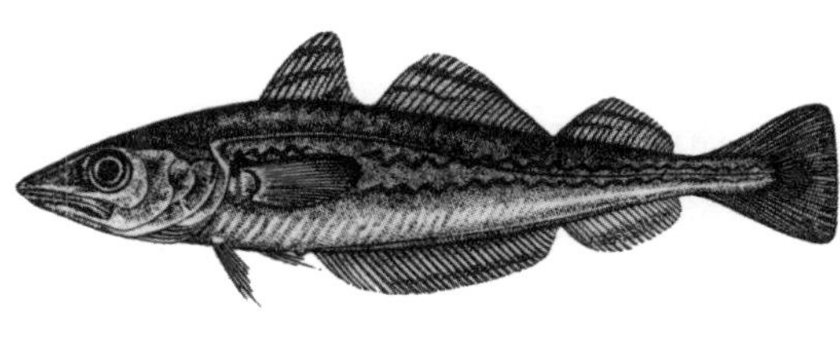

NOMS DU MIDI
Languedoc : Merlu. Corse : Masellu.
NOMS ÉTRANGERS
Anglais : Whiting. Espagnol : Plegonero. Grec : Bacaliáros. Italien : Merlano.
Tunisien : Nazalli. Turc : Mezit (ou Mezcit) balığı, Bakalyaro.

AUTRES
Peix rei (Cat.) ; Gádos (Gr.).

Caractéristiques

Longueur maximum : 40 cm.

Se trouve dans les eaux peu profondes, le long des côtes.

On rencontre la sous-espèce **Merlangins merlangus euxinus** (Nordmann) dans l'Adriatique, mais principalement en mer Noire, comme l'indique le nom “euxinus”.

Cuisine

C'est un poisson qui n'a pas grand goût, mais la chair en est légère et facile à digérer.

Recette

Merlan en raïto, p. 184.

POUTASSOU

Micromesistius poutassou
(Risso)
Gadus poutassou
FAO 78

NOM DU MIDI
Corse : Nasellu
NOMS ÉTRANGERS
Anglais : Blue whiting. Espagnol : Bacaladilla. Grec : Prosphygáki.
Italien Melú. Tunisien : Nazalli. Turc : Mezit balıgı.
AUTRES
Llúcera, Maire (Cat.) ; Peix rei (Bal.).

Caractéristiques

Longueur maximum : 40 cm.

Semblable au N° 77, mais il ne vit qu'au large.

Il se trouve en surface mais seulement au-dessus d'eau profonde. La distance entre ses nageoires dorsales est à noter. Le nom grec signifie “petit exilé” ou “réfugié”.

Cuisine

Comme le N° 77. Il doit être consommé très frais.

MERLU

Merluccius merluccius
(Linné)
FAO 81

NOMS DU MIDI
Roussillon : Llous. Languedoc : Merlan (mais voir N° 77). Provence : Bardot.
NOMS ÉTRANGERS
Anglais : Hake. Espagnol : Merluzza. Grec : Bacaliáros
Italien : Nasello, Merluzzo. Tunisien : Nazalli. Turc : Berlam.

AUTRES
Lluç (Cat.) ; Olić (S.C.)

Caractéristiques

Longueur maximum : 100 cm.

C'est un poisson délicat ; il est particulièrement abondant en Espagne où les petits poissons de cette espèce s'appellent "Pescadillas".

Cuisine

C'est le meilleur de la famille. Les arêtes s'en vont facilement. On peut le faire cuire au four, le pocher, le faire à la vapeur ou en boulettes. Il est également bon froid.

Le plat italien "Merluzzo in Carpione" est un délicieux hors-d'œuvre, dont voici la recette. Hachez une carotte, une branche de céleri, un peu de basilic frais et un oignon. Coupez une tomate en morceaux. Faites cuire ces ingrédients avec 2 cuillerées à café de poivre noir en grain dans du vinaigre pur, pendant quinze minutes. Pendant ce temps, faites frire le merlu, ou des petits merlus entiers, dans de l'huile d'olive. Mettez-les dans un bol et versez dessus la marinade, en ajoutant une feuille de laurier. Attendez 24 heures avant de servir.

Recettes

Caldillo de perro, p. 246.

Merluza rellena, p. 291.

Bianco, p. 240.

LINGUE - JULIENNE

Molva macrophthalma (Rafinesque)

Lota elongata

FAO 83

NOMS ÉTRANGERS
Anglais : Spanish ling, Mediterranean ling.
Espagnol : Arbitán. Grec : Pentíki. Italien : Molva occhiona
AUTRE
Escolà (Cat.)

Caractéristiques

Longueur maximum : 90 cm.

Poisson d'une couleur grisâtre.

Molva molva (Linné) est une espèce voisine qui vit dans l'Atlantique et se trouve quelquefois dans l'ouest de la Méditerranée. Elle est plus grande et moins allongée. C'est la "maruca" pour les Espagnols.

Cuisine

Assez semblable au merlan. Ajoutez-y une bonne sauce, ou bien faites-en des médaillons que vous ferez frire.

MOSTELLE (84) – MOSTELLE DE FOND (85)

Phycis spp.

FAO 84, 85

NOMS DU MIDI

Roussillon : Molla. Provence : Moustello, Moustéla.

NOMS ÉTRANGERS

Anglais : Forkbeard. Espagnol : Brótola (de roca, 85). Grec : Pontikós. Italien : Musdea, Mustella. Turc : Eşek balıgı.

AUTRES

Moustelle (Alg.) ; Mòllera (Cat.).

Caractéristiques

Longueur maximum : 40 cm.

Phycis blennioides (Brünnich) et Phycis phycis (Linné) sont deux espèces très semblables, mais la première est brunâtre et la seconde grisâtre.

Le premier (N° 84) est représenté ici, car c'est celui que l'on trouve le plus communément sur les marchés.

Cuisine

Comme pour le N° 77. Toutefois, il est préférable de faire frire ces poissons qui sont relativement petits et délicats.

Autre solution : ce qu'Escudier appelle la Mostelle Méditerranée. Cuire le poisson dans un court-bouillon riche en saveurs. Puis ajoutez à une sauce Béchamel déjà préparée une pincée de poivre de Cayenne et du parmesan râpé, avec un peu du liquide de cuisson. Avec cette sauce, tapissez le fond d'un plat allant au four, posez dessus le poisson, versez le reste de la sauce, saupoudrez de parmesan et mettez au four.

MOTELLE – LOCHE DE MER

Gaidropsarus mediterraneus (Linné)

FAO (non inscrit)

NOMS DU MIDI

Côtes méditerranéennes : Moustelo, Moustella. Corse : Gàrri.

NOMS ÉTRANGERS

Anglais : Three-bearded-rockling. Espagnol : Bertorella.
Grec : Gaidou-rópsaro. Italien : Motella. Turc : Gelincik.

AUTRES

Fura (Cat.) ; Galya (Bulg.).

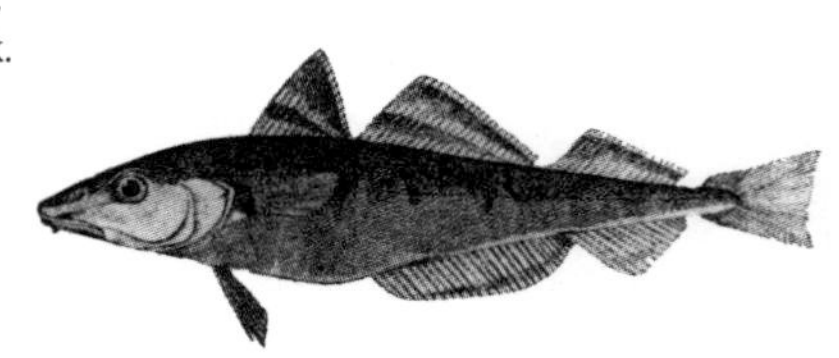

Caractéristiques

Longueur maximum : 50 cm.

C'est un poisson peu commun, mais qui se trouve en Méditerranée. Il est de couleur foncée.

Le plus clair, qui est tacheté, **Gaidropsarus vulgaris** (Cloquet), se trouve seulement à l'extrémité Ouest de la Méditerranée, car c'est une espèce qui vient de l'Atlantique. C'est la "lota" d'Espagne.

Cuisine
Poisson délicieux, mais qui s'abîme très vite. Le nettoyer immédiatement et le faire cuire comme le N° 77.

LE SAINT-PIERRE

Dans la famille **Zeidae**, de l'ordre **Zeiformes**, il n'y a qu'une espèce dont nous tiendrons compte ici; elle est d'ailleurs fort intéressante.

Ces poissons sont tous des poissons primitifs aux nageoires piquantes, caractéristiques particulièrement marquées chez le saint-pierre. D'apparence, il y a le même rapport entre le saint-pierre et un poisson d'un modèle plus achevé, comme le mulet par exemple, qu'il y en a entre une automobile de la fin du XIXe siècle et une du milieu du XXe.

Un trait intéressant chez le saint-pierre est la présence d'une tache noire sur chacun de ses côtés. Plusieurs explications en ont été données. La plus courante dit que ce serait la marque des doigts de saint Pierre après qu'il eut rejeté à la mer un poisson qu'il venait de pêcher et dont les cris de détresse avaient éveillé sa compassion. On croit aussi que ce serait le poisson capturé par saint Pierre qui, suivant en cela les instructions du Christ, l'aurait péché, espérant trouver dans sa bouche l'argent du tribut qu'il avait à payer. Mais cette croyance est basée sur une confusion faite entre le saint-pierre et un poisson d'eau douce qui porte les mêmes marques. Une autre version dit que saint Christophe, alors qu'il transportait Jésus sur ses épaules, à travers les eaux, se serait arrêté et, se baissant, aurait ramassé un saint-pierre. Sur chacun des côtés du poisson, l'empreinte serait marquée à jamais.

Tout en nous disant que c'est le poisson préféré des habitants de Cadix, Pline l'Ancien nous laisse entendre que nulle part ailleurs le saint-pierre n'était apprécié. Pour autant que je puisse en juger, il bénéficie actuellement d'une assez haute estime dans la plupart des pays méditerranéens.

Il me semble opportun de parler maintenant de deux espèces non inscrites au catalogue, mais que l'on voit parfois sur les marchés, et qui sont utilisées pour la soupe de poissons. Ils attirent par leur teinte rouge ou rose. Ce sont **Hoplostethus mediterraneus** Valenciennes (le "poisson montre"), et **Holocentrus ruber** Forskål que l'on trouve dans l'est de la Méditerranée. Ils appartiennent a l'ordre **Beryciformes**, tout comme la daurade rose, ou **Beryx decadactylus** Cuvier, que l'on rencontre en Méditerranée occidentale.

SAINT-PIERRE

Zeus faber Linné

FAO 98

NOMS DU MIDI
Roussillon : Gall. Nice : San Pedru.
NOMS ÉTRANGERS
Anglais : John dory. Espagnol : Pez de San Pedro
Grec : Christópsaro. Italien : Pesce San Pietro.
Tunisien : Hout sidi sliman. Turc : Dülger (charpentier).*

---

* Parce que son ossature évoque du matériel de charpentier

AUTRES
Gall (Cat.) ; Poule de mer, Dorée (Fr.) ; Kovač (S.C.).

Caractéristiques

Longueur maximum : 50 cm. Poisson remarquable aux mâchoires dotées d'un astucieux système d'extension.

Cuisine

L'énorme tête et les viscères comptent à peu près pour les deux tiers du poids. Aussi est-ce un poisson qui revient cher. Toutefois, il a un goût excellent et sa chair, blanche et ferme, se partage aisément en filets dénués d'arêtes. Pour accommoder le saint-pierre, choisissez les recettes qui conviennent aux soles et aux turbots. Les petits peuvent être mis dans la bouillabaisse.

Recettes

Saint-pierre à la Parmentier, p. 192.
Filetti di pesce gallo al marsala, p. 227.

LES BROCHETS DE MER ET LES PRÊTRES

Nous abordons ici l'ordre **Perciformes**, ordre très vaste dans lequel tous les poissons ont en commun, dans leur structure, quelque ressemblance avec les perches. Une étude, même limitée comme l'est celle-ci nécessite l'examen d'une trentaine de familles environ

Les deux premières sont **Sphyraenidae** et **Atherinidae**, dans lesquelles nous trouvons le barracuda et les prêtres. **Sphyraena** était le nom grec pour le barracuda et **sudis**, qui signifie "pieu pointu", était le nom latin. On retrouve l'image évoquée par l'appellation latine dans le nom français "spet" et dans le nom espagnol "espetón".

Le prêtre est un poisson beaucoup plus petit. Il diffère de l'anchois par ses mâchoires et par le fait qu'il possède deux nageoires dorsales alors que l'anchois (N° 61) n'en a qu'une.

BROCHET DE MER – SPET

Sphyraena sphyraena (Linné)
FAO 100

NOMS DU MIDI
Roussillon : Peix escomer, Llousse. Sète : Broutchet de mar.
Languedoc : Spet. Provence : Pei escaoumo Marseille : Espet, poisson cheville. Nice : Lussi.
NOMS ÉTRANGERS
Anglais : Barracuda. Espagnol : Espetón. Grec : Loútsos. Italien : Luccio marino. Tunisien : Moghzel, Ghzerma, Sh'bour. Turc : Iskarmoz.
AUTRES
Espet (Cat.) ; Lizz (Malte).

Caractéristiques

Longueur maximum : 120 cm. (Mais généralement plus petit.) Bronzé dessus, blanc dessous.

L'espèce apparentée, **Sphyraena barracuda** Walbaum, est deux fois plus grande et se trouve dans la partie tropicale de l'Atlantique : c'est elle qui a la réputation d'attaquer les êtres humains.

Le brochet de mer est un poisson du large ; il vient vers les côtes au début de l'été.

Cuisine

Bon frit (en morceaux) ou entier, cuit au court-bouillon

Très peu de recettes méditerranéennes concernent spécifiquement le brochet de mer. Mais comme ce poisson correspond au brochet d'eau douce, on peut fort bien l'accommoder selon une recette venue de la ville de Bologne, connue sous le nom de "Luccio marino al Forno alla Bolognese". Elle transforme en un plat onctueux cette créature impressionnante. Les quantités se rapportent à un brochet d'un kilo, non vidé. Pour six personnes.

Nettoyez, écaillez et décapitez le poisson. Faites chauffer dans un plat 100 g de beurre, jusqu'à ce qu'il crépite, puis ajoutez le poisson, salez, versez 150 ml de vin blanc. Faites cuire à feu doux pendant 20 minutes, en retournant le poisson jusqu'à ce qu'il soit presque cuit. Retirez-le, enlevez la peau avec soin et fendez le poisson de manière à pouvoir retirer la grande arête et les autres grosses arêtes. Refermez-le rapidement pour l'étape suivante qui demande en priorité la préparation d'une béchamel (besciamella en italien). Elle doit être composée de 75 g de beurre, de 75 g de farine salée et de 3/4 de litre de lait. Versez la moitié de la préparation dans un plat allant au four, mettez le poisson, arrosez avec le jus d'un citron de grosseur moyenne et répandez dessus le reste de la sauce Parsemez le tout de chapelure et versez doucement 50 g de beurre fondu. Faites cuire à four moyen. Laissez dorer.

PRÊTRE [102] – SIOUCLET [103] – JOEL [104]

Atherina spp.

FAO 102, 103, 104

ESPÈCES

Atherina machon Cuvier. **Atherina hepsetus** Linné. **Atherina bayeri** Risso.

NOMS DU MIDI

Parmi les noms que l'on trouve dans le Midi (sans distinction entre les trois espèces), nous avons noté les suivants : Joueil, Joel (Roussillon) ; Saouclet, Cabarron, Tjol (Languedoc) ; Cabassoun (Provence) ; Mellet, Cabasuc (Nice) ; Paragain, Cornaru (Corse).

NOMS ÉTRANGERS

Anglais : Sand-smelt, Silverside, Atherine. Espagnol : Pejerrey, Chucleto, Abichón. Grec : Atherína, Atherína, Atherína. Italien : Latterino, Latterino sardato, Latterino capoccione. Tunisien : Bou chaïara. Turc : Gümüs, Çamuka.

AUTRES

Moixo, Xanquet, Cabeçuda (Cat.).

Caractéristiques

Longueur maximum : 14 cm, 15 cm, 18 cm.

Ces petits poissons sont argentés, Leur dos est plus foncé. Les N° 102 et 104 sont peut-être à classer comme une seule espèce. Le dessin représente le N° 102.

Il existe un autre poisson, très proche, dans l'est de la Méditerranée : le **Pranesus pinguis** (Lacépède), qui vient de la région indo-pacifique et a "immigré", par le canal de Suez. Aux abords de celui-ci, les pêcheurs l'appellent "Abou zoubara" ou encore "Cachcouch".

Cuisine

Frit. Voyez aussi à Poutine Nounat et Melet (p. 176).

De très petits prêtres, mesurant seulement 1 à 2 cm de longueur sont connus sous le nom de "Muccu", à Syracuse, où, m'a dit Margaret Guido, ils sont d'abord lavés dans une passoire, mélangés avec du persil et de l'ail hachés, puis formés en boulettes rondes et aplaties de 5 cm de diamètre. On les passe alors dans la farine et on les fait frire.

LES MULETS

La famille **Mugilidae** comprend sept espèces méditerranéennes, dont cinq, ici, nous concernent.

Ces poissons, connus généralement sous le nom de mulets, ont un corps très joliment fuselé. Ils ont une petite bouche et se nourrissent de matières organiques dont la nature conditionne la saveur de leur chair. Ce sont essentiellement des poissons de littoral qui peuvent se trouver également dans les étangs saumâtres, tel le lac de Tunis, ainsi que dans les estuaires de fleuves.

Oppien, le poète grec qui était enclin à louer ou à blâmer les poissons d'après leur comportement plutôt que d'après leur saveur, avait un grand sentiment d'admiration et de sympathie pour les mulets. Il pensait que, de tous les êtres marins, ils étaient ceux qui avaient les plus purs et les plus tendres penchants, ne se faisant jamais de mal les uns aux autres, n'en faisant jamais non plus aux autres poissons, ne souillant jamais leurs lèvres de sang mais ne se nourrissant dévotement que de vertes algues ou de simples boues. Il pensait aussi que leur conduite exemplaire trouvait sa juste récompense dans le fait que leur progéniture n'était pas dévorée par les autres poissons.

La sympathie d'Oppien transparaît aussi dans la façon dont il décrit la méthode employée pour prendre au piège des poissons mâles en utilisant une femelle captive comme appât. Cette technique est d'ailleurs toujours utilisée. Mais je n'ai lu aucune description récente qui vaille le passage suivant :

"En amour, un destin semblable pèse sur les mulets, eux aussi ensorcelés par une femelle qu'on traîne dans les vagues. Qu'elle soit vigoureuse et opulente, ils tournent et virent autour d'elle, s'assemblent en foule innombrable et, subjugués par sa beauté, ne sauraient la quitter… Et, de même que les jeunes gens lorsqu'ils remarquent le visage d'une femme de grande beauté, d'abord la contemplent de loin, admirant ses formes charmantes, et, ensuite, ils s'approchent et, oubliant tout le reste ne vont plus dans leurs chemins habituels mais la suivent avec délice, séduits par les doux parfums d'Aphrodite : de même pourras-tu contempler l'humide foule des mulets se pressant passionnément".

MULET CABOT

Mugil cephalus (Linné)
FAO 105

NOMS DU MIDI
Languedoc : Mujou, Ramado. Cabot, Yol négré.
Provence : Mujou testu, Varidou. Nice : Carida. Corse : Mazzerdu, Capocchiu
NOMS ÉTRANGERS
Anglais : Grey mullet. Espagnol : Pardete. Grec : Képhalos. Italien : Cefalo. Tunisien : Bouri. Turc : Has Kefal (vrai mulet)
AUTRES
Capitán (Esp.) ; Bouchafka (Mar.) ; Skočac glavaš (S.C.) ; Kefal (Bulg.) ; Chefal, Laban (Roum.) ; Loban (Russe)

Caractéristiques

Longueur maximum : 75 cm.

Il se distingue facilement des autres mulets par la membrane transparente qui couvre ses yeux.

Il faut noter que de nombreux noms s'appliquent indistinctement à tous les mulets :

France : "Mulet" et "Muge".

Espagne : "Mujol".

Catalogne : "Llissa".

Gênes : "Muzao".

Sicile : "Mulettu".

Tunisie : "Bigeran", nom français qui s'applique aux petits.

Tous ces noms sont d'un usage général.

On rencontre cette espèce un peu partout dans les mers chaudes : mer Noire, Méditerranée, et dans les lacs salés du canal de Suez.

Cuisine et recettes

Voyez au N° 106. Les recettes indiquées pour ce mulet peuvent s'appliquer aux quatre autres.

Tito de Caraffa, dans son étude sur les poissons de Corse, dit que ce mulet est celui que les gourmets de Bastia appréciaient sous le nom de "Cannuchiale". Il arrive qu'une petite anguille s'introduise dans les ouïes de ce poisson afin de lui sucer le sang pendant la nuit. "Au matin, le poisson, vidé de son sang, est presque mort ; il doit être mangé immédiatement. Sa chair est très délicate et a perdu tout son mauvais goût".

MULET PORC

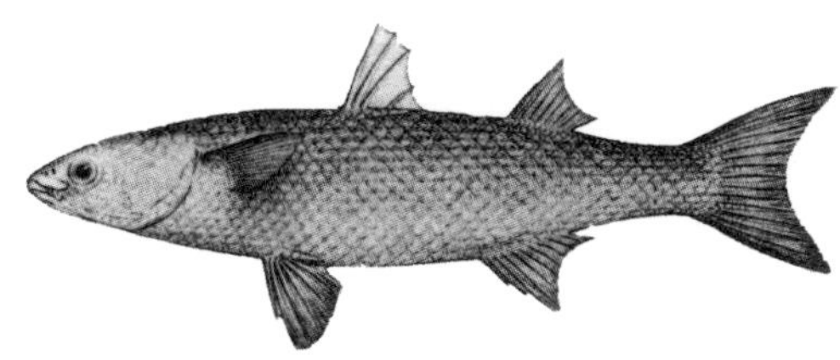

Mugil capito Cuvier
Liza ramada
FAO 106

NOMS DU MIDI
Languedoc : Porqua. Provence : Pounchudo, Tusco. Corse : Cirita.

NOMS ÉTRANGERS
Anglais : Thin-lipped grey mullet. Espagnol : Morragute. Grec : Mavraki. Italien : Cefalo botolo, Botolo. Tunisien : Bitoum. Turc : Pulatarina
AUTRES
Skočac balavac (S.C.) ; Tobar (Eg.).

Caractéristiques

Longueur maximum : 50 cm.

Cuisine (pour les numéros allant de 105 à 110)

Les mulets ont relativement peu de ces petites arêtes si désagréables. Pêchés en eau claire, ils sont tous délicieux. Les petits sont meilleurs grillés sur la braise. Les gros peuvent être cuits au four ou grillés (on peut mettre à l'intérieur un brin de romarin). Ils peuvent être aussi cuits au court-bouillon. On peut les servir chauds ou froids.

Le mulet est bon en couscous.

Les œufs de mulet, laissés dans leur membrane protectrice, salés. lavés, pressés, séchés au soleil et enrobés de cire, deviennent cette chose délicieuse connue sous le nom de "Poutargue", "Boutargue" en Tunisie, "Bottarga" en Italie (spécialement en Sardaigne), "Putago" en Turquie et "Avgotáracho" en Grèce.

Mais on peut également en faire une pâte que l'on étalera sur des toasts pour servir en hors-d'œuvre. Voici la méthode de Charles Bérot, de l'Escale, restaurant à Carry-le-Rouet, près de Marseille, telle que l'a rapportée Elizabeth David. Faites ramollir et en partie dessaler les œufs (150-200 g) en les laissant tremper dans un bol avec 4 ou 5 cuillerées à soupe d'eau, pendant la nuit. Le lendemain matin, écrasez une gousse d'ail et incorporez-la aux œufs ramollis et égouttés. Ajoutez alors, petit à petit, 3 cuillerées à soupe d'huile d'olive, 2 d'eau, le jus d'un demi-citron et puis enfin une pincée de poivre de Cayenne. Une merveille sur des toasts chauds accompagnés d'un vin blanc bien frais, servis sur la terrasse de l'Escale, avec la vue de la Méditerranée qui miroite au loin.

Recettes (pour les numéros allant de 105 à 110)

Mulet à la martegale, p. 186.
Kefal balıgı pilakissi, p 251.
Mulet farci, p. 274.
Mujol a la sal, p. 293.
Bianco, p. 240.
Mulet à la sauce piquante, p. 275.
Athenaiki mayonaisa, p. 239.

MULET DORÉ

Mugil auratus (Risso)
Liza auratus
FAO 107

NOMS DU MIDI
Roussillon : Lisse. Sète : Gaouta-roussa, Calaga.
Provence : Aurin, Mujou de roco. Nice : Daurin. Corse : Alifranciu.

NOMS ÉTRANGERS
Anglais : Golden grey mullet. Espagnol : Galupe. Grec : Miximari. Italien : Cefalo doratό. Tunisien : Saffraya (ou Safratouzen), ou Mejil (Sfax) ou Mazoul (dans le Sud). Turc : Altşbain kefal.
AUTRES
Galta-roig (Cat.) ; Lustro (Naples) ; Lotregan (Venise).

Caractéristiques

Longueur maximum : 40 cm.

Deux taches dorées à côté de chaque œil ainsi que la teinte jaunâtre des deux flancs en expliquent le nom.

Cuisine

Voyez au N° 106.

Poisson très estimé.

En Turquie, ces espèces et le N° 108 sont fumés, on les connaît alors sous le nom de "Likorinos".

La méthode pour les fumer est la suivante :

– Le poisson, qui ne doit être ni lavé ni écaillé, est entassé, à l'envers, dans un tonneau dans du sel. Le poids du sel doit être le tiers de celui du poisson. Une planche est mise sur le dessus et chargée avec un poids ; le tonneau est laissé ainsi pendant dix jours. Le poisson est alors sorti et lavé une fois ou deux dans de l'eau fraîche, puis pendu pendant deux jours pour sécher. Il est finalement fumé au-dessus d'un feu de paille, de copeaux ou de sciure de bois.

MULET SAUTEUR

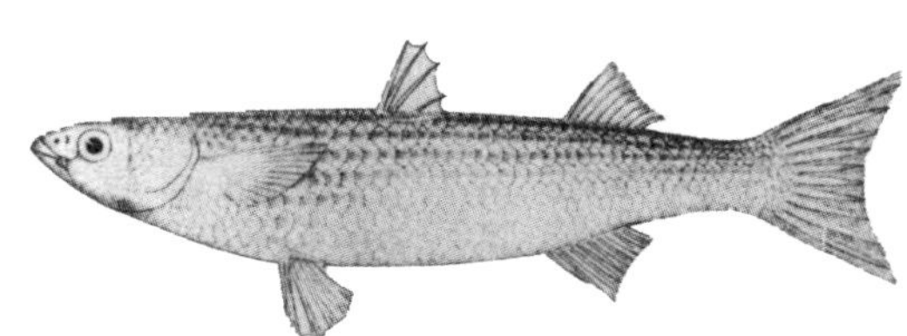

Mugil saliens (Risso)
Liza saliens
FAO 108

NOM DU MIDI
Corse : Acucu.
NOMS ÉTRANGERS
Espagnol : Galúa. Grec : Gástros. Italien : Cefalo verzelata, Verzelata. Tunisien : Karshou*. Turc : Kobar ou Nobar.
AUTRES
Skočac dugaš (S.C.) ; Garan (Eg.) ; llaria (Bulg.).

Caractéristiques

Longueur maximum : 40 cm.

Capable de faire des bonds impressionnants.

Cuisine

Voyez le N° 106.

*Ce nom-ci, utilise à Sfax, aux îles Kerkenna, etc., semble être le nom arabe le plus correct ; mais "Bouri" (voir au N° 105) est utilisé dans le Nord, "Ourhaghis" dans le Sud pour les petits, et le nom francais "Cigare" se rencontre également.

MULET LIPPU

Crenimugil labrosus (Risso)
Mugil chelo
FAO 110

NOMS DU MIDI
Roussillon : Lisse, Lissa. Languedoc : Batarde, Canuda. Nice : Labru. Corse : Cirrita.
NOMS ÉTRANGERS
Anglais : Thick-lipped grey mullet. Espagnol : Lisa. Grec : Velanítsa. Italien Cefalo bosega, Bosega*. Tunisien : Kmiri (dans le Nord), Kahlayoun (yeux noirs). Turc : Top bas, kefal.
AUTRES
Skòčac putnik (S.C.) ; Bouri sudani (Eg.).

Caractéristiques

Longueur maximum : 60 cm.

Cuisine

Voyez le N° 106.

LES SERRANIDÉS

Cette famille comprend la perche, le bar ou loup, le cernier, le mérou. On rencontre généralement les mérous dans des eaux tropicales ou semi-tropicales.

Le loup est attiré par les côtes. Il est très recherché des pêcheurs à la ligne.

Le dernier a un corps plus épais. C'est un poisson de haute mer.

L'**orphos**, poisson mentionné par Aristote et par d'autres auteurs de la Grèce antique, pourrait être soit le cernier soit le mérou ou bien encore les deux. On peut se jouer de quelques-unes des difficultés d'identification de ces poissons en se rappelant simplement qu'il y a en Méditerranée quatre espèces de mérous présentant toute une gamme de colorations et que, vraisemblablement, les auteurs anciens les classaient tous dans la même catégorie, y ajoutant sans doute aussi le cernier par-dessus le marché !

En effet, il y a une autre espèce faisant partie de la même catégorie et qui est relativement rare. C'est **Mycteroperca rubra** (Bloch), l' "Abadèche rouge".

L'un des deux serrans décrits ici, le N° 122, remonte jusqu'à la pointe Sud-Ouest de l'Angleterre. Aucun n'est présent dans les eaux d'Amérique du Nord. Tous les deux sont hermaphrodites. Je n'inscris pas une troisième espèce, le petit serran brun, **Serranus hepatus** (Linné), qu'on appelle "Tambour" en français.

BAR – LOUP

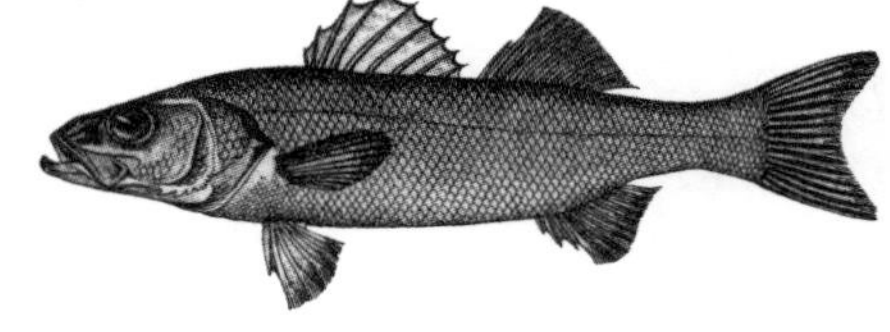

Dicentrarchus labrax (Linné)
Morone labrax
FAO 113

*Les nombreux noms que donnent les Venitiens aux mulets révèlent un haut degré de différenciation. Ainsi, le "Bodega" est le mulet lippu dans sa troisième année alors que les noms de "Boseghetta" et de "Boseghin" sont respectivement utilisés pour les spécimens qui sont dans leur deuxième et leur première année.

NOMS DU MIDI
Roussillon : Lloubarrou. Provence : Loubas, Loupassou. Corse : Ragnola, Luvazzu.
NOMS ÉTRANGERS
Anglais : Bass, Sea bass. Espagnol : Lubina. Grec : Lavráki. Italien : Spigola. Tunisien : Qarous. Turc : Levrek.
AUTRES
Llobarro, Llop (Cat.) ; Branzino, Spinola (It.) ; Smudut, Lubin (S.C.).

Caractéristiques

Longueur maximum : 100 cm.

Peut se trouver dans les étangs saumâtres et dans les cours inférieurs des rivières aussi bien qu'en mer.

Les Romains préféraient les spécimens de ces poissons pris en rivière

"At in lupis, in amne capti praeferontum", écrivait Pline. Mais actuellement, ceux qui sont pris en mer sont meilleurs.

La teinte argent est leur couleur de base, leur dos est plus fonce et leur ventre blanc.

Cuisine

C'est un admirable poisson qui a la chair ferme. sans trop d'arêtes, et qui garde bien sa forme quand il est cuit. Les petits peuvent être grillés ou cuits en papillote. Les gros sont meilleurs cuits au court-bouillon et servis avec toute espèce de sauce, par exemple une sauce verte faite avec des épinards, du cerfeuil et de l'estragon hachés. Vous pouvez aussi le faire braiser avec du vin blanc. Il est bon froid et il est facile à décorer. Le loup est populaire en Turquie. Pourtant. dans le chapitre des recettes de Turquie, vous ne trouverez aucune recette; c'est pourquoi je mentionne ici le "Levrek limon salçalı", qui est simplement du bar cuit au court-bouillon dans lequelon aura mis un cœur de céleri et quelques gousses d'ail, servi avec, une sauce au citron confectionnée ainsi : battre ensemble le jus d'un gros citron, une cuillerée et demie d'huile d'olive et du persil finement haché.

Recettes

Loup beurre de Montpellier. p 184.

Denté farci, etc., p. 183.

Spigola in agrodolce, p. 231.

Athenaiki mayonaisa, p. 239.

Samak kebab, p. 265.

Samak yakhni, p. 266.

BAR (LOUP) TACHETÉ

Dicentrarchus punctatus (Bloch)
FAO 114

NOMS ÉTRANGERS
Espagnol : Baila. Grec : Lavráki.
Italien : Spigola macchiata. Tunisien : Qarous bou nokta. Turc : Ispendik*.

*Nom appliqué parfois aux spécimens de petite taille du N° 113.

AUTRE
Loup tigré (Alg.).

Caractéristiques

Longueur maximum : 70 cm.

Le dos et les côtés sont marqués de petits points foncés.

On dit que cette espèce est plus rusée et plus difficile à attraper que la précédente (N° 113).

C'est dans la partie Sud de la Méditerranée qu'il se trouve le plus souvent et il est très connu aux alentours de Gibraltar, car c'est une espèce d'origine atlantique.

Il est importé congelé pour les marchés italiens où il est vendu sous le nom de "Spigola Atlantica".

Cuisine

Comme pour le N° 113.

CERNIER

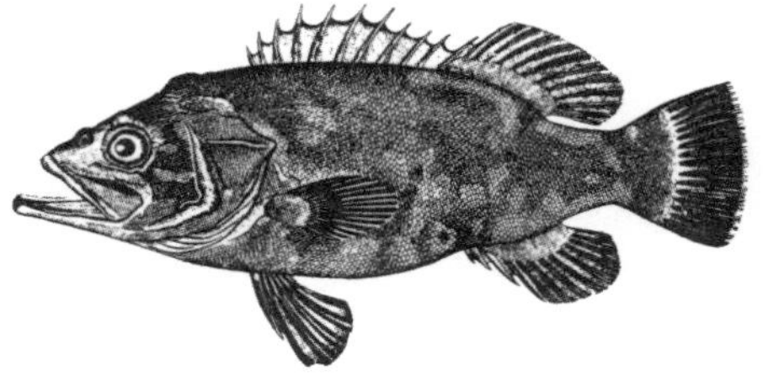

Polyprion americanum
(Bloch et Schneider)
Polyprion cernium
FAO 115

NOMS DU MIDI
Côtes méditerranéennes : Fanfre. Nice : Lernia. Corse : Lucerna.
NOMS ÉTRANGERS
Anglais : Wreckfish, Stone bass. Espagnol : Cherna. Grec : Vláchos.
Italien : Cernia di fondale. Tunisien : Shringi. Turc : Iskorpit hanisi.
AUTRES
Rascàs (Cat.) ; Pàmpol rascàs (Bal.) ; Dott (Malte).

Caractéristiques

Longueur maximum : 150 cm.

Notez la pommette proéminente en arrière de l'œil. Il est généralement de couleur foncée. Ce poisson ne se trouve pas dans le bassin oriental de la Méditerranée et n'est pas commun sur les marchés, car il ne peut être péché qu'à une profondeur de quelque cent cinquante mètres et à la ligne.

Cuisine

Comme pour le N° 116.

MÉROU

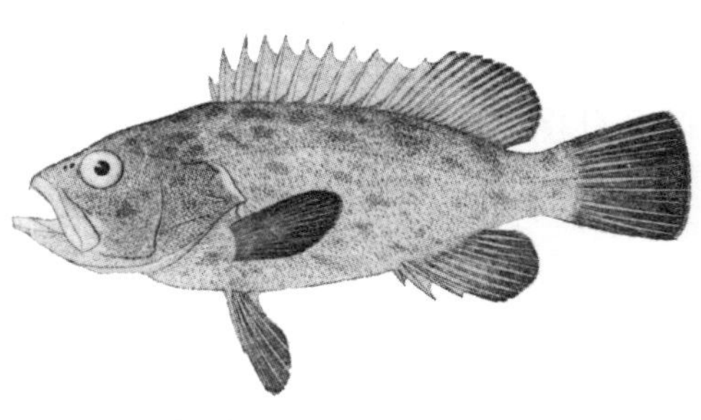

Epinephelus guaza (Linné)
Serranus gigas
FAO 116

NOMS DU MIDI
Nice : Anfounssiou. Corse : Lucerna.
NOMS ÉTRANGERS
Anglais : Grouper. Espagnol : Mero. Grec : Rophós. Italien : Cernia.

Tunisien : Mennani ahmar, Mérou rouge. Turc : Sarı hani, Orfoz*.
AUTRES
Anfos (Cat.) Mérou serranier (Fr.) ; Cerna (Malte) ; Luxerna, nom donné aussi au N° 115 (Gênes) ; Kirnja (S.C.).

Caractéristiques

Longueur maximum : 100 cm.

Ce poisson est généralement d'un brun rougeâtre ou jaunâtre avec des taches noires. **Epinephelus** signifie "avec des nuages dessus".

C'est l'espèce de mérou la plus commune.

Il y a à peu près 60 % des poissons de ce nom qui appartiennent à cette espèce alors que 30 % sont des mérous blancs (N° 118) et 10 % seulement des mérous noirs (N° 119).

Cuisine

C'est un poisson délicieux qui peut être considéré comme une spécialité culinaire d'Afrique du Nord. La chair en est ferme, délicatement parfumée, sans arêtes. On peut l'accommoder de multiples façons. J'aime bien les darnes grillées ou cuites au four (et coupées de préférence au milieu ou dans la partie postérieure du poisson).

Recettes

Mero a la naranja, p. 292.

Zuppa di pesce alla Barese, p. 206.

Mérou à la Sfaxienne, p. 273.

Mérou, sauce rouge, p. 277.

Samaki harra, p. 261.

Mérou au bleu de Bresse, p. 185.

Cernia ripiena, p. 224.

Mérou cuit avec des pickles tunisiens, p. 273.

Samkeh mechwiyeh, p. 264.

BADÈCHE

Epinephelus alexandrinus (Valenciennes)
FAO 117

NOMS ÉTRANGERS
Espagnol : Falso abadejo. Grec : Stíra.
Italien : Cernia abadeco.
Tunisien : Mennani Turc : Taş hanisi.

Caractéristiques

Longueur maximum : 80 cm.

La couleur de base de son corps est le brun. Se distingue par cinq raies noires longitudinales situées sur le haut de chaque flanc, en tout cas chez les jeunes. Les poissons adultes peuvent avoir une grande tache jaune sur chaque flanc.

*On trouve aussi, du côté d'Izmir, des variantes au nom grec, telles que "Roufo". Le latin "rufus" veut dire rouge.

La badèche, poisson commun en mer Egée et dans toute la Méditerranée orientale, se trouve fréquemment à l'embouchure du Nil*; elle se trouve aussi dans les eaux tunisiennes et autour de la Sicile.

Cuisine

Comme pour le N° 116, mais il est moins bon, sa chair étant plus fibreuse.

ABADÈCHE ROUGE

Mycteroperca rubra (Bloch)

NOMS ÉTRANGERS
Espagnol : Gitano. Grec : Píga. Italien : Cernia cirenga.

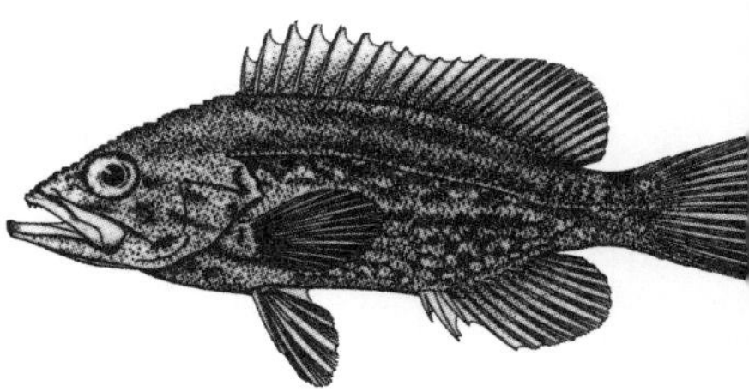

Caractéristiques

Longueur maximum : 50 cm.

Cette espèce est habituellement marbrée de taches claires sur le dos et sur ses flancs rougeâtres. Cela dit par son aspect général, elle est très proche du mérou (N° 116).

MÉROU BLANC

Epinephelus aeneas (Geoffroy Saint-Hilaire)

FAO 118

NOMS ÉTRANGERS
Espagnol : Cherne de ley. Grec : Sphyrída. Italien : Cernia bianca Tunisien : Mennani adiad. Turc : Lahoz.

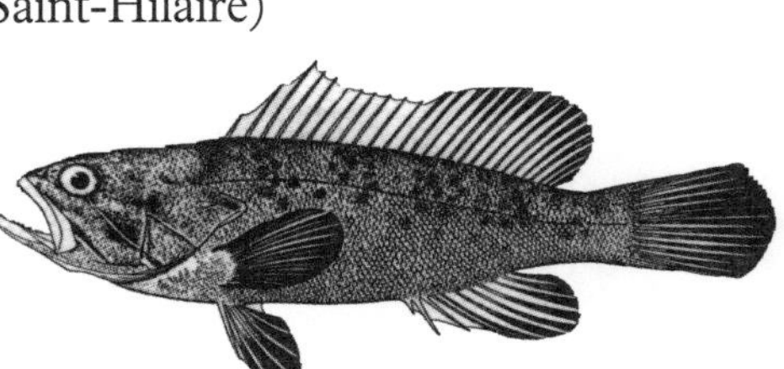

Caractéristiques

Longueur maximum : 80 cm.

Généralement de couleur grise. Ainsi que son nom le laisse entendre, il peut être très pâle avec des teintes rosées sur le dos.

La plupart des spécimens ont une double ligne blanche distinctive en travers de la joue. C'est le plus mince des quatre mérous. On le trouve davantage dans la partie Sud de la Méditerranée que dans le Nord. Il est abondant aux alentours de Chypre.

Cuisine

Bon poisson, comme le N° 116

MÉROU NOIR

Epinephelus caninus (Valenciennes)

FAO 119

NOMS ÉTRANGERS
Grec : Rophós. Italien : Cernia nera Tunisien : Mennani.

*D'où le nom scientifique Alexandrinus. Remarquons que "Wakar" est le nom que donnent les Egyptiens à tous les mérous. "Loukos" est le nom libanais.

Caractéristiques

Longueur maximum : 120 cm.

Cette espèce est d'une couleur gris foncé. Son corps est massif comme le N° 116. Il semble être le moins commun des mérous de Méditerranée, car il se trouve rarement ailleurs que dans les eaux algériennes et tunisiennes. Il se vend parfois sous le nom de “Mérou blanc”, ce qui est déroutant (voir le N° 118).

Cuisine

Comme pour le N° 116.

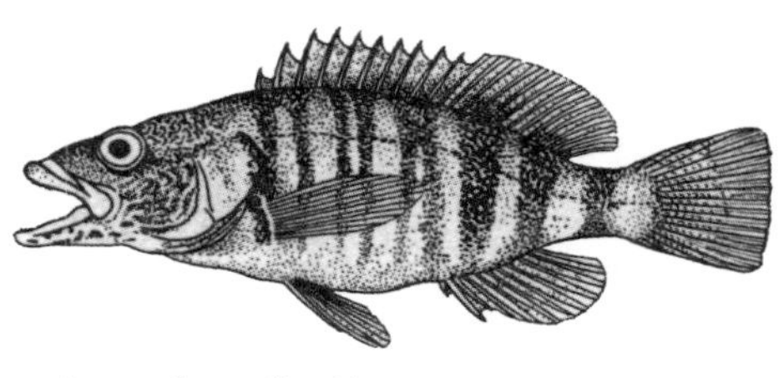

SERRAN ÉCRITURE

Serranus scriba (Linné)

FAO 121

NOMS DU MIDI

Roussillon : Baque sarran. Provence : Perche, Perco de mar. Corse : Perchia.

NOMS ÉTRANGERS

Anglais : Lettered perch. Espagnol : Serrano. Grec : Pérca. Italien : Sciarrano (scrittura). Tunisien : Burqash. Turc : Yazılı hani.

AUTRES

Vaca (Cat.) ; Pirka (S.C.).

Caractéristiques

Longueur maximum : 28 cm.

Marques distinctives à l'allure de griffonnage, d'où les noms scientifiques et français.

Cuisine

C'est un assez bon poisson que l'on fait souvent frire. On le met aussi dans la soupe de poissons.

Recette

Balık çorbası, p. 247.

SERRAN

Serranus cabrilla (Linné)

FAO 122

NOMS DU MIDI

Sète : Roussignaou.

NOMS ÉTRANGERS

Anglais : Comber. Espagnol : Cabrilla. Grec : Chános. Italien : Perchia. Tunisien : Burqash. Turc : Asıl hanı.

AUTRES

Serrà (Cat.), Serran chevrette (Fr.) ; Kanjac (S.C.).

Caractéristiques

Longueur maximum : 34 cm.

Rougeâtre avec des bandes jaunes horizontales sur le bas des flancs ainsi que des bandes verticales.

Cuisine

Le mieux est de le faire en soupe de poissons. Pourtant, un gros serran dont on ne prendrait que la partie postérieure, celle qui a le moins d'arêtes, vaudrait la peine d'être frit.

Recette

Balık çorbası, p. 247.

LES BRÈMES

La famille **Sparidae** est très vaste. Il y en a vingt et une espèces inscrites dans le catalogue FAO. Pour bien les distinguer les unes des autres, il faut étudier leur dentition, mais pratiquement, il s'avère suffisant de connaître la taille et la couleur des espèces les plus courantes ainsi que les différences de forme qu'elles présentent avec la forme standard de la brème (ovale, allongée, comprimée). Celles qui ont la meilleure chair sont les daurades (N° 128) et les dentés (N° 125).

Cette famille aime bien les eaux chaudes. Le plus grand nombre d'espèces et la plus grande abondance de brèmes se trouvent en général dans les mers tropicales et sub-tropicales ; elles sont faiblement représentées dans les eaux du nord de l'Europe. Les deux exceptions sont : le N° 133 et le N° 144, la daurade commune et le griset. On peut y ajouter le bogue (N° 141), que l'on trouve parfois dans la Manche.

Quand le lecteur aura passé en revue les nobles rangs des **Sparidae**, il trouvera ensuite deux espèces de la famille, au physique ingrat, **Centra-canthidae** (appelée également **Emme lichthyidae**), le picarel et la mendole.

DENTÉ

Dentex dentex (Linné)

FAO 125

NOMS DU MIDI

Roussillon : Dentou. Provence : Daïno, Denti.
Nice : Lenti. Corse : Dentice.

NOMS ÉTRANGERS

Anglais : Dentex. Espagnol : Dentón. Grec : Synagrída. Italien : Dentice. Tunisien : Dendiq (mais Quattous dans le Sud). Turc : Sinarit*.

AUTRES

Déntol (Cat) ; Denci (Malte) ; Zubatac (S.C.) ; Dental (Venise).

Caractéristiques

Longueur maximum : 100 cm.

La couleur change selon l'âge. Elle peut aussi changer après la mort : les taches disparaissent parfois.

*Ce poisson et d'autres semblables, qui sont vendus en tranches épaisses toutes prêtes, sont présentés sous le nom de "Trança", ce qui est simplement une version du mot "tranche".

Le jeune adulte a généralement le dos acier et les flancs argentés. Les nageoires pectorales sont rougeâtres.

Les plus gros ont tendance à avoir ce que Bini appelle une teinte vineuse. Le gros denté rosé (N° 127) est l'un de ses proches parents. Il en existe un autre, plus petit et plus rare : le **Dentex maroccanus** Valenciennes, que l'on rencontre en Méditerranée occidentale. Il est de couleur cramoisie.

Cuisine

C'est un poisson à la chair délicate. Il est spécialement bon grillé et servi avec du beurre d'anchois, mais il peut être présenté de nombreuses autres façons, qu'il soit en filets ou entier. Les plus gros peuvent être farcis et cuits au four.

Recettes

Denté farci, grillé et flambé à la farigoulette, p. 183.

Dentón al horno, p. 290.

Sayadieh, p. 261.

Dentice farcito, p. 224.

DENTÉ AUX GROS YEUX

Dentex macrophthalmus (Bloch)

FAO 126

NOMS ÉTRANGERS

Anglais : Large-eyed dentex. Espagnol : Cachucho

Grec : Bálas. Italien : Dentice occhione. Tunisien : Guerfal.

Caractéristiques

Longueur maximum : 40 cm. Mais généralement entre 20 et 30 cm.

Ce poisson a de gros yeux. Il est de couleur cramoisie. Il est abondant dans la mer Egée.

Cuisine

Comme le N° 125.

GROS DENTÉ ROSÉ

Dentex gibbosus (Rafinesque)

Dentex filosus

FAO 127

NOMS ÉTRANGERS

Espagnol : Sama de pluma. Grec : Koronáti tsaoússis.

Italien : Dentice corassiere. Tunisien : Dendiq.

AUTRES

Denté couronné (Fr). Zubatac krunaš (S.C.)

Caractéristiques

Longueur maximum : 90 cm.

Ce n'est pas un poisson commun et il ne se trouve pas du tout dans l'est de la

Méditerranée. Le troisième rayon de la nageoire dorsale se prolonge en un long filament. Les vieux mâles prennent un front proéminent, ce qui leur donne un air cocasse d'intellectuel. Ce poisson est parfois appelé "Denté bossu". Il arrive aussi qu'il soit appelé "Pagre royal" en Algérie et en Tunisie, ce qui peut le faire confondre avec son cousin, le N° 129. Sa couleur dominante est rosâtre.

Cuisine

Comme le N° 125.

DAURADE

Sparus aurata
(Linné)
Chrysophrys aurata
FAO 128

NOMS DU MIDI
Roussillon : Ourare, Dourada*. Marseille : Sauquesno (jeunes), Mejano (moyennes), Escordillo, Aouarde. Nice : Aurado. Corse : Palmata.
NOMS ÉTRANGERS
Anglais : Gilt-head bream. Espagnol : Dorada. Grec : Tsipoúra. Italien : Orata. Tunisien : Jerraf, Ourata. Turc : Çipura.
AUTRES
Orada (Cat.) ; Komarcă (S.C.).

Caractéristiques

Longueur maximum : 60 cm.

Ce poisson recherché a une tache dorée sur chaque joue et une autre en forme de croissant entre les yeux.

Il fréquente aussi bien les étangs saumâtres que la pleine mer. Il était consacré à Aphrodite, était-ce à cause de sa beauté ou parce qu'il est hermaphrodite, je n'en sais rien.

Les Tunisiens appellent les petites daurades "Warka" et quelquefois "Sefif".

Cuisine

C'est un excellent poisson qui est très généralement considéré comme le meilleur de la famille des brèmes. On peut le présenter en filets ou entier. Une daurade entière peut être grillée, cuite au court-bouillon ou cuite au four avec par exemple des champignons, du vin blanc, etc. Elle est très bonne aussi à l'étouffée.

Dans son livre *La Gastronomie africaine*, Léon Isnard vante les mérites exceptionnels de la daurade "aux sourcils d'or" et recommande cette recette de la daurade au four.

"Nettoyez une belle daurade et faites sur les côtés des incisions en forme de palmette. Mettez-la dans un plat à gratin beurré, que vous aurez parsemé d'une bonne pincée de basilic, d'échalote hachée, de persil et de cerfeuil. Assaisonnez avec du sel et mouillez avec 2 décilitres de vin blanc. Couvrez avec un papier gras spécial cuisson et faites cuire sur le réchaud, puis terminez la cuisson dans le four tout en arrosant régulièrement. Quand

*À Narbonne, il y a toute une gamme de noms : Saouquenella (jeunes), Marenqua (moyennes), Tresenqua, Daourada (grosses).

c'est cuit, faites une sauce avec le jus de cuisson en y ajoutant du beurre et le jus d'un citron. Servez."

Recettes

Daurade à la crème d'oursins, p. 182.

Orata alla Pugliese, p. 225.

Daurade à la niçoise, p. 182.

Daurade aux citrons confits, p. 276.

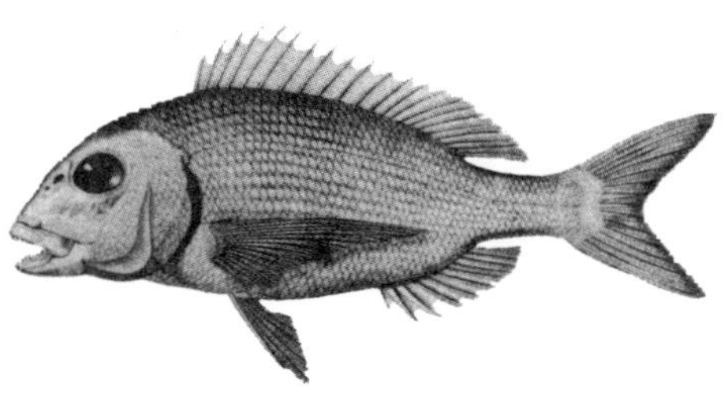

PAGRE COMMUN

Sparus pagrus (Linné)

Pagrus pagrus

FAO 129

NOMS DU MIDI
Roussillon : Bagre. Languedoc-Provence : Pagré. Nice : Padré. Corse : Paragu, Praiu, Occhione.

NOMS ÉTRANGERS
Anglais : Couch's sea bream, Sea bream. Espagnol : Pargo. Grec : Fagrí. Italien : Pagro. Tunisien : Hamraia ou (?) Bourrass. Turc : Sinarit.

AUTRES
Pàguera (Bal.) ; Pagre (Cat.) ; Praio (Ital.) ; Farrideh pour les gros et Farrafir pour les petits ainsi que pour le N° 128 (Liban).

Caractéristiques

Longueur maximum : 75 cm.

Celui-ci et les suivants ont le dos et les flancs d'une teinte rosée. Il est le seul à avoir les extrémités de la queue blanches.

Cuisine

Le pagre n'a pas une chair aussi délicate que la daurade (N° 128) mais c'est un bon poisson que l'on peut couper en darnes, ou cuire au four.

Recettes

Pagre aux moules, p. 186.

Trancie di pagro col peste, p. 226.

Samaki harra, p. 261.

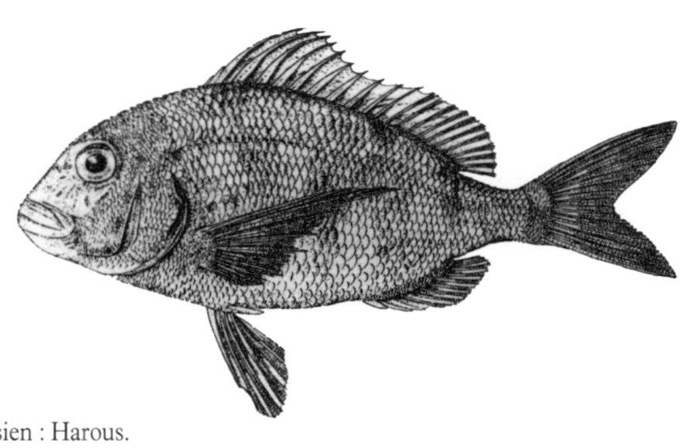

SAR ROYAL

Sparus caeruleosticus (Valenciennes)

Pagrus auriga

FAO 129-A

NOMS ÉTRANGERS
Espagnol : Hurta. Italien : Pagro reale. Tunisien : Harous.

AUTRE
Pagre royal (Fr.).

Caractéristiques

Longueur maximum : 90 cm.

Généralement marqué de quatre bandes transversales d'un brun rouge. Il est assez commun dans les eaux d'Algérie et de Tunisie, et rare dans les autres parties de la Méditerranée.

Cuisine

Comme le N° 129.

PAGRE À POINTS BLEUS

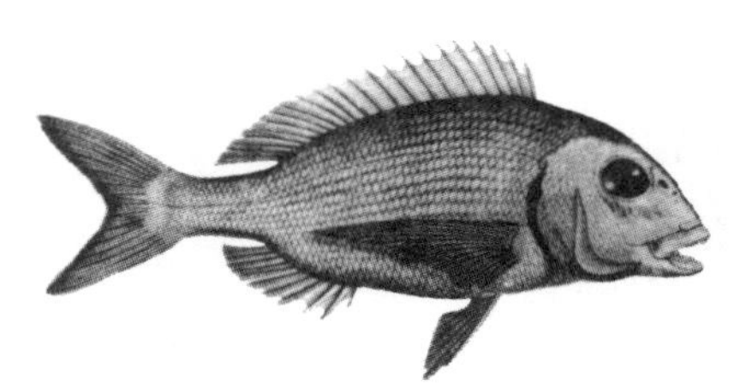

Pagrus ehrenbergi
(Valenciennes)
FAO 130

NOMS ÉTRANGERS
Anglais : Sea bream. Espagnol : Zapata. Grec : Fagrí. Italien : Pagro. Tunisien : Jeghali.
AUTRE
Pagre bossu (Fr.).

Caractéristiques

Longueur maximum : 60 cm.

Ce poisson a une arcade sourcilière plus haute que le N° 129, mais ils sont très semblables. Les taches bleu ciel du côté disparaissent après la mort.

Ce poisson habite dans le sud de la Méditerranée, mais c'est une espèce de l'Atlantique plutôt que de la Méditerranée. Sur les marchés italiens, il arrive qu'on le vende comme denté de l'Atlantique.

Cuisine

Comme le N° 129.

PAGEOT ROUGE

Pagellus erythrinus
(Linné)
FAO 131

NOMS DU MIDI
Roussillon : Pageil, Pageau. Languedoc : Patgol, Pageou.
Provence-Corse : Paragu, Paghiella.
NOMS ÉTRANGERS
Anglais : Pandora. Espagnol : Breca. Grec : Lithríni. Italien : Fragolino. Tunisien : Murjane (corail). Turc : Mercan.
AUTRES
Luvasu et des variantes (Sicile) ; Rumenac, Arbun (S.C.).

Caractéristiques

Longueur maximum : 50 cm.

Poisson d'une teinte rouge très marquée ainsi que l'indiquent le nom scientifique et le nom français.

La nomenclature de ce genre n'est pas claire. Tous ces poissons sont susceptibles d'être appelés pagel ou pageau. "Pagell" est un nom catalan.

Cuisine

Un assez bon poisson s'il est grillé ou cuit au four.

PAGEOT BLANC

Pagellus acarne Risso

FAO 1 32

NOMS DU MIDI
Roussillon : Calet. Provence : Bézuque. Nice : Giendo, Pageo.
NOMS ÉTRANGERS
Anglais : Bronze bream, Spanish bream. Espagnol : Aligote.
Grec : Moúsmouli. Italien : Pagello bastardo. Tunisien : Murjane. Turc : Kırma mercan.
AUTRES
Besuc (Cat.) ; Besugo (Esp.).

Caractéristiques

Longueur maximum 35 cm.

Poisson qui a de grands yeux. De couleur argent, avec une tache noire à l'endroit où s'attache la nageoire pectorale.

Cuisine

Semblable au N° 131, mais il est un peu sec pour la grillade. Aussi Escudier recommande-t-il de le préparer en le laissant mariner deux heures dans de l'huile d'olive, avec du sel. La préparation est encore plus efficace si on laisse le poisson en plein soleil, mais on peut considérer qu'elle est valable aussi par temps gris.

DAURADE COMMUNE – ROUSSEAU – GROS-YEUX

Pagellus centrodontus

(Delaroche)

FAO 133

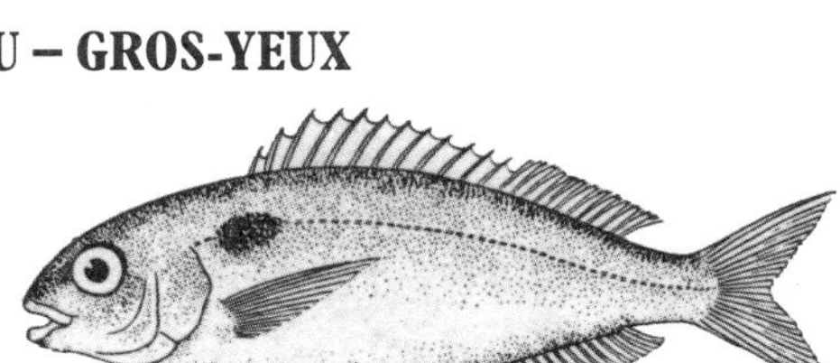

NOMS DU MIDI
Roussillon : Pageau, Pagel. Provence : Bel-uei,
Besugo de la rédo. Nice : Bésugou.
NOMS ÉTRANGERS
Anglais : Red bream. Espagnol : Besugo. Grec : Lithríni.
Italien : Occhialone. Tunisien : Murjane. Turc : Mandagöz mercan.
AUTRES
Bazouk (Alg.) ; Quelet (Cat.).

Caractéristiques

Longueur maximum : 50 cm.

Les adultes ont une grande tache noire au-dessus de l'épaule. Le dos est généralement gris ou d'un gris rougeâtre. En France, on l'appelle aussi la "fausse daurade" ou la "daurade de l'Océan".

Certains experts considéraient que le "bogaravelle" était ce même poisson, plus jeune, alors que d'autres le classaient comme une espèce distincte. En fait, on sait maintenant qu'il s'agit du même poisson, avec des taches bleues sur le dos.

Cuisine

Comme pour le N° 131. Les petites daurades peuvent être grillées ou mises dans une soupe de poissons, selon leur taille.

Recettes

Daurade au fenouil et au vin blanc, p. 193.

Besugo con almendras, p. 288.

MARBRÉ

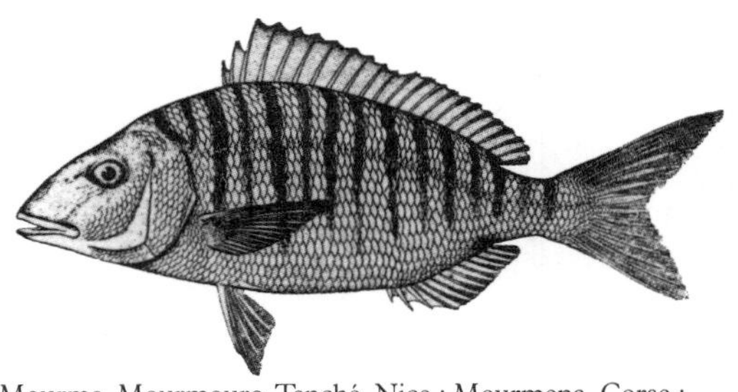

Lithognathus mormyrus
(Linné)
Pagellus mormyrus
FAO 135

NOMS DU MIDI
Roussillon : Mabré. Sète : Tinié. Provence : Mourme, Mourmouro, Tenché. Nice : Mourmena. Corse : Mermura.
NOMS ÉTRANGERS
Anglais : Striped bream. Espagnol : Herrera. Grec : Mourmoúra. Italien : Marmora. Tunisien : Menkous. Turc : Çizgili mercan.
AUTRES
Mabre (Cat.) ; Ovčica (S.C.) ; Ajula et des variantes (Sic.).

Caractéristiques

Longueur maximum : 50 cm.

Se distingue par dix ou douze bandes verticales.

Cuisine

C'est un excellent poisson. Il est recommandé de le faire griller.

SAR TAMBOUR

Puntazzo puntazzo (Cetti)
Charax puntazzo
FAO 136

NOMS DU MIDI
Marseille : Mouré pountchou, Chique-tabac.
Nice : Mourre-agut. Corse : Zulla, Salpa sulla.
NOMS ÉTRANGERS
Anglais : Sheepshead bream. Espagnol : Morruda, Sargo picudo. Grec : Mytáki. Italien : Sarago pizzuto. Tunisien : Maïza. Turc : Sivriburun karagöz.
AUTRES
Šiljac, Pic (S.C.).

Caractéristiques

Longueur maximum : 48 cm.

Sa forme, ses bandes et son “museau” sont à noter.

Cuisine

Il a beaucoup d’arêtes. La chair n’est pas très estimée.

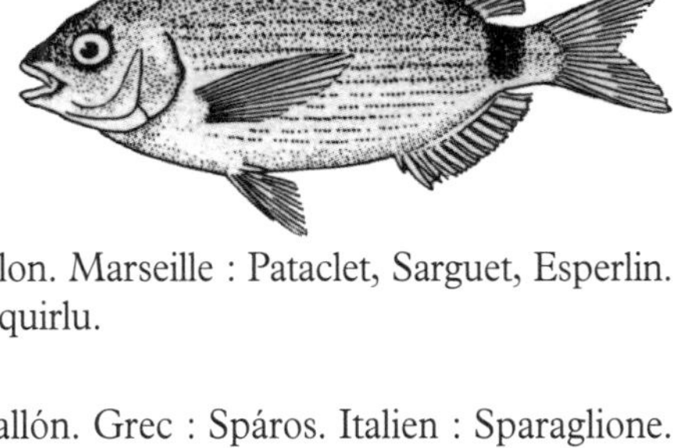

SPARAILLON

Diplodus annularis (Linné)
Sargus annularis
FAO 137

NOMS DU MIDI
Roussillon : Sparaillou. Narbonne : Raspaillon. Marseille : Pataclet, Sarguet, Esperlin. Antibes : Spartin, Sparlin. Corse : Spirrlu, Squirlu.
NOMS ÉTRANGERS
Anglais : Annular bream. Espagnol : Raspallón. Grec : Spáros. Italien : Sparaglione. Tunisien : Sibri, Sbars, Sbares. Turc : Ispari.
AUTRES
Esparall (Cat.) ; Pataclé (Tun.) ; Spar (S.C.) ; Spari (Bulg.).

Caractéristiques

Longueur maximum : 18 cm. Couleur dominante, jaunâtre. Ils ont souvent, mais pas toujours, des bandes verticales plus sombres. Autour du pédoncule de la queue, ils ont une bande sombre en forme d’anneau. Le mot **annularis** fait allusion à cet anneau.

Cuisine

S’utilise en soupe de poissons. C’est un élément essentiel de la soupe à la mode de Sfax.

Recette

Marka, p. 267.

SAR COMMUN – SARGUE RAYÉ

Diplodus sargus (Linné)
Sargus sargus
Sargus rondeletii
FAO 138

NOMS DU MIDI
Sète : Sarguet. Provence : Sar. Nice : Sargou. Corse : Saragou.
NOMS ÉTRANGERS
Espagnol : Sargo. Grec : Sarpós. Italien : Sarago maggiore. Tunisien : Fouliya ou Sargi. Turc : Karagöz.
AUTRES
Sard (Cat.) ; Sargo (It.) ; Sargu (Malte).

Caractéristiques

Longueur maximum : 45 cm.

Gris-brun sur le dos et les côtés. Marqué de sept ou huit bandes fines et verticales.

Le **Diplodus trifasciatus** (Rafinesque) est d'une espèce plus grande. Il peut dépasser les 50 cm de long. Il a cinq bandes marron foncé sur ses flancs argentés (Voir croquis). Il a également des lèvres épaisses, d'où son nom en français de "sar à grosses lèvres". En général, c'est une espèce commune dans l'Atlantique, mais on peut la trouver dans la partie Ouest de la Méditerranée. On le rencontre plus souvent dans le Sud que dans le Nord.

Cuisine

Grillé ou cuit au four. C'est un excellent poisson.

Recettes

Sar au fenouil et au vin blanc, p. 193.

Sayadieh, p. 261.

SAR DORÉ – SARGUE ORDINAIRE

Diplodus vulgaris
(Geoffroy Saint-Hilaire)
FAO 139

NOMS DU MIDI
Sète : Sarguet négré.
Provence : Veirade, Sar, Pataclet, Sargueto.
Nice : Sargou rascas. Corse : Cullarigu.
NOMS ÉTRANGERS
Anglais : Two-banded bream. Espagnol : Mojarra. Grec : Spáros. Italien : Sarago fasciato.
Tunisien : Shergou, Ktef, Timar (dans le Sud). Turc : Karagöz ou Sarıgöz (voir N° 144).
AUTRES
Variada (Cat.) ; Fratar (S.C.).

Caractéristiques

Longueur maximum : 25 cm.

Les nombreuses raies fines et horizontales sont jaunâtres. Les deux bandes verticales, en avant et en arrière, sont remarquables. Le reste du corps est très clair.

On rencontre cette espèce dans toute la Méditerranée, ainsi que dans l'Atlantique entre le nord de l'Espagne et le Sénégal.

Cuisine

Autre poisson excellent que l'on peut faire griller ou cuire au four : les plus petits allant dans la soupe de poissons.

Je mentionne ici, quoiqu'il soit préférable, et même nécessaire, de le faire avec plusieurs ou au minimum deux espèces de brèmes, le plat toscan "Arrosto di Paraghi e Saraghi". Paragho est le nom toscan qui s'applique à plusieurs membres de la famille des brèmes, spécialement les Nos 131, 133 et 134; alors que Saragho s'applique au sar doré ainsi qu'au N° 138. Pour faire ce plat, achetez des petites brèmes (4 à 5 au kilo) de ces espèces. Nettoyez-les et ouvrez-les suffisamment pour pouvoir en extraire l'arête centrale mais sans fendre complètement le poisson. Mettez dans chaque poisson une tranche fine de jambon cru ou de lard et une brindille de romarin, et saupoudrez l'intérieur de sel et de poivre. Refermez les poissons avec soin et enfilez-les sur une broche en intercalant des morceaux de pain grillé et des brins de sauge. Les poissons grilleront alors à feu vif. Arrosez-les de temps en temps avec leur propre jus recueilli dans une lèche-frite et additionné d'un peu d'huile d'olive et de marsala ou de vin blanc. Une fois que les poissons sont cuits et dorés, retirez-les de la broche avec beaucoup de précautions et servez-les avec un jus de citron.

(D'après les indications prises dans *Cacciucco* de Maria Nenciolli, qui a décrit avec une compétence particulière les mets de poisson de Toscane.)

BOGUE

Boops boops (Linné)

FAO 141

NOMS DU MIDI

Roussillon : Bogas, Bogeu. Languedoc : Bogua.
Provence : Boga, Bogo, Bogou. Nice : Buga.

NOMS ÉTRANGERS

Anglais : Bogue. Espagnol : Boga. Grec : Gópa. Italien : Boga. Tunisien : Sbouga ou Bouga. Turc : Gupa, Kupes.

AUTRES

Boba, Vopa (It. et Malte) ; Vuopa, Uopa (Sic.) ; Bukva (S.C.) ; Gopa (Bulg.).

Caractéristiques

Longueur maximum : 35 cm.

Le mot **boops** signifie littéralement avoir de gros yeux de bœuf. Il est de couleur argentée avec des teintes jaunâtres. Cette espèce est une de celles que l'on pêche le plus à Malte.

Cuisine

Wheeler remarque que la chair du bogue semble être de qualité variable selon le genre de nourriture que ce poisson consomme. Peut-être un jour en rencontrerai-je un sur mon chemin, qui aura su choisir sa nourriture avec discernement. Mais d'après ma propre expérience et d'après la réputation générale du poisson, le bogue n'est pas particulièrement bon. Toutefois, il peut être accommodé de toutes les façons habituelles.

SAUPE

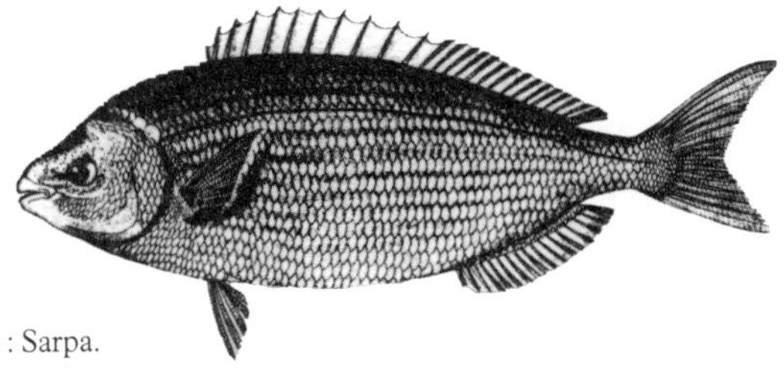

Sarpa salpa (Linné)

Boops salpa

FAO 142

NOMS DU MIDI

Port-Vendres : Salpe. Languedoc : Saoupa.
Provence : Saoupo, Sopi, Vergadelo. Nice-Corse : Sarpa.

NOMS ÉTRANGERS

Anglais : Salema. Espagnol : Salema. Grec : Sálpa. Italien : Salpa, Sarpa.

Tunisien : Shelba. Turc : Çitari, Sarpa.
AUTRES
Salpa (Cat.) ; Saupa (Esp.) ; Zilpa (Malte) ; Zlatopružica (S.C.).

Caractéristiques

Longueur maximum : 45 cm.

Poisson facile à reconnaître, il a dix ou douze bandes horizontales d'un jaune doré.

Les saupes se trouvent parmi les bancs d'algues dont elles se nourrissent, Leurs habitudes d'herbivores leur ont valu en Algérie, m'a-t-on dit, le nom de "chèvres".

Cuisine

Les habitants des îles Kerkennah sont de grands consommateurs de ce poisson qu'ils font griller. Un dicton tunisien dit "Shelba wa maiet el anba", ce qui veut dire que ce poisson est meilleur pendant la période des vendanges. A d'autres moments, s'il est moins bon, on peut l'améliorer en le faisant mariner avant de le faire cuire.

D'après Euzière, il faut faire une distinction entre les "Saupes sédentaires" qui vivent le long des côtes du sud de la France pendant l'année entière et sont sujettes à avoir trop d'arêtes et un goût de boue, et les "Saupes de passage" qui apparaissent en octobre et novembre et qui sont plus grosses et ont meilleur goût.

Recette

Kousha, p. 270.

OBLADE

Oblada melanura (Linné)
FAO 143

NOMS DU MIDI
Roussillon : Bogua. Languedoc : Neblada.
Provence : Blade, Blada, Aublado. Corse : Occhiata.
NOMS ÉTRANGERS
Anglais : Saddled bream. Espagnol : Oblada. Grec : Melanoũri. Italien : Occhiata. Tunisien : Kahlaia. Turc : Melanurya.
AUTRES
Kahlija (Malte) ; Crnorep, Ušata (S.C.).

Caractéristiques

Longueur maximum : 30 cm.

Poisson aux gros yeux avec une bande noire remarquable tout autour du pédoncule de la queue. Le gris est sa couleur prédominante.

Cuisine

Poisson qui est très bon, surtout si l'on suit le conseil de l'adage : "L'oblade se mange quand bourdonne l'abeille", c'est-à-dire au printemps. Elle est meilleure grillée ou servie à la meunière.

Recette

Sopa de peix, p. 282.

GRISET – CANTHARE

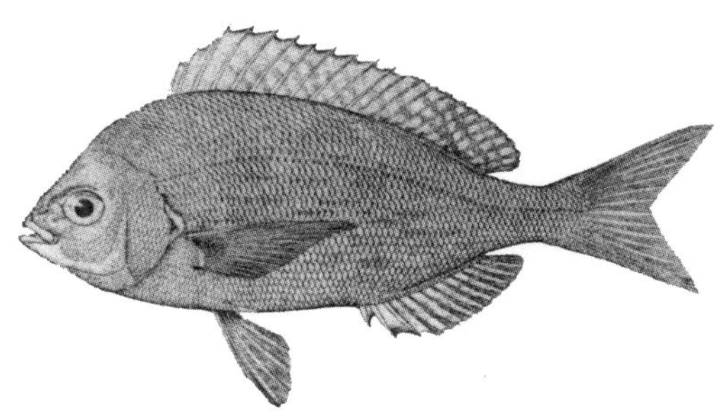

Spondyliosoma cantharus
(Linné)
Cantharus lineatus
Cantharus griseus
FAO 144

NOMS DU MIDI
Roussillon : Gallet. Languedoc : Cantarella, Sar.
Provence : Canto, Tanudo, Cantarelo, Sarg. Nice-Corse : Tanuda.
NOMS ÉTRANGERS
Anglais : Black bream. Espagnol : Chopa. Grec : Scathári. Italien : Tanuta. Tunisien : E'houdiya (Juif), Zargaïa. Turc : (?) Sarıgöz*
AUTRES
Charbonnier (Alg.) ; Càntera (Cat.) ; Kantar (S.C.) ; Kannouta (Tun.).

Caractéristiques

Longueur maximum : 50 cm.

Mais on n'en trouve pas souvent d'aussi gros. Se trouve aussi bien dans l'est de l'Atlantique que dans toute la Méditerranée. Le dos est gris foncé, les côtés portant de nombreuses bandes longitudinales d'un jaune doré.

Ce poisson fut décrit par Oppien comme étant un poisson monogame et Elien ajoutait même qu'un griset se battait pour sa compagne ainsi que Ménélas a combattu avec Pâris.

Cuisine

C'est une des meilleures brèmes ; accommoder comme une daurade (N° 128). Pourtant, elle n'est pas appréciée dans le sud de la France ; un proverbe provençal "La tanudo ni cuecho ni crudo" dit que l'on ne peut le manger ni cuit ni cru.

MENDOLE COMMUNE

Maena maena
(Linné)
FAO 145

NOMS DU MIDI
Roussillon : Chouscle, Mata-soldat. Nice : Amendoula, Gora, Gavaron.
NOMS ÉTRANGERS
Anglais : Picarel. Espagnol : Chucla. Grec : Ménoula.
Italien : Mennola. Tunisien : Zmeimra. Turc : Izmarit.
AUTRES
Xucla (Cat.) ; Tragalj, Modrak, Gira (S.C.).

Caractéristiques

Longueur maximum : 25 cm.

*Le chercheur ne trouve ici que le chaos. Cette espèce-ci a les yeux noirs. Il est alors bien difficile de croire, comme le suggère le catalogue de la FAO, que son nom turc soit Sarıgöz qui veut dire "yeux jaunes". Mais le nom Karagöz qui veut dire "yeux noirs" s'applique en pratique aux Nos 138 et 139 dont les yeux sont jaunes ! Il semble possible que le nom Firtına balıgı (storm fish) s'applique à cette espèce ; mais il est aussi probable qu'il n'existe pas de solution logique.

Il a une tache sur le côté comme le N° 146. Le mâle de cette espèce est particulièrement facile à confondre avec le N° 146. Du fait que les deux espèces sont difficiles à distinguer, leurs noms locaux sont aussi un peu confus. Ceux qui sont donnés à l'un peuvent être appliqués à l'autre. La différence la plus visible est sans doute que la tache noire du côté est moins marquée chez le picarel que chez la mendole.

Cuisine

Il n'est pas considéré comme un très bon poisson. Aussi, à Venise, était-ce une insulte que de traiter quelqu'un de "mangeur de mendole" ; à d'autres endroits, en France par exemple, à Port-Vendres, la mendole est connue sous le nom de mata-soldat (tueur de soldat), ce qui est un nom catalan. Toutefois, les mendoles sont assez bonnes frites. Voyez aussi ce qui concerne le N° 146.

Faber, écrivant en 1883, mentionnait que "... c'est un mode de dérision habituel que d'accuser une personne de manger ce genre de poisson". Il reste à savoir si les Vénitiens d'aujourd'hui cherchent à flétrir la réputation de leurs voisins par des accusations de ce genre.

Recette

Sopa de Peix, p. 282.

PICAREL

Spicara smaris (Linné)
FAO 146

NOMS DU MIDI
Marseille : Jarret, Varlet de ville.
NOMS ÉTRANGERS
Anglais : Picarel. Espagnol : Caramel.
Grec : Marída. Italien : Zerro. Tunisien : Zmeimra. Turc : Strongiloz.
AUTRES
Gerret (Cat.) ; Mungara, Arznella (Malte) ; Asineddu (Sic.) : Siljka (ou Gira) oblica (pour la femelle) ou obljak (pour le mâle) (S.C.) ; Smarid (Bulg. et Roum.) : Smarida (Russe).

Caractéristiques

Longueur maximum : 20 cm.

On le rencontre en Méditerranée et dans la mer Noire, comme la mendole. La couleur varie selon la saison et le sexe. Le dos est souvent gris-brun ou ardoise, avec quelques bandes plus sombres chez la femelle.

Cuisine

Comme le N° 145. Mais à certains endroits du sud de l'Italie, notamment dans les Pouilles, ce poisson est très estimé. Un jeune picarel salé est délicieux. C'est une spécialité locale, du nom de "Slana gira", que l'on trouve sur la côte dalmate, de l'île de Hvar à Dubrovnik.

De jeunes poissons, qui ont au maximum 10 cm, sont vidés et salés afin d'être mangés plus tard à l'occasion. L'occasion s'est présentée pour moi dans la maison de M. Lozica Dinko à Lombarda, dans l'île de Korcula, et sa famille m'a appris à le faire correctement.

En premier, retirez la tête. Retirez alors délicatement la peau, un côté après l'autre, retirez les nageoires du dos et de l'abdomen. Tenez en l'air le petit picarel, alors dépiauté, par la queue. Trempez-le dans un mélange d'huile d'olive et de vinaigre, faites-le alors descendre dans votre bouche. Ils se dégustent avec du pain et du vin. On peut en manger une quantité étonnante à la file.

En Grèce, la "marida" est très appréciée, alors qu'en Méditerranée occidentale la mendole est froidement dédaignée… En Tunisie, on mange volontiers les picarels séchés.

LES MULLIDÉS

La famille **Mullidae** est principalement représentée en Méditerranée par les deux espèces décrites ci-après ; pour toutes les deux, le nom de base est "Rouget", "Triglia" en italien. Leur couleur pourpre est distinctive ; le goût délicat et incomparable. Elles ont des petites arêtes, mais le gourmet, enthousiaste, apprend vite à déguster son rouget sans en être embarrassé.

La famille comprend aussi deux membres exotiques qui vivent dans l'est de la Méditerranée : **Upeneus tragula** Richardson, à bandes noires, et **Upeneus moluccensis** Bleker, à bandes dorées. Ce sont des espèces indo-pacifiques qui ont migré en Méditerranée, venant de la mer Rouge en traversant le canal de Suez. Dans l'Antiquité gréco-romaine, le rouget était un des poissons les plus connus et les plus estimés. Son nom était "Trigle" en grec et "Mullus" en latin*. Les Grecs l'appréciaient, c'était le poisson dédié à Hécate ; toutefois, ils n'en perdaient pas la tête comme les Romains semblent l'avoir fait au cours du Ier siècle après Jésus-Christ. Cicéron, Horace, Juvénal, Martial, Pline, Sénèque et Suétone ont laissé des témoignages concernant la passion du rouget qui commença à affecter les riches Romains durant les dernières années de la République et les a possédés au début de l'Empire.

Cette passion s'est manifestée par l'importance attachée à leur taille, d'où le prix absurdement élevé des spécimens de grande taille, par l'habitude de garder les rougets en captivité et par une jouissance d'une qualité esthétique particulièrement raffinée qu'ils éprouvaient à regarder virer la couleur des poissons agonisants. C'était un étrange passe-temps ; en fait, il n'est pas prouvé que beaucoup de gens s'y adonnaient vraiment.

Pline, évidemment, n'avait jamais été témoin d'une telle scène, lorsqu'il la décrit ainsi :

"Les maîtres en gastronomie disent que son corps blêmit, que ses écailles subissent des altérations complexes et rougissent, c'est en tout cas l'impression que l'on a en les regardant à travers un récipient de verre."

*Une source de confusion est née quand Linné, le grand naturaliste, s'apercevant que le rouget avait été classé dans le même genre que le grondin, décida, avec raison, de les séparer, mais, ce faisant, laissa au rouget son nom de mullus et transféra le nom de trigla au grondin (voir p. 102), ce qui se trouva être l'inverse de l'usage ancien. Les deux familles sont très différentes mais la similitude de couleur leur donne une ressemblance superficielle. Ainsi, par exemple, le nom de rouget est souvent donné aux grondins aussi bien qu'aux rougets.

L'autre passage fameux sur ce sujet est de Sénèque (Qn III, 18). Il écrit comme quelqu'un qui a participé à une de ces réunions du genre "viens donc par ici et regarde le rouget mourir avant d'aller dîner", mais il devait plus tard s'ouvrir les veines et pouvait, d'avance, avoir une attirance morbide pour la grande pâleur qu'il a décrite comme étant la couleur d'entre la vie et la mort.

Quant à la taille, le plus grand des rougets capturé de nos jours n'atteint pas plus de 40 cm de longueur et son poids est d'environ 1,6 kg. On est doucement surpris de lire d'abord, dans Pline, qu'un rouget de 900 g est rare et de voir qu'Horace (Satires II, 2) taxe de folie l'enthousiasme d'un gourmet devant un rouget de 1,3 kg. D'autre part, on s'étonne de trouver des allusions à des rougets de plus de 2 kg.

Juvénal (IV, 15) parle d'un rouget de 1,6 kg qui se vendit 6 000 sesterces. Quand trois rougets atteignirent 3 000 sesterces (soit 1 200 F l'un, bien que beaucoup de savants nieraient la possibilité de faire une conversion monétaire de ce genre), l'empereur Tibère se vit contraint de mettre un impôt somptuaire sur le marché au poisson, ce qui a pu sans doute contribuer à faire baisser ladite fièvre.

Macrobe, écrivant quelques siècles plus tard, raconte avec une paisible satisfaction que de son temps il n'était pas difficile de se procurer un rouget de plus de 900 g et que les prix ridicules du temps passé n'étaient qu'un souvenir.

ROUGET BARBET

Mullus barbatus (Linné)
FAO 147

NOMS DU MIDI
Provence : Estreio, Imbriaco, Striglio.
Nice : Streglia, Estrilha. Corse : Triglia.
NOMS ÉTRANGERS
Anglais : Red mullet. Espagnol : Salmonete de fango. Grec : Koutsomoúra. Italien : Triglia di fango.
Tunisien : Mellou, Bouqit (dans le Sud). Turc : Barbunya.
AUTRES
Moll de fang (Cat.) ; Rouget de vase (Tun.) ; Trlja (S.C.) ; Sultan Ibrahim ramleh (Liban).

Caractéristiques

Longueur maximum : 25 cm. La couleur peut varier, mais le poisson est généralement rose et souvent pâle en comparaison du N° 148.

En Tunisie, les plus pâles sont parfois appelés "Rouget blanc" ou "Trilia beidha", nom hybride. "Triglia", qui est le nom italien général, présente de nombreuses variantes locales ; "Tregghia", dans le Sud, "Trigghia" en Sicile, "Treggh" à Bari, etc.

Cuisine

Les Nos 147 et 148 s'accommodent de la même façon. Voyez au N° 148.

Recettes

Rougets à la niçoise, p. 190.
Rougets aux feuilles de vigne, p. 192.
Rougets en papillote "Baumanière", p. 191.

Salmonetes con salsa romesco, p. 294.
Triglie alla Livornese, p. 232.
Triglie fredde con salsa di monta, p. 232.
Psitó psári, p. 241.

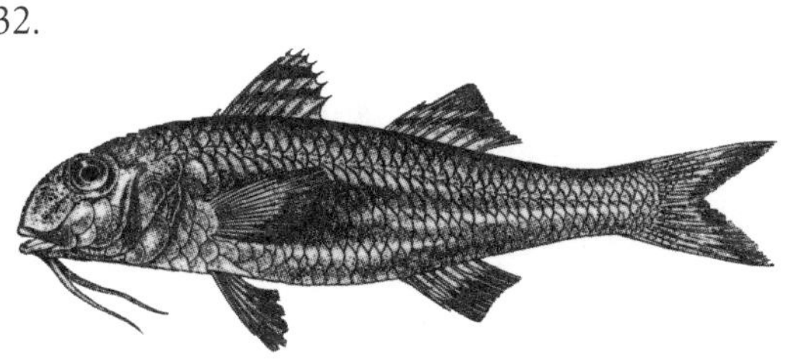

ROUGET DE ROCHE

Mullus surmuletus (Linné)

FAO 148

NOMS ÉTRANGERS

Anglais : Red mullet. Espagnol : Salmonete de roca.
Grec : Barboúni. Italien : Triglia di scoglio. Tunisien : Mellou, Bouqit. Turc : Tekir.

AUTRES

Moll roquer (Cat.) ; Trilia hamra, Trilia hajar (hamra veut dire rouge et hajar des rochers) (Tun.) ; Sultan Ibrabim sakhri (Liban) ; Trlja (S.C.).

Caractéristiques

Longueur maximum : 40 cm.

Sa première nageoire dorsale est garnie de raies, ce qui le rend très facile à distinguer du N° 147.

Cette espèce peut avoir aussi des bandes horizontales jaunes sur les flancs. La coloration change dans l'eau par mimétisme, mais, hors de l'eau, ce poisson est généralement plus rouge que ne l'est le N° 147.

Un poisson de cette espèce, fraîchement pêché, devient encore plus rouge s'il est écaillé immédiatement.

Cuisine

Les N°s 147 et 148 s'accommodent de la même façon.

Le rouget, et plus spécialement le "rouget de roche" (N° 148), est parmi les poissons les plus estimés de la Méditerranée, et un des rares qui soient cuits habituellement sans être vidés. Ils peuvent être grillés, frits ou cuits au four, mais ne doivent pas être pochés ou cuits à la vapeur. Voici, pour l'accommoder, une méthode grecque classique :

Après avoir nettoyé les rougets, les asperger de jus de citron et de sel, les laisser ainsi pendant une demi-heure, les saupoudrer légèrement de farine et les faire frire dans de l'huile d'olive bien chaude.

A Kélibia, au cap Bon, on extirpe les entrailles par les ouïes, on laisse les écailles, on roule le poisson dans du sel fin avant de le faire griller.

Dans la région de Naples, les très petits rougets, connus sous le nom de "fragaglie", sont frits entiers.

"Triglie alla siciliana" est un plat fait avec des rougets qui ont mariné une demi-heure dans de l'huile d'olive assaisonnée. Ils sont grillés entiers et sont servis avec une sauce à l'orange (inhabituel), voir la recette espagnole de mérou, p. 292.

Recettes

Voir le N° 147.

LE MAIGRE, LE CORB ET L'OMBRINE, LE TASSERGAL, LE SAUREL, LA SÉRIOLE, LE POISSON PILOTE, LA LICHE ET LA PALOMINE

Nous arrivons, toujours dans l'ordre **Perciformes**, à trois familles, **Sciaenidae**, **Pomatomidae** et **Carangidae**, qui comptent un bon nombre de poissons importants et de bonne taille.

Le maigre (N° 151) remonte vers le nord jusqu'aux côtes sud de l'Angleterre, alors que le corb et l'ombrine restent dans les eaux plus chaudes. Les sciénidés sont, avant tout, des poissons qui vivent dans les mers tempérées et tropicales. Ils sont connus par les grandes otolithes (concrétion minérale) de leurs oreilles et par la forme de leur vessie gazeuse qui permet aux mâles de produire des vibrations perceptibles, faisant ainsi des bruits caractéristiques.

Le tassergal est un grand et excellent poisson qui est hautement estimé en Turquie, mais il n'est pas tellement connu dans la plupart des autres pays méditerranéens où les conditions pour le pêcher sont moins favorables.

La famille **Carangidae** constitue un groupe hétérogène (il l'est en tout cas à l'œil du profane), dans lequel nous trouvons le saurel (qui n'est pas aussi vilain que l'on pourrait le craindre d'après les surnoms peu flatteurs) ; la magnifique sériole ; le poisson pilote ; la liche et la palomine. Un de leurs traits communs est la présence, manifeste ou discrète, de deux petites épines situées en avant de la nageoire anale.

MAIGRE – COURBINE – SCIÈNE

Argyrosomus regius
(Asso)
Sciaena aquila
FAO 151

NOMS DU MIDI
Languedoc : Pei rai, Daines. Provence : Figoun, Lombrino, Roujeto.
NOMS ÉTRANGERS
Anglais : Meagre. Espagnol : Corvina. Grec : Mayático. Italien : Bocca d'oro.
Tunisien : Lej. Turc : Sarıağız.
AUTRES
Reig (Cat.) ; Aetós (Gr.).

Caractéristiques

Longueur maximum : 200 cm.

Un grand poisson, vorace, qui fait un bruit particulier dans l'eau. **Sciaena** est un mot grec qui indique une couleur foncée, alors que **aquila** (aigle) signale la voracité de ce poisson. Les noms italiens et turcs se rapportent à sa gorge dorée, très caractéristique.

Cuisine

Le cuisinier peut l'accommoder comme un très grand loup auquel d'ailleurs il ressemble. La chair en est blanche et sans arêtes ; elle est aussi bonne froide que chaude.

Recette

Athenaiki mayonaisa, p. 239.

CORB – CORBEAU

Sciaena umbra Linné
Corvina nigra (Bloch)
FAO 152

NOMS DU MIDI
Roussillon : Courbaill. Languedoc : Ourdo, Cuorb.
Provence : Verdo, Peï coua. Nice : Cuorp. Corse : Beccu, Guarda secca.
NOMS ÉTRANGERS
Espagnol : Corvallo. Grec : Skiós. Italien : Corvo. Tunisien : Ghrab. Turc : Eşkina.
AUTRES
Corba (Cat.). Escorbail (Bal.) ; Vranac, Konj (S.C.) ; Khenena (Eg.).

Caractéristiques

Longueur maximum : 75 cm.

C'est un poisson plus petit que le N° 151, mais son corps est plus haut. En Turquie, avec deux boules blanches (otolithes) que l'on extrait de sa tête, on fait un "remède de bonne femme" contre les affections urinaires. Un de mes amis français préfère recueillir les otolithes du N° 153 pour en faire des colliers.

On rencontre cette espèce en Méditerranée, dans la mer Noire et dans la mer d'Azov. Il préfère un habitat rocheux et mène une vie plus active de nuit que de jour.

Cuisine

Il est bon frit, en tranches, éventuellement avec une béchamel enrichie d'un jaune d'œuf, d'un jus de citron et d'estragon haché.

Ce n'est pas souvent que l'on est témoin de la création d'une recette. Pourtant, Maria Nencioli a pu saisir une telle occasion auprès d'un officier de marine italien ; elle l'a consignée par écrit dans *Cacciucco*.

"Avec cette recette simple et délicieuse de sa propre invention le "Commandante della Corvetta" Marcello Bertini avait l'habitude de cuire les corbs que les pêcheurs remontaient avec leurs chaluts à l'île Giglio alors qu'il était en service à bord d'un dragueur de mines sur ces mers piégées et poissonneuses."

Le lecteur, alléché par un tel préambule, sera tenté de faire appel à son imagination ou à son expérience pour compléter les indications sommaires qui suivent :

"Prenez une bonne darne de corb par personne. Faites frire une grosse quantité d'oignons dans beaucoup d'huile d'olive et mettez-y les darnes. Mouillez avec un bon bouillon de poisson et du vin blanc en quantité modérée. Ajoutez du sel et du poivre. Laissez cuire ; servez tel quel ou avec une sauce piquante de votre choix, des pommes de terre en purée et des petits pois ou des lentilles."

OMBRINE

Umbrina cirrosa
(Linné)
Sciaena cirrosa
FAO 153

NOMS DU MIDI
Languedoc : Daines. Provence : Caïno, Chrau, Rabanenco, Oumbrino. Corse : Lumbrina.
NOMS ÉTRANGERS
Espagnol : Verrugato. Grec : Mylokópi. Italien : Ombrina. Tunisien : Kharbo ou Baghla (Sud).
Turc : Minakop, Kötek.
AUTRE
Corbail (Cat.) ; Kurjal (S C.) ; Gurbell (Malte).

Caractéristiques

Longueur maximum : 100 cm.

Son dos et ses côtés sont jaunâtres avec de chaque côté jusqu'à trente fines lignes bleues bordées de blanc, en diagonale et ondulées.

Ceux de l'espèce plus petite, **Umbrina canariensis** Valenciennes, ont un corps plus large et de gros yeux. On peut les trouver dans l'ouest de la Méditerranée ou le long des côtes sud.

Cuisine

C'est un bon poisson qui peut être comparé au loup (N° 113). On peut le faire griller, le faire frire en tranches, le cuire au four, ou l'utiliser pour le couscous de poisson.

Berthelot, consul français aux îles Canaries, qui a publié en 1868 un compte rendu des pêcheries de la Méditerranée, fait beaucoup de cas de la valeur qu'avait la tête d'ombrine (c'est-à-dire la tête et les épaules) à Rome. Il rappelle l'histoire de Tamisio, un parasite gastronome qui postait un messager au marché pour savoir qui achetait la meilleure tête d'ombrine et pour ensuite se faire inviter à dîner à l'endroit voulu. Ce malheureux passa une fois toute une journée à dépister une tête d'ombrine. Il la vit d'abord emmener au Capitole. Puis il la vit partir sous ses yeux chez le cardinal Riario, neveu du pape Sixte IV. Mais celui-ci n'accepta le succulent présent que pour le faire envoyer en cadeau à son ami Frédérique Saint-Séverin, qui, à son tour, en fit cadeau au banquier Chigi en le présentant sur un plateau garni de fleurs. Chigi fit passer ce cadeau à sa maîtresse, une courtisane à la mode, et c'est chez elle qu'après avoir parcouru pratiquement tout Rome le pauvre Tamisio put enfin savourer l'objet de son désir. (Nous ne gâcherons pas cette belle histoire en précisant qu'il s'agissait plus probablement d'une tête de Corb N° 152.)

TASSERGAL

Pomatomus saltator
(Linné)
FAO 154

NOMS ÉTRANGERS
Anglais : Bluefish. Espagnol : Anjova. Grec : Gofári.
Italien : Pesce serra. Tunisien : Karradh. Turc : Lüfer*.
AUTRES
Serre (Tun.) ; Lefer (Bulg.) ; Lufar (Roum.).

Caractéristiques

Longueur maximum : 200 cm.

Le dos est bleu-gris. C'est un poisson de haute mer qui s'approche des côtes en été.

Le nom espagnol, semblable au nom portugais, peut prêter à confusion : un importateur londonien reçut un jour un envoi de tassergals, il crut recevoir des anchois d'un kilo !

Cuisine

Comme le N° 161, mais il n'est pas tout à fait aussi bon.

La méthode turque consiste à les griller sur du charbon de bois, puis à les servir avec une sauce au citron et au persil ; ou encore, à cuire les plus petits en papillote avec de l'oignon finement haché, des tranches de tomate, un jus de citron, de l'huile d'olive, une feuille de laurier, du sel et du poivre.

SAUREL

Trachurus trachurus (Linné)
FAO 155

NOMS DU MIDI
Roussillon : Soureill. Languedoc : Gascoun.
Provence : Chien, Séveran, Sévereau, Succagnene. Toulon : Estrangle belle-mère. Corse : Cudaspru.
NOMS ÉTRANGERS
Anglais : Scad, Horse mackerel. Espagnol : Jurel. Grec : Savrídi. Italien : Suro. Tunisien : Shourou. Turc : Istavrit.
AUTRES
Sorell (Cat.) ; Snjur, Trnobok (S.C.) ; Sawrella (Malte).

Caractéristiques

Longueur maximum : 50 cm.

Ses grands yeux sont à remarquer ainsi que la ligne latérale proéminente marquée par une rangée d'écailles en forme de losange. Il a le dos glauque.

Il est à peu près impossible de distinguer cette espèce de l'espèce voisine **Trachurus mediterraneus** Steindachner.

---

*Il y a cinq appellations turques pour ce poisson, selon leur taille. Tout petits : "Defne yaprak" (feuille de laurier) ; petits : "Çinakop" ; plus grands : "Sarı kanat" (aile jaune) ; adultes : "Lüfer" ; très gros : "Kofana". Cette liste de noms reflète le fait que ce poisson est bien connu en Turquie. Il arrive parfois que l'on en prenne en grande quantité près d'Istanbul en janvier, mais la saison normale pour cette pêche est la période de migration vers le sud, c'est-à-dire d'octobre à décembre ; on les pêche alors au lamparo.

Trachurus picturatus (Bowdich), espèce vivant dans l'est de l'Atlantique, se trouve aussi en Méditerranée, encore qu'elle n'y soit pas abondante. Son dos est beaucoup plus sombre que celui du **Trachurus trachurus**. Il peut atteindre une taille légèrement supérieure. En espagnol, il s'appelle “Chicharro” et en italien “Sugarello pittato”.

Cuisine

Généralement, on le fait frire ou bien encore on l'accommode comme le maquereau. Il n'est pas aussi bon, mais il est plus facile à digérer. La ligne saillante latérale peut être enlevée avec la pointe d'un couteau, avant la cuisson. Escudier recommande de faire le “Sévereau aux petits pois”. Ce plat demande à être fait avec des petits pois jeunes et tendres. On les fera cuire dans une casserole dans laquelle on ajoutera les saurels nettoyés, de façon qu'ils cuisent ensemble pendant un quart d'heure.

SÉRIOLE

Seriola dumerili (Risso)
FAO 161

NOM DU MIDI
Provence : Parme.
NOMS ÉTRANGERS
Anglais : Amberjack. Espagnol : Pez de limón. Grec : Mayátici.
Italien : Ricciola. Tunisien : Jerriwa (? Sud seulement), Saffraya (mais voir N° 107). Turc : Sarıkuyruk.
AUTRES
Cervia et Verderol pour les petits (Cat.) ; Serviola (Bal.) ; Leccia (It.) ; Aċċola (Malte) ; Poisson limon (Tun.).

Caractéristiques

Longueur maximum : 200 cm.

C'est un beau poisson avec un dos bleuâtre assez foncé et une rayure jaune courant le long des deux flancs, de la tête à la queue.

Les plus jeunes ont quelques bandes verticales.

Cuisine

Assez bon. Grillé ou au four, ou cuit au court-bouillon.

Recettes

Mayátici skorthalia, p. 243.

Athenaikí mayonaísa, p. 239.

POISSON PILOTE

Naucrates ductor (Linné)
FAO 162

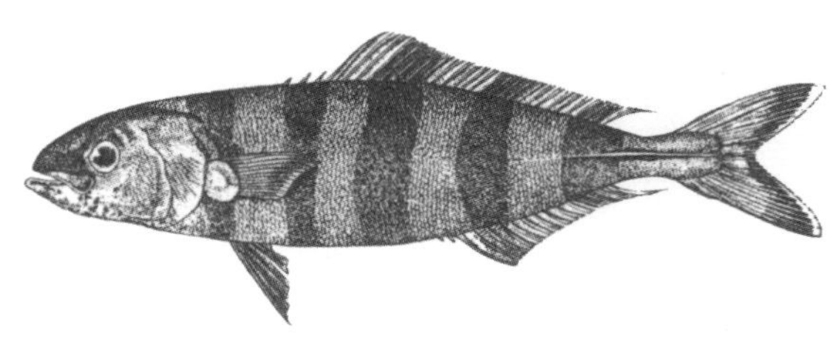

NOMS DU MIDI
Sète : Galafat. Provence : Fanfre.
NOMS ÉTRANGERS
Anglais : Pilot fish. Espagnol : Pez piloto. Grec : Kolaoúzos. Italien : Pesce pilota. Turc : Malta palamudu.

AUTRES
Vairó (Cat.) ; Pàmpol (Bal.) ; Fanfano, Fanfaru (It.) ; Fan fru (Malte).

Caractéristiques

Longueur maximum : 60 cm.

Pas très commun, encore qu'on en prenne en grand nombre aux alentours de Malte. Il suit volontiers les navires ou nage devant les requins, d'où son nom.

Faber relate qu'un jour, un navire arriva à Fiume accompagné d'au moins vingt poissons pilotes. Sans doute étaient-ce surtout des jeunes en train de s'entraîner!

Cuisine

Il est réputé pour être excellent. Sa chair blanche convient à la grillade.

Les pêcheurs maltais le cuisent dans de l'eau de mer et le résultat est très bon.

Cavanna conseille de l'accommoder comme le maquereau (voir p. 91).

LICHE

Lichia amia (Linné)
FAO 163

NOMS DU MIDI
Côtes méditerranéennes : Litcha, Nicha, Licca, Leccio.
Corse : Leccia, Pesciu stella.
NOMS ÉTRANGERS
Espagnol : Palometón. Grec : Lítsa. Italien : Leccia. Tunisien : Shabata ou Sh'rab (?). Turc : Akya.
AUTRES
Palomida (Cat.) ; Lissa (Ven.) ; Lica (S.C).

Caractéristiques

Longueur maximum : 130 cm.

C'est un poisson de couleur argentée avec un dos sombre et une bande latérale noire.

Cuisine

Encore un bon poisson (pourtant peu estimé en Turquie) qui peut être préparé de diverses façons selon sa taille. Sa chair est ferme et rougeâtre comme celle du thon. Quand Jean Tapu, le champion tahitien de pêche sous-marine, voulut montrer à ses amis français la technique de préparation du poisson cru (il faut simplement le laisser mariner dans du jus de citron pendant une heure), c'est la liche qu'il a choisie.

PALOMINE - LICHE GLAUQUE

Trachinotus ovatus (Linné)
Trachinotus glaucus
FAO I 64

NOMS ÉTRANGERS
Anglais : Pompano. Espagnol : Palometa blanca.
Grec : Lítsa. Italien : Leccia stella. Tunisien : Shelbout.
Turc : Yaladerma.

Caractéristiques

Longueur maximum : 50 cm.

Sa ligne latérale est beaucoup plus régulière que celle du N° 163 et on peut aussi l'en distinguer par sa queue qui forme très nettement un V.

Cuisine

Comme le N° 163.

De la tête à la queue, on peut en tirer d'excellents filets.

LE CORIPHÈNE ET LA BRÈME DE MER

Ces poissons appartiennent respectivement aux familles **Coryphaenidae** et **Bramidae**.

Le coriphène est presque sûrement le **hippurus** d'Aristote, Pline, Ovide et Oppien. Oppien observe qu'ils se rassemblent autour de bois flottants provenant d'épaves et qu'ils peuvent être attrapés dans le voisinage de fagots de roseaux mis en place exprès pour les attirer ; tout cela est vrai, c'est d'ailleurs confirmé par la pêche insolite au kanizzati qui se fait à Malte. Bien que ce genre de pêche n'ait lieu qu'en automne et ne concerne que deux espèces, le coriphène et le poisson pilote, il fournit un tiers du poids de l'ensemble des prises annuelles. Des flotteurs fixes sont disposés en file par les pêcheurs jusqu'aux eaux profondes à l'ouest de Malte. Les coriphènes et les poissons pilotes s'assemblent sous les flotteurs et autour d'eux, ils y sont pris dans les mailles d'une seine dont on les entoure.

Il y a deux poissons que vous auriez rencontrés dans ce catalogue si leur valeur gastronomique avait justifié leur présence. Ce sont **Cepola rubescens** (Linné) et **Chromis chromis** (Linné). Le premier est un poisson en forme de long ruban de couleur rose utilisable pour les soupes de poissons. C'est le "cépole rougeâtre" ; en Italie, il s'appelle "cepola" et en Grèce "kordella". Le dernier est un petit poisson du type des brèmes qui est connu sous des noms tels que "castagnole" et en Italie "castagnola".

CORIPHÈNE

Coryphaena hippurus
(Linné)
FAO 166

NOMS ÉTRANGERS
Anglais : Dolphin fish. Espagnol : Lampuga. Grec : Kynigós. Italien : Lampuga. Tunisien : Lampouga*.
AUTRES
Lampougue (Alg.) ; Llampuga (Cat.) ; Dorado (Esp.) ; Lampuka (Malte) ; Capuni (Sic.).

Caractéristiques

Longueur maximum : 100 cm.

Un séduisant poisson coloré d'or et d'argent.

*Voilà un des problèmes rencontrés dans la nomenclature tunisienne. "Lampouga" qui vient de l'italien, et le nom français "Bille" sont utilisés, mais on trouve aussi les noms "Herba" et "Bouma".

Cuisine

Le coriphène est bon, il a une saveur très prononcée.

La cuisson au four lui convient parfaitement, mais il peut aussi supporter d'être frit (lever des filets de 6 cm de longueur, les rouler dans la farine tout assaisonnée, couvrir avec des œufs battus, les mettre à frire dans l'huile), ou encore d'être grillé (préparer des darnes de 3 cm d'épaisseur trempant dans un mélange d'huile d'olive, de jus de citron, sel, poivre et un peu d'ail écrasé).

Recettes

Pasticcio di lampuki, p. 259.

Capone apparecchiato, p. 223.

BRÈME DE MER

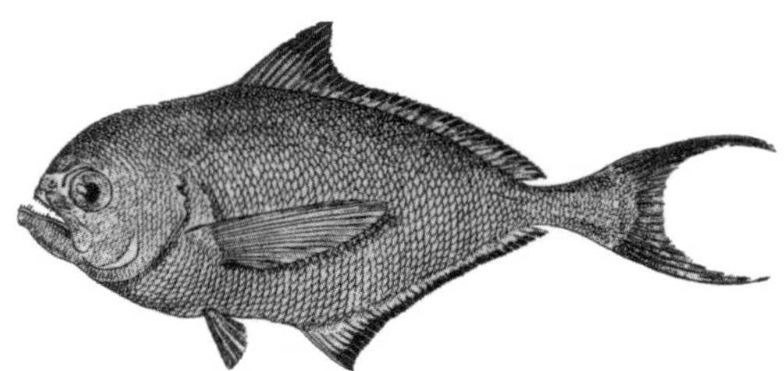

Brama brama (Bonnaterre)

Brama rayi

FAO 167

NOM DU MIDI

Côtes méditerranéennes : Castagnole.

NOMS ÉTRANGERS

Anglais : Ray 's bream. Espagnol : Japuta. Italien : Pesce castagna.

AUTRES

Castanyola (Cat.) ; Palometa negra (Esp.) ; Pisci luna (Sic.).

Caractéristiques

Longueur maximum : 70 cm.

C'est un poisson brun-gris vivant en eau profonde qui apparaît en surface pendant l'été.

Il se trouve dans plusieurs mers ; mais en Méditerranée, il se cantonne au centre et à l'ouest.

Cuisine

C'est un bon poisson qui peut être traité comme un membre de la famille des brèmes. On peut en frire les filets ou encore, on peut suivre cette recette imaginée par Marilyn Wailes chez elle en Espagne :

– Laisser mijoter des filets, à couvert, dans du vin blanc pendant vingt minutes, avec des tranches d'échalote, du persil haché, du sel et du poivre. Tenir les filets au chaud pendant que vous mélangez le liquide de cuisson avec une quantité égale de lait, en faire un roux avec du beurre et de la farine, y ajouter un œuf dur haché. Couvrir les filets avec cette sauce et mettre à gratiner. Cela s'appelle "Castanyola Almoster".

Ce ne sont pas là les seules façons de faire. Cavanna, l'expert italien, qui appelait le poisson "rondins", était partisan de le faire plutôt griller ou cuire au court-bouillon.

LES VIEILLES ET LES POISSONS APPARENTÉS

Les poissons de cette famille sont d'une apparence frappante, avec des couleurs brillantes et variées, spécialement à la saison de la reproduction. La diversité des couleurs est si grande et dépend d'une telle variété de facteurs (âge, sexe, saison, etc.), que les diverses espèces sont particulièrement difficiles à classer. De plus, ils ont une abondante variété de noms vulgaires, certains désignant un seul poisson, alors que d'autres sont utilisés pour n'importe lequel ou encore pour tout l'ensemble. Parmi ces derniers, on peut citer le "roucaou" (ou "rouquier" ou "rouquas") de Provence, la "donzela" de Venise, le "sabonero" d'Algérie. L'appellation générale est "wrasse" en Angleterre et "vieille", en France (quoiqu'il s'applique plus exactement au **Labrus bergylta** Ascanius qui n'est pas cité ici car il est moins commun en Méditerranée). Le nom turc usuel est "ot ballklarl" (poisson d'herbe ou poisson d'algue).

D'une manière générale, les poissons de ce groupe de familles sont d'un faible intérêt alimentaire. Toutefois, si vraiment le nom latin **scarus** se rapporte à eux et plus spécialement à l'espèce **Euscarus cretensis** (Linné), non inscrite ici, il est bon de savoir que cette dernière, à une certaine époque de l'Empire romain, jouissait d'une très grande vogue. En effet, après que l'amiral Optatus en eut ramené quelques-uns de la mer Carpathienne et les eut déposés sur la côte ouest de l'Italie afin qu'ils s'y reproduisent, il est devenu pendant quelque temps le poisson le plus estimé des gourmets romains. Il y en a toujours beaucoup dans la mer Egée et on peut en trouver à Malte sous le nom de "marzpan", mais maintenant, personne ne les estime plus autant, ce qui est étonnant. Peut-être l'enthousiasme des Romains était-il fondé sur leurs couleurs éclatantes (ils sont souvent d'un vert vif) et sur la nouveauté.

VIEILLE COQUETTE – DEMOISELLE

Labrus mixtus (Linné)
Labrus bimaculatus
FAO 170

NOMS DU MIDI
Roussillon : Mousic. Sète : Roussignaou, Roucaou. Nice : Verdoun, Tenca.
NOMS ÉTRANGERS
Anglais : Cuckoo wrasse. Espagnol : Gallano. Grec : Chiloú. Italien : Tordo fischietto. Tunisien : Kheddir. Turc : Ördek balığı.
AUTRES
Pastenaga (femelle), Lloro (mâle) (Cat.).

Caractéristiques

Longueur maximum : 24 cm.

Les bigarrures sont particulièrement éclatantes chez les mâles. La femelle est parfois brune ; elle a sur le dos, tout près de la queue, une tache claire portant une ligne formée de trois points plus foncés.

Cuisine

Le mieux est de l'utiliser en soupe de poissons.

LABRE VERT

Labrus turdus (Linné)
Labrus viridis
FAO 171

NOMS DU MIDI
Roussillon : Moustèle. Sète : Verdoun. Marseille : Limbert. Nice : Sera, Rouchié.
NOMS ÉTRANGERS
Espagnol : Tordo. Grec : Chiloú. Italien : Tordo. Tunisien : Kheddir ou Sh'rif. Turc : Lapina.
AUTRES
Grivia, Massot (Cat.).

Caractéristiques

Longueur maximum : 55 cm.

Il est de diverses couleurs ; il arrive que son dos, qui est souvent vert foncé, soit rouge avec des taches blanches.

Cuisine

Il est assez gros pour être cuit tel quel, mais il est préférable de le mettre dans la soupe de poissons.

MERLE

Labrus merula (Linné)
FAO 172

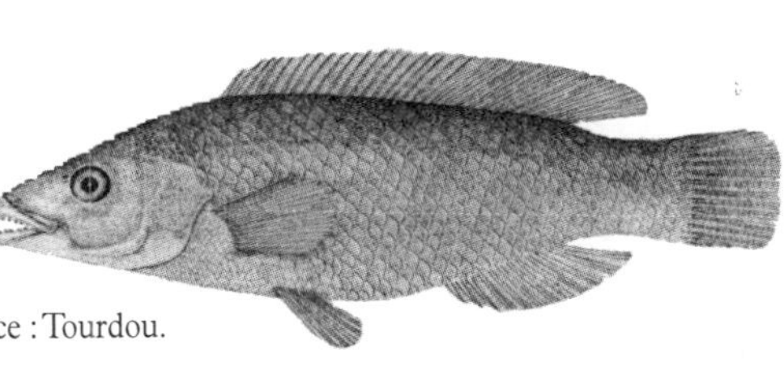

NOMS DU MIDI
Roussillon : Tourde. Languedoc : Roucaou. Nice : Tourdou.
NOMS ÉTRANGERS
Espagnol : Merlo. Grec : Chiloú. Italien : Tordo nero. Tunisien : Kheddir. Turc : Lapina.
AUTRES
Merlo marino (It.) ; Vrana (S.C.).

Caractéristiques

Longueur maximum : 50 cm.

Il peut être de n'importe quelle couleur depuis le vert foncé jusqu'au brun rougeâtre, cette dernière teinte étant la plus courante. Cette espèce ne vit qu'en Méditerranée.

Cuisine

Comme pour le N° 171.

CRENILABRE

Crenilabrus spp.
FAO 174, 175, 176

NOMS DU MIDI
Il y en a beaucoup, dont Roucaou, Rouquie, Rouquié, Longaneu, Lucrèce et Vachetta.
NOMS ÉTRANGERS
Anglais : Wrasse, Corkwing. Espagnol : Tordo. Grec : Chiloú. Italien : Tordo. Tunisien : Aroussa, Soultan, Hajla. Turc : Curçur, Çirçir.

Caractéristiques

Longueur : pour la plupart, ils dépassent rarement 10 à 15 cm. Il est très difficile de faire une distinction entre ces petits poissons qui sont vraiment semblables. Mais le plus grand, **Crenilabrus tinca** (Linné), connu sous le nom de “Crénilabre paon” et qui est représenté ici (N° 176), atteint parfois jusqu’à 30 cm de longueur.

Cuisine

Le mieux est de les faire en soupe de poissons ; toutefois, un ami m’a dit en avoir pêché un gros à Egine et l’avoir trouvé très bon, cuit à la vapeur.

GIRELLE

Coris julis (Linné)

FAO 177

NOMS DU MIDI

Provence : Donzella, Cacho de Rei, Tjoula. Corse : Signora.

NOMS ÉTRANGERS

Anglais : Rainbow wrasse. Espagnol : Julia, Doncella.

Grec : Ghýlos. Italien : Donzella. Tunisien : Voir la note des trois numéros précédents. Turc : Gün balığı.

AUTRE

Donzella (Cat.).

Caractéristiques

Longueur maximum : 25 cm. Elles ont souvent une bande orange longitudinale, formée de losanges se chevauchant les uns les autres.

Cuisine

Pour la soupe de poissons. Les plus gros peuvent être frits entiers ou en filets. Ce poisson a relativement peu d’arêtes et il a bon goût.

LES VIVES, LE RAT, LE SABRE

Les trois vives, qui représentent ici la famille **Trachinidae**, portent des épines venimeuses sur le dos et sur la tête ; aussi doivent-elles être maniées avec précaution. Quoi qu’il en soit, elles ont bon goût, et l’on dit même que leurs filets peuvent être confondus avec ceux de la sole. Le “rat” ou “rascasse blanche” de la famille **Uranoscopidae** est aussi un bon poisson ; les épines venimeuses lui font défaut, et s’il est laid, c’est d’une façon charmante.

Le sabre appartient à la famille **Trichiuridae**. Ces poissons n’ont pas d’écailles et sont assez fragiles ; aussi, ceux qui sont pris par les chaluts sont-ils souvent endommagés.

Il est étrange de constater qu’au cours de mes recherches, je n’ai jamais trouvé, dans les textes de l’Antiquité gréco-romaine, aucune référence montrant que ce poisson était connu. Pourtant, son goût délicieux et son apparence frappante auraient dû le faire remarquer des Grecs et des Romains. Peut-être est-ce parce que c’est un poisson du large, vivant en eau profonde, qu’il est passé inaperçu pendant l’Antiquité, car il a pu ainsi échapper au matériel de pêche de l’époque.

VIVE ARAIGNÉE

Trachinus araneus Cuvier
FAO 181

NOMS DU MIDI
Côtes méditerranéennes : Araignée,
Aragno (pour toutes les vives), Aragna, Iragna, Dragena. Corse : Dragana.
NOMS ÉTRANGERS
Espagnol : Araña. Grec : Drákena. Italien : Tracina ragno. Tunisien : Billem.
AUTRES
Araignée (pour toutes les vives) (Alg.) ; Aranya fragata (Cat.) ; Pauk (S.C.).

Caractéristiques

Longueur maximum : 40 cm.

Ce poisson a un corps d'un gris brunâtre ; sa tête est plus foncée et son dos porte de nombreuses taches brunes et de légères lignes diagonales. On ne le trouve pas dans l'est de la Méditerranée.

Cuisine

Sa chair ferme en fait un poisson qui est bon dans la bouillabaisse, mais les plus gros valent la peine d'être accommodés selon d'autres recettes. Par exemple, plonger les filets dans de la pâte à beignets, les faire frire à la grande friture et les servir avec une sauce tomate. Pensez à faire retirer les épines quand vous achetez le poisson.

Mme Audollent, qui a réussi le tour de force sensationnel de fournir vingt-quatre des quarante-huit recettes primées lors d'un congrès organisé par l'Institut océanographique français, en 1926, suggère de griller les vives après les avoir fait mariner dans un mélange d'huile d'olive, de sel et de poivre, de persil et d'échalotes hachés (celle-ci est l'une des vingt-quatre recettes).

GRANDE VIVE

Trachinus draco (Linné)
FAO 182

NOMS DU MIDI
Voir N° 181.
NOMS ÉTRANGERS
Anglais : Greater weever. Espagnol : Escorpión.
Grec : Drákena. Italien : Tracina drago. Tunisien : Billem kbir. Turc : Trakonya.
AUTRES
Aranya blanca (Cat.) ; Pauk (S.C.) ; Morski drakon (Bulg.) ; Dragon, Drac-de-mar (Roum.).

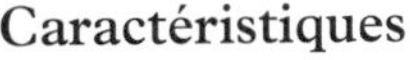

Caractéristiques

Longueur maximum : 37 cm.

Le corps, grisâtre, a des reflets bleus. Il est marqué de fines lignes diagonales.

Le lecteur voudra bien noter que cette espèce a beau avoir des noms tels que "Grande Vive" et "Greater Weever", c'est la plus petite des trois espèces citées ici. L'explication en est qu'elle paraît grande par rapport à la petite et non inscrite **Trachinus vipera** Cuvier, qui s'appelle en français "Petite Vive", en anglais "Lesser Weever", en espagnol

"Salvariego", en italien "Tracina Vipera", en turc "Varsam" et en tunisien "Billem Sghir" ou "Lefâa" (vipère). Les vives méritent bien le nom de "vipère", car elles ont l'habitude, comme les vipères, de s'enfouir dans le sable, au grand péril des baigneurs aux pieds nus.

Cuisine

Comme pour le N° 181.

VIVE RAYÉE

Trachinus radiatus
(Cuvier)
FAO 183

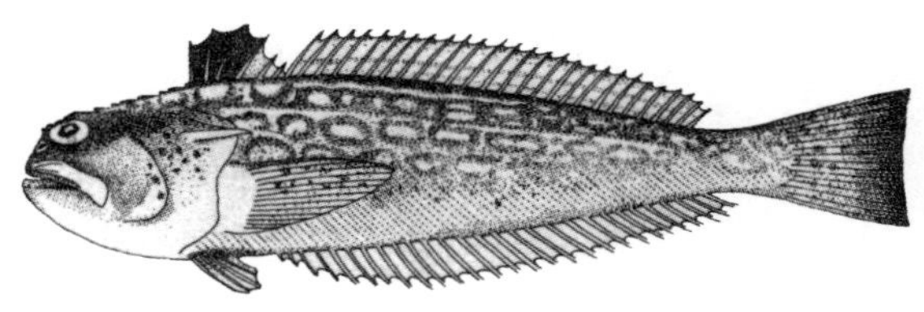

NOMS DU MIDI
Voir N° 181.
NOMS ÉTRANGERS
Espagnol : Víbora. Grec : Drákena. Italien : Tracina raggiata. Tunisien : Billem. Turc : Çarpan *.
AUTRES
Aranya de cap negre et autres (Cat.) ; Pauk (S.C.).

Caractéristiques

Longueur maximum : 40-50 cm, mais généralement plus petite. Jaunâtre avec des taches brunes le long des flancs, formant des rangées d'anneaux plus ou moins nets.

Cuisine

Comme pour le N° 181.

RAT

Uranoscopus scaber
(Linné)
FAO 185

NOMS DU MIDI
Roussillon : Rat. Languedoc : Rat, Rascassa blanche, Respousadou, Biou.
Provence : Rascasse blanche, Miou. Nice : Muou. Corse : Pesciu prete.
NOMS ÉTRANGERS
Anglais : Star-gazer. Espagnol : Rata. Grec : Lýchnos. Italien : Pesce prete. Tunisien : Billem ou Bouma (?). Turc : Kurbağı balığı (poisson- grenouille).
AUTRES
Saltabardissa (Cat.) ; Bocca-in-cielo, Boca in cao, Cocciu (It.).

Caractéristiques

Longueur maximum : 29 cm.

Il est commun dans toute la Méditerranée. Ce poisson a en permanence les yeux tournés vers le ciel ; cette conformation lui permet de surveiller au maximum son terrain de chasse. On dit que c'est grâce au fiel de ce poisson que Tobie a recouvré la vue. Pourtant, il semble improbable qu'un poisson de cette espèce, bondissant hors du Tigre, lui ait semblé assez grand pour le dévorer.

---

*Cette vive se trouve dans la baie de Sinop, en mer Noire, et le nom qui lui est donné est peut-être un nom local. Le nom turc qui lui est donné ailleurs pourrait bien être "Trakonya".

Cuisine

Bon pour la soupe de poissons.

SABRE

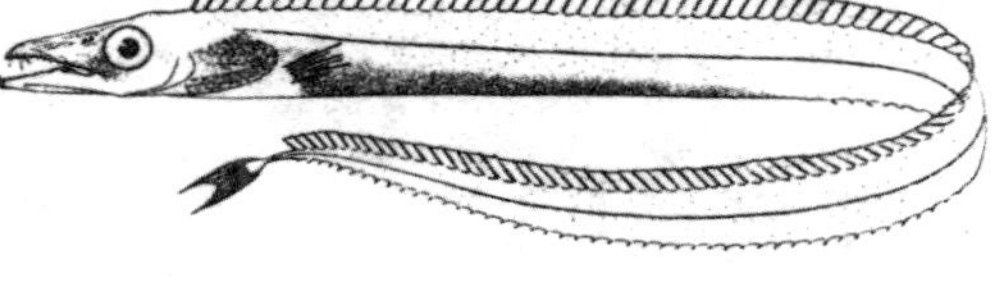

Lepidopus caudatus
(Euphrasen)
FAO 188

NOMS ÉTRANGERS
Anglais : Scabbard fish. Espagnol : Pez cinto. Grec : Spathópsaro. Italien : Pesce sciabola. Tunisien : Sbata. Turc : Çatal kuyruk.
AUTRES
Sabre (Cat.) ; Pesce argentin (Gênes) et d'autres noms qui se donnent en Italie et font allusion à l'aspect argenté.

Caractéristiques

Longueur maximum : 200 cm.

Il est d'une ravissante couleur argentée quand il vient d'être pêché. Le corps est comme un fourreau d'épée, la tête a un aspect vorace que lui donne une grande quantité de dents, il a aussi de gros yeux ; un peu comme un traître de comédie. Ce poisson n'est pas très courant sur les marchés méditerranéens ; pourtant les chaluts en remontent de temps en temps.

Cuisine

C'est un excellent poisson.

L'essuyer, le couper en tronçons de 9 cm de longueur, le faire frire et le servir avec des petits morceaux de citron et du pain arabe. Il n'est pas nécessaire d'y ajouter autre chose, mais, bien sûr, une sauce tomate est un bon assaisonnement.

LES SIGANIDÉS

SIGAN MARBRÉ

Siganus rivulatus
Forskål

NOMS ÉTRANGERS
Anglais : Rabbit-fish, Spinefoot.
Italien : Sigano. Turc : Carpan balığı.
AUTRES
Qawsalla (Malte) ; Prosphycoulla aspri (Chypre) ; Agriòsalpa (Rhodes) ; Charibé oum choké (Syrie) ; Zelleck (Liban) ; Sigan-batata (Eg.).

Caractéristiques

Longueur maximum : 40 cm. Couleur : en général marron ou vert olive, avec des lignes dorées le long du corps. A noter : les sept piquants de l'aileron anal et les treize de la nageoire dorsale. Cette espèce abonde dans la partie orientale de la Méditerranée. Il s'agit en fait d'un des immigrants venu de l'Indo-Pacifique par le canal de Suez.

C'est également le cas du **Siganus luridus** (Rüppell), un parent plus petit que l'on distingue par ses croisillons gris sur la queue (un trait distinctif douteux) ou par la hauteur relative de son corps.

Cuisine

Un assez bon poisson que l'on peut préparer d'un peu toutes les façons. Je n'ai essayé que des espèces voisines, celles qu'on trouve en Malaisie et ailleurs en Asie du Sud-Est. La chair en était ferme et de goût agréable. On conseillait localement de préférer la chair du ventre à celle du dos, ce qui est le cas également pour le **Siganus rivulatus**.

LES MAQUEREAUX ET LES BONITES

Ce sont les familles **Scombridae** et **Scomberomoridae**. Les espèces citées ici font partie de ces poissons que l'on appelle parfois les "peau bleue" et dont la chair a une teneur en huile plus élevée et est plus semblable à la viande que ne l'est habituellement la chair des poissons.

Ce sont des poissons de l'Océan, habitués à nager en bancs et qui accompagnent des migrations importantes. Ce groupe de poissons et les thons, qui feront l'objet de la section suivante du catalogue, se trouvent en surface dans tous les océans tropicaux et tempérés du monde entier. Ils sont d'une grande valeur commerciale.

Les Grecs et les Romains appréciaient peu les maquereaux qu'ils connaissaient pourtant bien. Ils considéraient seulement qu'ils pouvaient à la rigueur remplacer le thon. Ils ne servaient généralement qu'à la production du garum (voir p. 154) ; Catulle et Martial utilisaient tous les deux une même tournure de phrase pour dire que certains poèmes servaient de "tuniques aux maquereaux", ce qui voulait sans doute dire que les feuillets recouverts de mauvais poèmes finissaient chez les marchands de poissons qui les utilisaient pour envelopper leur marchandise. Et que ce fussent des poissons de seconde qualité accentuait encore le destin honteux de ces écrits.

Le Dr Richmond m'a précisé dans une lettre que le terme "**tunica molesta**" avait un sens différent et terrible ; il s'agissait d'une camisole de force imprégnée de poix que l'on utilisait sous Néron pour brûler vifs les chrétiens. Il suggère aussi, à juste titre, me semble-t-il, que Martial ne faisait pas seulement allusion à l'empaquetage des poissons, mais aussi à la préparation du poisson en papillote, préparation qui consistait à envelopper le poisson dans des feuilles de papyrus. Le plat grec traditionnel, la "Tsirosaláta" (voir plus loin), est fait selon la même technique.

La bonite, par contre, était estimée en mer Noire où on la considérait comme étant particulièrement bonne. C'est encore le cas actuellement.

MAQUEREAU

Scomber scombrus
(Linné)
FAO 189

NOMS DU MIDI
Roussillon : Barrat. Languedoc : Beïdat, Verral.
Provence : Pissevin (jeune), Veïra, Auriol, Aurneu, Grieu. Nice : Aurioun.
Corse : Tumbulottu, Strumbulu.
NOMS ÉTRANGERS
Anglais : Atlantic mackerel. Espagnol : Caballa. Grec : Scoumbri. Italien : Sgombro. Tunisien : Skoumbri. Turc : Uskumru.
AUTRES
Verat (Cat.) ; Lacerto (Ital. côte ouest) ; Skuša (S.C.) ; Skoumriya (Bulg.) ; Scrumbie alabastră (Rome.) ; Scumbriya (Russe).

Caractéristiques

Longueur maximum : 50 cm.

Poisson au dos bleu foncé avec des lignes ondulées, bleu foncé descendant partiellement le long des côtés qui sont verts. Se trouve dans toute la Méditerranée et en mer Noire.

Cette espèce et le N° 190 ont souvent le même nom vulgaire.

Cuisine

Pour les observations générales et les recettes, voyez au N° 190.

Je mentionnerai ici qu'après avoir frayé au printemps, les maquereaux s'appellent "tsiros" en Grèce et "çiroz" en Turquie. Ces maquereaux, après avoir été nettoyés, sont trempés dans de la saumure, puis accrochés au soleil jusqu'à ce qu'ils soient tout à fait secs. Les Grecs comme les Turcs ont une façon particulière de préparer ces maquereaux séchés ; ils accrochent les poissons au-dessus d'une flamme jusqu'à ce que la peau se boursoufle et éclate, ils les mettent en lambeaux, les enveloppent dans un papier spécial pour en faire des papillotes qu'ils trempent dans l'eau et aspergent de vinaigre ; ils les mettent alors à l'entrée du four jusqu'à ce qu'elles soient sèches. Puis, la chair est sortie des papillotes et mise dans une vinaigrette à l'huile d'olive dans laquelle on ajoute un petit peu d'eau, du persil et du fenouil haché fin. Ce plat est la "Tsirosalata".

Il existe une bonne recette bulgare pour le maquereau non séché : le "Plakiya ot Chiroz". On trouve cette recette dans un petit livre de 1935, *Le poisson et plus de 100 façons de le préparer*, par le Dr Kabaivanski de Sosepol, charmant port de pêche médiéval au sud de Burgas. "Choisissez de grands maquereaux frais, fatigués après le frai. Videz-les par les nageoires et salez-les. Hachez menu quelques oignons, du persil et un peu de menthe. Mettez-en la plupart dans un plat à gratin et parsemez de noix pilées. Disposez-y le poisson et répandez le reste des herbes hachées par-dessus. Saupoudrez de paprika, versez généreusement de l'huile végétale sur le tout, garnissez de rondelles de citron et de carotte, et faites cuire à four doux jusqu'à obtention d'une belle couleur. Servez chaud. Mais on peut préférer le manger froid."

MAQUEREAU ESPAGNOL

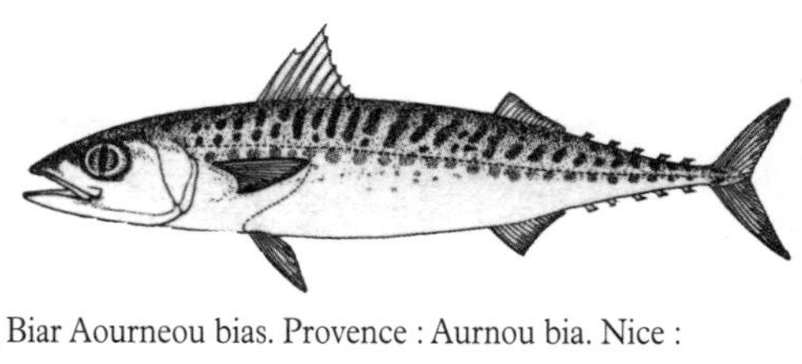

Scomber japonicus colias
Gmelin
FAO 190

NOMS DU MIDI
Roussillon : Bizet, Bisse. Languedoc : Gros yol, Biar Aourneou bias. Provence : Aurnou bia. Nice : Cavaluca. Corse : Cavalcucciu.
NOMS ÉTRANGERS
Anglais : Chub mackerel. Espagnol : Estornino. Grec : Koliós. Italien : Lanzado. Tunisien : Skoumbri. Turc : Kolyoz.
AUTRES
Bis, Bisso (Cat) ; Cavalla (Gênes) ; Occhi-grossi (Sic.) ; Kavall (Malte) ; Cavallo (Alg.) ; Plavica (S.C.)

Caractéristiques

Longueur maximum : 50 cm.

Très semblable au N° 189 mais les marques du dos sont plus discrètes, il a des taches sombres sous le corps et de plus gros yeux.

Il se trouve partout en Méditerranée et en mer Noire.

C'est un des poissons que les pêcheurs maltais prennent en grandes quantités.

Cuisine

Pour les deux espèces de maquereaux : Nos 189 et 190.

La chair du maquereau est très nourrissante et relativement grasse ; aussi, beaucoup de personnes la trouvent-elles assez lourde et indigeste. Il est meilleur grillé ou en papillote, au court-bouillon ou au four.

Il est bon aussi froid ; par exemple "au vin blanc", hors-d'œuvre bien connu : mettez des maquereaux dans un plat allant au four avec une carotte, de l'oignon et du citron en tranches, un bouquet garni, trois verres de vin blanc, un verre de vinaigre, porter à ébullition et laisser mijoter très doucement pendant cinq minutes environ avant de le mettre à refroidir.

Recettes

Uskumru dolmasi, p. 254.
Psári spetsiótiko, p. 242.

BONITE A DOS RAYÉ - PELAMIDE

Sarda sarda (Bloch)
Pelamys sarda
FAO 191

NOMS DU MIDI
Languedoc : Bounitou. Provence : Bounicou, Boussicou, Palamida.
NOMS ÉTRANGERS
Anglais : Bornito, Atlantic bonito. Espagnol : Bonito. Grec : Palamida. Italien : Palamita. Tunisien : Balamit. Turc : Palamut (petits), Torik (grands).
AUTRES
Bonítol (Cat.) ; Polanda (S.C.) ; Palamud (Bulg.) ; Pălămidă (Roum.) ; Pelamida (Russe).

Caractéristiques

Longueur maximum : 70 cm.

Porte des lignes longitudinales en oblique sur la partie supérieure du corps.

Ce poisson se trouve partout en Méditerranée et en mer Noire, d'où il émigre vers le sud au cours des derniers mois de l'année et revient d'avril à juin.

Cuisine

Comme pour le thon (N° 192) et le maquereau (N° 189). (La bonite est intermédiaire.)

Il est souvent vendu sous la forme de darnes toutes prêtes à être grillées. En Turquie, les petits spécimens seuls sont mangés frais (grillés). Ce sont les "palamudu" ; les plus petits de tous s'appellent "çingene palamudu". Les plus gros poissons sont mis en boîtes ou conservés sous le nom de "Iakerda" que l'on prépare de la façon suivante : retirer les arêtes, couper en tranches fines, mettre à tremper dans de l'eau de mer ou de la saumure pendant quelques heures, ensuite les saler légèrement et les laisser dans un tonneau avec un poids dessus pendant une semaine, après quoi, il n'y aura qu'à les rincer et les manger avec un jus de citron. Quand les Algériens, en saison, avaient une surabondance de bonites, ils en préparaient "à l'escabèche" (voir au chapitre des recettes espagnoles, p. 280). La doctoresse Olivier-Fauchier en donnait la recette suivante il y a une quarantaine d'années :

Prenez 1,5 kg de darnes de bonite d'environ 3 cm d'épaisseur, roulez-les dans de la farine et faites-les frire dans de l'huile très chaude. Une fois cuites, réservez-les dans une jatte. Hachez fin un gros oignon et faites-le frire à feu doux dans la même huile jusqu'à ce qu'il devienne brun. Ajoutez deux grosses gousses d'ail dans lesquelles vous aurez piqué quelques clous de girofle, un petit piment rouge, quelques brins de thym, une feuille de laurier, un brin de persil, une pincée de sel et deux pincées de paprika, un verre et demi de vinaigre à l'estragon. Cuire 15 minutes en veillant à ce que la sauce ne réduise pas trop. Versez-la alors sur les darnes de bonite qui doivent en être complètement recouvertes.

Ce plat peut être dégusté chaud ou froid. Il se garde pendant une bonne semaine.

Recette

Palamut papaz yaknisi, p. 254.

PALOMÈTE

Orcynopsis unicolor
Geoffroy Saint-Hilaire

FAO 191-A

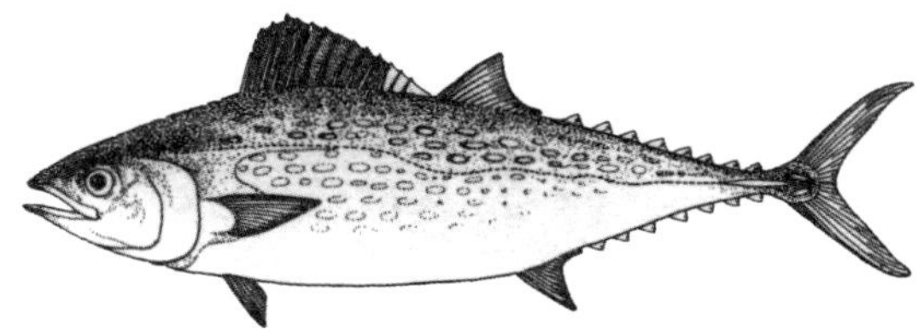

NOMS ÉTRANGERS

Espagnol : Tasarte. Italien : Palamita bianca. Tunisien : Qalaqt.

AUTRES

Bonite blanche, Bonite plate (Afrique du Nord) ; Casarte (Mauritanie) ; Kallach (Tripolitaine).

Caractéristiques

Longueur maximum : 80 cm (elle peut être un peu plus grande). Généralement peu fréquente en Méditerranée, pourtant il n'est pas rare d'en voir le long de la côte de l'Afrique du Nord jusqu'aux eaux de Tunis et même un peu au-delà.

Son nom latin indique l'absence de marque ; il est pourtant généralement possible de discerner de très légères traces de marbrures et de bandes horizontales du même type que celles des thons.

Cela mis à part, c'est un poisson à l'aspect argenté avec quelques touches de doré sur les nageoires. Il est relativement mince.

Cuisine

Il est très estimé des habitants de Tunis qui, le plus souvent, le font frire en darnes ou l'emploient pour le couscous. Il est même tellement recherché à Tunis qu'il se vend bien deux fois plus cher que les poissons des espèces voisines.

J'espère pouvoir un jour être à même de suivre les conseils d'Archestrate pour cuire la bonite : l'envelopper dans des feuilles de figuier avec un peu de marjolaine et la cuire sur des braises.

LES THONS, L'ESPADON ET LES MARLINS

Il y a en Méditerranée plusieurs espèces de thons, depuis le colossal "thon rouge" jusqu'au petit "melva" qui, n'étant pas plus gros que les deux maquereaux étudiés précédemment, se nomme naturellement maquereau dans la langue populaire, mais, pour des raisons d'ordre technique, compte parmi les thons.

La pêche aux thons est, depuis l'Antiquité gréco-romaine, de la plus grande importance commerciale en Méditerranée. On capture les thons rouges en grand nombre dans des filets fixes au cours de la migration, à l'époque de la reproduction. Malgré la diminution du nombre de ces filets au cours des derniers siècles et celle du volume des captures, il en reste une centaine dont de nombreux en Sicile et un nombre important en Espagne, dans d'autres endroits d'Italie, en Yougoslavie, Grèce, Turquie et Libye. Il a été prouvé que de tels dispositifs étaient utilisés à l'époque néolithique et, bien entendu, dans l'Antiquité gréco-romaine.

La madrague méditerranéenne pour prendre les thons consiste en un très long filet tendu en mer de facon à intercepter les poissons en migration et à les dévier, soit dans une série de fourrières qui constituent la "madrague" elle-même ("isola" en Italie) et se terminent par la chambre de la mort ("camera della morte" en italien), soit dans un filet de levage où les thons sont finalement capturés et soulevés suffisamment haut pour être atteints avec les gaffes.

"Les premiers thons de la capture sont les plus difficiles à hisser à bord après une dizaine de minutes environ, les poissons qui restent dans la chambre de la mort ou bien s'entre-tuent en luttant, ou bien, à moitié morts, se laissent prendre facilement*". Cette scène horrifique et sanguinaire (qu'Eschyle comparait au massacre des Perses à Salamine) est la fameuse "mattanza" de Sicile.

On n'a pas encore pu comprendre ni dresser la carte de la migration des thons. Aristote pensait qu'ils venaient de l'Atlantique au printemps, voyageaient vers l'est le long des côtes

*Ce récit est tiré d'une étude détaillée fascinante, *The Sicilian Tuna Trap*, du Dr Vito Fodera.

de l'Afrique du Nord pour frayer dans la Méditerranée orientale et en mer Noire, puis retournaient vers l'Atlantique en passant par la Grèce, l'Italie les côtes du sud de la France et l'Espagne. C'est seulement au XIXe siècle qu'il a été prouvé que, pour une fois, Aristote n'avait pas vu juste. Il semble plutôt que la majorité des thons de la Méditerranée restent là tout au long de l'année et ne réalisent pas ce rude voyage autour de la Méditerranée, cette course d'obstacles à travers les filets et les madragues, comme le croyait Aristote, mais, au contraire, font des migrations locales en vue de frayer. Lorsqu'ils sont près des côtes au début de l'été, ils sont appelés en Italie "tonni di corso", car c'est le moment où ils vont pondre ; à leur retour, à la fin de l'été et en automne, ils s'appellent "tonni di ritorno", quand de toute évidence ils reviennent de leurs frayères.

Les difficultés rencontrées pour les marquer expliquent que leurs déplacements soient toujours aussi peu connus. Ce ne sont pas seulement leur grande taille et leur vivacité qui les rendent difficiles à marquer, mais leur grande valeur rend l'opération extrêmement coûteuse. Il est difficile à un pêcheur d'admettre qu'il doive relâcher un thon après sa capture, sous prétexte qu'il est marqué, sachant qu'il ne le reverra jamais. Il est toutefois possible de faire d'ores et déjà des observations précises en certains endroits.

On sait, par exemple, que les thons passent la Corne d'Or vers le nord en grand nombre l'été pour aller frayer en mer Noire et la repassent lors de leur retour en automne et en hiver ; à ces deux moments, on peut les compter approximativement. Pline pensait que le nom de "Corne d'Or" était en relation avec l'abondance des thons ; ils apparaissent souvent en effet sur les pièces de monnaie byzantines.

Le Dr Pasquale Arena a donné un compte rendu intéressant d'une "caravane" de thons qu'il observa alors qu'ils frayaient non loin des îles Éoliennes. Elle avait un kilomètre de long et vingt mètres de large. Quelques thons nageaient en surface et d'autres plongeaient jusqu'à dix mètres. La distance moyenne entre eux était d'environ deux mètres. Ainsi (c'est lui qui fait cette opération, ce n'est pas moi !) il y en avait 10 000. Chacun d'eux pesait dans les 2 à 300 kg. Tout en nageant, une douzaine d'entre eux se tournaient tous ensemble sur le côté gauche, sur quoi survenait de l'arrière un autre groupe qui se tournait sur le côté droit et en passant ils frottaient leur ventre contre ceux du premier groupe.

La caravane, soit dit en passant, ne semblait pas se diriger vers une destination particulière, comme le fait un vol d'oiseaux migrateurs, mais faisait volte-face quand elle atteignait une zone d'eau plus chaude. On peut supposer, sur la base de cette observation, que les mouvements migratoires sont provoqués principalement par la température de l'eau et par les déplacements des autres poissons dont les thons se nourrissent.

L'espadon, de la famille **Xiphilidés**, est aussi un poisson des océans, répandu dans toutes les mers tropicales et tempérées.

La Méditerranée est pourtant la seule mer où l'on puisse voir de jeunes espadons.

La famille des **Istiophoridés** (celle des voiliers et des marlins) est une famille océanique. On trouve plusieurs de ses membres dans l'Atlantique et surtout dans les mers plus chaudes. Cependant, on voit occasionnellement deux espèces en Méditerranée. Le **Tetrapturus belone** (Rafinesque) se rencontre surtout dans la Méditerranée centrale. Le **Tetrapturus albidus** (Poey), ou marlin blanc, peut être trouvé dans la Méditerranée occidentale.

THON ROUGE

Thunnus thynnus (Linné)

Oreynnus thynnus

FAO 192

NOMS DU MIDI

Côtes méditerranéennes : Toun. Corse : Tonnu.

NOMS ÉTRANGERS

Anglais : Tunny, Bluefin tuna. Espagnol : Atún. Grec : Tónnos. Italien : Tonno. Tunisien : Toun ahmar. Turc : Orkinos.

AUTRES

Tonyina (Cat.) ; Tonn (Malte) ; Tunj (S.C.) ; Ton (Bulg.) ; Ton roşu (Roum.) ; Tunets (Russe).

Caractéristiques

Longueur maximum : 200 cm.

C'est le plus grand de la famille ; c'est aussi le plus rapide et le plus puissant. Son dos est bleu foncé.

Cuisine

La chair du thon, très ferme et dense, est plutôt lourde.

La partie la meilleure est celle que les Italiens et les Espagnols appellent "ventresca".

Les œufs, bien salés et pressés, font une bonne boutargue.

Une méthode de cuisson qui doit très bien convenir aux petits spécimens des autres espèces de la famille est la cuisson en papillote ; vous l'enfermez dans une feuille de papier d'aluminium ou dans un autre papier spécial avec du beurre et des herbes.

Une recette catalane simple et bonne est celle du "atun asado", c'est-à-dire thon braisé. Prenez une casserole profonde avec un bon couvercle. Faites-y chauffer une même quantité (3 cuillerées à soupe par exemple) d'huile d'olive et de gras de porc fondu. Farinez puis salez un seul morceau de thon frais d'environ 500 g pour 4 personnes et mettez-le dans la casserole. Retournez-le plusieurs fois jusqu'à ce qu'il ait pris une bonne couleur. Ajoutez un oignon coupé en rondelles, une ou deux tomates coupées en morceaux et deux gousses d'ail hachées menu, une feuille de laurier et 150 ml de vin blanc. Couvrez et laissez à feu moyen pendant 30 à 50 minutes jusqu'à ce que le thon soit complètement cuit (cela dépend de la forme du morceau). Laissez refroidir le thon et coupez-le en tranches. Déposez les tranches sur un plat et versez dessus la sauce que vous aurez filtrée et réchauffée. Servez avec une salade, du cresson par exemple.

Recettes

Petits pâtés au thon, p. 195.

Thon en chartreuse, p. 195.

Salade de thon à la tunisienne, p. 276.

Tonno alla Genovese, p. 231.

Conchas de atun, p. 287.

Tunj kao pasticada, p. 258.

GERMON – THON BLANC

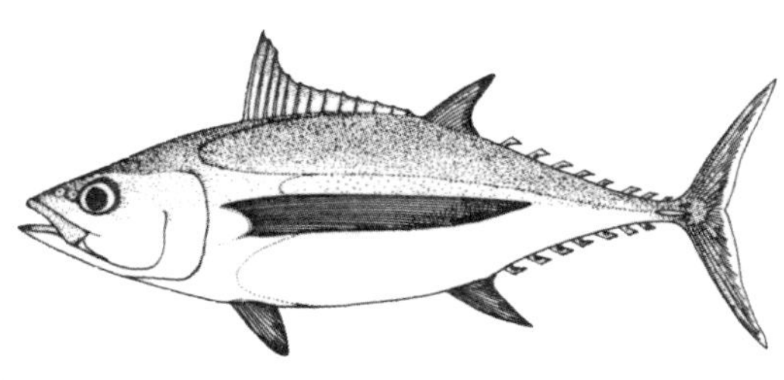

Thunnus alalunga
(Bonnaterre)
FAO 193

NOM DU MIDI
Côtes méditerranéennes : Thoun, Alalonga.
NOMS ÉTRANGERS
Anglais : Albacore, Longfin tuna. Espagnol : Albacora.
Grec : Tónnos macrópteros. Italien : Alalonga. Tunisien : Ghzel. Turc : Yazili orkinos.

Caractéristiques

Longueur maximum : 100 cm.

Poisson de toutes les eaux du globe, mais pas tellement commun en Méditerranée.

Il se reconnaît aisément grâce à ses longues nageoires pectorales, d'où son nom **alalunga**.

Son dos est bleu foncé, sa chair est d'une couleur plus claire que celle du N° 192.

Aux Etats-Unis, c'est l'unique thon qui puisse être mis en boîte sous le nom de "White meat tuna" (thon blanc). Les autres espèces fournissent ce qui s'appelle "Light meat tuna".

Cuisine

Comme pour le N° 192.

Le germon est généralement, mais pas toujours, considéré comme étant le meilleur.

Les gens de Zarzis, en Tunisie, pensent qu'il gagne à être fortement accommodé. Voici ce qu'ils font, d'après une recette de M. Kouki dans *Poissons méditerranéens* : le thon à la vapeur, à la mode de Zarzis.

Hachez finement un oignon et quatre gousses d'ail. Broyez avec un pilon une cuillerée à café de grains de carvi et de coriandre. Mélangez le tout avec un décilitre d'huile d'olive, deux cuillerées à soupe de concentré de tomate, une cuillerée à soupe de harissa (diluée dans un peu d'eau) et une cuillerée à café de paprika ou de Cayenne. Salez et poivrez.

Prenez maintenant un morceau de germon de 800 g et coupez-le en 4 ou 8 morceaux égaux (pour 4 personnes). Laissez mariner dans le mélange préparé, pendant au moins une demi-heure. Pendant ce temps, mettez de l'eau à chauffer dans la partie basse d'un couscoussier. Déposez de petits morceaux de bois dans le fond de la partie supérieure et disposez-y les morceaux de germon, enduits de marinade. Quand l'eau bout, fixez le haut du couscoussier sur la base. Couvrez et cuisez le poisson à la vapeur pendant 50 à 60 minutes.

THONINE

Euthynnus alletteratus
(Rafinesque)
Thynnus thunnina
FAO 194

NOMS DU MIDI
Côtes méditerranéennes : Bounitou, Bounicao, Thounnia, Tounnio, Tonna.
NOMS ÉTRANGERS
Anglais : Little tunny. Espagnol : Bacoreta. Grec : Karvoúni. Italien : Tonnetto. Tunisien : Toun sghir. Turc : Yazılı orkinos.
AUTRES
Bacorète (Alg.) ; Tonyina (Cal.) ; Tunnagg, Kubrita (Malte) ; Maluk tounets (Bulg.).

Caractéristiques

Longueur maximum : 80 cm.

Alletteratus se rapporte aux marques, semblables à des griffonnages, qui sont sur le dos du poisson.

C'est aussi le sens du nom turc, qui veut dire, littéralement : "Ecrit sur le poisson", et celui de nombreux noms locaux que l'on trouve en Italie tel que : "Letterato", sur la côte de l'Adriatique.

Cuisine

Comme pour le N° 192.

BONITE A VENTRE RAYÉ

Katzuwonus pelamis
Euthynnus pelamis
(Linné)
FAO 195

NOMS ÉTRANGERS
Anglais : Skipjack, Oceanic bonito. Espagnol : Listado. Italien : Tonnetto listato. Tunisien : Balamit. Turc : Palamut.
AUTRES
Palomida (Cat) ; Bonita (It.)

Caractéristiques

Longueur maximum : 80 cm.

Cette espèce est plus commune en Atlantique et dans le Pacifique qu'en Méditerranée, où elle se trouve principalement le long des côtes de l'Afrique du Nord.

Les bandes parallèles bleu foncé qui courent de proue en poupe, le long de son ventre, la rendent reconnaissable.

"Katsuwo" est le nom de ce poisson au Japon où il est très commun.

Cuisine

Comme pour le N° 192.

MELVA

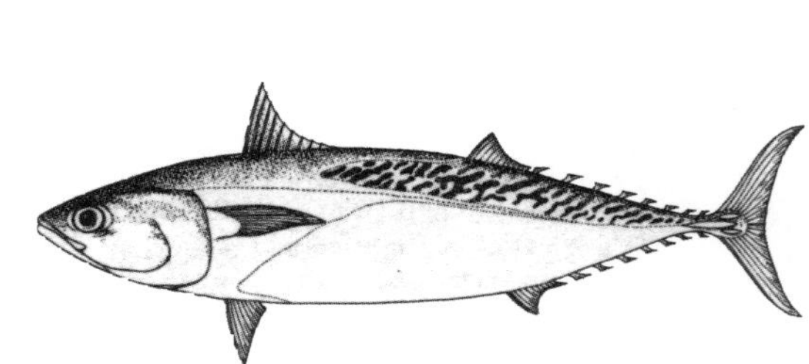

Auxis thazard
(Lacépède)
FAO 196

NOMS DU MIDI
Nice : Strumbu. Corse : Palamida.
NOMS ÉTRANGERS
Anglais : Frigate mackerel. Espagnol : Melva. Grec : Kopàni. Italien : Tombarello. Tunisien : Tebrelli. Turc : Gobene.
AUTRE
Mèlvera (Bal.).

Caractéristiques

Longueur maximum : 50 cm.

Il n'y a pas de différence entre ce poisson-ci et le N° 194 si ce n'est qu'il est plus petit et que l'écart entre les deux nageoires dorsales est plus grand.

Cuisine

La chair, d'un rouge soutenu, est quelque peu indigeste. Ceci mis à part, faites comme pour le N° 192.

ESPADON

Xiphias gladius
(Linné)
FAO 199

NOMS DU MIDI
Roussillon : Peiz espasa. Languedoc : Pei empereur, Peï espada.
Provence : Emperadour, Peis emperour. Nice : Pei spada, Empereur.
NOMS ÉTRANGERS
Anglais : Swordfish. Espagnol : Pez espada. Grec : Xiphiós. Italien : Pesce spada. Tunisien : Bou sif. Turc : Kılıç balığı.
AUTRES
Peix espada (Cat.) ; Emperador (Esp.) ; Pixxispad (Malte) ; Mechenosets (Bulg.) ; Peşte spadă (Roum.) ; Mech-rýba (Russe).

Caractéristiques

Longueur maximum : 400 cm.

On dit que ce poisson utilise son épée pour tuer ou étourdir les petits poissons en l'agitant au milieu d'eux.

L'espadon se trouve dans toute la Méditerranée et en mer Noire, où il émigre au printemps, pour revenir en août.

Les écrivains de l'Antiquité gréco-romaine aussi bien que les modernes ont raconté beaucoup d'histoires sur les espadons qui enfonçaient leur "épée" dans la coque des navires. Et dans l'Antiquité, comme maintenant, l'espadon était pris dans les filets à thon.

Un voyageur qui se promenait en Sicile au XVIIIe siècle raconte que les pêcheurs siciliens utilisaient une formule magique, en grec, pour attirer l'espadon vers leur bateau : si le poisson avait surpris un mot d'italien, il aurait aussitôt plongé sous l'eau et filé.

Cuisine

Les darnes d'espadon, bien connues des Américains, sont délicieuses grillées, servies avec un filet de vinaigre et rien de plus. Elles peuvent aussi être cuites "à la meunière".

L'espadon fumé à la mode turque est préparé ainsi :

Lavez-les bien puis salez-les bien et gardez-les dans un récipient en bois pendant environ dix-huit heures. Ensuite, retirez-les, lavez-les dans de l'eau de mer ou dans une saumure légère et laissez-les dehors dans un courant d'air. Pour finir, fumez-les pendant dix à douze heures au-dessus d'un feu d'écorce de chêne.

Recettes

Impanata di pesce spada, p. 227.
Kılıç siste, p. 252.
Kılıç domasteli, p. 251.

LA FIATOLE, LA CICERELLE, LES BAVEUSES ET LES GOBIES

Nous allons maintenant nous occuper des familles **Stromateidae**, **Ammodytidae**, **Bleniidae** et **Gobiidae**.

Les **Ammodytidae** ou cicerelles ne sont pas d'un intérêt immédiat pour les amateurs de poisson, mais indirectement leur importance est considérable car elles constituent un des éléments essentiels de la nourriture de beaucoup de poissons appréciés des gourmets. Dans *Periclès*, de Shakespeare, le troisième pêcheur demande : "Maître, je me demande comment les poissons vivent dans la mer" : et le premier pêcheur répond, "Eh! comme les hommes à terre : les grands mangent les petits." Nous devons nous rappeler que les êtres marins se mangent les uns les autres sur une bien plus grande échelle que nous ne les mangeons.

Comme on les consomme peu en Méditerranée, je n'ai pas accordé aux cicerelles une place dans ce catalogue. On les appelle aussi lançons ou équilles.

La fiatole de Méditerranée est un poisson plutôt décevant. C'est dans la région indo-pacifique que la famille des **Stromateidae** est la plus renommée. La fiatole blanche et la fiatole noire sont les poissons marins les plus appréciés de la région.

La famille de **Gobiidae** est une grande famille. Il en existe de nombreuses espèces dans la Méditerranée, plus de quarante dans les eaux nord-américaines et plus d'une douzaine dans les eaux de l'Europe du Nord. La plupart des gobies sont minuscules.

"Les gobies ne sont pas une nourriture pour les dieux mais bien pour les simples hommes" ; c'était l'opinion des Grecs anciens que la plupart des Méditerranéens pourraient actuellement s'approprier. Les auteurs latins opposaient le quelconque gobie aux poissons riches comme le thon; mais les Vénitiens avaient, d'après ce que relate Martial, une opinion contraire :

"A Venise*, où mets exquis sont fameux,
"Les gobies se mettent au premier rang d'eux."

L'intérêt particulier que l'on porte aux gobies en mer Noire est certain; d'après Pline, "le poisson que l'on attrape le plus fréquemment dans la glace est le gobie à qui l'on

*Ceci se rapporte à la province de Venise et non à la cité qui n'avait pas encore été fondée quand Martial écrivait.

redonne la vie en le mettant simplement au chaud dans la casserole". Cet intérêt s'est maintenu de nos jours en Turquie.

FIATOLE - STROMATÉE

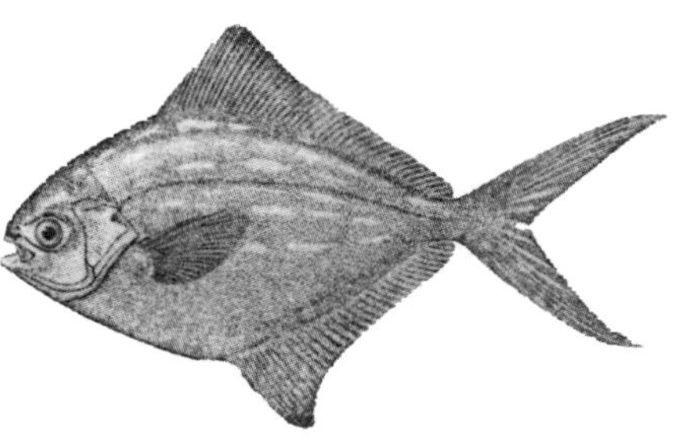

Stromateus fiatola (Linné)
FAO 201

NOMS ÉTRANGERS
Anglais : Pomfret. Espagnol : Pámpano.
Italien : Fieto. Tunisien : Elmiss.
AUTRES
Figue (Alg.) ; Pudenta (Cat.) ; Figa, Figa (It.).

Caractéristiques

Longueur maximum : 35 cm.

Grise, avec des taches dorées, ovales et longitudinales interrompues. N'est pas très commune et semble être absente de la partie nord-est de la Méditerranée.

Cuisine

N'est pas spécialement bonne, mais elle peut être grillée et devrait très bien supporter d'être frite.

BAVEUSE

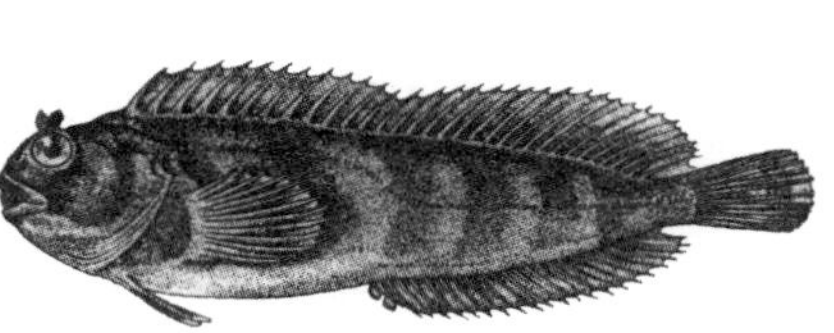

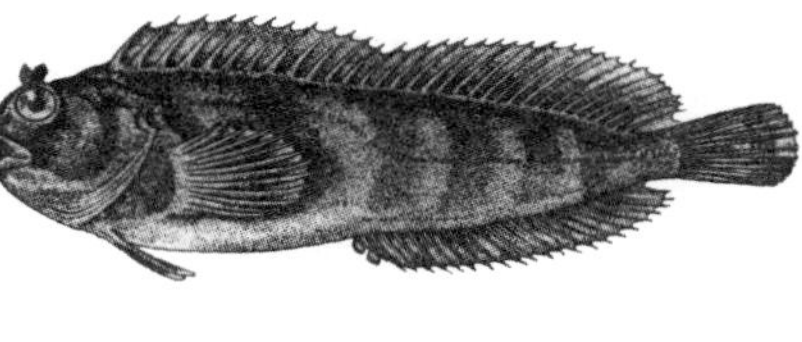

Blennius spp.
FAO 205-8

NOMS DU MIDI
Roussillon : Foutares. Sète : Bigoula, Diablés, Lébra
Marseille : Baveuse. Nice : Bavecca, Bavoua.
NOMS ÉTRANGERS
Anglais : Blenny. Espagnol : Torillo, Baboso. Grec : Saliára. Italien : Bavosa. Tunisien : Senegaless, Mrel (?)
Turc : Horozbina, Katırca.
AUTRES
Bavosa (Cat.) ; Raboa (Bal.).

Caractéristiques

Il y a là toute une collection de petits poissons dont les longueurs maximales vont de 8 à 20 cm et qui sont de toutes les nuances de noir, gris et rouge.

Celui qui est représenté ici est le **Blennius gattorugine** Brünnich (FAO 207).

Cuisine

S'utilise normalement dans la soupe de poissons.

NOUNAT

Aphia minuta (Risso)
FAO 212

NOMS ÉTRANGERS
Anglais : Transparent goby. Espagnol : Chanquete. Grec : Goviodáki. Italien : Rossetto.

AUTRE
Le nom italien Nonnati est une variante du nom français.

Caractéristiques

Longueur maximum : 5 à 6 cm. Ce tout petit poisson appartient à la famille des gobies (voyez la rubrique suivante), mais il est présenté ici à part car il a l'étrange particularité d'être pratiquement sans couleur.

Cuisine

En dépit de leur petite taille, les nounats sont dégustés avec enthousiasme dans divers endroits de la Méditerranée. Un plat très populaire à Malaga est fait ainsi : les faire frire dans de la pâte jusqu'à ce qu'ils deviennent brun doré, les yeux alors ressortent comme les points sur les "i". Servez-les avec du citron. D'après Faber, ils sont bons, cuits au four dans du lait.

Recettes

Poutine, nounat et melet, p. 176.
Chanquetes y Aladroch, p. 289.

GOBIE – GOUJON – CHABOT

Gobius spp.
FAO 213-5

NOMS ÉTRANGERS
Anglais : Goby. Espagnol : Cabot. Grec : Goviós. Italien : Ghiozzo. Tunisien : Boughill, Zankour(?). Turc : Kaya*.
AUTRES
Gòbit (Cat) ; Glavoč (S.C.) ; Popche (Bulg.) ; Guvid (Roum.) ; Biciok (Russe).

Caractéristiques

La longueur maximum ne dépasse généralement pas 15 cm. Dieuzeide en inscrit seize espèces différentes que l'on peut trouver le long des côtes d'Algérie; mais il y en a très peu qui soient suffisamment grands pour valoir la peine d'être mangés.

L'illustration de cette page représente **Gobius niger** Linné, le "Gobie noir" (213).

Cuisine

Frit.

LES SCORPÉNIDÉS : LES RASCASSES ET LES GRONDINS

L'importance de la famille des rascasses est due au fait que trois d'entre elles (Nos 216, 217 et 218) sont irremplaçables dans la bouillabaisse, et pour moi en tout cas, une belle et grande rascasse demeure le plus prestigieux des symboles de tous les poissons de la

*C'est le nom général, auquel on ajoute des qualificatifs variés selon l'espèce. Ainsi "Kumurcun kayası" et "Saz kayası" et une bonne douzaine d'autres. Les Turcs connaissent bien et aiment beaucoup les gobies.

Méditerranée et c'est pour cette raison que l'une d'elles figurait sur la couverture de la première version de ce livre quand il fut publié à Tunis.

Viennent ensuite les familles **Trigiidae** et **Peristediidae**. Dans la première famille, je n'ai inscrit au catalogue que cinq des sept espèces méditerranéennes; la deuxième ne contient que le "malarmat".

Les grondins sont des poissons à l'instinct grégaire qui peuvent rester en contact les uns avec les autres en émettant de perceptibles grognements, ceci grâce à la contraction des muscles de la vessie natatoire. Cette caractéristique a été décrite par Aristote et d'autres auteurs anciens; elle compte pour beaucoup dans le choix des noms vulgaires donnés aux membres de cette famille : l'anglais "piper", le marseillais "grognant" et le napolitain "cuoccio".

Les grondins sont des poissons qui ont des écailles de taille importante formant même une cuirasse, avec une grosse tête disproportionnée, qui d'ailleurs ne pèse pas lourd. S'ils sont souvent traités comme un élément de la bouillabaisse, rien de plus, c'est peut-être dû à leur aspect extérieur. Ceux d'entre eux qui sont rouges sont parfois présentés sous le nom flatteur de "rouget" ou "rouget-grondin". Il est toutefois aussi faux de les dédaigner que de prétendre qu'ils soient comparables aux rougets-barbets.

RASCASSE NOIRE - RASCASSE BRUNE

Scorpaena porcus (Linné)

FAO 216

NOMS DU MIDI

Roussillon : Rouffi. Languedoc : Rascasso.
Provence : Rascassouiro. Nice : Rascasso. Corse : Scorpina.

NOMS ÉTRANGERS

Espagnol : Rascacio. Grec : Scórpena. Italien : Scorfano nero.
Tunisien : Bou keshesh aghel. Turc : Iskorpit

AUTRES

Bodeč, Škrpun (S.C.) ; Skorpid (Bulg.) ; Scorpie-de-mare (Roum.).

Caractéristiques

Longueur maximum : 25 cm. Poisson brun avec des taches plus foncées faisant penser à un camouflage, ce qui d'ailleurs est leur raison d'être et explique qu'elles changent. Commune partout en Méditerranée, en eau peu profonde.

Cuisine

Voyez au N° 217.

C'est vraisemblablement au sujet de cette espèce que Méry écrivait :

"La rascasse, poisson, certes, des plus vulgaires.
"Isolée sur un gril, on ne l'estime guère,
"Mais dans la bouillabaisse aussitôt il répand
"De merveilleux parfums dont le succès dépend.
"La rascasse, nourrie aux crevasses des Syrtes,
"Dans les golfes couverts de lauriers et de myrtes,
"Ou devant un rocher garni de fleurs de thym."

Il est plaisant de penser que la rascasse puisse s'imprégner d'herbes aromatiques qui poussent dans les rochers ; pourtant, de nos jours, elles ont de plus en plus à subir la présence, dans leur eau, de matières polluantes non aromatiques.

RASCASSE ROUGE

Scorpaena scrofa (Linné)

FAO 217

NOMS DU MIDI

Roussillon : Escorpe. Languedoc : Capoun.
Provence : Capoun, Scorpeno, Badasco, Escourpe.
Corse : Cappone.

NOMS ÉTRANGERS

Anglais : Scorpion fish. Espagnol : Cabracho. Grec : Scórpena. Italien : Scorfano rosso. Tunisien : Bou keshesh ahmar. Turc : Lipsos, Kırmısı iskorpit.

AUTRES

Cap roig (Bal.) ; Bodeljka, Škrpina (S.C.).

Caractéristiques

Longueur maximum : 55 cm. Le rouge ou l'orange sont ses couleurs dominantes. Comme le N° 216, cette espèce-ci se trouve partout en Méditerranée, mais en eau plus profonde (36 m ou plus).

Cuisine

Celle-ci et le N° 216 sont les deux meilleures rascasses pour la bouillabaisse, et c'est ainsi qu'elles sont le plus souvent accommodées. Mais une grande rascasse rouge sera très bonne cuite au four, si vous prenez soin de l'arroser souvent avec du beurre. Elle produira sur la table un effet quelque peu impressionnant et donnera de belles parts d'une chair blanche et ferme assez voisine de celle du homard. Quant aux joues, ne négligez pas de les manger.

Recettes

Cassoulet de rascasse à la Suffren, p. 188.
Cap-roig con salsa de almendra, p. 289.
Brudet, p. 256.
Chapon farci, p. 189.

PETITE RASCASSE

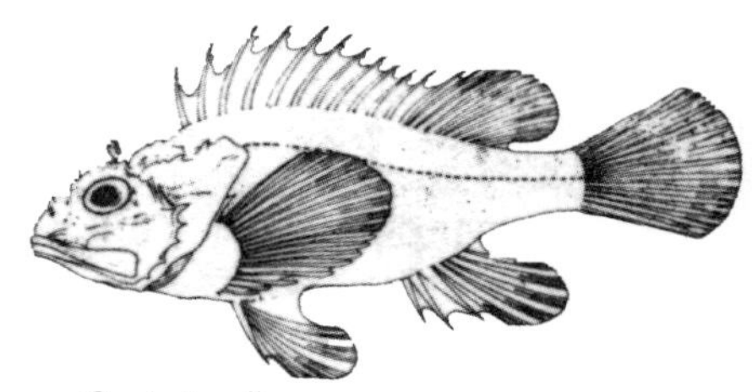

Scorpaena notata Rafinesque

FAO 210

NOMS DU MIDI

Voir les deux précédentes espèces. On cite aussi le nom : Garde-écueil.

NOMS ÉTRANGERS

Espagnol : Escórpora. Grec : Scorpiós. Italien : Scorfanotto. Tunisien : Bou keshesh sghir. Turc : Iskorpit.

Caractéristiques

Longueur maximum : 18 cm.

Brunâtre. Elle possède une tache noire entre le huitième et le dixième rayon de sa nageoire dorsale, tout comme le N° 219. Mais ce dernier a des nageoires pectorales très différentes.
Peut se trouver partout en Méditerranée; mais elle est beaucoup moins commune que les deux espèces précédentes.

Cuisine
Pour la bouillabaisse et les soupes de poissons.

RASCASSE DE FOND – SÉBASTE

Helicolenus dactylopterus (Delaroche)
Sebastes dactyloptera
Scorpaena dactyloptera
FAO 219

NOMS DU MIDI
Marseille : Badasco. Nice : Cordonniero.
NOMS ÉTRANGERS
Anglais : Blue-mouth. Espagnol : Gallineta. Grec : Sevastós. Italien : Scorfano di fondale. Tunisien : Bou keshesh.
AUTRES
Chèvre (Alg.) ; Panegail (Cat.) ; Jauk (S.C.) ; Skorfna tal-ghajn (Malte).

Caractéristiques
Longueur maximum : 30 cm.
D'une couleur brun-rouge.
Ce membre de la famille des rascasses se trouve dans les eaux de l'Atlantique (voyez les recherches faites par A.J. Liebling et publiées dans le *New Yorker* du 27 octobre 1962), ainsi que dans la mer du Nord. On l'appelle aussi “rascasse du Nord”.
En Méditerranée, il se trouve à l'ouest et au centre.

Cuisine
S'il est admis que ce soit une rascasse, alors traitons-la ainsi (voir N° 217). Mais, pour le cuisinier, elle semble plus proche des deux autres membres de la famille qui se trouvent dans l'Atlantique Nord, **Sebastes viviparus** Kroyer et **Sebastes marinus** (Linné). Cette dernière espèce est très demandée par les usines où l'on prépare des croquettes de poisson congelées plutôt que par l'amicale des amateurs de bouillabaisse. Ainsi, je trouve préférable de préparer la rascasse de fond comme un membre de la famille des brèmes. Elle est d'ailleurs parfois appelée, à tort, “brème rouge” en Grande-Bretagne.

GRONDIN LYRE

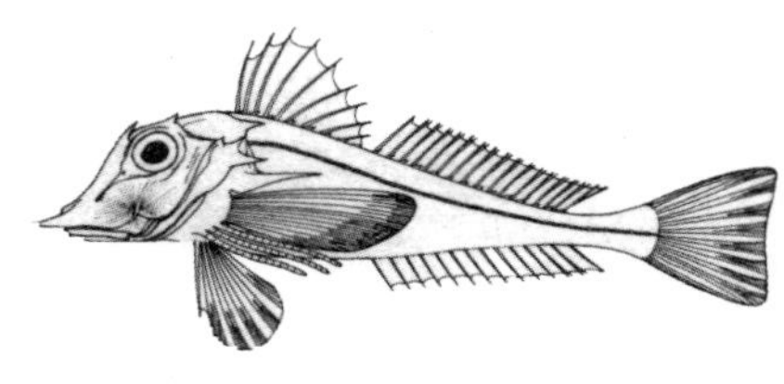

Trigla lyra
(Linné)
FAO 220

NOMS DU MIDI
Languedoc : Pinaou, Grougnant.
Provence : Pinau, Gournaou, Galino, Galineto. Nice : Gallino. Corse : Gallinella, Scaffone.
NOMS ÉTRANGERS
Anglais : Piper. Espagnol : Garneo. Grec : Capóni. Italien : Capone lira. Tunisien : Djaje, Serdouk. Turc : Oksüz.
AUTRE
Garneu (Cat.).

Caractéristiques

Longueur maximum : 50 cm. Dos rouge, flancs roses, ventre argenté. Vit dans les eaux relativement profondes.

Cuisine

C'est un des poissons de grande taille de cette famille. Ces grondins plus gros ont une chair blanche, ferme, facile à digérer, dénuée d'arêtes trop gênantes, mais un peu sèche.

Un gros, vidé et assaisonné, peut être cuit au four avec du vin blanc, des champignons hachés et des tranches de citron, ou bien poché, et une fois refroidi, servi avec de la mayonnaise (méthode habituelle en Turquie). Epicharmus (de Sicile) conseillait de faire frire les grondins à l'huile, de les épicer et de les servir dans du vinaigre ; certains auteurs pensent que ce procédé est à l'origine du "cuoccio marinato" ou grondin mariné de Naples.

Recette

Grondin à la sauce aux amandes, p. 253.

GRONDIN GALINETTE – GRONDIN PERLON

Trigla hirundo
(Linné)
Trigla lucerna
FAO 221

NOMS DU MIDI
Roussillon : Cabote, Galinetta. Languedoc : Boulaïda, Linota. Provence : Galinetta, Andoureta. Nice : Orghe, Granaou.
NOMS ÉTRANGERS
Anglais : Tub gurnard, Tub-fish. Espagnol : Bejel. Grec : Capóni. Italien : Capone gallinella. Tunisien : Djaje, Serdouk. Turc : Kırlangıç balığı.

Caractéristiques

Longueur maximum : 60 cm. Le dos est habituellement d'un rose jaunâtre ou grisâtre. Les nageoires pectorales, rouges avec du bleu perroquet et des taches vertes en bordure, permettent de le reconnaître immédiatement.

Cuisine

C'est le membre le plus grand de la famille et l'un des meilleurs. Voyez le N° 220.

GRONDIN IMBRIAGO

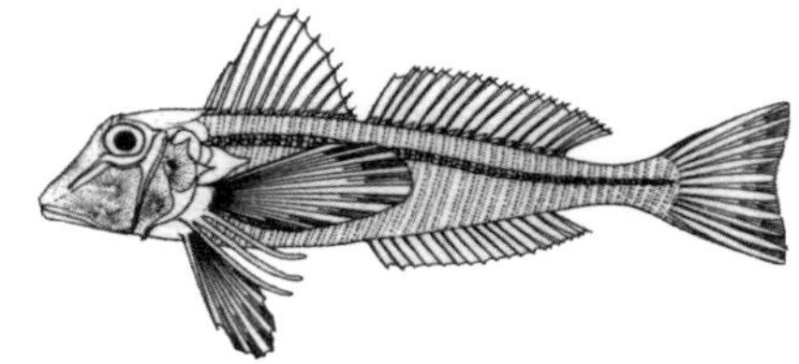

Trigla lineata
(Pennant)
Trigloporus lastoviza
FAO 222

NOMS DU MIDI
Roussillon : Cabotille. Languedoc : Imbriago, Sbrougna. Provence : Brigoto. Nice : Belugan.
NOMS ÉTRANGERS
Anglais : Streaked gurnard. Espagnol : Rubio. Grec : Capóni. Italien : Capone ubriaco. Tunisien : Djaje, serdouk. Turc : Mazak.
AUTRES
Lluerna (Cat.) ; Kokot (S.C.).

Caractéristiques

Longueur maximum : 35 cm.

Rouge éclatant, d'où les noms comme "Imbriago" (qui vient de imbriaque : ivrogne). Les lignes obliques en travers du corps sont une marque distinctive. Elles justifient les noms latins et anglais.

Cuisine

Celui-là aussi est bon. Voyez le N° 220.

GRONDIN GRIS

Eutrigla gurnardus
(Linné)
Trigla milvus
FAO 223

NOMS DU MIDI
Languedoc : Cabotto, Belugan, Cabiouna. Provence : Belugan. Nice : Grugnao.
NOMS ÉTRANGERS
Anglais : Grey gurnard. Espagnol : Borracho*. Grec : Capóni. Italien : Capone gurno. Tunisien : Djaje ou Serdouk. Turc : Benekli kirlangiç.
AUTRES
Oriola vera (Bal.).

Caractéristiques

Longueur maximum : 40 cm.

Habituellement gris avec des petites taches blanches.

Cuisine

Joliment bon ! Voyez le N° 220.

* Ce nom veut dire "ivrogne", et il est utilisé dans plusieurs endroits, comme on pouvait s'y attendre pour l'espèce précedente. Le classement espagnol est particulièrement confus.

GRONDIN

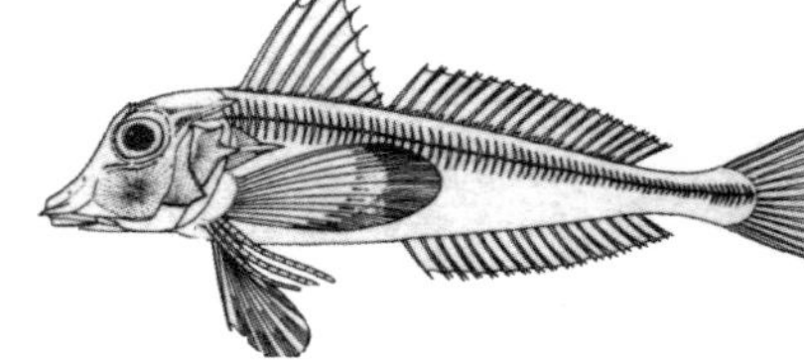

Aspitrigla cuculus
(Linné)*
Trigla pini
FAO 224

NOMS DU MIDI
Roussillon : Galinetta, Lloum brigaou. Languedoc : Cabiouna, Belugan, Caraman, Granou.
Nice : Carama, Grano. Corse : Galinella, Organu, Mulinaru.
NOMS ÉTRANGERS
Anglais : Red gurnard. Espagnol : Arete. Grec : Capóni. Italien : Capone coccio.
Tunisien : Djaje, Serdouk. Turc : Kırlangıç balığı.
AUTRES
Gallineta (Cat.) ; Peix de San Rafel (Bal.).

Caractéristiques

Longueur maximum : 40 cm.

De couleur rouge foncé. Remarquez la ligne latérale (qui a rappelé au naturaliste Bloch les aiguilles de pin, d'où le nom **Trigla pini**), ainsi que sa forme fuselée.

Cuisine

Encore un bon grondin. Voyez le N° 220.

MALARMAT

Peristedion cataphractum
(Linné)
FAO 227

NOMS DU MIDI
Languedoc : Marco-temps. Provence : Pei furco, Pougnard. Nice : Pei fuorca. Corse : Curnutu.
NOMS ÉTRANGERS
Anglais : Armed gurnard. Espagnol : Armado. Grec : Capóni keratás. Italien : Pesce forca. Tunisien : Serdouk (pour cette fois préféré à Djaje). Turc : Dikenli öksüz.
AUTRES
Armat, Ase (Bal.).

Caractéristiques

Longueur maximum : 25 cm.

Son museau fourchu rend ce poisson parfaitement reconnaissable. De couleur rouge.

Cuisine

Voyez au N° 220.

*J'ai ainsi retenu cinq espèces de la famille **Trigiidae**, ce qui est bien assez. Mais, j'en signale ici deux autres. **Aspitrigla obscura** (Linné), qui est rougeâtre avec une ligne latérale rose nacrée et une épine très longue devant la première nageoire dorsale. Elle est moins connue que les espèces précédentes. **Lepidotrigla cavillone** (Lacépède) est le plus petit des grondins de la Méditerranée et n'est bon qu'en soupe de poissons. Les noms usuels des grondins lui sont donnés ainsi que "Caviglione" (It.), "Cabete" (Esp.), "Capet" (Cat.), "Rascoun" (Languedoc), "Caviho" (Prov.) et "Cavillone" (Fr.).

J'ai apprécié particulièrement un malarmat cuit au bord du chalutier tunisien commandé par le capitaine Luigi Drago.

Le poisson, à peine sorti du chalut, fut vidé, dépiauté et coupé en morceaux qui furent alors mis à cuire à petit feu dans de l'eau assaisonnée et aromatisée avec des herbes et servi avec une sauce faite de tomates fraîches.

LES POISSONS PLATS
I. LES "GAUCHERS"

Nous passons ici à l'ordre **Heterosomata** qui est l'ordre des poissons plats. Le flétan, qui est le roi des poissons plats, ne se trouve pas en Méditerranée; mais on y trouve la sole, le turbot et d'autres espèces de bonne qualité.

Les poissons plats commencent leur vie verticalement, mais quand ils sont encore petits, ils se couchent sur un côté qui devient alors le ventre et reste blanc, ou de toute façon, pâle. L'œil et la narine qui sont du côté du ventre se déplacent et viennent sur le dessus de la tête et rejoignent l'autre œil et l'autre narine sur ce qui devient le dos du poisson. La bouche change de forme et le dos se colore de façon à s'harmoniser avec le fond de la mer et camoufler le poisson.

Certains poissons plats ont les yeux du côté gauche (les familles **Bothidae** et **Cynoglossidae**) et d'autres du côté droit (les familles **Pleuronectidae** et **Soleidae**). Ce fait facilite l'identification des poissons plats, mais il est bon de se rappeler que le phénomène inverse se produit de temps en temps, car certains spécimens se couchent du mauvais côté.

Notre étude des poissons plats de la Méditerranée commence par les "gauchers" dont la barbue et le turbot (N°s 230 et 231) sont les plus gros, ont la saveur la plus délicate et sont les plus connus. Le turbot est très estimé en Méditerranée et spécialement en Turquie. Il y a des variétés intéressantes de cette espèce en mer Noire. Les marchands de poissons d'Istanbul suspendent derrière leur étalage des rangées de turbots : leurs protubérances semblables à des clous et leur éclat rosé font une magnifique et impressionnante toile de fond. Dans l'Antiquité gréco-romaine aussi, le turbot était un poisson très estimé et la quatrième satire de Juvénal était consacrée à l'histoire d'un énorme turbot qui fut pris dans un filet à Ancône, sur l'Adriatique.

Sur les autres poissons plats inscrits dans cette section, il n'est pas besoin de dire grand-chose. Signalons toutefois qu'il existe d'autres espèces de fausses limandes que celles décrites dans les pages suivantes : par exemple, l'**Arnoglossus Imperialis** (Rafinesque), qui mesure 20 cm au maximum, ou encore l'**Arnoglossus Kes*ieri** Schmidt, qui ne dépasse pas les 8 cm. On les trouve toutes deux en Méditerranée.

*Voyez la note p. 110 (N° 230).

FAUSSE LIMANDE

Citharus linguatula
(Linné)
FAO 229

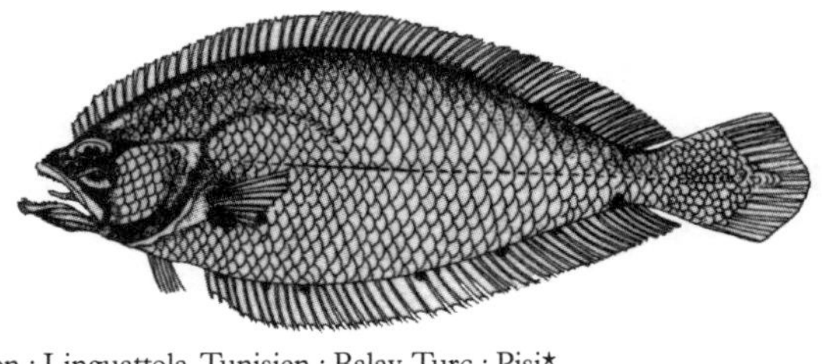

NOMS DU MIDI
Sète : Perpeira, Prétré. Nice : Pampoliti.
NOMS ÉTRANGERS
Espagnol : Solleta. Grec : Glossáki. Italien : Linguattola. Tunisien : Balay. Turc : Pisi*.
AUTRE
Palaia rossa (Cat.).

Caractéristiques

Longueur maximum : 30 cm. Le dos est soit couleur paille, soit d'une couleur grisâtre, assez claire. Le museau est plus foncé.

Cuisine

Frit.

BARBUE

Scophthalmus rhombus
(Linné)
Rhombus laevis
FAO 230

NOMS DU MIDI
Roussillon : Rhum. Languedoc : Barbut, Passar roun.
Provence : Pansar Roun blanc. Nice : Roumbou.
NOMS ÉTRANGERS
Anglais : Brill. Espagnol : Rémol. Grec : Rómbos-pissí. Italien : Rombo liscio.
Tunisien : M' dess moussa. Turc : Çivisiz kalkan, Pisi*.
AUTRES
Dans le Midi, il y a des noms tels que Rhum, Roun et Roumbou ; Calcan mic (Roum.) ;
Romb, Kalkan (Russe).

Caractéristiques

Longueur maximum : 60 cm.

De couleur variable, mais foncé sur le dessus et sans les protubérances du turbot (d'où le nom turc qui veut dire "Turbot sans clous" et le second nom scientifique inscrit ci-dessus, qui veut dire "Turbot lisse").

Cuisine

Un excellent poisson très semblable au turbot mais avec une chair plus délicate. Les indications données pour le N° 231 lui conviennent.

*Le nom "Pisi" (ou "Pissi" ou "Pisi balığı") est plein d'embûches. Ayant convoyé au British Museum un poisson d'Istanbul qui, sur les lieux, avait été identifié indubitablement comme étant un "Pisi", j'appris qu'il était de façon tout aussi indubitable une jeune barbue. L'explication probable en est que l'usage courant est de donner à ces deux espèces et à la jeune barbue (qui sont tous à peu près de la même taille) le même nom.

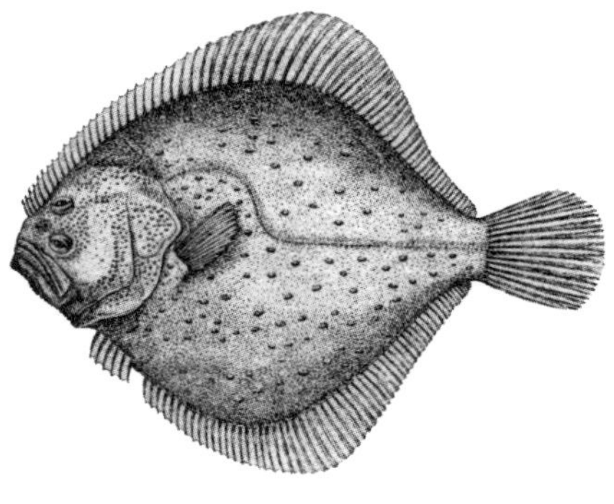

TURBOT

Scophthalmus maximus
(Linné)
Rhombus maximus
Psetta maxima
FAO 231

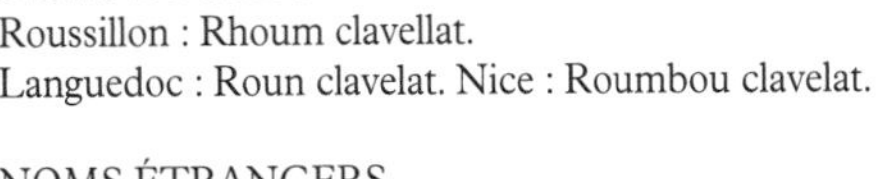

NOMS DU MIDI
Roussillon : Rhoum clavellat.
Languedoc : Roun clavelat. Nice : Roumbou clavelat.

NOMS ÉTRANGERS
Anglais : Turbot. Espagnol : Rodaballo. Grec : Kalkáni. Italien : Rombo chiadato, Rombo. Tunisien : M'dess moussa. Turc : kalkan, Kalkan balığı.
AUTRES
Kalkan (Bulg.) ; Calcan (Roum.) ; Tjurbo (Russe).

Caractéristiques

Longueur maximum : 80 cm, et même plus. Le dos est généralement d'un gris brunâtre ou jaunâtre, marqué de petits points blancs et noirs et couvert de protubérances osseuses ressemblant à des têtes de clous, très remarquables sur la variété de mer Noire que l'on voit aux alentours du Bosphore au printemps. Cette dernière espèce est **Psetta maeotica** (Phallas).

Cuisine

Un excellent poisson qui a donné son nom à la turbotière, ustensile de cuisine dont la forme est prévue pour contenir le poisson entier. Il peut y être cuit à petit feu et servi avec, par exemple, une sauce hollandaise, ou coupé en croix, puis en tranches, frit et servi avec une sauce tartare, ou grillé et servi avec une sauce béarnaise, ou coupé en morceaux et cuit à la Dugléré (c'est-à-dire poché dans du vin blanc, que vous utilisez ensuite pour allonger une sauce tomate), ou en filets d'après une des nombreuses recettes destinées aux filets de sole. Meilleur l'hiver.

Recette

Elmali ve Soganli Balik, p. 249.

FAUSSE LIMANDE

Lepidorhombus boscii
(Risso)
Pleuronectes boscii
FAO 232

NOM DU MIDI
Marseille : Petro.
NOMS ÉTRANGERS
Espagnol : Gallo. Italien : Rombo quattrocchi. Tunisien : Balay. Turc : Pisi*.

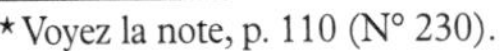

* Voyez la note, p. 110 (N° 230).

AUTRE
Petrale (Gênes).

Caractéristiques

Longueur maximum : 25 cm. Les nageoires dorsales et anales portent chacune deux taches noires, qui ne se remarquent pas toujours. Le dos est généralement d'une couleur jaunâtre, pâle et translucide. Se trouve en Méditerranée occidentale, mais n'est pas commune, pourtant, il y en a en très grand nombre dans le golfe de Gênes.

Cuisine

Frit. De qualité moyenne.

CARDINE

Lepidorhombus whiffiagonis
(Walbaum)

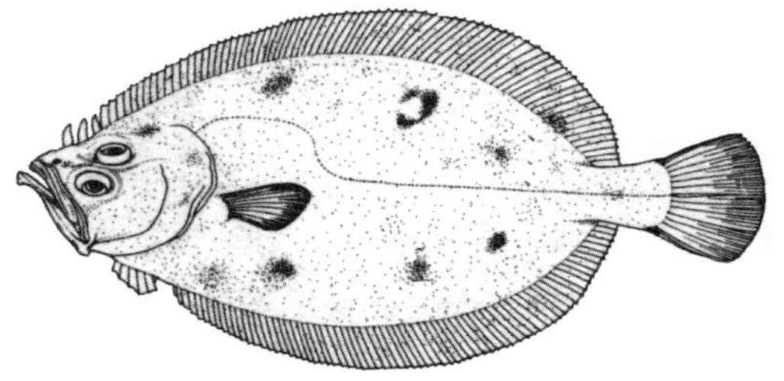

NOMS ÉTRANGERS
Anglais : Megrim, Sail-fluke, Whiff.
Espagnol : Lliseria. Italien : Rambo giallo.
AUTRES
Palaia bruixa (également pour le N° 232, Cat.) ; Cappelà (Bal.).

Caractéristiques

Longueur maximum : 50 cm. On rencontre cette espèce dans l'ouest de la Méditerranée.

Cuisine

Frit ou cuit. De qualité moyenne.

Bodus podas
(Delaroche)
FAO 233

NOMS DU MIDI
Roussillon : Rhoum. Nice : Roumbou.
NOMS ÉTRANGERS
Espagnol : Podás. Grec : Pissi. Italien : Rombo di rena.
AUTRES
Puput (Cat.) ; Pedaç (Bal.).

Caractéristiques

Longueur maximum : 20 cm. Notez le grand espace entre les yeux et les deux taches noires sur le dos. Il peut aussi y avoir de nombreuses petites taches plus claires, bleuâtres et réparties sur tout le dos.

La couleur du dos est variable, mais le gris et le gris-brun sont courants.

Cuisine

Frit.

FAUSSE LIMANDE

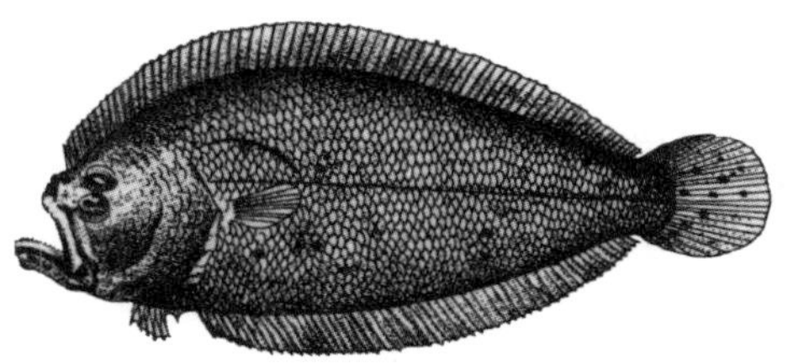

Arnoglossus laterna
(Walbaum)
Pleuronectes laterna
FAO 235

NOM DU MIDI
Côtes méditerranéennes : Perpeire.
NOMS ÉTRANGERS
Anglais : Scaldfish. Espagnol : Serrandell. Grec : Arnóglossa. Italien : Suacia.
AUTRE
Palaia misèries (Cat).

Caractéristiques

Longueur maximum : 17 cm. Le dos n'est pas d'un brun uni.

Parmi les autres fausses limandes de la Méditerranée, il faut inclure **Arnoglossus thori** Kyle, "Peluda" en espagnol, "Palaia rossa"' en catalan, "Suacia mora" en italien, beaucoup plus petit. C'est une famille dans laquelle la classification des diverses espèces est encore incertaine.

Cuisine

Frit.

LES POISSONS PLATS
II. LES "DROITIERS"

En Méditerranée, les poissons plats qui ont les yeux sur le côté droit appartiennent aux familles **Pleuronectidae** et **Soleidae**.

La première de ces familles comprend la plie et le flet. La plie, **Pleuronectes platessa** Linné ("Passera" en italien) n'est pas vraiment un poisson méditerranéen, pourtant on peut l'y trouver à l'extrémité occidentale et il arrive que l'on en prenne dans les eaux italiennes. Je ne l'ai pas inscrite séparément, mais le lecteur qui en verra une la reconnaîtra aussitôt à la façon dont sont disposées sur son dos les nombreuses taches oranges et rouges et à son allure générale qui rappelle le flet. Elle s'appelle aussi "Carrelet".

L'autre famille, **Soleidae**, est représentée en Méditerranée par **Solea solea**, qui est **la** sole, et par les trois autres espèces dont les caractéristiques sont données plus loin. Ils sont tous bons et d'une taille acceptable quand ils sont adultes. Il y a quelques autres espèces ayant les mêmes caractéristiques fondamentales et qui sont trop petites pour avoir vraiment de l'intérêt : **Solea lutea** Risso, la petite sole jaune, **Monochirus hispidus** Rafinesque, la sole velue, et **Microchirus variegatus** (Donovan), une petite sole à raies qui se trouve en Méditerranée occidentale et s'appelle "Golleta", en Espagne. Il y a étonnamment peu de précisions dans la nomenclature des membres de cette famille. Dans la plupart des langues, un seul nom sert pour tous. C'est peut-être un tribut des efforts fournis, sans aucun doute, pendant des millénaires par les marchands et les restaurateurs, ainsi qu'ils le font encore, aux yeux des acheteurs, pour parer les poissons de qualité inférieure des mérites des meilleurs d'entre eux. Le lecteur ne s'attend certainement pas à voir son marchand de poissons lui offrir, disons, une "sole de Klein" et bien que j'aie trouvé intéressant de citer les noms spécifiques, il est bon de se souvenir des noms donnés habituellement, qui sont : "sole" (Angl. et Fr.), "lenguado", (Esp.), "glossa" (Gr.), "sogliola" (It.), "m'dess" (Tun.) et "dil" (Turc).

Solea solea (N° 238) est l'espèce connue en Grande-Bretagne sous le nom de "Dover sole". C'est un poisson que l'on trouve depuis la Méditerranée orientale jusqu'à la Norvège, près de la côte et au large.

FLET

Platichthys flesus
(Linné)
Pleuronectes flesus
FAO 237

NOMS ÉTRANGERS
Anglais : Flounder. Espagnol : Platija. Grec : Chematida.
Italien : Passera pianuzza. Turc : Dere pisisi.
AUTRES
Rèmol de riu (Cat.) ; Fluke (Angl.).

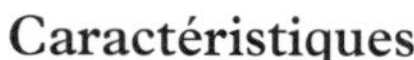

Caractéristiques

Longueur maximum : 45 cm. Il pourrait y avoir ici deux sous-espèces : **Platichthys flesus italicus** et **Platichthys flesus flesus**.

D'après ceux qui font la distinction, le premier se trouve seulement dans la Méditerranée occidentale alors que le dernier est mieux réparti, encore qu'il y en ait davantage en Adriatique. Le dos est brun, gris ou vert olive, quelquefois tacheté de blanc ou d'orange ; ou d'un vert foncé uni.

Cuisine

Frit s'il est petit. Autrement, cuisez-le entier ou en filets selon votre choix. Une autre méthode consiste à les entailler dans les deux sens et à les mettre dans un plat à gratin peu profond avec de l'assaisonnement, du persil, un peu de vin blanc et des noix de beurre. Les mettre à cuire alors à four vif pour les faire dorer.

SOLE

Solea solea (Linné)
FAO 238

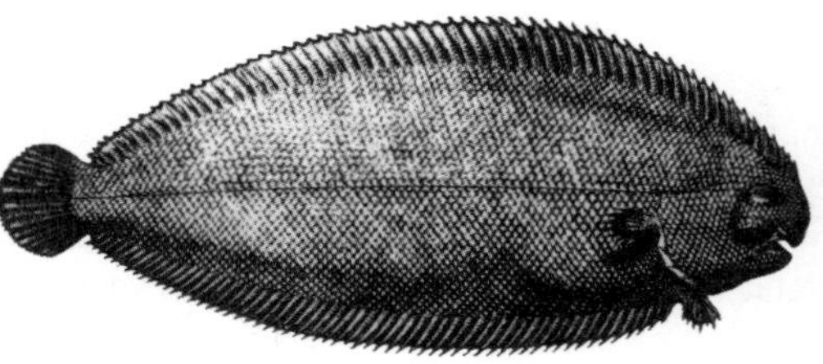

NOMS DU MIDI
Roussillon : Rouardou. Languedoc : Palaïga.
Provence : Pala. Corse : Sogliula, Lingua.
NOMS ÉTRANGERS
Anglais : Sole. Espagnol : Lenguado. Grec : Glóssa. Italien : Sogliola.
Tunisien : M'dess. Turc : Dil, Dil balığı.
AUTRE
List (S.C.).

Caractéristiques

Longueur maximum : 47 cm. Le dos est habituellement brun ou d'un gris jaunâtre.

Je signale en passant que c'est une des espèces qui, en Italie, a toute une série de noms locaux, par exemple : "lengua" (Gênes), "palaia" (Naples, etc.), "sfoglia" (Ancône), "sfogio" (Venise) et "linguata" (Sicile).

Cuisine

Poisson renommé pour la délicatesse de sa chair et les possibilités qu'il offre. On peut, sans fin, trouver de bonnes recettes pour l'accommoder. Une sole entière est excellente grillée, frite, meunière, ou cuite au court-bouillon.

En alternative, elle peut fournir quatre bons filets avec lesquels on pourra réaliser maints exploits culinaires.

La sole devrait être préparée de la façon suivante :

Couper la tête en biais (parce qu'il y a davantage de chair d'un côté que de l'autre) ; faire alors une incision dans la peau du dos, au niveau de la queue. Saisir la peau soulevée avec un chiffon et l'arracher d'un mouvement ferme. Couper les nageoires latérales, puis vider le poisson. Pour lever les filets, retirer la peau de dessous, couper le long de la ligne dorsale et dégager le filet de l'arête en s'aidant d'un couteau flexible.

Recettes

Sole à la provençale, p. 194.

Sogliole alla parmigiana, p. 230.

Filetti di sfoglia, veri i falsi, p. 230.

SOLE OCELLÉE - PÉGOUSE

Solea ocellata (Linné)

FAO 239

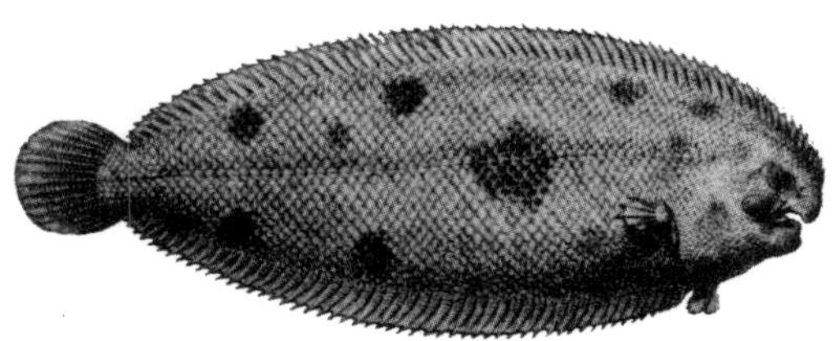

NOMS ÉTRANGERS

Espagnol : Tambor real. Grec : Glóssa.
Italien : Sogliola occhiuta. Tunisien : M'dess.
Turc : Dil, Dil balığı.

AUTRE

Soldat (Cat.).

Caractéristiques

Longueur maximum : 25 cm.

Les grandes taches foncées sont distinctives.

La couleur générale du dos est brune.

Cuisine

Voyez le N° 238. Très bon.

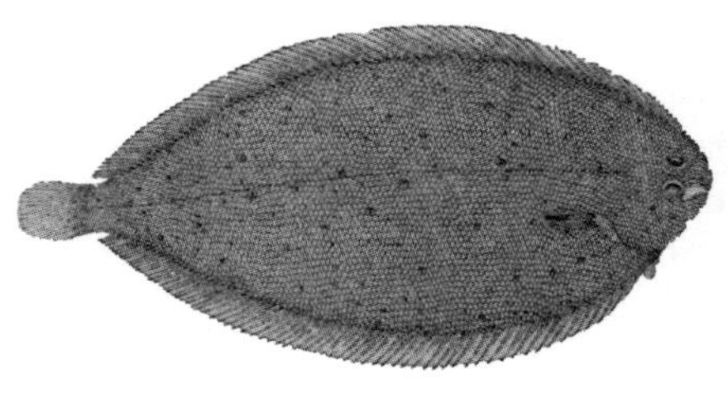

Solea nasuta
(Pallas)

NOMS ÉTRANGERS
Bulgare : Norski erik. Roumain : Limba de mare.

Caractéristiques

Longueur maximum : 20 cm.

Le dos est brun, marqué de taches foncées.

Cuisine

Petite mais bonne. Voyez le N° 238.

SOLE À PECTORALE OCELLÉE

Pegusa lascaris (Risso)
Solea lascaris
FAO 261

NOMS ÉTRANGERS
Anglais : French sole. Espagnol : Sortija, Lenguado.
Italien : Sogliola del porro. Tunisien : M'dess. Turc : Dil, Dil balığı.

Caractéristiques

Longueur maximum : 35 cm.

De couleur variable. Porte une tache distinctive sur la nageoire pectorale, mais le dos est généralement tacheté et marqué de points.

Cuisine

Voyez le N° 238. Bon aussi.

SOLE DE KLEIN

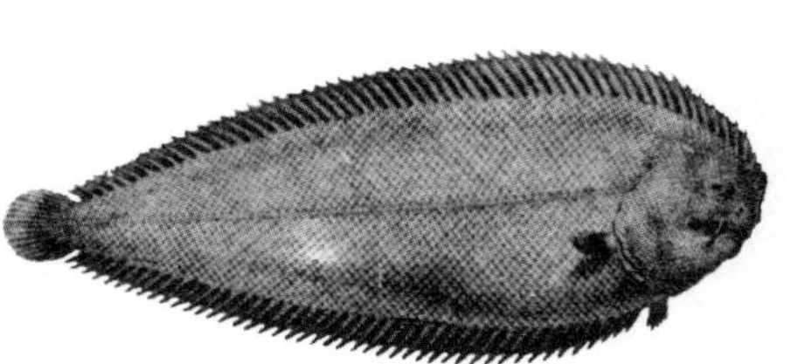

Solea kleini
(Risso)
FAO 242

NOMS ÉTRANGERS
Espagnol : Suela. Lenguado. Grec : Glóssa.
Italien : Sogliola turca. Tunisien : M'dess. Turc : Dil, Dil balığı.
AUTRE
Palaia petit (Cat.) (Donnée aussi au N° 241.)

Caractéristiques

Longueur maximum : 25 cm. Le bord noir des nageoires est remarquable.

(Klein était un naturaliste allemand du XVIIIe siècle.)

Cuisine

Voyez le N° 238. Celui-ci est petit mais bon.

LE BALISTE ET LES BAUDROIES

Pour finir, nous avons l'ordre **Plectognathi**, qui comprend la famille **Balistidae**, caractérisée par le baliste*, et l'ordre **Pediculati**, qui comprend la famille **Lophiidae**, représentée par la baudroie.

"Les noms baliste et trigger-fish sont donnés à ces poissons à cause de la curieuse conformation de leur nageoire dorsale épineuse. Quand la première grande dorsale épineuse est dressée, elle se bloque dans cette position et ne peut pas être abaissée à la main. Cependant, la troisième petite dorsale épineuse agit comme un déclencheur et, quand elle s'abaisse, le dispositif de blocage qui est à la base de la première dorsale épineuse se détend et la nageoire retombe" (Wheeler).

La baudroie, qui se trouve aussi dans les eaux du nord de l'Europe, est devenue récemment d'une certaine importance commerciale en Grande-Bretagne et en Espagne. C'est un véritable pêcheur**. Elle a l'habitude de creuser un trou peu profond et de s'y installer. Pendant que les particules de sable qu'elle remue en creusant flottent autour d'elle et la rendent presque invisible, elle se prépare à commencer sa "pêche à la ligne". Grâce à cette technique, elle capture les proies les plus variées et cette réussite même amène Oppien (*Halieutica* II, 199) à critiquer ce poisson, observant que :

"...Il n'est jamais rassasié de nourriture et ne connaît aucune mesure, mais pour sa scandaleuse bedaine, il entretient une gloutonnerie féroce et sans fin et jusqu'à ce que son ventre éclate tout à fait et qu'il tombe lui-même à plat sur le dos, il ne cessera pas de se gaver tant qu'il aura de la nourriture à sa portée..."

Il y a là pour l'homme une leçon à tirer ainsi qu'Oppien ne manque pas de le faire remarquer :

"Oyez ! génération des hommes, quel genre de fin se ménage la folle gloutonnerie

"Quelle douleur résulte des excès de nourriture !

"Que l'homme, donc, chasse loin de son cœur et de sa main le désœuvrement qui trouve ses délices dans les plaisirs coupables et garde la mesure quand il se nourrit... car nombreux sont parmi les hommes ceux qui ne tiennent pas les rênes hautes et lâchent complètement la bride à leur ventre. Et que l'homme considère et évite la triste fin du « dormeur de jour »***."

C'est un excellent conseil, quoique présenté dans un style bien emphatique pour les oreilles contemporaines.

BALISTE – COCHON DE MER

Balistes carolinensis (Gmelin)
Balistes capricus
FAO 246

NOMS ÉTRANGERS
Anglais : Trigger-fish. Espagnol : Pez ballesta.

*En anglais "Trigger-fish". Trigger veut dire déclencheur. Il n'est peut-être pas inutile de rappeler la définition de la "baliste" : ancienne machine de guerre qui servait à lancer des projectiles et qui comportait un déclencheur.

**En anglais "Angler-tish" : "Angler" veut dire pêcheur à la ligne.

***Nom donné par Oppien à la baudroie.

Grec : Gourounópsaro. Italien : Pesce balestra.
Tunisien : Hallouf bahr (Cochon de mer). Turc : Çotira balığı.
AUTRES
Surer (Bal.) ; Bot (Cat.) ; Hmar (Malte) : Pisci porcu (Sic.), Mihaca (S.C.).

Caractéristiques

Longueur maximum : 40 cm. Un curieux poisson, à la forte dentition. On dit qu'ils nagent toujours par deux. Si l'un mord à l'hameçon, tirez-le vite avant que l'autre ne vienne couper la ligne. Quoique le baliste soit connu dans toute la Méditerranée, il est plus commun dans le Sud. Aussi en prend-on souvent dans les eaux tunisiennes et quelquefois dans les eaux du sud de l'Italie. Ne se trouve pas en mer Noire.

Cuisine

La peau de ce poisson est très dure et doit être retirée avant la cuisson. Estimé par certains, dont l'auteur, et dédaigné par d'autres.

Recette

Baliste, sauce aux olives, p. 272.

BAUDROIE – LOTTE

Lophius SPP.

FAO 249, 250

NOMS DU MIDI
Roussillon : Rape, Buldroi. Languedoc : Galanga, Boudrou.
Provence : Boudreuil. Nice : Boudroi, Boudraie. Corse : Budicu.
NOMS ÉTRANGERS
Anglais : Angler-fish. Espagnol : Rape. Grec : Vatrachópsaro. Italien : Rana pescatrice. Tunisien : Ra'asha.
Turc : Fener balığı (lampe*).
AUTRES
Rap (Cat.) ; Rospo (It.) ; Grdobina (S.C.).

Caractéristiques

Longueurs maximum :

- **Lophius piscatorius** : 150 cm.
- **Lophius budegassa** : 80 cm.

Grandes et grotesques, elles se couchent dans le fond, remarquablement camouflées. Elles pêchent leur repas en agitant au-dessus de leur tête un appendice assez semblable à une canne à pêche. Quand elles ouvrent la bouche, les petits poissons, venus pour se renseigner, sont engouffrés.

Cuisine

La queue est bonne, ferme et blanche, semblable à de la langouste. "Coda di rospo" est un mets fameux de Venise.

* "Fener" veut dire lampe, c'était la lampe à huile de l'Antiquité.

Catalogue des crustacés

Les crustacés font partie de l'ensemble des Arthropodes, qui comprend aussi les araignées, les scorpions et les insectes. Ils sont, comme eux, recouverts d'une carapace chitineuse et peuvent se mouvoir grâce aux jointures qu'elle comporte ; ils muent périodiquement au cours de leur croissance. Un grand nombre de crustacés subissent à la cuisson un changement de couleur caractéristique, par exemple le homard de bleu-noir devient écarlate et la crevette translucide tourne au rose et au blanc.

J'aborderai ici successivement les trois ordres suivants : **Decapoda natantia, Decapoda reptantia** et **Stomatopoda**, autrement dit, les “nageurs à dix pattes”, les “rampeurs à dix pattes” et les “marchant sur la bouche”. La première catégorie comprend les langoustines, crevettes, homards, etc. ; la deuxième englobe tous les crabes ; la squille, seule, constitue la troisième catégorie.

Je veux tout d'abord donner quelques précisions en ce qui concerne les ordres cités plus haut. On remarque que la qualité des crustacés est meilleure lorsque leurs ovaires sont gonflés. Il y a aussi des raisons valables pour choisir des spécimens dont la carapace est dure et par conséquent vieille. On peut alors supposer que le crustacé a eu le temps de prendre de la taille et de remplir sa carapace alors que ceux dont la carapace est molle et nouvelle n'ont pas encore atteint leur taille maximum. (Mais consultez la page 128, qui traite des crabes à carapace molle.)

Il faut enfin aborder ici la façon de tuer humainement les crustacés. C'est particulièrement difficile pour les homards et ses proches. Leur système nerveux étant très diffus, il y a très peu de chance de l'atteindre d'un coup de couteau. Si l'on coupe un homard de bout en bout d'un seul coup, il meurt immédiatement ; mais il y a bien peu de gens qui suivent cette méthode peu ragoûtante. Certains conseillent de mettre le homard, vivant, dans de l'eau froide dont on élève progressivement la tempèrature, ce qui provoque d'abord un engourdissement puis la mort aux alentours de 40°C.

Par ailleurs, en Grande-Bretagne, les Fédérations Universitaires pour la protection des animaux (“Universities Federation for Animal Welfare” UFAW) préconisent de plonger l'animal vivant dans une grande quantité d'eau qui bout à gros bouillons. Elles ont prouvé expérimentalement que, de cette façon, la mort est rapide (15 secondes ou moins).

Elles estiment que c'est la moins inhumaine de toutes les méthodes. Pour les crabes, cependant, on peut s'y prendre d'une manière différente, étant donné qu'ils n'ont que deux centres nerveux. Il suffira donc d'enfoncer une épingle (pour les petits crabes) à deux endroits seulement, ou, pour les gros, de se servir d'une pointe plus résistante. Les coups doivent être donnés par dessous. L'un devra atteindre la centre nerveux ventral, et l'autre le centre nerveux frontal. Un marchand de poisson ou tout autre spécialiste pourra vous indiquer les endroits précis.

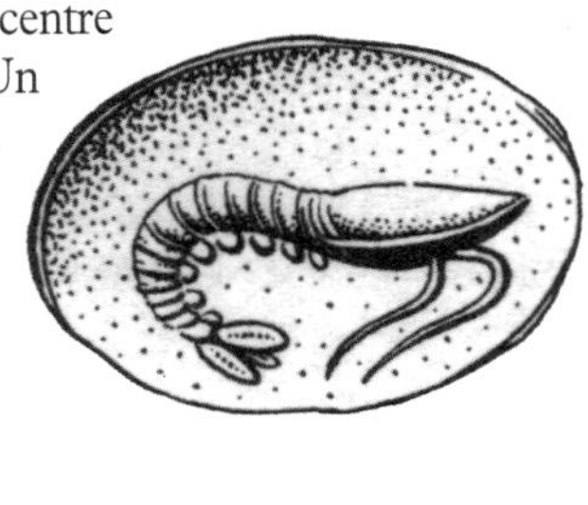

LES CREVETTES

Nous traitons ici des familles **Penaeidae, Palaemonidae** et **Crangonidae**.

Les crevettes décrites ici sont les plus répandues sur les marchés méditerranéens. Il y en a aussi bien d'autres. Mais rentrer dans le détail prêterait à confusion.

Les crevettes sont souvent vendues cuites. Mais on peut aussi les acheter crues. Dans ce cas, les faire cuire cinq minutes environ à feu doux dans de l'eau de mer ou dans de l'eau salée dans laquelle on aura mis, ainsi que cela se fait en Provence, de l'ail, des feuilles de laurier et du thym.

Après cette première opération, on peut rapidement faire frire les crevettes dans de l'huile (après les avoir décortiquées et saupoudrées de farine ou passées dans des œufs battus puis de la chapelure).

Les grosses crevettes peuvent aussi se faire griller comme pour le plat espagnol bien connu : "Gambas a la plancha". Mélanger dans une jatte de l'huile d'olive et un peu de jus de citron, du sel et du poivre. Mettre les crustacés entiers et non décortiqués, directement sur le gril. Pendant la cuisson les humecter avec le mélange d'huile d'olive et de citron ; utiliser pour cela un brin de persil. Le tout prend environ vingt minutes.

On peut préparer les plus grosses crevettes (et, bien sûr, les langoustines, voir p. 126) en brochettes. Faire d'abord tremper les langoustines décortiquées dans de l'huile d'olive, salée et poivrée. Cela vous donnera largement le temps de choisir et d'appointer de fines baguettes de bois (de tamaris de préférence). Y enfiler les crevettes en intercalant des feuilles de sauge, et faire griller sur un feu modéré en arrosant avec le liquide de la marinade. Servir chaud accompagné de jus de citron.

Faites mijoter les crevettes bouquet (ou "scampi") à la façon italienne des "Scampi in Umido". Décortiquez d'abord les crevettes. Chauffez de l'huile d'olive dans une petite casserole à fond épais et faites-y cuire doucement les crevettes. Quand elles sont presque cuites (10 minutes environ), ajoutez de l'ail écrasé, beaucoup de persil, quelques câpres et un petit peu de jus de citron. Finissez la cuisson et servez les crevettes dans la sauce.

La soupe de crevettes est délicieuse. Le traducteur italien du présent ouvrage a ajouté la recette de la "Zuppa di Gamberi", spécialité du restaurant *La Conchilia* à Lerici. Faites cuire environ 1 kilo de crevettes en les faisant bouillir dans de l'eau salée. Décortiquez-les et gardez les têtes, que vous écraserez au pilon. Prenez une casserole et faites un roux avec 100 g de beurre et 2 cuillerées à soupe de farine. Ajoutez les têtes écrasées et un peu de cognac que vous aurez chauffé et flambé séparément. Mouillez le mélange avec 1/2 litre de fumet de poisson (voir p. 166), préparé avec un poisson de bonne qualité comme la baudroie. Saupoudrez à volonté de paprika, puis passez le mélange au tamis très fin et ajoutez-y les crevettes décortiquées, mélangez et servez chaud. (On peut utiliser pour cette recette des crevettes petites ou grandes. Si on en utilise de grandes, il est préférable de leur couper la queue avant de les ajouter à la soupe. Notez également qu'on entend par "tête" de la crevette tout ce qui se trouve à l'avant de la queue, c'est-à-dire le thorax et sa carapace ainsi que la tête elle-même. J'ajouterai également que, bien qu'on appelle "queue" toute la partie arrière de la crevette, on devrait en fait parler d'abdomen et réserver le mot "queue" pour la partie en éventail tout-à-fait à l'extrémité.)

CREVETTE ROUGE

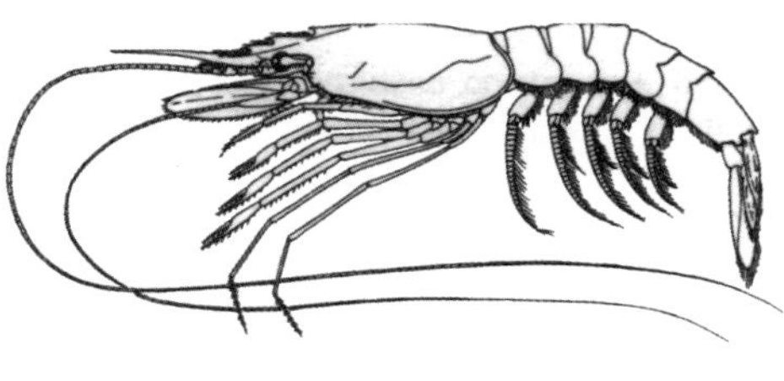

Aristeus antennatus (Risso)
FAO 500

NOMS ÉTRANGERS
Espagnol : Carabinero. Grec : Garida.
Italien : Gambero rosso chiaro.
AUTRE
Gamba rosada (Cat.).

Caractéristiques

Longueur maximum : 20 cm.

Corps rouge clair et tête mauve. Chez une espèce voisine, **Aristeomorpha foliacea** (Risso), le mâle atteint 23 cm.

Il est de couleurs plus sombres (corps rouge sang, tête violette). Les Italiens l'appellent "Gambero rosso" et les Espagnols "Langostino moruno". Partout ailleurs, on donne aux deux espèces le même nom.

Ces deux espèces se pêchent au large de l'Algérie, mais non de la Tunisie. Sur le marché tunisien, elles sont connues sous le nom de "Gembri" ou "Crevettes".

Cuisine

Voyez p. 120. Les deux crevettes sont excellentes.

CARAMOTE

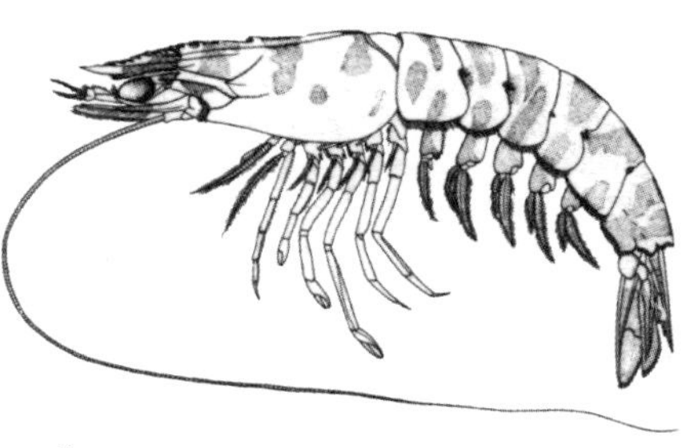

Penaeus kerathurus
Penaeus caramote (Forskål)
FAO 502

NOMS DU MIDI
Languedoc : Caramot, Caramota. Nice : Gros ligubam.
NOMS ÉTRANGERS
Espagnol : Langostino. Grec : Garída. Italien : Mazzancolla.
Tunisien : Gembri kbir. Turc : Karides.
AUTRES
Crevette royale (souvent employé en Tunisie) ; Spanocchio, Gambero imperiale (encore meilleure que la royale !) (It.) ; Llagostí, (Cat.).

Caractéristiques

Longueur maximum : 22 cm.

Elle est souvent appelée "grosse crevette" en France.

Brune, avec des ombres rougeâtres.

Cuisine

Voyez p. 120. Une des meilleures crevettes.

CREVETTE ROSE DU LARGE

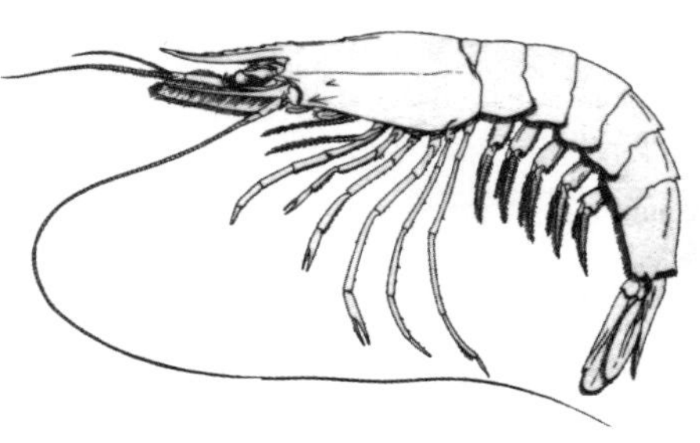

Parapenaeus longirostris
(Lucas)
FAO 503

NOMS ÉTRANGERS
Espagnol : Gamba. Grec : Garidáki. Italien : Gambero rosa. Tunisien : Gembri sghir.
AUTRE
Kozica (S.C.).

Caractéristiques

Longueur maximum : 16 cm, y compris le long bec auquel le nom latin fait allusion. De couleur rose. Se trouve en eaux profondes.

Cuisine

Voyez p. 120. Une des meilleures crevettes.

CREVETTE ROSE - BOUQUET

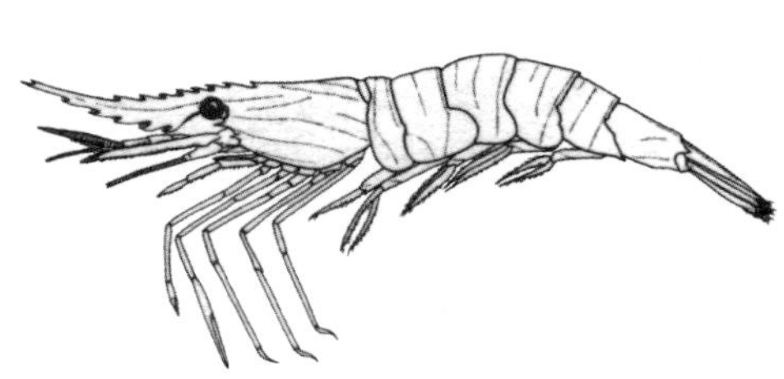

Palaemon serratus
(Pennant)
FAO 504

NOMS DU MIDI
Languecoc : Gambon, Caramota d'hiber.
Provence : Cambaro, Carambo. Nice : Ligubam.
NOMS ÉTRANGERS
Anglais : Common prawn. Espagnol : Quisquilla, Camarón. Grec : Garidáki. Italien : Gamberello. Tunisien : Gembri*.
AUTRES
Gambeta (Cat.) ; Ammiru (Sic.). (Tous noms généraux.)

Caractéristiques

Longueur maximum : 9 cm.

Corps relativement petit. Crevette des hauts fonds côtiers.

Cuisine

Voyez p. 120.

Recette

Garidopilafo p. 243.

CREVETTE D'EDWARDS

Plesionika edwardsi (Brandt)

NOMS ÉTRANGERS
Espagnol : Camarón de Edwards. Tunisien : Gembri sghir.

*Ce nom, qui vient de l'italien, est l'appellation générale en Tunisie pour les crevettes, mais les deux espèces pêchées et vendues en grandes quantités par les Tunisiens sont les N° 502 et 503, la deuxième étant surnommée petite (sghir) par comparaison avec la première et non avec la suivante (N° 504).

AUTRE
Crevette aux œufs bleus (Mar.)

Caractéristiques

C'est la plus grande de la famille des petites crevettes : elle atteint 12 cm, sans compter son long bec. Cette espèce se rencontre en Méditerranée, mais pas dans la mer Noire. Elle vit en eaux profondes, comme ses parents.

Cuisine

Comme pour la crevette grise et la crevette rose.

CREVETTE GRISE

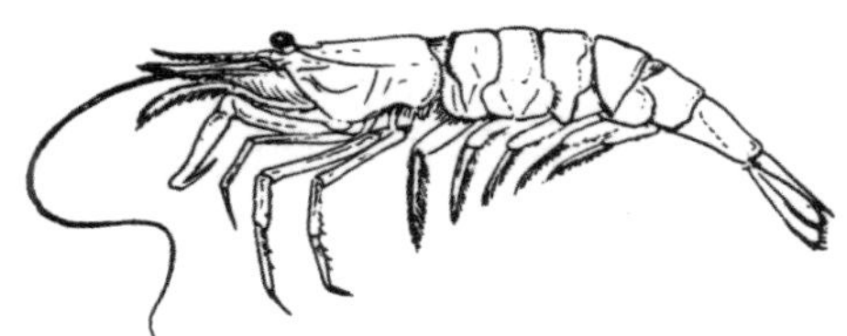

Crangon crangon (Linné)
FAO 506

NOMS ÉTRANGERS
Anglais : Brown shrimp, Shrimp.
Espagnol : Quisquilla gris. Grec : Psilí garída.
Italien : Gamberetto grigio, Gambero dalla sabbia.
Tunisien : B'rgouth bahr*. Turc : Tekke, Çalı karides.
AUTRE
Gamba d'esquer (Cat.).

Caractéristiques

Longueur maximum : 9 cm. (Même longueur que la plus petite des crevettes mentionnées.) Elles sont d'un gris translucide avec des taches sombres.

C'est une espèce fouisseuse qui aime le sable boueux. Elle se trouve habituellement dans les hauts fonds côtiers.

Cuisine

Voyez p. 120.

Recette

Schile agio e ogio, p. 233.

LE HOMARD ET LES ANIMAUX APPARENTÉS

Le homard est le plus gros des crustacés méditerranéens, mais parfois la langouste peut atteindre sa taille. La langoustine est beaucoup plus petite. D'une manière générale, on les prépare de la même façon. Mais selon l'avis de beaucoup, la langouste et la langoustine ont une chair plus fine : il faudra veiller à ne pas en masquer la saveur.

Les homards s'achètent vivants ou tout cuits. On peut les présenter tels quels ou préparés de façon savante et coûteuse. Elizabeth David donne le conseil suivant : "Tout bien considéré, les langoustes ou les homards entiers, fraîchement cuits à l'eau, servis chauds ou froids, sont infiniment meilleurs que tous les plats fantaisistes et prétentieux comme Newbourg, à l'américaine et autres."

*S'emploie aussi quelquefois pour les crevettes un peu plus petites.

Je ne parlerai pas du homard "à l'américaine", bien que ses ingrédients suggèrent une recette d'origine méditerranéenne. Mais je décrirai, par contre, "la langouste comme chez Nénette" d'Elisabeth David, recette du port de Sète (p. 196), qui provient de ces mêmes régions sans être affublée pour autant d'un nom trompeur. Il est en effet tout aussi impropre de dire "à l'américaine" que "à l'armoricaine" : ces deux appellations manquent de bases historiques et de vraisemblance.

Quoi qu'il en soit, et pour revenir à des plats plus simples, voici, pour le homard, quelques autres suggestions qui s'appliquent également à la langouste.

1 Servez le homard froid avec une mayonnaise dans laquelle vous aurez malaxé les œufs du homard, s'il s'agit d'une femelle.

2 Pour le homard grillé, plongez-le vivant dans de l'eau bouillante afin de coaguler l'intérieur. Après quelques minutes, retirez-le et fendez-le dans le sens de la longueur. Salez et poivrez. Badigeonnez la chair avec de l'huile d'olive et du beurre fondu. Faites griller à feu très doux en surveillant, afin que la carapace ne se calcine pas.

3 Servez à la grecque, chaud avec une sauce à l'huile et au citron (1/6 de jus de citron et 5/6 d'huile d'olive, le tout battu, assaisonné), et saupoudré de persil ou d'origan.

4 Selon une méthode très semblable, peut-être plus répandue encore en Turquie, on sert le homard froid simplement assaisonné d'huile d'olive et de jus de citron (non pas battu mais juste mélangé) avec du persil.

LANGOUSTE

Palinurus elephas (Fabricius)
Palinurus vulgaris
FAO 507

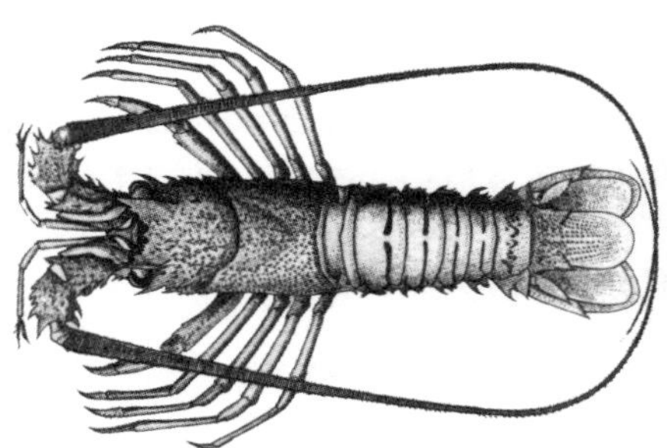

NOMS DU MIDI
Port-Vendres : Llagousto.
Languedoc et Provence : Langousto, Lingousta.
Nice : Lingusta. Corse : Aligusta.
NOMS ÉTRANGERS
Anglais : Spiny lobster. Espagnol : Langosta. Grec : Astakós. Italien : Aragosta. Turc : Böcek (scarabée)
AUTRES
Crawfish, Rock lobster (Angl.) ; Llagosta (Cat.) ; Jastog (S.C.).

Caractéristiques

Longueur maximum : 50 cm.

La couleur de la langouste est d'un brun rougeâtre, ou rouge, avec des taches jaunes et blanches.

Cette bête, hautement estimée, trouve des conditions favorables dans beaucoup d'endroits de la Méditerranée. Celles de Minorque sont renommées en Espagne et celles de Corse dans le Midi. Un autre de leurs coins favoris est l'île de Galite, au large de la côte nord de la Tunisie, habitée par à peine une centaine de personnes qui utilisent l'épave d'un "landing craft" échoué à la Seconde Guerre mondiale comme débarcadère, et dont les seuls contacts avec la terre ferme sont des visites hebdomadaires du langoustier.

Naviguant un jour à bord de ce langoustier, je découvris que le fond de la cale n'était pas plein, mais que la mer y pénétrait à travers une grille, constituant un grand vivier. C'est ainsi que les langoustes, une fois capturées par les insulaires dans des nasses d'osier, sont installées sinon commodément du moins dans leur propre élément, pour la traversée jusqu'à Bizerte.

Palinurus mauritanicus Gruvel est une espèce moins fréquente dont le corps est un peu plus large. C'est la "langosta mora" espagnole.

Cuisine

Certains tiennent la langouste, et surtout sa queue, pour bien meilleure que le homard. Toutefois, on les prépare tous les deux de la même façon. Voyez p. 123.

Recettes

Langouste comme chez Nénette, p. 196.

Langouste comme au Frioul, p. 202.

(Voir aussi les recettes pour le homard.)

GRANDE CIGALE

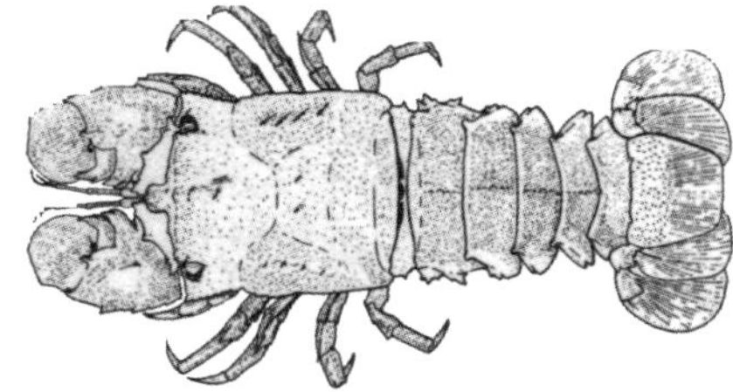

Scyllarides latus
(Latreille)
FAO 510

NOMS DU MIDI
Provence : Chambré, Machoto. Nice : Macieta.
NOMS ÉTRANGERS
Anglais : Flat lobster. Espagnol : Cigarra. Grec : Lýra.
Italien : Magnosa, Cicala. Tunisien : Ziz el bahr. Turc : Ayı ıstakozu.
AUTRES
Cigala (Cat.) ; Xigala (Bal.) ; Kuka (S.C.).

Caractéristiques

Longueur maximum : 45 cm.

Couleur châtain. La différence la plus manifeste entre elle et le homard est bien sûr dans la longueur des pinces qu'elle a très courtes. Son dos est recouvert de petites protubérances.

Il y a également une petite cigale, **Scyllarides arctus** (Linné), qui n'atteint que 14 cm de longueur.

Leur nom français provient de ce qu'en faisant claquer les pinces dans l'eau, elles font un bruit semblable à celui de la cigale, bruit que les pêcheurs sous-marins perçoivent distinctement.

Cuisine

La petite cigale est utilisée principalement dans les soupes de poissons. La grande cigale s'accommode de la même façon que la langouste et le homard. Voyez p. 123.

HOMARD

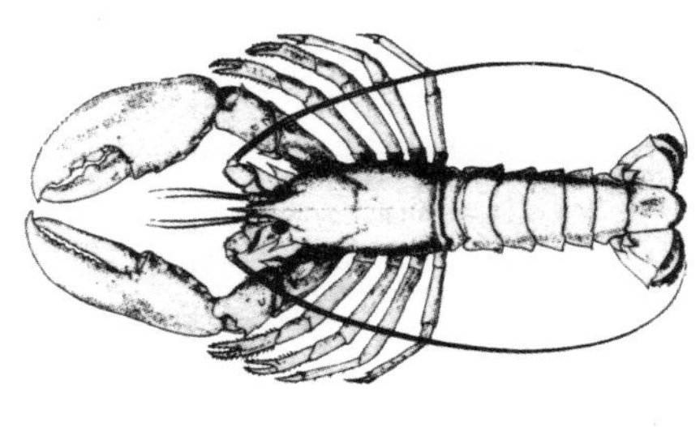

Homarus gammarus (Linné)
Homarus vulgaris
FAO 551

NOMS DU MIDI
Roussillon : Llangaou. Languedoc : Lorman.
Provence : Ligoumbaou. Corse : Lupagente.
NOMS ÉTRANGERS
Anglais : Lobster. Espagnol : Bogavante. Grec : Astakós, Karavída megalí.
Italien : Astice, Elefante di mare. Tunisien : Saratan el bahr. Turc : Istakoz.
AUTRES
Llamantol (Cat.) ; Grimalt (Bal.) ; Hlap (S.C.).

Caractéristiques

C'est le plus grand des crustacés méditerranéens : il atteint 60 cm de longueur.

De couleur bleu foncé, il n'abonde pas en Méditerranée et sa capture n'est pas sans difficulté. Étant donné sa taille, les casiers à homards doivent être grands, placés en des coins rocheux bien choisis et situés à bonne profondeur. Il ne faut donc pas s'étonner du prix élevé que les homards atteignent.

Cuisine

Voyez p. 123.

Recette

Homard à la provençale, p. 201.

(Voir aussi les recettes pour la langouste.)

LANGOUSTINE

Nephrops norvegicus (Linné)
FAO 512

NOMS ÉTRANGERS
Anglais : Dublin Bay prawn. Espagnol : Cigala.
Grec : Karavída. Italien : Scampo* (Pluriel : Scampi).
Tunisien : Jarradh el bahr.
AUTRES
Norway lobster (Angl.) : Skamp (S.C.) ; Escamarià (Cat.) ; Ksampu (Malte).

Caractéristiques

Longueur maximum : 25 cm, c'est-à-dire à peine plus longue que les plus grandes des crevettes. De couleur gris-rose.

Peu commune en Méditerranée, elle se trouve pourtant en colonies importantes dans l'Adriatique.

Cuisine

Comme pour les crevettes (p. 121). Les langoustines se mangent souvent froides.

On peut aussi les cuire selon la recette italienne : "Scampi in umido". Chauffer de l'huile d'olive dans un poêlon et cuire les langoustines décortiquées à feu doux. Lorsqu'elles sont presque cuites, ajouter de l'ail pilé, beaucoup de persil, quelques câpres et du jus de citron. Servir les langoustines dans leur sauce.

Recette

Rizot od Skampi, p. 258.

LES CRABES ET LA SQUILLE

Nous abordons ici un grand nombre de familles et d'espèces, mais je ne ferai qu'une liste brève des variétés les plus fréquentes, car je ne pense pas que l'on gagnerait beaucoup à faire une étude complète.

Les crabes s'achètent souvent cuits. Si au contraire, vous les achetez vivants, choisissez ceux qui sont relativement lourds pour leur taille. Faites-les bouillir à l'eau salée ou au court-bouillon pendant 5 à 20 minutes selon leur taille, qui est très variable. Avant de les cuire, bouchez tous les trous de la carapace du corps et des pattes avec de la mie de pain. Une fois cuits, laissez-les refroidir dans l'eau, puis sortez-les pour les décortiquer et en extraire toute la chair comestible, travail fastidieux mais nécessaire. Commencez par arracher pattes et pinces, puis brisez-les pour en extraire la chair. Retournez le crabe sur le dos et sortez-en tout l'intérieur. Les intestins et les branchies se jettent, tout le reste se mange. Nettoyez la carcasse et remettez la chair en place. Le servir comme plat froid, ou bien chauffé au four ou sur le gril.

Bien sur, on ne prépare pas les petits crabes de cette manière. Ils seront cuits dans la soupe. Pour la soupe aux crabes, les favouilles (N° 516) sont les plus appréciées dans le Midi bien qu'elles soient souvent assez grosses pour être préparées de diverses autres façons.

Oppien (*Halieutica* II, 167-180) rend hommage à l'habileté et au bon goût du crabe :

"En observant un crabe dans les bancs moussus, on ne pourra que le louer et l'admirer pour tout son art. Car c'est des cieux qu'il a reçu, lui aussi, le pouvoir de se nourrir d'huîtres, nourriture si fine et si simple à obtenir. Les huîtres sont avides d'eau, et s'installent souvent dans les rochers, leurs battants grands ouverts, et lèchent la boue. Le crabe, pour sa part, saisit un galet sur la plage et, de sa démarche de côté, l'étreint dans ses pinces acérées et l'emporte. Il s'approche furtivement de l'huître et dépose en son sein le galet. Alors, installé à ses côtés, il se régale. Et l'huître, si accueillante, ne pouvant refermer ses deux valves, reste béante jusqu'à sa mort tandis que son ravisseur se rassasie."

TOURTEAU - DORMEUR

Cancer pagurus Linné

FAO 515

NOMS DU MIDI

Nice : Ciarlatan.

NOMS ÉTRANGERS

Anglais : Edible crab. Espagnol : Buey. Grec : Siderokávouras. Italien : Granciporro. Turc : Pavurya.

Caractéristiques

Grand crabe pouvant dépasser 20 cm.

Ses pinces antérieures sont très puissantes et même dangereuses.

Le seul crabe méditerranéen atteignant cette taille est **Callinectea sapidus** Rathbun, le crabe bleu, moins apprécié et qui ne semble se trouver que dans l'est de la Méditerranée.

Cuisine

M. Whittall, d'Istanbul, conseille la méthode suivante : cuisez d'abord le crabe dans de l'eau de mer que vous faites mijoter pendant environ une demi-heure. Ajoutez du vinaigre vers la fin de la cuisson. Recueillez ensuite toute la chair du corps, des pinces et des pattes, et hachez-la, en y versant le liquide qui se trouve dans la coquille et sa substance jaune onctueuse, ainsi que les œufs s'il y en a ; ajoutez enfin une pincée de sel, du poivre et du cayenne. Battez le mélange et arrosez d'huile d'olive et de jus de citron. Servez sur petits canapés.

CRABE VERT

Carcinus mediterraneus
Czerniavsky
Carcinus maenas
FAO 516

NOMS DU MIDI
Languedoc : Can, Cran, Crabe enragé. Provence : Favou (mâle), Favouille (femelle), Cran, Chanvre. Nice : Ciariatan.
NOMS ÉTRANGERS
Anglais : Shore crab. Espagnol : Cangrejo de mer. Grec : Kávouras. Italien : Granchio commune. Tunisien : Aghreb bahr. Turc : Çingene.
AUTRES
Cranc verd (Cat.) ; Yengeç (le nom général en Turquie pour les crabes) ; Kriv rak (Bulg.) ; Travjanov krab (Russe).

Caractéristiques

Longueur maximum : 7cm. Dos verdâtre.

C'est le crabe mou, qui, depuis le XVIIIe siècle, est élevé près de Venise, dans la lagune. Le but de cet élevage est de vendre les crabes sitôt après leur mue. Si un crabe qui vient de muer est laissé dans l'eau, une nouvelle carapace se forme par calcification en l'espace de quelques heures. Il est donc très important de les surveiller de près. Lorsque la saison de la mue approche, on parque les crabes afin de pouvoir contrôler leur évolution plusieurs fois par jour, ce qui permet de les prendre au moment voulu. Les crabes mous s'appellent "Moleche". Les mâles et les femelles muent au printemps. Seuls les mâles muent une nouvelle fois à l'automne.

Cuisine

Ce crabe, dont le goût n'est pas trop fort, convient très bien pour la soupe aux crabes. Il est aussi, au moment de la mue, la base d'une spécialité vénitienne dont je donne la recette.

Recettes

Moleche alla Muranese, p. 233.
Riz aux favouilles, p. 196.
Soupe aux crabes, p. 175.

ÉTRILLE DE SABLE

Macropipus puber (Linné)

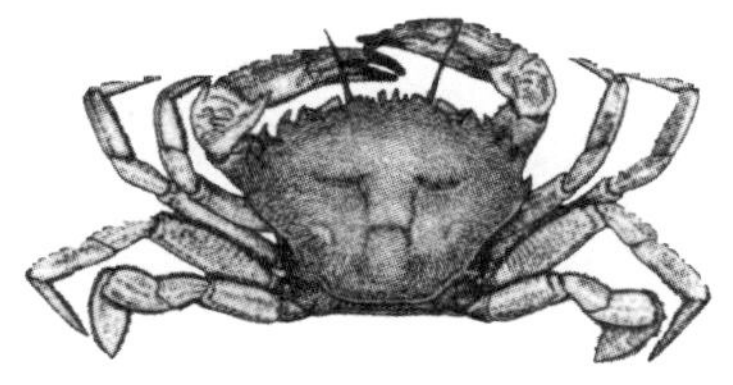

NOMS DU MIDI
Provence : Crabe espagnol, Crabe laineux.
(Le nom Cranc, qui est catalan, s'emploie aussi.)
NOMS ÉTRANGERS
Espagnol : Nécora. Grec : Kavouráki. Italien : Grancella, Grancia d'arena. Turc : Çalpara.

Caractéristiques

Largeur maximale du corps : 7 cm.

C'est le plus grand d'un groupe de huit crabes nageurs, qui se distinguent du crabe vert par leurs extrémités élargies, qui leur permettent de nager. Un autre est le **Portunus corrugatus** (Pennant).

Cuisine

On peut les mettre dans la bouillabaisse.

ERIPHIE

Eriphia verrucosa (Forskål)
Eriphia spinifrons
FAO 521

NOMS DU MIDI
Provence : Fiou pelan. Nice : Pélou.
NOMS ÉTRANGERS
Espagnol : Cangrejo moruno. Italien : Favollo.
AUTRES
Cranc pelut (Cat.) ; Granzoporo (Ven.) ; Pagour (Bulg.).

Caractéristiques

Taille maximum : environ 10 cm.

Ses pattes et ses pinces sont velues. Les pinces sont très puissantes. Il vit dans les hauts fonds côtiers.

Cuisine

C'est le crabe le plus recherché dans le Midi.

Recette

Soupe de pélous, p. 175.

ARAIGNÉE DE MER

Maja squinado (Herbst)
FAO 523

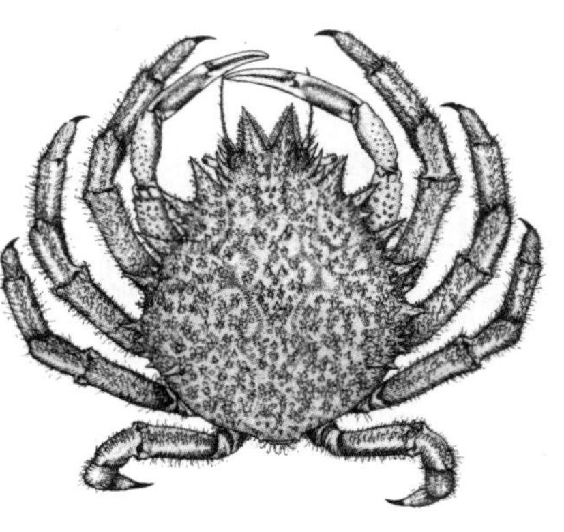

NOMS DU MIDI
Languedoc : Cabre. Provence : Squinado, Esquinadoun.
NOMS ÉTRANGERS
Anglais : Spider crab. Espagnol : Centolla.
Grec : Kavouromána. Italien : Crancevola, Granzola.
Tunisien : R'tila bahr. Turc : Ayna, Deniz orumcegi.
AUTRES
Cabra (Cat.) ; Rakovica (S.C.).

Caractéristiques

Longueur maximum : 20 cm.

La disposition de ses pattes évoque l'araignée. La couleur peut varier du rouge jaunâtre au rose ou au châtain. La carapace est couverte de protubérances.

Il vaut mieux acheter les femelles les plus petites, la meilleure saison étant janvier ou février, époque où elles portent leurs œufs.

(Les œufs sont sous la "queue".)

Cuisine

Très appréciées dans le nord de l'Adriatique, où le "Grancevola alla veneziana" est un plat réputé. Il faut d'abord les mettre dans de l'eau que l'on porte à ébullition. Lorsqu'elles sont cuites et refroidies, retirer les coquilles du dessus (les garder pour servir le crabe une fois préparé), extraire toute la chair et le corail, et les hacher. Assaisonner le tout d'huile d'olive, de poivre et de jus de citron ; servir dans les coquilles. On peut aussi mélanger la chair de la bête avec des crevettes décortiquées et émiettées que l'on mettra dans une mayonnaise (pas trop épaisse et légèrement relevée avec du paprika ou du poivre). Quelle que soit la formule choisie, prévoir une araignée par personne et servir dans la coquille.

SQUILLE

Squilla mantis (Linné)
FAO 525

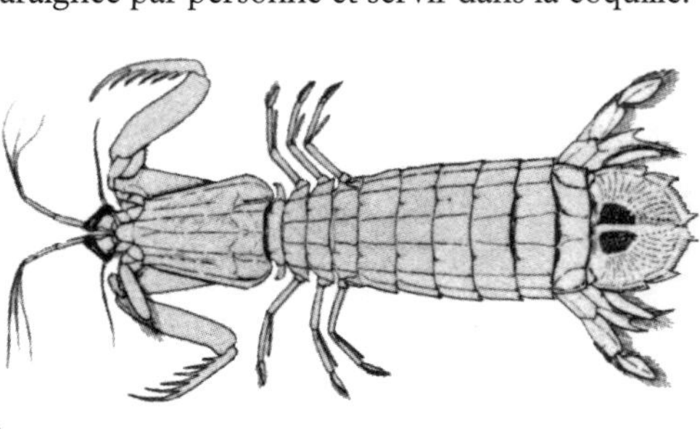

NOMS DU MIDI
Languedoc et Provence : Prega-diou, Galin, Galero, Machoto.
NOMS ÉTRANGERS
Anglais : Mantis shrimp. Espagnol : Galera.
Grec : Skouliki. Italien : Pannocchia, Cannochia.
AUTRES
Cicala di mare (It.) ; Vabic (S.C.).

Caractéristiques

Peut atteindre 25 cm de longueur.

Ce crustacé étrange se singularise par plusieurs particularités dont la plus frappante est que ses "pattes" avant sont une prolongation de sa bouche. La squille est l'équivalent marin de la mante religieuse.

Cuisine

C'est à la bonne saison, quand elles portent leurs œufs et que leur chair est ferme, qu'on peut les apprécier (en les préparant comme des cigales, par exemple). On peut aussi les utiliser dans les soupes de poissons. Et pour certaines de ces soupes, les Italiens considèrent qu'elles sont indispensables.

Catalogue des mollusques

La classification de ces animaux offre plusieurs possibilités. Je préfère celle qui les divise en **Gastropoda** (animaux vivant dans une seule coquille), **Lamellibranchiata** (bivalves vivant dans une coquille double) et **Cephalopoda** (animaux tels que les poulpes) ; c'est sur la base de cette formule que je passerai en revue les mollusques d'une façon moins approfondie que celle qui convenait pour les poissons.

LES GASTÉROPODES

J'en présente ici quelques-uns qui sont bien sûr comestibles mais qui, pour la plupart, ne peuvent prétendre à une renommée gastronomique. Certains de leurs noms sont intéressants.

Plusieurs espèces du type de l'escargot de mer, par exemple le N° 529, lèguent leur coquille à la curieuse communauté marine des bernard-l'ermite et des anémones de mer. Le bernard-l'ermite prend la suite de l'escargot de mer dans une coquille vide et en fait sa demeure transportable. L'anémone de mer s'installe à l'extérieur de la coquille, se chargeant de la protection du bernard-l'ermite et profitant des déplacements de ce dernier pour renouveler ses terrains de pêche, ce qu'elle ne pourrait pas faire si elle était fixée à un rocher. Le bernard-l'ermite est comestible mais ne semble pas faire l'objet d'un commerce ; il est certainement moins bon que le premier propriétaire de la coquille.

ORMEAU

Haliotis tuberculata (Linné)

FAO 526

NOMS DU MIDI

Port-Vendres : Passe sabatteta. Agde : Aoureillo de cat.

Provence : Aoureilleta, Oreille de mer ou de Saint-Pierre. Nice : Pastura.

NOMS ÉTRANGERS

Anglais : Ormer, Abalone. Espagnol : Oreja de mar. Grec : Aliótis. Italien : Orecchia marina.

Turc : Deniz kulağı.

AUTRE

Orella de mer (Cat.).

Caractéristiques

Peut atteindre 10 cm de long. Ainsi que beaucoup de ses noms l'indiquent, la coquille ressemble à une oreille. L'intérieur de la coquille est nacré, l'extérieur, brun ou verdâtre, est rugueux. Remarquez la rangée de trous, d'où lui vient le nom breton “six-yeux”.

Cuisine

Retirez le “pied” blanc, battez-le avec un maillet de bois, faites-le braiser ou frire ; parfumé à l'ail, c'est très bon. On peut aussi le manger cru avec un jus de citron. On peut également découper la chair en petits morceaux et en faire une soupe d'ormeaux.

BIGORNEAU

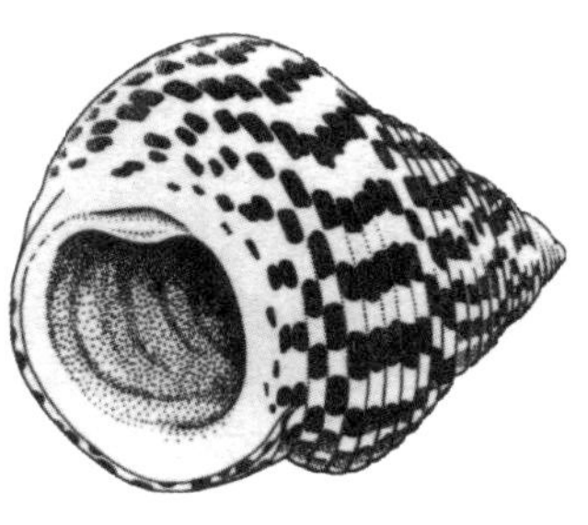

Monodonta turbinata (Born)
Trochocochlea turbinata
FAO 527

NOMS DU MIDI
Le nom Biou est le plus courant, mais c'est un nom général qui s'applique aussi au N° 529 par exemple.
(Le nom Escargot de mer est aussi général.)
NOMS ÉTRANGERS
Anglais : Top-shell. Espagnol : Caracol gris, Caramujo. Grec : Tróchos. Italien : Chiocciola marina. Turc : Minare.
AUTRES
Baldufa (Cal.) ; Caragolo (Ven.)

Caractéristiques

N'a que 3 cm de long.

De couleur foncée, parcouru de bandes espacées qui suivent le tracé des spirales.

Plusieurs des noms donnés à cet animal, ainsi qu'à d'autres gastéropodes qui se déplacent comme des escargots, sont des mots qui signifient escargot.

Cuisine

Faites bouillir de l'eau de mer ou de l'eau salée avec du poivre noir, du thym et une feuille de laurier ; faites-y cuire les bigorneaux pendant environ quinze minutes. On peut alors les sortir facilement de leur coquille avec la pointe d'une épingle. C'est bon ainsi. On peut aussi en mettre dans la bouillabaisse. Dans l'île de Murano, près de Venise, ils sont connus sous le nom de "bodoletti" ; on les y prépare de la façon suivante : dans un plat allant au four, mettez un verre d'huile d'olive, des feuilles de laurier et du sel. Déposez-y les "bodoletti" (dans leur coquille), couvrez le plat et mettez-le à four doux pendant vingt minutes environ. Les "bodoletti" peuvent être alors facilement sortis de leur coquille : mangez-les comme "amuse-gueule".

PATELLE

Patella caeralea (Linné)
FAO 528

NOMS DU MIDI
Port-Vendres : Arapède, Padallida. Agde : Arapeto. Sète : Lapeta.
Provence : Arapède, Alapèdo. Nice : Alapia. Corse : Labara.
NOMS ÉTRANGERS
Anglais : Limpet. Espagnol : Lapa. Grec : Petalída. Italien : Patella.
Tunisien : N'lat. Turc : Deniz kulağı.
AUTRE
Barretet (Cat.).

Caractéristiques

La coquille, conique, est plus ou moins symétrique, avec un intérieur nacré. Elle ne mesure généralement pas plus de 4 à 5 cm de long.

J'ai toutefois entendu parler des patelles géantes de l'île de Cavalho, en Corse. Elles mesurent jusqu'à 8 cm, et leur chair est dure comme du cuir.

Cuisine

Elles ont la réputation d'être meilleures pendant les trois premiers mois de l'année. On les mange généralement crues. Mais on m'a dit que certains Grecs s'en servent pour faire une soupe. On peut aussi mettre un peu de beurre dans la coquille et leur faire subir une cuisson rapide. Les grosses à la chair jaune sont les meilleures.

ROCHER ÉPINEUX

Murex brandaris (Linné)

FAO 529

NOMS ÉTRANGERS

Espagnol : Cañadilla. Grec : Porphýra.
Italien : Murice. Turc : Dikenli salyangoz.

AUTRES

Escargot de mer (Alg. et Tun.) ; Buccuni (Sic. et Sard.) ; Garuzolo (Ven.) et Sconciglio (Naples, où l'on dit en matière d'insulte "laid comme un sconciglio") ; Cornet amb pues (Cat.) ; Volak (S.C.).

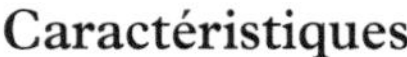

Caractéristiques

Jusqu'à 9 cm de long.

Le "rocher à pourpre" **Murex trunculus** (Linné), est une espèce semblable de la même taille. Le "perceur", **Murex erinaceus** (Linné), est plus petit.

Cuisine

Comme pour le N° 527.

Plutôt dur. Cavanna dit que **Murex brandaris** est moins dur que les deux autres espèces mentionnées plus haut mais que celles-ci étaient populaires dans l'Adriatique.

Note à propos de la pourpre du murex

La production de la pourpre, tirée du murex, était très importante dans l'Antiquité. D'Arcy Thompson, dans une note très documentée, relevait seize centres principaux pour cette industrie. Parmi ceux-ci, Tyr et Sidon étaient les plus connus, mais la Laconie leur était presque égale. On pouvait encore voir au siècle dernier des montagnes de coquilles vides de **Murex tranculus** à Tyr et à Sidon, et de **Murex brandaris** à Tarente et sur la côte de la Laconie. Ce n'étaient pas les seuls vestiges de cette industrie. Le nom latin de murex survit en effet dans le provençal "burez", et le nom grec ancien de "porphyre" existe toujours en grec moderne, il se trouve également sous la forme de "porpora" sur la côte italienne de l'Adriatique.

D'après la légende tyrienne de la découverte de cette teinture, Héraclès (ou Bacchus, ou un berger sans nom) aurait vu la gueule de son chien colorée par la pourpre du mollusque et aurait teint un ruban pour en faire cadeau à une bien-aimée.

La pourpre était une couleur impériale, comme l'indiquent la tunique pourpre de César ou les voiles pourpres des bateaux de guerre de Cléopâtre à Actium. Mais cette teinture fut également utilisée à bien d'autres fins (un petit chiffon humecté de pourpre soignait les oreilles infectées) et il y avait de nombreuses variantes suivant la méthode et l'endroit de la préparation. La gamme de couleurs allait d'un rouge vif à un rouge foncé presque noir. Il fallait un certain art pour mélanger et préparer la teinture. On s'y adonnait toujours à l'époque de la chute de Constantinople. On a retrouvé quelques vêtements pourpres de l'Antiquité, et des savants contemporains ramassent quelquefois des spécimens de murex pour tenter d'extraire la veine vitale et de produire de la teinture. Mais le temps est passé où Pline expliquait qu'on prenait 200 livres d'un certain type de murex et 100 livres d'un autre, et qu'on les travaillait dans de grandes cuves de plomb pendant des jours pour teindre 1000 livres de tissu.

Le liquide de la veine est d'abord blanc et ne devient pourpre qu'après exposition au soleil, suivant un procédé décrit par Cole dans *Purpura lapillus* (1685) :

"Pendant les grandes chaleurs, en été, les couleurs apparaissent si vite qu'on peut à peine distinguer le passage de l'une à l'autre. En général, après le vert pâle du début apparaît un vert foncé puis un bleu-vert qui devient à son tour bleu rougeâtre, et, à partir de là, pourpre. Après une ou deux heures (si le soleil brille) on obtiendra un pourpre foncé, qui est le dernier stade."

CORNET

Cerithium vulgatum (Bruguière)

FAO 533

NOMS ÉTRANGERS

Anglais : Horn-shell. Espagnol : Cuerno. Grec : Kerátios. Italien : Toricella. Tunisien : Zarbout. Turc : Şeytan minaresi.

AUTRES

Pada (Cat.) ; Caragolo longo (Ven.).

Caractéristiques

Jusqu'à 7 cm de long. Il ressemble assez à un cornet de glace dont l'ouverture penchée serait placée sur le côté.

D'une couleur brune ou verdâtre ; mais cela varie.

Cuisine

Comme le N° 527.

On fait en Romagne une soupe spéciale avec ces animaux : elle s'appelle "Zuppa di garagoli". Une soupe semblable peut aussi se préparer avec **Aporrhais pespelecani** (Linné), la "Crocetta", ou "Pie di pelicano". C'est une espèce semblable, peu connue en France, qui se distingue par le fait qu'une des lèvres de sa coquille se déploie et prend la forme d'un pied palmé.

LES BIVALVES

Il y a beaucoup de bivalves comestibles et leur classification comprend de nombreuses familles. Certains d'entre eux, comme par exemple les huîtres, sont excellents, d'autres ont moins d'attraits. Beaucoup se mangent crus.

Ceux qui sont décrits ici sont ceux que l'on peut le plus souvent acheter dans la région méditerranéenne.

ARCHE DE NOÉ

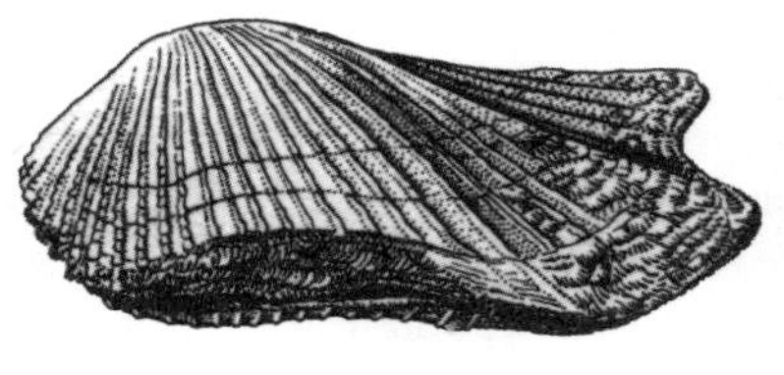

Arca noae (Linné)

NOMS ÉTRANGERS
Anglais : Noah's ark. Espagnol : Arca de Nóe.
Grec : Kalógnomi. Italien : Arca di Noè.
AUTRE
Peu de cabrit (Cat.).

Caractéristiques

Longueur maximum : 9 cm.

Je suppose que cela ne ressemble pas vraiment à l'arche de Noé !

Cuisine

Se mange crue.

AMANDE DE MER

Glycymeris glycymeris (Linné)
FAO 538

NOMS ÉTRANGERS
Anglais : Dog-cockle. Espagnol : Almendra de mar. Grec : Melokídono. Italien : Pie d'asino. Tunisien : Mahar.
AUTRE
Petxinot (Cat)

Caractéristiques

Peut atteindre 7 cm de long.

L'extérieur de sa coquille est strié de rayons et de lignes concentriques.

Cuisine

Se mangent crues, mais elles ne sont pas tendres.

HUITRE

Ostrea edulis (Linné)
FAO 539

NOMS ÉTRANGERS
Anglais : Oyster. Espagnol : Ostra. Grec : Ştrídi.
Italien : Ostrica. Tunisien : Istridia. Turc : Istiridye.
AUTRES
Huître plate (Fr.) ; Kamenica (S.C.).

Caractéristiques

Longueur maximum : 12 cm.

Il est inutile de donner une description de l'huître. Il faut toutefois signaler qu'il y a en

Méditerranée un certain nombre de variétés locales* de cette espèce. L'autre espèce, **Crassostrea angulata** (Lamarck), l'huître portugaise, n'est pas inconnue, comme par exemple en Espagne, où elle est appelée “Ostion”.

Cuisine

Dépensez donc votre argent pour ces créatures délectables, ouvrez-les, mettez-les au frais sur un lit de glace et, après les avoir arrosées d'un jus de citron, dégustez-les. Il est possible de les manger autrement, frites ou même grillées et il ne faut pas oublier que les Anglais les mettent dans leur “steak and kidney pie”. Mais je suis convaincu que l'huître ne peut pas être meilleure que mangée telle quelle ; faire autrement serait une erreur, et même un crime.

Normalement, les huîtres ne sont pas consommables pendant les mois d'été (les mois sans “r”), mais on peut parfaitement les manger, si toutefois on en trouve. La différence est qu'elles sont laiteuses, c'est-à-dire qu'elles ont des œufs, ce qui les rend plus grasses d'aspect et de goût.

OSTEA PLATA

(Lamarck)

Cette huitre n'est autre que la “Fine de Claire” très appréciée en France.

COQUILLE SAINT-JACQUES

Pecten jacobaeus (Linné)

FAO 541

NOMS DU MIDI

Port-Vendres : Patcharina. Provence : Pèlerine. Nice : Pigna.

NOMS ÉTRANGERS

Anglais : Pilgrim scallop. Espagnol : Concha de peregrino. Grec : Kténi. Italien : Ventaglio. Turc : Tarak.

AUTRES

Vano, Petxina de pelegri (Cat.) ; Cappa Santa (Ven.).

Caractéristiques

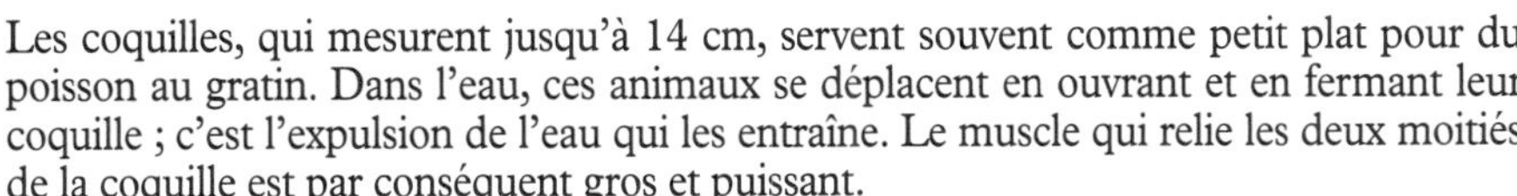

Les coquilles, qui mesurent jusqu'à 14 cm, servent souvent comme petit plat pour du poisson au gratin. Dans l'eau, ces animaux se déplacent en ouvrant et en fermant leur coquille ; c'est l'expulsion de l'eau qui les entraîne. Le muscle qui relie les deux moitiés de la coquille est par conséquent gros et puissant.

Il existe deux bivalves de cette même famille qui sont plus petits. Ce sont **Chlamys opercularis** (Linné), qui, au lieu d'avoir, comme la coquille Saint-Jacques, de quatorze à seize cannelures, en a une vingtaine, et **Chlama varia** (Linné) qui en a une trentaine. Ils s'appellent “vanneau” et “pétoncle” (“caouquilla” et “pitchilina” dans le Languedoc, “pettine” et “canestrello” en Italie, “volandeira” et “zamburina” en Espagne).

*Certaines se sont vu accorder un statut spécifique, telle l'**Ostrea plicata** (Lamarck) : c'est l'huître fine, qu'on appelle “Ostrichella” en Italie.

Cuisine

La principale partie comestible est le gros muscle blanc. En dehors de cela, il n'y a que le corail qui puisse se manger. Il est généralement facile d'acheter ces deux morceaux tout préparés. Si toutefois vous achetez les coquilles entières et devez les ouvrir, mettez-les simplement dans une casserole sur le feu pendant quelques instants. Puis retirez les parties comestibles et lavez-les. Il y a de nombreuses façons de les accommoder. Cuisez-les à la meunière ; faites-les sauter ; cuisez-les en brochettes en y intercalant des petits morceaux de lard fumé, des tomates, des champignons, etc., faites-les au four en papillote. Ou encore, comme en Turquie, mettez les parties comestibles dans la motié la plus creuse de la coquille avec de l'huile d'olive par-dessus, saupoudrez de chapelure et mettez-les à cuire au four.

Recettes

Coquilles Saint-Jacques à la provençale, p. 213.
Cape sante in tecia, p. 246.

PEIGNE GLABRE

Proteoplecten glaber (Linné)

NOMS ÉTRANGERS
Espagnol : Volandeira. Italien : Canestrello liscio. Turc : Tarak.

Caractéristiques

Longueur maximum : 8 cm.

On le trouve communément en Méditerranée et dans la mer Noire.

La surface de la coquille est lisse.

Cuisine

Dommage que cette espèce soit si petite ! Néanmoins, on la mange comme ses parentes, et de la même façon.

MOULE

Mytilus galloprovincialis (Lamarck)
FAO 545

NOMS DU MIDI
Languedoc : Mouscle, Mousclo. Provence : Musclé.
NOMS ÉTRANGERS
Anglais : Mussel. Espagnol : Mejillón. Grec : Mýdi. Italien : Mitilo, Muscolo. Tunisien : Tamr el bahr. Turc : Midye.
AUTRES
Musclo (Cat.) ; Peocio (Ven.) ; Dagnja (S.C.) ; Mida (Bulg.) ; Chernomorskaya midiya (Russe).

Caractéristiques

Elle ne dépasse pas 10 cm.

Tout le monde a vu des grappes de moules noires et bleuâtres qui s'accrochent aux rochers. Mais celles que vous achetez sont pour la plupart des moules d'élevage ; leurs grappes sont accrochées à des cordes qui pendent dans l'eau ou sont fixées à des pieux plantés dans la mer.

Il y a une moule semblable mais plus petite, **Modiolus barbatus** (Linné), qui ne mesure pas plus de 5 cm. Elle est particulièrement barbue, d'où son nom "moule barbue" ("cozza pelosa", en italien et "mejillon barbada", en espagnol).

Cuisine

Les moules peuvent se manger crues avec du jus de citron. Je me souviens de m'être dit, en mangeant à Marseille quelques superbes moules dont la chair était légèrement teintée de rose corail, que c'eût été une erreur de les faire cuire. Mais les moules ordinaires sont meilleures cuites et l'on a le choix entre un grand nombre de méthodes. Les faire frire, ou griller en brochettes avec des morceaux de lard ; les faire gratiner (garnir les moules, qu'on a fait ouvrir, d'ail et de persil haché, d'un filet d'huile d'olive, de chapelure et les mettre au four, chacune dans une moitié de coquille), ou encore faire les fameuses moules à la marinière.

Recettes

Moules camarguaises, p. 200.
Moules Nautile, p. 200.
Zuppa di cozze, p. 209.
Vermicelli alle cozze, p. 217.
Cozze e patate al forno, p. 234.
Midye tavasi birali, p. 255.

DATTE DE MER

Lithophaga lithophaga (Linné)
FAO 547

NOMS ÉTRANGERS
Anglais : Date-shell. Espagnol : Dátil de mar. Grec : Solína. Italien : Dattero di mare. Tunisien : Tamr el bahr.
AUTRE
Prstac (S.C.).

Caractéristiques

Jusqu'à 10 cm de long, mais plus plate que la moule ; sa couleur rappelle celle des dattes. La datte de mer perfore les rochers, ce qui la rend difficile à ramasser.

Elles sont très abondantes sur la côte italienne, près de La Spezia.

Cuisine

Se mange généralement crue. C'est très bon. La soupe que l'on fait avec les dattes de mer est meilleure que la soupe faite avec des moules.

NOTE - Le mot "moule", vient du mot latin (et grec) **mus** qui veut dire souris. Mais comment peut-on considérer la moule comme étant une souris de mer ? Je n'ai jamais trouvé l'explication dans aucun livre. Mais le Dr Richmond m'a fait remarquer que si j'ajoutais des moustaches, un œil et une queue au dessin de cette page, j'en trouverais l'explication.

JAMBONNEAU

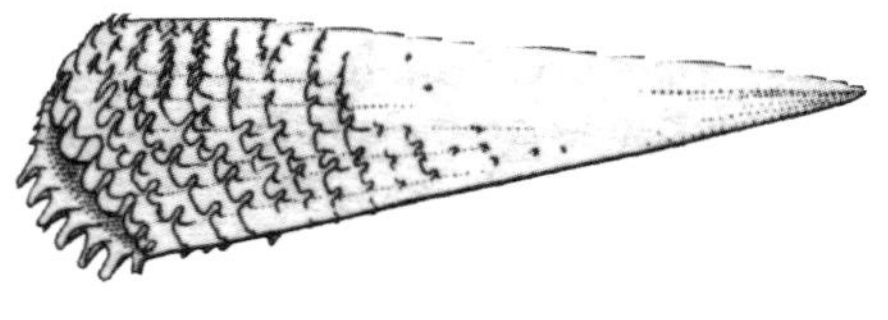

Pinna nobilis (Linné)
FAO 548

NOMS ÉTRANGERS
Anglais : Fan mussel. Espagnol : Nácar.
Grec : Pínna. Italien : Pinna. Turc : Pines.
AUTRES
Nacre (Cat.) ; Periska (S.C.).

Caractéristiques

A la forme d'un jambon et mesure jusqu'à 75 cm de long. L'intérieur de la coquille est d'un jaune nacré.

Une particularité du jambonneau est son "byssus", faisceau de filaments soyeux, semblables aux barbes des moules mais plus délicats que celles-ci. Ces filaments étaient recueillis par les pêcheurs du sud de l'Italie (spécialement à Tarente), filés et tissés dans une fabrique qui en faisait des gants et des bas. Ils avaient un brillant doré et j'ai toujours eu grande envie d'en avoir. Mais cette fabrication a presque complètement disparu.

Cuisine

Comme pour la coquille Saint-Jacques : il faut extraire et cuire le muscle qui est comestible. Il peut être grillé au four, dans une moitié de coquille avec un peu d'huile d'olive, du poivre et du persil. Il peut aussi être mangé cru.

COQUE

Cardium edule (Linné)
FAO 549

NOMS DU MIDI
Côtes méditerranéennes : Bourdès, Bourdos, Besourde, Bigour, Bigon, Bucarde, Mourgue. Corse : Arcella, Carienella.
NOMS ÉTRANGERS
Anglais : Cockle. Espagnol : Beberecho. Grec : Methýstra. Italien : Cuore edule, Cocciola. Turc : Açivades.
AUTRES
Escopinya de gallet (Cat.) ; Časa (S.C.).

Caractéristiques

Son diamètre est de 5 cm environ. Il existe des coques de plus grande taille : **Cardium aculeatum** (Linné), la coque épineuse ; **Cardium echinatum** (Linné), la coque rouge ; **Cardium tuberculatum** (Linné), une espèce qui se trouve en Italie et en Grèce. Cette dernière, qui est la meilleure, est facile à identifier par le pied rouge émergeant de la coquille tant que l'animal est en vie. C'est une des espèces que les Napolitains appellent "fasolare".

Cuisine

On les mange souvent crues. On peut aussi les cuire entières, au court-bouillon, jusqu'à ce qu'elles s'ouvrent. Quelle que soit la méthode choisie, il faut d'abord les laisser quelques heures dans de l'eau fraîche afin de leur faire dégorger le sable qu'elles contiennent.

PRAIRE

Venus verrucosa (Linné)
FAO 555

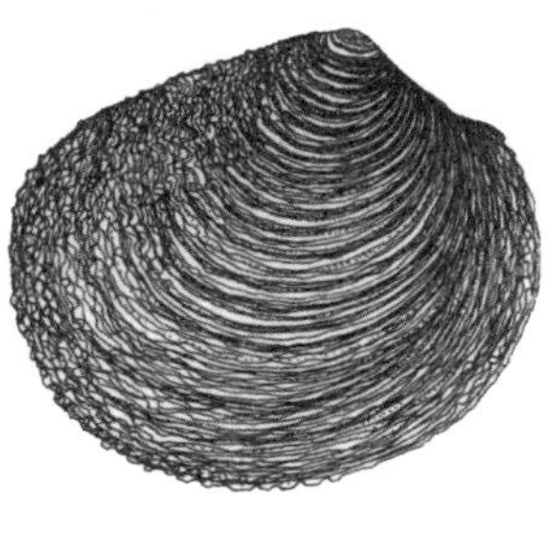

NOM DU MIDI
Côtes méditerranéennes : Praïro.
NOMS ÉTRANGERS
Anglais : Warty venus. Espagnol : Veriguëto. Grec : Kydóni.
Italien : Tartufo di mare.
AUTRES
Escopinya gravada (Cat.) ; Caparon, Caporozzolo (Ven.) ; Tartufolo (Gênes).

Caractéristiques

Pas plus de 6 cm de large. La coquille, fortement creusée de stries, est d'un gris jaunâtre. Ce bivalve et **Venus gallina** (Linné), qui est plus petit, s'appellent “vongola” en Italie (voir aussi N° 557).

Cuisine

Comme pour le N° 549. On les mange généralement crues. C'est très bon.

PALOURDE

Venerupis decussata (Linné)
FAO 557

NOMS DU MIDI
Languedoc : Bea, Bède, Beouda, Traou. Provence :
Clovisse (mais voir N° 559), Claouvisso blanco.
NOMS ÉTRANGERS
Anglais : Carpet-shell. Espagnol : Almeja fina. Grec : Chávaro. Italien : Vongola nera, Vongola verace.
AUTRE
Copinya llisa (Cat.).

Caractéristiques

Peut mesurer jusqu'à 8 cm de large.

De couleur pâle (jaunâtre ou grisâtre), mais elle a souvent une marque plus foncée au milieu de la coque. La coquille porte de fines stries longitudinales et radiales.

Cuisine

La palourde est très estimée. Elle est bonne crue avec du jus de citron, mais on peut aussi la faire cuire. Prenez soin de la laver à grande eau afin que tout le sable de l'intérieur s'en aille. Cavanna signale l'enthousiasme des Napolitains pour ce bivalve, ainsi que les délices des “Vermicelli alle vongole” servis près du Pausilippe.

Recettes

Zuppa di vongole, p. 209.

Vermicelli aile vongole, p. 217.

CLOVISSE JAUNE

Venerupis aurea (Gmelin)
FAO 558

NOMS ÉTRANGERS
Anglais : Golden carpet-shell. Espagnol : Margarita. Grec : Archiváda. Italien : Vongola giolla. Tunisien : Mouhar

Caractéristiques

Ces bivalves sont de moitié plus petits que l'espèce précédente, leurs coquilles ne sont marquées que de lignes concentriques. L'intérieur est généralement jaune d'or. C'est cette couleur qui permet de distinguer cette espèce de ses proches parentes.

Cuisine

Comme pour la précédente.

Quoique plus petites, les clovisses sont aussi très bonnes et très appréciées des Tunisiens. On peut les manger crues, mais je crois qu'elles sont meilleures cuites et vous conseille les recettes suivantes :

Recettes

Clovisses farcies au gratin, p. 199.

Zuppa di vongole, p. 209.

VERNI

Callista chione (Linné)

NOMS ÉTRANGERS
Anglais : Smooth Venus. Espagnol : Almejón brillante. Grec : Ghialisteri archiváda. Italien : Cappa liscia.
AUTRE
Petxinot de sang (Cat.).

Caractéristiques

Un assez grand bivalve, qui atteint 12 cm. La coquille est lisse et brun clair, avec des bandes marron.

Cuisine

Se mange cru. Excellent.

OLIVE – HARICOT DE MER

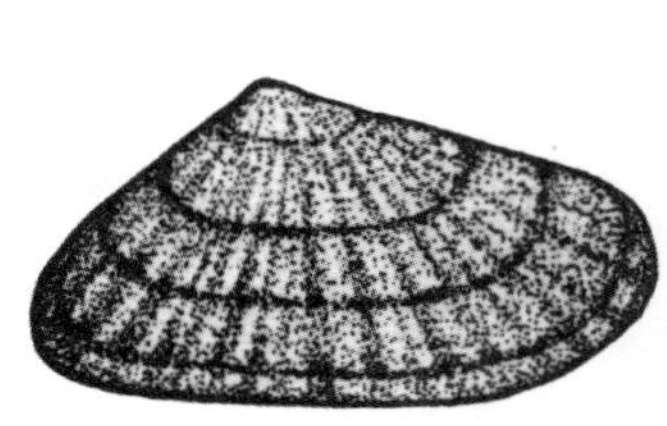

Donax trunculus (Linné)
FAO 561

NOMS DU MIDI
Côtes méditerranéennes : Tanille, Tenille, Truille.
NOMS ÉTRANGERS
Anglais : Wedge shell. Espagnol : Coquina. Grec : Kochíli. Italien : Tellina. Tunisien : Loubya.
AUTRE
Arsella (Toscane).

Caractéristiques

Longueur maximum : 3,5 cm.

Petit bivalve aux lignes nettes. Très abondant dans beaucoup d'endroits en Méditerranée ; il est, sur les côtes de l'embouchure du Nil, le coquillage le plus pêché et le plus estimé des habitants de la région.

Cuisine

Se mange cru. Préparez-le comme les clovisses. Vous pouvez aussi en faire une soupe qui, d'après ce que m'a dit un éminent spécialiste italien, est la meilleure de toutes les soupes que l'on puisse faire avec un bivalve.

Recette

Zuppa di telline, p. 209.

COUTEAU

Solen vagina (Linné)

FAO 562

NOMS DU MIDI

Port-Vendres : Nacre, Manché de coutel. Languedoc et Provence : Coutèu, Coutil. Nice : Cutseu.

NOMS ÉTRANGERS

Anglais : Razor-shell, Razor clam. Espagnol : Navaja. Grec : Solína. Italien : Cannolicchio. Tunisien : Sandouq*. Turc : Solinya.

AUTRES

Ganivet (Cal.) ; Longueiron (Esp.) ; Rasoir (Fr.) ; Capa longa (Ven.) ; Stocc (Malte).

Caractéristiques

Les couteaux sont des bivalves à l'aspect particulier. La coquille peut atteindre 13 cm de long (parfois la tête fait saillie d'un côté et le "pied" de l'autre). D'autres espèces légèrement incurvées peuvent être un peu plus grandes. Pour les pêcher, déposez du sel dans le trou qui, dans le sable, signale leur présence et ils sortiront. Ils servent surtout d'appâts, quoiqu'ils puissent faire une bonne soupe.

Cuisine

Se mange cru, ou en soupe selon la recette indiquée ci-dessous.

Recette

Zuppa di cannolicchi, p. 209.

---

*Ce qui veut dire : "muni de charnière" ; le pluriel, "Snadiq", est utilisé généralement pour désigner les bivalves.

LES CÉPHALOPODES : LES SEICHES, LES ENCORNETS ET LES POULPES

Toutes ces créatures manquent d'allure. Elles ont toutes l'air de sacs surmontés d'une tête d'où partent huit à dix tentacules. Toutefois, si on sait les préparer, elles sont très bonnes à manger et l'art de les accommoder est certainement plus accompli sur les bords de la Méditerranée que n'importe où ailleurs dans le monde.

Ce sont, je pense, les seuls mollusques à avoir un système nerveux central ; dans leur grosse tête, il y a un vrai cerveau. Des expériences très intéressantes ont été faites à Naples par des chercheurs britanniques sur la capacité qu'a le poulpe d'apprendre et de se rappeler. On m'a montré à l'aquarium un des réservoirs dans lequel on peut mettre deux cent cinquante poulpes et des constructions dans lesquelles on peut leur apprendre, entre autres, à faire la différence entre les surfaces rugueuses et les surfaces lisses.

J'ai aussi appris, à Naples, que le poulpe avait la possibilité de changer rapidement de couleur ainsi que de forme. Le changement de couleur est provoqué par la dilatation ou la contraction de cellules pigmentées réparties sur toute la peau. De plus, un poulpe effrayé, qui n'aurait pas réussi à échapper à l'attention d'un ennemi en changeant sa forme et sa couleur, a encore une carte à jouer : il prend l'aspect d'un fantôme blanc décoloré, dont les yeux noirs font un sinistre contraste. Ce doit être une expérience saisissante que d'être confronté subitement sous l'eau avec le fantôme d'une très grande pieuvre.

SEICHE

Sepia officinalis (Linné)
FAO 568

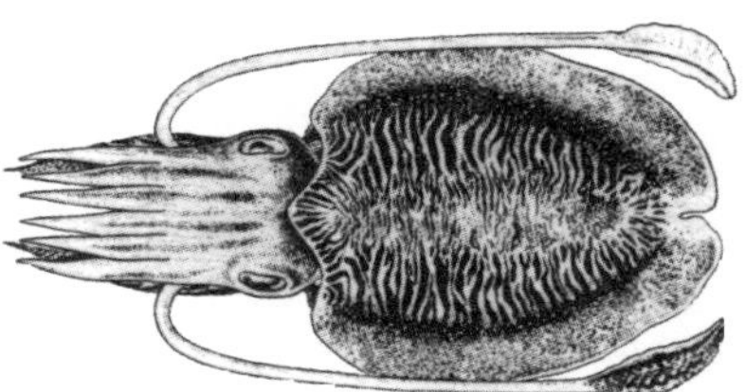

NOMS DU MIDI*
Port-Vendres : Sipi. Agde : Sepio.
Provence : Sepia, Supi. Nice : Supia. Corse : Seppia.
NOMS ÉTRANGERS
Anglais : Cuttlefish. Espagnol : Jibia, Chocó. Grec : Soupiá. Italien : Seppia. Tunisien : Shoubia. Turc : Supya**.
AUTRES
Sipia, Sepia (Cat.) ; Sipa (S.C.).

Caractéristiques

Animal plus ou moins ovale dont la taille ne dépasse pas 25 cm, avec huit tentacules courts et deux longs. De couleur variable, a souvent des zébrures sur le dos. Sécrète une encre qui, autrefois, servait à faire le sépia. Elle a une coquille interne appelée familièrement "os" et que l'on donne aux oiseaux en cage pour se faire le bec.

Cuisine

Comme pour les poulpes (N° 579) ; toutefois, elle est plus tendre et n'a pas besoin d'être battue avant d'être cuite.

*Il faut remarquer que la gamme des noms du Midi montre une progression nette allant du nom catalan au nom italien.

** Le nom général "Mürekkep balığı" est donné aussi bien aux seiches qu'aux encornets.

Recettes

Seiches à l'agathoise, p. 198.
Seiches à l'aiguemortaise, p. 198.
Soupia Yachni, p. 244.
Riso con le seppie, p. 213.
Seppie alla Veneziana, p. 237.
Jibia con pasas y piñones, p. 289.

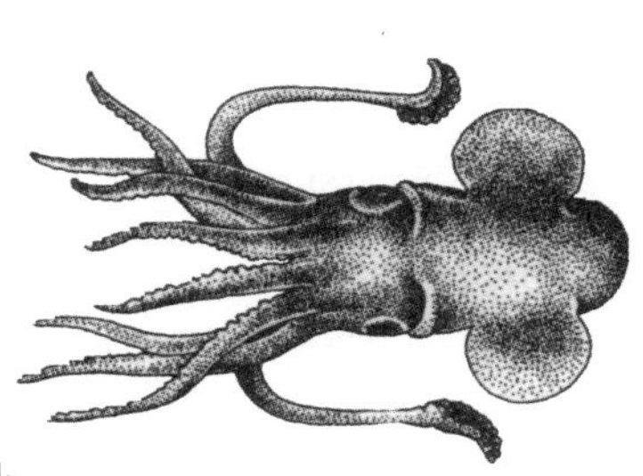

SÉPIOLE

Sepiola rondeleti Leach
FAO 571

NOMS DU MIDI
Roussillon : Glaouchau, Sepion. Languedoc : Anchou, Sépiou.
Provence : Sépioun, Supion. Nice : Supietta, Tautena. Corse : Sipiuccia.
NOMS ÉTRANGERS
Anglais : Little cuttlefish. Espagnol : Globito, Chipirón. Grec : Soupítsa. Italien : Seppiola.
AUTRE
Sipió (Cat.)

Caractéristiques

Plus petite que la seiche, elle a deux "oreilles" qui saillent. Elle atteint une taille de 3 à 4 cm seulement.
Une autre sépiole est la **Rossia macrosoma**, de taille légèrement supérieure.

Cuisine

Elles se vendent souvent lavées et frites, prêtes à être mangées. Elles sont très bonnes dans le riz à l'espagnole ou dans tout autre plat à base de fruits de mer.
Si vous avez l'intention de les faire cuire vous-même, pensez à demander au poissonnier de les nettoyer car c'est un travail assez méticuleux que d'extraire l'os et la poche à encre. Ensuite, la façon la plus simple de procéder est de les faire frire à grande friture pendant dix minutes au moins (après les avoir lavées abondamment, puis séchées). Couvrez soigneusement la poêle pendant la cuisson, car des gouttes pourraient jaillir, à cause des mouvements que font les sépioles dans leur bain d'huile. C'est délicieux et cela s'appelle des "suppions frits".

ENCORNET

Loligo vulgaris
(Lamarck)
FAO 573

NOMS DU MIDI*
Port-Vendres : Calamar. Provence : Taouteno, Touteno. Nice : Taout. Corse : Totano.
NOMS ÉTRANGERS
Anglais : Squid. Espagnol : Calamar. Grec : Kalamári. Italien : Calamaro. Tunisien : Mettig. Turc : Kalamar.

---

*Les noms locaux des Nos : 573, 577 et même 571 prêtent à confusion.

AUTRES
Kalmar (Buig.) ; Kaljmar (Russe) ; Lignja (S.C.).

Caractéristiques

Longueur : jusqu'à 50 cm.

Ces animaux nagent avec beaucoup de grâce près de la surface de l'eau. Ils sont habituellement presque transparents afin de passer inaperçus aux yeux d'un ennemi éventuel qui viendrait presque toujours d'en-dessous. Mais il arrive qu'ils virent au brun-rouge.

Les petits s'appellent "calamaretti" en Italie et "Chipirones" en Espagne.

Cuisine

On peut les farcir facilement. Dans la plupart des farces, on met les tentacules hachés. Les trois recettes d'encornets farcis qui sont indiquées ici sont relativement simples mais quelques autres sont beaucoup plus compliquées comme celle des "tautennes farcies à la provençale", dans laquelle on ajoute à la farce des moules et des épinards. À Toulon, on trouve une variante dont la farce contient des tranches de saucisses. N'hésitez pas à inventer votre propre farce.

Recettes

Calamares rellenos con jamon, p. 297.

Calamari ripieni, p. 235.

Kalamaria yemistá, p. 245.

CALMAR

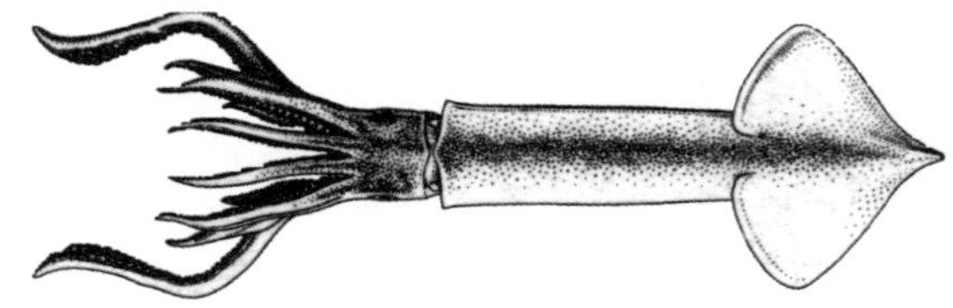

Ommastrephes sagittatus
(Lamarck)
FAO 577

NOMS DU MIDI
Roussillon : Calama. Provence : Touteno, Luchi.
NOMS ÉTRANGERS
Anglais : Flying squid. Espagnol : Pota.
Grec : Thrápsalo. Italien : Totano. Tunisien : Totli (?)
AUTRE
Canana (Cat.).

Caractéristiques

Deux fois la taille de l'espèce précédente (jusqu'à 100 cm). De teinte violette.

Huit "bras" et deux tentacules (beaucoup plus longs que les bras).

Son nom anglais (encornet volant) pourrait faire croire qu'il vole ; il ne vole pas mais peut toutefois sortir de l'eau et planer.

Cuisine

Voyez le N° 573 avec lequel les plus petits individus de cette espèce sont souvent confondus. Les plus grands ne sont pas les meilleurs.

PIEUVRE - POULPE

Octopus vulgaris (Linné)
FAO 579

NOMS DU MIDI
Port-Vendres : Poup rouqué. Agde : Pourpré rouqué. Sète : Poulpe rouquié. Provence : Pourpre, Pourpri, Pourprions (petits). Corse : Porpu.
NOMS ÉTRANGERS
Anglais : Octopus. Espagnol : Pulpo. Grec : Octápous, Chtapódi. Italien : Polpo. Tunisien : Qarnit kbir. Turc : Ahtapot.
AUTRES
Pop (Cat.) ; Hobotnica (S.C.).

Caractéristiques

La pieuvre peut mesurer jusqu'à 300 cm.

Ainsi que son nom latin le laisse supposer, elle a huit tentacules. Chacun d'eux est garni d'une double rangée de ventouses. La pieuvre passe l'hiver en mer profonde mais s'approche des côtes au début du printemps et passe l'été le long des côtes. Elle chasse la nuit, avec voracité, mais elle est elle-même la proie des congres et des murènes.

Cuisine

Pour nettoyer une pieuvre, il faut lui retirer le bec, les yeux et les intestins ; la battre contre une pierre pour rendre sa chair moins dure. Les modes de cuisson sont nombreux. On peut, par exemple, en faire un ragoût au vin rouge, la cuire en daube, ou la préparer à la provençale (la faire mijoter dans l'habituel huile d'olive-oignon-tomate-ail). Certains pensent que de mettre un morceau de liège dans le pot avec la pieuvre la rend plus tendre. Depuis très longtemps, un commerce de poulpes séchés se tient sur le port de Sfax en Tunisie.

Ce dessin illustre un des ouvrages du Dr Gobert sur les nourritures tunisiennes. C'est ainsi que se présentent les poulpes séchés qui se vendent sur le marché.

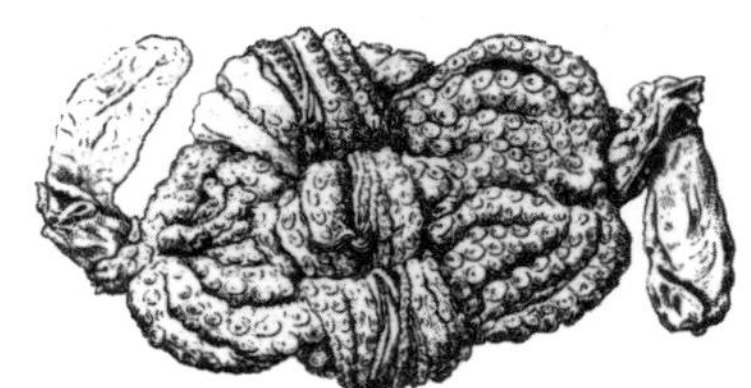

Recettes

Pulpos con papas, p. 298.
Polpetielli alla luciana, p. 236.
Ochtapódi krassató, p. 245.
Poulpe à la niçoise, p. 197.
Borthéto, p. 239.

POULPE - POULPE ROUGE

Octopus macropus
Risso
FAO 580

NOMS DU MIDI
Voir N° 579, Euzière ajoute que le poulpe rouge est très commun dans la région d'Antibes où il est connu sous les noms de Poupresse ou Flayose.

NOMS ÉTRANGERS
Anglais : Octopus. Espagnol : Pulpón, Pulpo patudo. Grec : Octápous, Chtapódi. Italien : Polpessa. Tunisien : Qarnit sghir. Turc : Ahtapot.
AUTRE
Hobotnica (S.C.).

Caractéristiques

Ce poulpe, plus petit, a une longueur maximum de 120 cm, et ses tentacules sont relativement plus longs et plus minces que ceux du N° 579. On le rencontre dans les mers chaudes un peu partout dans le monde. Le spécimen représenté ici vient de Hong Kong.

Cuisine

Mêmes modes de préparation que pour le N° 579, mais moins bon.

Pour cet animal, ce serait bien de choisir une des recettes simples destinées aux poulpes, peut-être celle de cette dame au nom mélodieux, signora Sarina Serrano, de Noci près de Bari. Elle appelle ce plat "Polipo al raguncino". Chauffez de l'huile d'olive et faites revenir à feu doux un oignon moyen, finement haché. Ajoutez deux cuillerées à soupe de concentré de tomate et laissez cuire doucement en ajoutant de l'eau de temps en temps. Puis, ajoutez le poulpe (coupé en morceaux s'il est gros et entier s'il est petit). Assaisonnez et ajoutez du persil haché. Laissez mijoter jusqu'à ce que le poulpe soit tendre ; ce qui peut varier de trente minutes, pour les petits, à deux ou trois heures, pour les gros.

ÉLÉDONE

Eledone cirrosa (Lamarck)
FAO 582

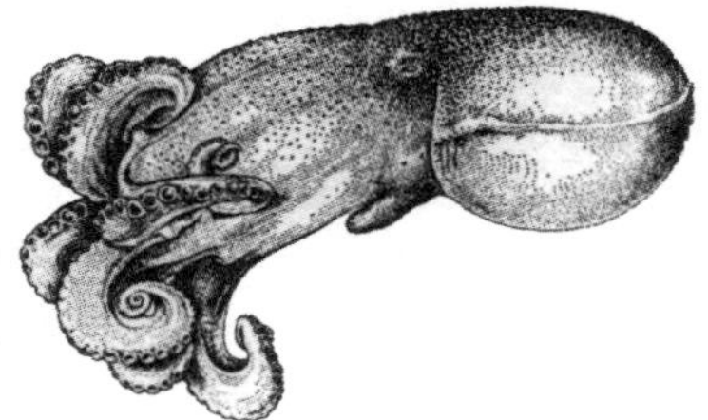

NOMS DU MIDI
Port-Vendres : Poup de fouran. Languedoc : Pourpré blanco. Provence : Poulpe de may. Nice : Muscarin.
NOMS ÉTRANGERS
Anglais : Curled octopus. Espagnol : Pulpo blanco.
Grec : Moschoctápodo. Italien : Moscardino bianco. Tunisien : Qarnit sghir. Turc : Ahtapot.*
AUTRE
Pop blanc (Cat.).

Caractéristiques

Plus petit (longueur maximale : 40 cm).

D'une couleur plus claire que les deux espèces précédentes. Chaque tentacule porte une seule rangée de ventouses. Il y a une autre espèce, **Eledone moschata** (Lamarck), qui est encore plus petite et a une forte odeur de musc. Ses noms sont du type : "Eledone musquée", "Poulpe musqué", etc.

Cuisine

Comme pour le N° 579.

Moins estimé. Toutefois, j'ai mangé, à Gênes, un plat délicieux fait avec ces petits poulpes. Ils nageaient dans une sauce tomate au basilic. Ils étaient très tendres et de couleur terre cuite.

*Ou "deli ahtapot", ce qui signifie élédone folle : les Turcs dédaignent cette espèce.

Catalogue des autres fruits de mer

Pour compléter ce catalogue, j'ajoute quelques indications sur ces êtres qui ne sont ni des poissons, ni des crustacés, ni des mollusques.

Premièrement, un membre de la famille **Pyuridae**, de l'ordre **Stolidobranchiata**, faisant lui-même partie de la classe **Tunicata**.

VIOLET

Microcosmus sulcatus
(Coquebert)
FAO 584

NOMS ÉTRANGERS
Espagnol : Probecho. Grec : Eliád. Italien : Limone di mare. Uovo di mare. Turc : Deniz yumurtası.
AUTRES
Bunyol, Ou de mar (Cat.) ; Mamello di vacca (Sic.).

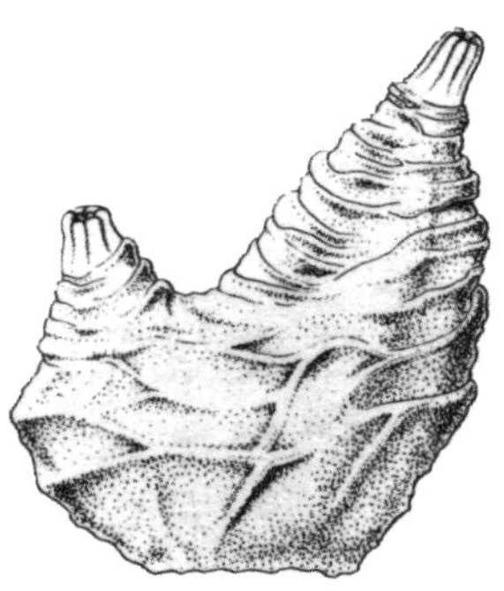

Caractéristiques

Mesure jusqu'à 8 cm.

Une créature pleine de creux et de bosses avec une peau à l'aspect de cuir, qui vit accrochée aux rochers ou dans le fond de la mer.

Elle est ainsi faite que l'eau de mer passe à travers elle, entrant par un orifice et sortant par l'autre.

Cuisine

La partie jaune qui est à l'intérieur ressemble à des œufs brouillés. Elle est considérée comme un des délices de Provence.

Il faut couper le violet en deux et retirer la partie comestible de chacune des moitiés. Elles se mangent crues, accompagnées de vin blanc.

Les petits violets de Marseille, de Toulon et d'Hyères sont, dit-on, les meilleurs. Leur goût varie selon les fonds où ils sont recueillis : le violet pris dans les rochers est fortement iodé, ce qui plaît beaucoup aux Marseillais. Ils dédaignent les violets de vase. C'est à Marseille que les violets sont le plus appréciés. On y mange également deux animaux marins qui leur ressemblent : les "patates" et les "poires", dont les formes sont moins tourmentées.

Nous arrivons maintenant à la classe **Echinodermata**, l'ordre **Diademotoida** et la famille **Echinidae**, dans laquelle nous trouvons les oursins, dont les baigneurs et les pêcheurs sous-marins doivent se méfier à cause de leurs épines.

L'expérience d'un ami marseillais mérite d'être racontée. Il mit un jour le pied sur un oursin. Ses amis lui enlevèrent aussitôt les épines. Mais un bon nombre d'entre elles furent brisées et les fragments restés dans son pied sortaient de temps en temps, et ceci pendant douze ans. Aussi portait-il sur lui, toujours, une aiguille et une boîte d'allumettes afin d'avoir à toute heure à sa disposition une aiguille stérilisée pour en achever l'extraction quand le besoin s'en faisait sentir.

OURSIN

Paracentrotus lividus
(Lamarck)
FAO 585

NOMS DU MIDI
Côtes méditerranéennes : Châtaigne de mer, Alissoun. Corse : Zinzi, zini.
NOMS ÉTRANGERS
Anglais : Sea-urchin. Espagnol : Erizo de mar. Grec : Achinós. Italien : Riccio di mare. Tunisien : Qanfoud bahr. Turc : Deniz kestanesı.

Caractéristiques

Mesure jusqu'à 8 cm de diamètre.

Leurs jolies coquilles sont souvent vendues comme souvenir.

Cuisine

Dans cet animal qui est vendu vivant, on ne mange que les glandes génitales : le corail. Il est jaune ou rose et on le trouve en ouvrant horizontalement la coquille en deux, à l'aide de ciseaux ou, mieux encore, avec un appareil spécial appelé coupe-oursins. Les bouchées sont petites mais délicieuses ; elles ne demandent ni cuisson ni sauce mais seulement une goutte de jus de citron. Les deux recettes indiquées ci-dessous disent comment les oursins peuvent servir à agrémenter un plat de poisson ou une omelette. Dans le *Guide Marabout du poisson*, Ninette Lyon suggère d'ajouter du corail d'oursin écrasé dans les œufs brouillés, avant la cuisson : un corail pour chaque œuf et un pour la décoration du plat.

Recettes

Daurade à la crème d'oursins, p. 182.

Omelette d'oursins, p. 202.

Troisièmement, et à partir de là nous sommes en dehors du champ d'exploration du catalogue FAO, nous arrivons à deux êtres dont les noms ont tout l'air d'être ceux de produits de l'horticulture : **Anemonia sulcata** (Pennant), l'anémone de mer comestible, et **Actinia equina** Linné, la tomate de mer.

L'anémone de mer, connue dans le Midi sous le nom d'ortie de mer et en Corse comme "bilerbu" ou "orticolu", est familière à tous ceux qui, étant enfants, se sont amusés sur les plages et dans les flaques des rochers. On les consomme après les avoir frottées sous l'eau courante afin d'en retirer les particules de sable, puis les avoir fait mariner dans du vinaigre (ce qui n'est pas indispensable). On peut alors les faire frire, les préparer en beignets (recette p. 203) ou en omelette. A Nice, on les mange sous le nom "rastuguet".

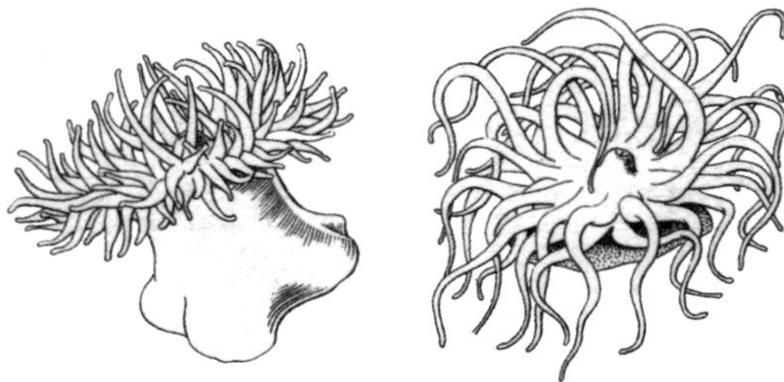

La tomate de mer doit son nom à sa couleur rouge tomate et aussi au fait qu'elle a la taille d'une tomate. Moins bonne que la précédente, certains pensent toutefois qu'elle peut être ajoutée à la bouillabaisse.

Ces deux fruits de mer jouent respectivement le rôle d'éponyme et un autre rôle essentiel dans la soupe d'anémones de mer, qui est appréciée en France mais n'est pas souvent préparée ailleurs. Euzière conseille de mettre 36 anémones de mer dans une grande casserole avec un peu d'huile d'olive, et de les mettre à chauffer avec 6 tomates de mer et beaucoup d'escargots de mer (N° 527 ou 529). (Les anémones de mer et les tomates de mer seront sans tentacules et bien nettoyées, les escargots de mer nettoyés mais toujours dans leurs coquilles.) Ajouter peu après un oignon haché que l'on fait roussir, puis 2 litres d'eau et un bouquet garni, du sel et 6 pommes de terre moyennes. Porter à ébullition. Quand les pommes de terre sont cuites, les écraser avec une fourchette. Puis, ajouter des pâtes, des vermicelles par exemple. Quand ces dernières sont cuites, retirer du feu, ajouter si l'on en a du corail d'oursin et servir avec du fromage râpé.

Nous en arrivons ensuite aux tortues de mer.

Parmi les trois espèces qui se trouvent en Méditerranée, une seule est commune. C'est celle qui est représentée ici, **Caretta caretta** (Linné), la caouanne ("caguana" en espagnol, "testuggine marina", "tartaruga di mare", etc., en italien). Elle est brune. Les spécimens méditerranéens que j'ai vus mesuraient un peu moins d'un mètre de long. La chair en est bonne, c'est de cette tortue que l'on fait le "ragoût de tortue" maltais (recette, p. 260) et les soupes de tortue.

Chelonia mydes (Linné), la tortue de mer verte, est une espèce de la mer Rouge qui se trouve le long des côtes sud de la Méditerranée jusqu'à l'île de Djerba, en Tunisie ; elle est vert olive.

La troisième espèce, **Dermochelys coriacea** (Linné), la tortue luth, mesure environ deux mètres de long ; elle est très rare. Elle se nourrit de méduses, et elle a dans la gorge des dents en forme de doigt qui l'aident à faire descendre les aliments. Son dos, qui a la forme d'un écu, porte sept nervures dorées qui vont de la tête à la queue. Signalons en passant que l'épithète **coriacea** ne veut pas dire que la chair soit coriace mais que le dos a l'aspect du cuir. Il y aurait là matière à une recherche culinaire, mais le lecteur voudra bien noter que son premier devoir s'il assistait ou s'il prenait part à la capture d'une tortue luth serait de veiller à ce qu'elle soit prise avec le minimum de dégâts possible afin de pouvoir être étudiée par un naturaliste plutôt que d'être dépecée à des fins culinaires. Une tolérance particulière pourrait être accordée à ceux de mes lecteurs qui auraient la malchance d'avoir des pellicules, ou des maux de dents chroniques ou encore de souffrir d'essoufflements. Une telle personne bénéficiera de compréhension et de sympathie si, conformément aux recommandations de Pline l'Ancien, elle prend d'abord une petite quantité du sang de la tortue pour s'en barbouiller le crâne et s'en frotter les dents et pour s'en faire une tisane qui améliorera son souffle.

Pour finir, mentionnons un mammifère, le dauphin, **Delphinus delphis** (Linné).

C'est un animal de grande taille qui peut atteindre deux mètres cinquante de long.

En italien il s'appelle "delfin", ou "dolfin", en espagnol, "delfin".

Il est familier, jouant dans la mer, faisant la course avec les bateaux les plus rapides ; il évoque les nombreuses légendes des hommes chevauchant les dauphins.

D'une manière générale, les écrivains de l'Antiquité gréco-romaine décrivent le dauphin (**delphis** en grec et **delphinus** en latin) comme étant le seigneur des mers, une créature divine aimée de Poséidon, le plus rapide des êtres vivants, un passionné de musique, un ami affectueux et le secours des pêcheurs.

Pline l'Ancien raconte comment, d'un cri, les pêcheurs de Nîmes rameutaient les dauphins pour les aider à prendre au piège les mulets et comment ils les récompensaient de cette tâche en les nourrissant de pain trempé dans du vin. On comprend alors pourquoi chasser le dauphin était considéré comme une faute grave qui contrariait les dieux.

Il aurait été encore plus choquant de manger du dauphin. Même maintenant, on ne pense pas que le dauphin puisse être une nourriture, quoiqu'il s'en consomme toutefois sous la forme de "musciame", produit dont l'aspect extérieur est un peu celui de petites bûches carbonisées. Les pêcheurs de Gênes et de Viareggio coupent de longues bandes de chair de dauphin qu'ils font sécher au soleil avant de les manger.

On peut acheter du dauphin à Gênes et ailleurs, dans des petites boutiques du bord de l'eau ; c'est comestible et cela a même une saveur particulière. On le coupe en tranches très fines comme du saucisson, mais avec beaucoup plus de difficulté car c'est très dur ; puis, on le prépare à l'huile et à l'ail avant de le servir. Le meilleur que j'ai eu l'occasion de manger était servi avec des haricots beurre chauds garnis d'oignons en morceaux, revenus légèrement dans de l'huile d'olive. C'était à la Trattoria Pacetti à Gênes. L'effet décoratif produit par les tranches noires de musciame est assez impressionnant.

Poissons méditerranéens dans l'Antiquité gréco-romaine

Pour celui qui fait des recherches sur les poissons en Méditerranée, il est intéressant et amusant de compulser les écrits de l'Antiquité gréco-romaine sur le sujet.

Le travail d'Aristote a été fondamental. Ses études scientifiques dans le domaine de la biologie, écrites au IVe siècle avant Jésus-Christ, ont été à la base, tout en les surclassant, de tout ce qui a été écrit d'autre jusqu'à la venue des grands naturalistes européens du XVIe et du XVIIe siècle. Dans son œuvre, la partie la plus riche en ichtyologie se trouve dans le livre XI de l'*Histoire des animaux*. Beaucoup de ses observations, dont la valeur avait été mise en doute par certains chercheurs d'autrefois, ont été justifiées récemment à la suite d'études faites dans l'île de Lesbos où Aristote effectua une grande partie de ses propres recherches.

Nous avons, en latin, l'*Histoire naturelle* de Pline l'Ancien (Ier siècle après Jésus-Christ), encyclopédiste plutôt qu'homme de science, qui prend plaisir à communiquer ses connaissances, sans laisser pour autant l'exactitude scientifique prendre le pas sur une anecdote qu'elle risquerait de gâcher, il ne faisait pas lui-même de recherches. Les livres IX et XXXII, surtout le premier, sont ceux qui contiennent le plus de renseignements sur les poissons. L'autre ouvrage, pertinent et d'une grande importance, est le poème *Halieutica* d'Oppien, poète grec de Cilicie. Il est entièrement axé sur la pêche et les poissons et constitue une agréable lecture.

Bien qu'il existe divers autres ouvrages, ceux d'Elien par exemple, ce sont là les travaux essentiels. A leur lecture, certains points ressortent. Premièrement, l'observation précise de la vie de la mer, qui est à la base de l'œuvre d'Aristote et qui se reflète dans celles de Pline et d'Oppien, lui a permis de garder sa valeur prépondérante pendant dix-huit siècles. Deuxièmement, le contraste entre la démarche d'Aristote et celle d'Oppien est frappante. Le premier avait une vue scientifique des faits et le deuxième ne les voyait qu'à travers la morale, la philosophie et le romantisme, traitant de beaucoup de poissons comme s'il s'agissait de personnages de tragédies classiques et déduisant, de leurs sentiments, vertus et destins, de nombreuses leçons qui s'appliquent au genre humain. Troisièmement, nous remarquons avec un agréable sentiment de soulagement qu'il y avait autant de confusion dans la nomenclature des poissons dans l'ancien temps qu'il y en a de nos jours. Et, qui plus est, on y trouve quelques problèmes fascinants à résoudre. Quel était, par exemple, le poisson appelé "**anthias**" ? Pour autant que nous le sachions, il y avait alors en

* La plupart des poissons des mosaïques peuvent être identifiés facilement. Pour d'autres, c'est un problème. Comme la majorité des artisans qui ont fait les mosaïques venaient d'Asie Mineure, certains suggèrent qu'ils peuvent avoir reproduit les poissons qui leur étaient familiers : par exemple, les espèces de la mer Noire, tout aussi bien que les espèces communes dans les eaux italiennes. Pour ma part, je pense qu'après avoir représenté les espèces les plus communes en Méditerranée et celles qui étaient les plus estimées de leurs patrons, les artistes se sont débrouillés soit en stylisant, soit en faisant sans précision les dessins, afin d'en avoir suffisamment pour couvrir le nombre de mètres carrés requis. Ainsi, nous nous torturons l'esprit et mettons nos yeux en vain à l'épreuve quand nous cherchons à identifier chacune des créatures représentées.

Méditerranée les mêmes poissons que maintenant. Les nombreux sols couverts de mosaïques qui subsistent, et qui représentent des espèces variées de poissons d'il y a deux mille ans, le confirment*. Mais certains noms anciens résistent encore à l'identification, pourtant des chercheurs et des lettrés se penchent sur ce problème depuis des siècles.

La façon d'accommoder les poissons dans l'Antiquité gréco-romaine est un autre domaine d'étude intéressant. Pour cela, la principale source de renseignements est le livre d'Apiclus, *De Re Coquinaria* (qui est probablement un condensé ultérieur des deux livres qu'il a écrits, avec l'adjonction d'autres documents, le tout demeurant essentiellement son œuvre). Apicius est né aux environs de l'an 25 après Jésus-Christ. Les références contemporaines le concernant ne sont guère flatteuses. C'était un homme riche dépensant des sommes fabuleuses en extravagances culinaires, inventant des mets composés de talons de chameau, de langues de paons et autres créations du même genre. Quand il découvrit que sa fortune avait fondu au point de ne plus lui permettre de continuer ses fantaisies gastronomiques, il se suicida. Tout cela était plus qu'il n'en fallait pour attirer sur lui la réprobation d'écrivains tels que Sénèque. Mais je me demande s'il était vraiment si mauvais que cela.

Athénée nous raconte qu'Apicius, alors qu'il résidait à Minturnes, entendit quelqu'un vanter la taille des crevettes libyennes ; il affréta aussitôt un navire qui le conduisit en Libye, et là, il fut si désappointé par les crevettes qu'on lui montra qu'il ne descendit même pas à terre. Cette histoire rendrait le personnage plutôt sympathique. Et ses écrits, dans lesquels figurent d'intéressantes recettes de poissons, constitue une œuvre solide et qui reste valable, toute une partie y est consacrée aux sauces pour le poisson. Je crois qu'Apicius mérite davantage d'éloges que de blâmes.

Les lecteurs qui tenteront de suivre les recettes d'Apicius y trouveront des ingrédients qui leur sembleront déconcertants, tels que le garum. Le garum était un extrait de poisson très fort, obtenu (n'entrons pas dans les détails) en remplissant un tonneau d'entrailles de poisson et de sel, d'où l'on tirait, au bout d'un certain temps, le liquide qui s'était formé. L'odeur en est forte ainsi que le goût, et les Romains ne pouvaient pas s'en passer. Il est d'autres endroits où l'on utilise beaucoup ce genre de préparation, ainsi dans le sud-est asiatique*. La tradition s'est maintenue en Méditerranée même sous la forme de "peï salat", ou "pissalat" de Provence (p. 176) qui est peut-être le mieux connu des descendants du garum, mais n'est pas le seul. D'Arcy Thompson mentionne un garum qui se fait dans les îles de la mer de Marmara avec des foies salés de maquereau espagnol, "qui a le même aspect que la sauce à l'anchois, et a une odeur très forte mais appétissante"...

* Où il est connu sous les noms de "Nuoc-mâm", "Nam-pla", etc.

Note sur les naturalistes

Il y a un peu plus de deux cents espèces inscrites aux catalogues.

Le nom d'une quarantaine de naturalistes, de toutes nationalités, figurent à côté des noms d'espèces ; ce qui met clairement en évidence l'étendue de la complexité des travaux qui ont été menés depuis 1758, date à laquelle le système de classification avec deux noms latins fut établi par le naturaliste suédois Linné.

Le nom de Carl von Linné (1707-1778) est cité beaucoup plus qu'aucun des autres parce que, étant le premier à utiliser ce système, il en a fixé les règles d'utilisation. Linné a été décrit de façon irrévérencieuse comme "un drôle de vieux Suédois qui pensait pouvoir doter chaque chose d'un nom". Il a vraiment essayé de donner à chaque animal et à chaque plante un nom double dans une forme latine. La constance de l'utilisation de son système prouve ses mérites. Linné lui-même n'était pas spécialement intéressé par les poissons et la plupart des noms qu'il leur a choisis étaient basés sur des descriptions publiées par des naturalistes plus anciens, spécialement Peter Artedi, son collègue et ami suédois de l'Université d'Upsala. Depuis son enfance, Artedi était passionné par les poissons ; ses connaissances et la précision de ses descriptions étaient d'un siècle en avance sur son temps. Malheureusement, très jeune encore, il tomba dans un canal à Amsterdam et s'y noya.

Les travaux de naturalistes plus anciens ont aidé Artedi et Linné à établir leur système de classification ; entre autres, le voyageur et philosophe italien Ulisse Aldrovandi (1522-1605), qui avait publié des travaux considérables sur les poissons, et ses contemporains français Guillaume Rondelet et Pierre Belon. Rondelet, professeur d'anatomie à l'Université de Montpellier, mena une vie tranquille, mais Belon, qui fut diplomate pendant la période tourmentée de la Réforme, voyagea pour le compte de François Ier au Proche-Orient, en Espagne et en d'autres lieux d'Europe. Il fut assassiné par un inconnu au bois de Boulogne en 1564. Les travaux de ces deux hommes de science sont la base de nos connaissances des poissons de la Méditerranée.

Un des chercheurs qui vint après Linné fut le charmant Constantine Samuel Rafinesque-Schmaltz (1783-1840). Né à Constantinople d'un père français et d'une mère germano-grecque, Rafinesque (c'est ainsi qu'il s'appelait lui-même), par ses écrits sur les poissons d'Europe et d'Amérique du Nord, devint une notoriété en la matière. Il vécut quelque temps à Philadelphie, puis passa dix ans en Sicile où il fit une étude très approfondie des poissons de l'île. En bien des points, il était en avance sur son temps. Son point de vue sur la nomenclature et sur la vie des poissons en Méditerranée différait de celui qui avait cours à Paris, dans le monde de la zoologie où trônait le célèbre baron Cuvier ; aussi la plupart de ses travaux furent-ils traités avec dédain. Toutefois, depuis le début du siècle, l'exactitude d'un grand nombre de ses observations a été reconnue ainsi que la justesse des noms qu'il a choisis.

Plus tard, Rafinesque retourna aux Etats-Unis où il rencontra le fameux ornithologiste John James Audubon qu'il accompagna dans quelques-uns de ses voyages. On raconte l'émotion qu'ils éprouvèrent tous les deux un soir où Rafinesque, essayant de venir à bout d'une chauve-souris qui venait d'entrer dans leur cabine, la frappa avec la première arme venue qui n'était autre que le violon favori d'Audubon. On dit aussi qu'Audubon prit sa revanche en donnant à Rafinesque une collection de dessins (tous faux) de poissons vivants dans l'Ohio. Plus tard, Rafinesque en publia des descriptions détaillées au détriment de sa réputation.

Un des naturalistes méditerranéens les plus compétents, contemporain de Rafinesque, fut un apothicaire de Nice, Antoine Risso, qui publia, en 1810, une étude sur les poissons niçois ; il la compléta plus tard et en fit une *Histoire naturelle de l'Europe méridionale* (1826).

Un autre fut Bernard Germain de Lacépède qui, de 1798 à 1803, publia un important ouvrage en cinq volumes, intitulé : *Histoire naturelle des poissons*. Les premières pages de son œuvre reflètent l'époque troublée à laquelle il écrivit. Alors qu'il aurait dû être signé par le comte de Lacépède, cet ouvrage fut celui du "citoyen Lacépède", publié en l'an VI de la République.

Le centre des travaux d'ichtyologie était toujours Paris, où Cuvier était reconnu comme le plus éminent spécialiste. De son laboratoire du Museum d'histoire naturelle du Jardin des Plantes, un flot de correspondance partait pour le monde entier, et le Museum était le centre international de toutes les recherches en zoologie.

Les vingt-deux volumes de l'*Histoire naturelle des poissons*, l'œuvre bien connue de Cuvier, furent publiés par lui et par son élève et successeur, Achille Valenciennes.

Etienne Geoffroy Saint-Hilaire et son fils Isidore sont deux autres Français dont les noms sont mentionnés à côté des noms de poissons attribués par eux. Tous les deux ont accompagné Napoléon dans la campagne d'Egypte en tant que membres du groupe scientifique qui participait à l'expédition ; ils furent ainsi à même de faire une étude sur le Nil et sur la mer Rouge, où Pehr Forskål, un naturaliste suédois, plus ancien, avait péri en 1760.

Une autre figure remarquable, liée à l'empereur Napoléon, fut son neveu, Charles Lucien Bonaparte, qui fut élevé en Italie, passa quelque temps aux Etats-Unis où il fit des travaux d'ornithologie puis eut des activités politiques en Italie vers 1840, avant de s'installer en France. Là, il fut directeur du Jardin des Plantes. Le tome III (*Pesci*) de son *Iconografia della fauna Italica* (1832-1841) est un manuscrit contenant de belles planches des poissons de la Méditerranée.

Le nombre des naturalistes augmente au fur et à mesure que nous approchons du XXe siècle, mais les personnalités de premier plan comme celles que j'ai mentionnées y sont plus rares. Ainsi donc, je ne pousserai pas plus loin ces commentaires, espérant que ce que j'ai dit aidera mes lecteurs à se souvenir que la classification et la nomenclature des poissons de ce livre ont pu se réaliser grâce à une série de chercheurs dévoués et enthousiastes qui les ont souvent faites dans des conditions de fièvre et de danger. Il est bon de ne pas l'oublier alors que nous profitons des travaux qu'ils ont su mener à bien.

Note aux lecteurs canadiens

Les lecteurs francophones du Canada se demandent peut-être dans quelle mesure les poissons des eaux canadiennes correspondent à ceux de la Méditerranée. On peut répondre à cela qu'il y a au Canada certaines espèces identiques à celles de la Méditerranée et que beaucoup d'autres leur ressemblent tant qu'elles peuvent être considérées comme similaires du point de vue culinaire. Mais il faut remarquer aussi qu'il y a plusieurs familles méditerranéennes qui sont absentes, ou presque, des eaux canadiennes.

Je voudrais tout d'abord parler des familles et des espèces qui ne présentent aucun problème, car elles se trouvent autant, sinon plus, au Canada qu'en Méditerranée. Ce sont :

- La lamproie et les esturgeons ;
- Les requins (y compris la taupe appelée "maraiche", l'aiguillat, l'émissole et le requin marteau) ;
- Les raies ;
- Les aloses (dont le "gaspareau" et l'"alose savoureuse") ;
- L'argentine et le balaou ;
- Les anguilles (y compris la murène et le congre) ;
- Les gadidés (dont on trouve une gamme très étendue englobant le merlu, la motelle, le mustèle et le poutassou, et par ailleurs l'aiglefin, le goberge et la morue) ;
- Le bar et le tassergal ;
- Le maquereau ;
- Les thons et quelques bonites ;
- L'espadon ;
- Les athérines (dont la "capucette") ;
- Le sebaste ;
- Des grondins (appelés "prionotes") ;
- Des poissons plats (abondants dans les eaux canadiennes : limandes et plies, barbues et turbots, et même le flétan, qui n'existe pas en Méditerranée) ;
- La baudroie (mais, hélas ! ce poisson exquis, au lieu d'être présenté comme grande spécialité culinaire, ne sert qu'à nourrir les chats et les cochons, sous forme de farine de poisson !) ;
- Des crustacés (le homard, les crevettes, les crabes) ;
- Des mollusques (les poulpes et les encornets, les bigorneaux et les coquilles Saint-Jacques ou pétoncles, les huîtres et les coques).

Cette liste est assez encourageante. Mais une espèce qui existe dans les eaux canadiennes ne se trouve pas toujours en vente chez les poissonniers, nous l'avons vu à propos de la baudroie. Cette situation est regrettable et ne s'améliorera que si le peuple canadien se réveille un peu et réclame le droit d'acheter certains poissons qu'en ce moment l'on donne à manger aux chats, que l'on transforme en farine ou que l'on rejette à la mer.

Il y a deux points de nomenclature que je dois signaler. Le “capelan” du Canada n’est pas du tout le même que celui de la Méditerranée (p. 43) ; c’est un poisson de la famille **Osmeridae**, à laquelle appartiennent d’ailleurs les éperlans de la côte atlantique française. Le “loup” du Canada est aussi très différent de celui de la Méditerranée ; il appartient à la même famille que la “baveuse” (p. 101), mais il est plus grand et d’ailleurs bien meilleur.

La basse température des eaux canadiennes empêche malheureusement beaucoup d’espèces méditerranéennes d’y pénétrer. Il est vraiment irritant, par exemple, de penser que certains poissons délicieux viennent jusqu’au cap Cod, mais ne remontent pas plus loin vers le nord. Je pense surtout aux anchois et aux mérous, au saint-pierre et au baliste, ainsi qu’à la famille **Sparidae**, qui fournit à la Méditerranée toute sa gamme de daurades, dentés, pagres, sargues, etc. On regrette aussi l’absence de deux autres familles importantes : **Mugiliade** (mulets) et **Mullidae** (rougets).

Les Canadiens ont, néanmoins, de nombreuses possibilités d’utiliser les recettes méditerranéennes. (Voir aussi mes remarques sur l’adaptation des recettes, p. 168.) On pourrait même imaginer une bouillabaisse assez originale, en essayant d’y mettre de la “tricorne arctique”, et des “chaboisseaux”, ou même des “tautoques” qui ressemblent aux “vieilles” de la Méditerranée !

Ayant fait ces comparaisons et ces remarques, il ne me reste plus qu’à souhaiter du succès au lecteur qui voudrait préparer “à la méditerranéenne” les délicieux produits des eaux canadiennes.

Page ci-contre :
Ce dessin se trouve sur un plat de poisson (jatte peu profonde en terre sur un pied bas et circulaire) qui est une production du sud de l’Italie au IIIe siècle avant Jésus-Christ. Celle-ci représente, à droite, un mulet cabot, en dessous, une seiche, et à gauche, soit une brème, soit un serran.
Les dessins sont stylisés avec quelques détails qui sont faux mais vivants et plaisants.

SECONDE PARTIE

♆

Recettes

Conseils pratiques : Comment garder le poisson frais

Le poisson est une denrée éminemment périssable qui, à température habituelle, s'abîme rapidement.

Pourquoi et comment le poisson s'abîme

La décomposition du poisson, comme celle de toute matière animale résulte d'une part de l'action des enzymes qui se trouvent dans la chair elle-même, et d'autre part de celle des bactéries qui s'attaquent extérieurement à la chair morte. En pratique, nous n'avons pas à nous inquiéter des enzymes ; les bactéries sont, de loin, le facteur le plus important de la décomposition.

Un poisson vivant transporte sur sa peau et dans ses entrailles une quantité relativement faible de bactéries. Lorsque le poisson meurt, les bactéries pénètrent dans la chair, s'en nourrissent, croissent et se multiplient. Chacune d'elles, lorsqu'elle atteint un certain stade de développement, se partage en deux. Dans des conditions favorables, le cycle de croissance et de séparation dure trente minutes.

Comment utiliser la glace et le sel

Fort heureusement, la vitesse de reproduction des bactéries peut être diminuée par l'action du froid. Dans une cuisine chauffée (24 degrés), en deux jours, cinq cents bactéries environ se transforment en plusieurs centaines de millions. A zéro degré, ce qui est la température du poisson dans la glace, le processus prend deux semaines et à la température à laquelle les poissons sont congelés (soit au-dessous de 7 degrés), la croissance des bactéries s'arrête entièrement. Souvenez-vous-en lorsque vous achetez ou gardez du poisson.

Le sel arrête l'action des bactéries. Ainsi, du poisson vidé et mis dans un tonneau avec beaucoup de sel se gardera pendant une durée considérable.

Le séchage

Les micro-organismes, comme les autres formes de vie, ont besoin d'eau. Les poissons contiennent environ 80 % d'eau ; aussi leur séchage, afin de les conserver, peut-il être un travail de longue haleine si on les met au soleil et au vent. Mais des techniques artificielles peuvent accélérer le processus. On combine souvent le séchage et le sel.

Comment voir si un poisson est frais

Il y a quelques indices qu'il est utile de connaître.

Le premier au moins ne peut pas être dissimulé, ni fardé de quelque façon que ce soit :

– Les yeux doivent être brillants et suffisamment saillants. Des yeux ternes et enfoncés sont mauvais signe.

Mais de plus :

– Les ouïes doivent être humides et rouges et non pas grises.

– Le corps doit être ferme au toucher et parfois même raide (pour certains poissons). Si votre doigt s'enfonce dans la chair et y laisse sa marque, c'est également mauvais signe.

– Les écailles doivent adhérer fermement à la peau (quoique certains poissons, même frais, perdent plus ou moins leurs écailles).

– L'odeur doit être fraîche et iodée.

La cuisson du poisson

Il convient de commencer par poser deux questions fondamentales :

– Qu'entend-on par cuire le poisson ?

– Que se passe-t-il quand on cuit un poisson ?

Cuire du poisson est le rendre propre à la consommation en amenant sa température interne aux environs de 63 degrés. La température à atteindre ne peut pas être déterminée précisément et varie quelque peu selon, entre autres, la nature du poisson et la composition chimique du liquide de cuisson. Il y a de plus une interaction entre la température et la durée de cuisson. Plus la cuisson est lente, moins la température à atteindre est élevée*.

Il n'en reste pas moins vrai que, pour un poisson donné et dans des circonstances données, il y a une température interne précise à atteindre et qui ne doit pas être dépassée ; elle sera très proche de 63 degrés. Il faudra bien se souvenir de ce principe si l'on veut éviter l'erreur courante et regrettable qui est de trop cuire les poissons.

Mais ce principe doit être complété par une autre notion qui concerne les temps de cuisson. En effet, le temps que met la chaleur à pénétrer au cœur d'un morceau de poisson, ou de tout autre solide, est proportionnel, non à son épaisseur, mais au carré de cette dimension. C'est ainsi que, lorsque la méthode utilisée demande une durée de cuisson de 15 minutes pour porter le centre d'une darne de 2 cm d'épaisseur au degré de cuisson voulu, le temps pour une darne de 4 cm d'épaisseur sera de 60 minutes. Compte tenu de ces indications, il faudra se souvenir que les temps de cuisson indiqués dans les recettes ne sont qu'approximatifs et surtout lorsqu'il s'agit de darnes dont l'épaisseur peut varier.

En ce qui concerne la seconde question, le Dr J.J. Connell, de la Torry Research Station, a bien voulu m'expliquer les trois effets principaux de la cuisson sur le poisson. Premièrement, la protéine de la chair se coagule, ce qui la rend dense, blanche et ferme. Cette coagulation libère environ le quart de l'eau contenue dans la chair ; l'action de la chaleur sépare cette eau des éléments parfumés qu'elle contient. Lorsqu'il s'agit de poisson gras, la coagulation peut aussi libérer de l'huile contenue dans la chair. Deuxièmement, la matière semblable à de la peau qui maintient ensemble les lamelles de chair est déchirée. Cela permettra de les séparer les unes des autres. Enfin, un certain nombre de transformations chimiques s'accomplissent, qui libèrent le goût et l'odeur caractéristiques du poisson cuit.

Je viens de vous décrire les règles générales que le cuisinier doit suivre : je vais, maintenant, faire quelques remarques sur les techniques de cuisson qui s'emploient.

---

* Au cours d'une expérience de cuisson au four à basse température (52 degrés) réalisée à l'Université de Bruxelles, j'ai montré qu'un poisson est cuit s'il a été maintenu à 52 degrés seulement pendant 6 heures. Cette expérience illustre de façon frappante l'indication donnée ci-dessus, mais je ne recommande pas ce mode de cuisson à très basse température. De plus, je précise que si, aux températures normales de cuisson, seules certaines catégories de bactéries peuvent survivre, il n'en est pas de même pendant la cuisson à basse température ; un grand nombre d'entre elles ne sont qu'engourdies mais restent vivantes.

GRILLADE. – C'est un des plus simples et des meilleurs procédés. Voici quelques règles qu'il est bon de suivre**. A de rares exceptions près, le poisson devra être vidé. Les flancs d'un assez gros poisson (plus de 150 g) devront être incisés. Le poisson devra être enduit d'huile d'olive (certains l'enrobent aussi de farine). Le gril devra être chauffé à l'avance et être enduit d'huile d'olive. Il sera nécessaire d'humecter le poisson en cours de cuisson, voici une bonne façon de le faire : prenez un quart de citron (coupé dans la longueur), piquez-le au bout d'une fourchette à long manche et trempez-le dans du beurre, de l'huile d'olive ou dans un mélange de citron et d'huile d'olive et badigeonnez-en le poisson. Celui-ci sera toujours plus savoureux si vous le faites griller au charbon de bois. En Provence, vous obtiendrez un résultat encore meilleur en utilisant du bois de pin ou d'olivier bien sec ; commencer le feu longtemps à l'avance, attendez que les braises soient bien formées et qu'il n'y ait plus de flamme, avant de mettre le poisson.

AU FOUR. – Si l'on cuit un poisson au four dans un plat à gratin, les quantités de liquide et de corps gras que l'on y ajoutera seront différentes selon que le poisson est plus ou moins sec ou gras. Elles dépendront aussi de la nature de l'assaisonnement ; les tomates, par exemple, donnent beaucoup de jus. Les poissons à la chair sèche doivent être arrosés souvent. Il est très pratique de mettre une feuille de papier d'aluminium sous le poisson que l'on fait cuire au four ; cela permet de le transporter dans le plat de service sans trop de dommages. Ces feuilles peuvent aussi rendre service si l'on ne dispose que d'un plat trop grand pour le poisson ; elles peuvent être utilisées à délimiter l'espace dont on a besoin.

BRAISAGE. – Voici comment braiser un poisson ; faites revenir légèrement dans un plat à gratin quelques fines tranches de carotte, d'échalote, d'oignon, etc. Posez-y le poisson (soit un gros morceau de poisson, soit un poisson entier). Mettez quelques tranches fines de lard dessus si c'est nécessaire. Ajoutez du liquide, généralement du vin blanc, que l'on peut mélanger avec du bouillon ; le liquide ne doit pas dépasser en hauteur la moitié du plat. Assaisonnez. Chauffez jusqu'à ce que le liquide commence juste à bouillir, mettez alors au four et laissez cuire très doucement. N'oubliez pas d'arroser le poisson.

EN PAPILLOTE. – Mettre chaque poisson ou chaque morceau de poisson sur une feuille de papier d'aluminium (ou de papier sulfurisé), assaisonner, mettre des herbes, ajouter des noix de beurre ou badigeonner le poisson d'huile d'olive, plier la feuille d'aluminium (ou de papier) de façon à fermer la papillote sur le dessus et à chaque extrémité. Si la papillote est bien faite, vous n'aurez plus qu'à la mettre au four, sans avoir à vous inquiéter d'un plat de service.

FRITURE. – Consiste à faire cuire par immersion complète ou partielle dans de l'huile chaude, du beurre ou de la graisse. Plus la chaleur est élevée, meilleur est le résultat, et l'huile pouvant atteindre une température plus élevée sans brûler a un gros avantage sur le beurre et sur la graisse. L'huile d'olive est la meilleure huile à employer. Quels que soient la méthode et le corps gras que vous choisissiez, il faut toujours préparer le poisson ou les morceaux de poisson avant de les faire frire. Passez-les, par exemple, pendant quelques minutes dans du lait salé, ne les essuyez pas trop et roulez-les dans la farine (reti-

---

**Mais je dois attirer l'attention sur le point de vue quelque peu différent du regretté M. Brun (p. 170).

rez le surplus). La couche ainsi obtenue (elle peut être améliorée en trempant le poisson successivement dans du jaune d'œuf et dans de la chapelure) formera au contact de l'huile chaude une légère croûte qui, tout en laissant passer la chaleur permettra au jus de rester à l'intérieur du poisson et empêchera l'huile d'y pénétrer.

POÊLAGE. – Il existe des poêles ovales, spéciales pour le poisson, qui sont bien pratiques. Vous pouvez poêler dans de l'huile d'olive, dans un mélange d'huile d'olive et de beurre ou (ainsi qu'il est indiqué dans le paragraphe suivant) uniquement dans du beurre.

MEUNIÈRE.– C'est un mode de cuisson qui consiste à faire frire le poisson préalablement vidé, lavé, bien essuyé et roulé dans la farine, dans du beurre bien chaud. On obtient de meilleurs résultats en utilisant du "beurre clarifié". Après avoir retiré le poisson, remettez un morceau de beurre dans la poêle et, lorsqu'il chante, versez-le sur le poisson.

LA GRANDE FRITURE. – Se fait plus facilement dans une friteuse munie d'un panier. La température de l'huile doit approcher, mais ne pas dépasser, 190 degrés. Pour vous en assurer, si vous ne disposez pas d'un thermostat ou d'un thermomètre, jetez-y un petit morceau de pain. Il remontera à la surface et deviendra vite brun doré. S'il devient noir, c'est que l'huile est trop chaude. Il faut passer l'huile après chaque cuisson, la garder dans un endroit frais et veiller à la renouveler à temps.

COURT-BOUILLON. – Si vous devez cuire un poisson de grande taille de cette façon, vous trouverez pratique d'avoir une casserole spéciale, que ce soit une poissonnière ou une turbotière. La première, longue et étroite, est prévue pour un poisson de forme habituelle alors que l'autre, en forme de losange, peut recevoir un turbot, une barbue, un baliste, un saint-pierre, une raie, etc. Chacune d'elles a un couvercle et une grille intérieure qui permet de retirer le poisson, une fois cuit, sans l'abîmer.

Le plaisir d'être en la possession de cet ustensible vous stimulera suffisamment pour vous risquer à faire un essai de cuisson au court-bouillon, si toutefois vous ne l'avez pas déjà fait. Voici le principe de cette technique : vous pouvez parfaitement faire cuire le poisson à l'eau, le résultat sera bon mais si vous ajoutez de l'assaisonnement dans l'eau, il n'en sera que meilleur. Comme le poisson cuit très vite, il risque de ne pas avoir le temps de se parfumer ; aussi faut-il faire le court-bouillon à l'avance et le laisser refroidir avant de l'utiliser. Il y a de nombreuses recettes pour le préparer ; je vous suggère celle-ci :

Dans deux litres d'eau mettez 2 cuillerées à soupe de vinaigre, 50 grammes de sel, 1 ou 2 prises de poivre moulu, 2 échalotes hachées, un clou de girofle et un bouquet garni. (Vous pouvez, si vous voulez, mettre de l'ail, et substituer du vin blanc sec à une partie de l'eau.) Cuisez le tout pendant au moins 30 minutes et laissez refroidir.

Si vous désirez un court-bouillon qui ait le parfum du poisson, ajoutez-y la tête et les rognures. C'est ce qu'on appelle un "bouillon de poisson". Après avoir été utilisé pour la cuisson du poisson, vous pouvez le faire réduire pour obtenir un "fumet" de poisson qui peut être à la base d'une sauce.

À L'ÉTOUFFÉE (RAGOÛT). – Encore un terme dont le sens peut varier quelque peu. C'est un mode de cuisson qui, comme le pochage au court-bouillon décrit ci-dessus, consiste à faire cuire le poisson à feu doux dans un liquide chaud. Selon moi, la différence entre ces deux modes de cuisson est qu'avec le ragoût la cuisson dure plus longtemps et le liquide se consomme avec le poisson comme sauce. Cette méthode, dont vous trouverez deux exemples aux pages 239 et 257, est particulièrement bien choisie pour le poulpe qui doit mijoter longtemps.

À LA VAPEUR. – Ce procédé de cuisson nécessite un ustensile à double récipient, un couscoussier par exemple, ou ce que vous utilisez pour faire des pommes vapeur. C'est un mode de cuisson assez lent.

Introduction aux recettes

LES RECETTES

Les recettes données dans les pages suivantes proviennent toutes des bords de la Méditerranée et utilisent les poissons et fruits de mer que l'on y peut trouver*. Je me suis efforcé de donner des recettes des différentes régions qui la bordent, tout en réservant une place de faveur à celles que je connais le mieux, et d'y inclure autant d'espèces de poissons que possible. J'offre un large éventail de recettes simples et adaptables, pensant qu'ainsi on excuserait la présence de quelques-unes plus difficiles et d'autres d'un intérêt local ou académique ; mais faut-il vraiment que je m'en excuse ? Toute personne qui fait de la cuisine possède un ouvrage théorique et pratique qui en donne les bases essentielles, mais il est agréable d'avoir aussi un manuel spécialisé que l'on soit tenté de consulter, même en dehors de la cuisine. Il est d'ailleurs tout autant nécessaire de diversifier la présentation et le genre des recettes que les menus eux-mêmes.

Adaptation des recettes méditerranéennes

Je vous parlais plus haut de recettes "adaptables". C'est le moment de préciser ce que j'entends par là. Il y a des recettes méditerranéennes qui ne peuvent être réussies qu'avec certains poissons ou fruits de mer qui ne se trouvent nulle part ailleurs et dont la saveur particulière est irremplaçable. Je pense à quelques-uns des poissons de la soupe de roche de Marseille, aux cigales et autres. Vous pouvez, bien sûr, utiliser un poisson ou un crustacé différent de celui qui est recommandé dans la recette, mais le résultat ne sera pas exactement celui que vous escomptez et ceux de vos invités qui s'attendent à lui trouver une certaine saveur ne l'estimeront pas réussi. Il n'est donc pas recommandé d'agir ainsi. Toutefois, l'attrait d'un bon nombre de recettes méditerranéennes réside avant tout dans leur assaisonnement et dans leur mode de préparation ; il vous sera donc facile de les adapter aux poissons dont vous disposez. Si les Méditerranéens avaient à leur disposition de la morue fraîche et du flétan, ils y adapteraient leurs recettes ; ils n'en ont pas, mais vous qui n'habitez pas dans le Midi, faites-le donc !

LES ASSAISONNEMENTS

Il n'est évidemment pas nécessaire d'en dire long aux lecteurs français sur cette matière, mais il y a tout de même un sujet dont je voudrais dire deux mots.

L'ail et le "soffritto"

Dans beaucoup de recettes italiennes, on trouve les indications pour faire un "soffritto". C'est un mélange d'oignons hachés, d'ail, de persil et souvent de tomates et autres éléments, légèrement revenus dans de l'huile d'olive.

---

*D'où l'absence de recettes de morue séchée ("baccala", "bacalao", "baccalyaros", etc.) malgré la place importante qu'elle a dans la cuisine méditerranéenne.

En France, les indications correspondantes sont si habituelles qu'elles prennent la forme d'une formule incantatoire : "Faites revenir à l'huile un oignon haché, des tomates épluchées, épépinées et concassées, deux gousses d'ail écrasées..."

En Espagne, cela s'appelle un "sofrito". On fait revenir l'oignon haché dans l'huile d'olive. On y ajoute souvent des tomates et du paprika, et quelquefois de l'ail.

Pour toutes ces variantes d'une même technique culinaire, il y a une règle importante à suivre : cuire à feu doux...

... et surtout :

1. Ne laissez pas l'ail brûler, il deviendrait amer.
2. Ne faites pas trop cuire les oignons, ils doivent devenir d'abord transparents, puis légèrement dorés, puis bruns. Il y a un moment précis ou la cuisson doit être arrêtée.
3. Si vous utilisez du paprika, comme dans les plats espagnols, faites très attention de ne pas le laisser brûler. Il est préférable de l'ajouter au dernier moment, hors du feu.
4. Si vous devez incorporer des anchois, ne les laissez surtout pas trop chauffer, ils deviendraient amers.

LE RIZ

Le riz est la graine de Oryza sativa.

Les principales espèces sont celle au grain long, celle au grain moyen et celle au grain court. Les deux dernières peuvent aussi être appelées riz rond. Dans ces catégories, des noms spécifiques indiquent la qualité et le pays d'où cette espèce est originaire ("Patna", "Caroline", etc.). En Europe, le riz le plus couramment vendu est un riz du type "Patna" au grain long, qui vient des Etats-Unis. Ce riz convient dans beaucoup de cas, mais on peut se procurer d'autres espèces de riz et il est toujours préférable d'utiliser pour chaque plat l'espèce qui lui convient.

Pour les plats de poisson du Moyen-Orient, je recommande le riz "Basmati" qui est un riz long au parfum assez fort. Le riz "Patna" peut le remplacer ; il convient bien aussi aux plats turcs. Pour les plats grecs, je vous suggère soit le riz "Caroline" à grains moyens, soit le "Patna". Pour faire un risotto italien, prenez un riz rond du Piémont (demandez "Arborio superfino"). Pour un plat de riz à la provençale, prenez du riz de Camargue. Les plats espagnols demandent du riz de Valence ; c'est un riz au grain petit et rond.

CE QUE JE NE VOUS DIS PAS

Ce livre traite de la façon d'accommoder le poisson, et je n'ai pas voulu l'encombrer avec des notions élémentaires de cuisine, il y a suffisamment de livres spécialisés qui remplissent très bien cet office.

POIDS ET MESURES

- Un verre = 1,5 décilitre = 8 cuillerées à soupe.
- Une cuillerée à soupe = 2 centilitres = 3 cuillerées à café.

Midi de la France

Le littoral méditerranéen décrit, à partir de la frontière espagnole et de Perpignan, un grand arc de cercle : le golfe du Lion. Il est bordé par le Languedoc puis par les lagunes et les étranges marais de la Camargue dans le delta du Rhône et se termine par la baie de Marseille. Les côtes de Marseille à Toulon, puis celles des Maures et de l'Esterel forment une ligne sinueuse allant vers l'est. La Côte d'Azur enfin se termine, après Cannes et Nice, à la frontière italienne. A l'ouest, l'influence de la cuisine espagnole est évidente et, au fur et à mesure que l'on va vers l'est, les pâtes et d'autres signes de l'influence culinaire italienne apparaissent. Mais dans la partie centrale de cette longue bande côtière, disons, à partir d'Aigues-Mortes, on trouve une cuisine régionale typique : la cuisine provençale. C'est une cuisine aux parfums d'huile d'olive, d'ail, de tomates, de thym, de romarin, de fenouil et autres herbes et plantes aromatiques qui poussent, là, sur les collines calcaires. C'est sans doute de toutes les cuisines régionales celle qui, en France, accommode les poissons et fruits de mer de la façon la plus intéressante et la plus caractéristique.

On trouve à Marseille un des hauts lieux de la tradition culinaire provençale ; il se trouve sur un des quais du Vieux-Port, face à l'hôtel de ville du XVIIe siècle que l'on aperçoit au-delà des mâts des voiliers ; c'est le restaurant fondé naguère par M. Brun. Mme Brun y servait, avec son fils et sa belle-fille, dans une petite salle ornée de magnifiques meubles provençaux, des plats préparés fidèlement selon les recettes élaborées par son mari. M. Brun avait des principes impératifs en ce qui concerne le poisson, il les a exposés dans son ouvrage : *Groumandugi* que Mme Brun vous offrait aimablement de consulter. Vous pouvez y apprendre que les trois poissons les plus délicats de la Méditerranée sont, dans l'ordre : la daurade, le rouget de roche et le loup. Ils ne doivent être ni vidés ni écaillés, avant d'être grillés, à condition, bien sûr, qu'ils soient d'une absolue fraîcheur. On abîme inutilement le poisson en l'incisant avant de le mettre sur le gril et l'arroser n'arrange rien. A la chaleur, les écailles se soudent entre elles pour former comme une cuirasse naturelle à l'intérieur de laquelle les sucs emprisonnés conservent à la chair du poisson son goût exquis. Les arômes naturels ne doivent être altérés par aucun condiment, le citron, très bon pour faire de la limonade, est formellement prohibé ; le sel est banni.

Le loup que Mme Brun m'avait servi au mois de février, alors que le mistral soufflait et faisait se balancer les mâts des voiliers sous les fenêtres, était d'un goût si délicat que cela m'a presque convaincu de l'inutilité des spectaculaires tiges de fenouil flambées et autres artifices du même genre, qui, pour M. Brun, n'étaient que de vulgaires solécismes.

L'ordonnance du repas (à laquelle devaient se conformer les clients aussi bien qu'au choix des vins et à l'absence de condiments) comporte d'abord des hors-d'œuvre à base de poisson. J'ai été émerveillé par la "tapenado" (mélange d'olives noires, de câpres et d'anchois avec un soupçon de rhum) ; les melets au poivre (préparés en mettant d'abord les poissons en saumure pendant quarante jours, après quoi les filets sont levés, lavés et mis en marinade, si possible pendant deux ans, dans de l'huile d'olive assaisonnée de fenouil et de poivre noir concassé), les tartines de poutargue de Martigues (œufs de mulet séchés, malaxés avec un peu d'eau et d'huile d'olive et servis sur des tranches de pain) ; les "pouprihouns" aux pommes d'amour (petits poulpes cuits avec des tomates et servis chauds). Ce fut un grand moment pour le chercheur que je suis en matière de cuisine française méditerranéenne à base de poissons et de fruits de mer.

Cependant, les recettes que l'on trouvera plus loin ne sont pas exclusivement provençales. J'ai tenu à donner une idée de la variété des recettes que l'on trouve tout au long de ces six cents kilomètres de côte en retenant également des spécialités de Sète et d'Aude, puis de la Camargue, de Toulon, de Nice et de Corse.

AIGO-SAU ET ROUILLE

Soupe de poissons provençale. La recette que j'en donne est basée sur les indications de J.-B. Reboul dans *La Cuisinière provençale.*

Pour 4 personnes.
Temps de préparation et de cuisson : 20 minutes.
1 kilo de petits poissons blancs.
4 à 6 pommes de terre, pelées et coupées en tranches.
1 oignon haché fin.
2 tomates pelées et coupées.
2 gousses d'ail écrasées.
1 bouquet garni (laurier, fenouil, thym, feuilles de céleri, persil).
De l'huile d'olive.
Du sel et du poivre.
Pour la rouille :
2 gousses d'ail.
2 piments rouges.
De la mie de pain (une noix) trempée et exprimée.
2 cuillerées à soupe d'huile d'olive.
1 verre et demi de bouillon de poisson.

• 1 Mettez les poissons dans une casserole ; ils auront été nettoyés au préalable et coupés s'ils sont un tant soit peu gros.

• 2 Ajoutez tous les autres éléments de la soupe, sauf ceux destinés à la rouille.

• 3 Versez de l'huile d'olive de façon à bien humecter le tout, mais pas plus.

• 4 Couvrez d'eau bouillante et faites bouillir vivement jusqu'à la cuisson du poisson.

• 5 Servez à chacun le poisson dans une assiette et le bouillon dans une autre assiette dans laquelle vous aurez disposé des croûtons grillés.

• 6 Ce plat doit être accompagné de la sauce appelée "rouille" : dans un mortier, écrasez soigneusement l'ail et les piments, ajoutez la mie de pain, mélangez et ajoutez l'huile d'olive, puis en dernier le bouillon de poisson. Cette sauce, qui a la consistance d'une mayonnaise, est servie à part. Reboul la décrit comme étant une "sauce énergique au parfum « sui generis »"...

(Le lecteur voudra bien noter qu'il n'a pas eu d'indications précises sur le poisson à utiliser. Ce n'est pas nécessaire car l'aigo-sau ne provoque pas de passions comme le fait la bouillabaisse et sa composition peut varier sans contrarier personne. Toutefois, voici ce que je suggère à ceux qui souhaiteraient avoir quelques conseils : prenez un petit loup, un poisson de la famille des brèmes ou des mulets.)

LA BOUILLABAISSE

La bouillabaisse est le plus fameux des plats de poisson accompagné d'une soupe, et de nombreuses recettes ont été publiées donnant des indications différentes et même parfois contradictoires sur plusieurs points de détail. Des qualificatifs colorés accompagnent souvent les recettes de ce plat.

Voici quelques points de vue sur lesquels tout le monde semble d'accord :

• Marseille est la capitale de la bouillabaisse.

• On doit utiliser une grande variété de poissons, parmi lesquels il doit y avoir une rascasse, quelques poissons à la chair ferme et d'autres à la chair plus délicate.

• Comme liquide, on utilise de l'eau et de l'huile d'olive qui doivent bouillir très vivement afin d'être parfaitement amalgamées.

• On y met toujours oignons, ail, tomates, persil et safran.

• Le poisson et le bouillon sont servis séparément. Le bouillon est versé sur du pain grillé ou servi avec des croûtons. Le tout se mange avec de la rouille (p. 171). Les points de désaccord ont trait au poisson que l'on peut soit manger soit laisser se fondre dans le bouillon en lui donnant son délicieux parfum ; aux mollusques et crustacés, que l'on peut mettre ou ne pas mettre – et si l'on en met, lesquels choisira-t-on ? ; au vin blanc, qui remplacera ou pas une certaine quantité de l'eau de cuisson ; à l'eau de cuisson qui devra bouillir ou pas avant d'ajouter le poisson. En ce qui concerne les ingrédients divers, les questions ne manquent pas : faut-il mettre des pommes de terre, des feuilles de laurier, du fenouil, de la peau d'orange... et ainsi de suite.

La recette de bouillabaisse que voici est facile et sans artifice ; elle donne une très bonne bouillabaisse. J'ai choisi exprès une version simple qui ne soit pas de celles qui vous incitent à mettre de la langouste et qui parlent de "brouet divin", etc. La bouillabaisse est un plat délicieux et simple. La légende dont on l'entoure ne lui ajoute rien, pas plus que les ingrédients coûteux que l'on veut quelquefois lui adjoindre.

Pour 8 personnes.
Temps de préparation et de cuisson : 30 minutes.
2 kilos de poissons en tout, dont :
(a) 1 rascasse ou 2, selon la taille (Nos 216-217).
(b) Du poisson à la chair ferme : baudroie (N° 249), grondin (N° 220, etc.), vive ou rat (Nos 181 à 185), anguille, murène ou congre (Nos 66 à 68).
(c) Quelques poissons à la chair plus fine : merlan (N° 77) ou un poisson plat.

(d) Quelques petites girelles, vieilles ou labres (N° 170 à 177).
(e) 1 crustacé bon marché qui pourrait être une squille (N° 525) ou une cigale (N° 510).

Autres ingrédients :
- 1 verre d'huile d'olive.
- 1 oignon haché fin.
- 2 gousses d'ail.
- 1,5 kilo de tomates.
- Du concentré de tomate.
- Du persil haché.
- Du safran.

Et selon goût : Peau d'orange, clous de girofle, thym, feuilles de laurier.

• 1 Videz et écaillez le poisson, coupez-le en morceaux si c'est nécessaire, et lavez-les bien.

• 2 Dans une grande casserole chauffez l'huile d'olive, faites-y dorer l'oignon et l'ail.

• 3 Ajoutez les tomates pelées et coupées ou une quantité équivalente de concentré de tomate, puis 3 litres d'eau environ (de préférence bouillante) et les poissons des groupes (a), (b), (d) et (e). Ceux du groupe (d) doivent se défaire à la cuisson, donnant de l'épaisseur au bouillon.

• 4 Mettez le sel et le poivre, le persil haché et le safran (et, pourquoi pas aussi, un peu de peau d'orange, un clou de girofle, une feuille de laurier, un brin de thym, afin de contenter tout le monde).

• 5 Versez le verre d'huile d'olive sur le tout.

• 6 Portez à ébullition et laissez bouillir vivement pendant 15 à 20 minutes.

• 7 Ajoutez les poissons du groupe (c) qui seront cuits très rapidement. Quand tout est prêt, retirez les crustacés et les poissons qui sont restés entiers. Servez-les sur un grand plat.

• 8 Versez le bouillon dans chaque assiette à soupe sur des croûtons frottés d'ail. (Vous pouvez passer le bouillon si vous voulez.) Servez la rouille (p. 171) en même temps.

LA BOURRIDE

La bourride est un des grands plats de Provence. Il y a de nombreuses façons de la présenter, mais sa caractéristique essentielle reste cet aïoli qui, ajouté au bouillon de cuisson du poisson, le transforme en une sauce abondante, crémeuse et jaune pâle : c'est l'essentiel du plat.

M. Bérot, qui fut cuisinier à bord de l'Ile-de-France, paquebot dont la cuisine était réputée, nous a servi sa propre version de la bourride, à l'Escale, un restaurant agréable et accueillant de Carry-le-Rouet, petite plage à l'ouest de Marseille.

Choisissez un poisson à la chair ferme et blanche : M. Bérot utilise la baudroie mais je l'ai fait chez moi avec du saint-pierre, du turbot et de la barbue. Quel que soit votre choix, il vous faut garder les têtes et les arêtes pour le bouillon.

Pour 4 personnes.
Temps de préparation et de cuisson : 1 heure 30 minutes.
4 beaux filets de baudroie (ou autre).
2 poireaux.
Du persil.
Du sel.
1 tranche de citron.
1 cuillerée à soupe de vinaigre.
1 gousse d'ail.
1 cuillerée à soupe d'huile d'olive.
2 cuillerées à soupe de crème.
Et en plus :
De l'aïoli (voir ci-dessous).
Des pommes de terre nouvelles, cuites a l'eau.
Des croûtons frits.

• 1 Commencez par faire le bouillon, en mettant dans une casserole les têtes et les queues de poissons dont vous disposez avec 1 litre d'eau, un poireau coupé en petits morceaux, quelques brins de persil, une cuillerée à café de sel, une tranche de citron et le vinaigre.

• 2 Laissez bouillir doucement pendant 25 à 30 minutes. Puis passez. (Pendant la cuisson, faites l'aïoli.) Ensuite, mettez une cuillerée à soupe d'huile d'olive avec le poireau restant, émincé, à chauffer dans un plus grand récipient, poêlon ou plat métallique peu profond, laissez chauffer, ajoutez un peu d'ail écrasé, déposez-y les filets légèrement assaisonnés, couvrez avec le bouillon et laissez bouillir à feu doux pendant 15 à 25 minutes selon l'épaisseur des filets.

• 3 Sortez les filets, mettez-les dans un plat préalablement chauffé et maintenez-le au chaud dans un four tiède après avoir couvert le plat.

• 4 Faites réduire le bouillon en le faisant bouillir vivement (il doit réduire des deux tiers). Versez-y la crème en remuant bien et laissez bouillonner quelques secondes.

• 5 Adaptez une passoire au-dessus de la grande jette où sera l'aïoli et versez-y la sauce chaude en tournant vivement pour bien l'amalgamer à l'aïoli. Versez cette sauce sur les filets de poisson, saupoudrez de persil et le plat est prêt.

L'AÏOLI

Comptez à peu près 8 gousses d'ail, 2 jaunes d'œufs et près de 25 centilitres d'huile d'olive de très bonne qualité. Pilez l'ail au mortier, ajoutez les jaunes d'œufs et une pincée de sel. Remuez avec une cuillère en bois. Lorsque l'ail et les œufs sont bien amalgamés, versez-y l'huile goutte à goutte jusqu'à ce que l'aïoli prenne un peu de consistance. La sauce devient plus épaisse quand la moitié de l'huile lui est incorporée ; vous pouvez alors verser l'huile plus rapidement. Elle deviendra de plus en plus épaisse, mais c'est bien ainsi. Un bon aïoli doit être très épais. Ajoutez à la fin très peu de citron. Servez dans le mortier ou dans un petit saladier. Si jamais l'aïoli tourne pendant que vous le faites, mettez un autre jaune d'œuf dans une jatte et versez-y petit à petit la sauce tournée qui alors reviendra à la vie. (Recette d'Elizabeth David, *French Provincial Cooking*.)

SOUPE AUX CRABES

Tous les crabes comestibles peuvent être utilisés pour faire cette soupe mais le crabe commun ou crabe vert (N° 516) est sans doute celui qui convient le mieux. C'est pour cela que les Marseillais le choisissent de préférence. Son nom local est "favouille", d'où le nom de la "soupe aux favouilles".

Pour 2 personnes.
Temps de préparation et de cuisson : 30 minutes.
12 crabes par personne.
1 ou 2 tomates pelées et hachées.
1 blanc de poireau émincé.
1 gousse d'ail.
1 bouquet garni.
100 g de pâtes.
Du sel et du poivre.

• 1 Lavez soigneusement les crabes.

• 2 Faites revenir le blanc de poireau à l'huile d'olive.

• 3 Ajoutez les crabes, les tomates et l'ail. Faites faire quelques tours. Mettez 1 litre d'eau. Ajoutez le bouquet garni, le sel et le poivre.

• 4 Faites bouillir 15 à 20 minutes.

• 5 Passez la soupe. Mettez des pâtes à cuire dans le bouillon.

• 6 Servez les crabes soit dans le bouillon, soit à part, après en avoir retiré les pattes.

L'ériphie (N° 521), nommé "pélou" à Nice et à Monaco, a la réputation d'être le crabe le plus parfumé de Provence. La soupe que l'on en fait, appelée "soupe de pélou", est très semblable à la soupe précédente. (Professeur Jean Euzière, *Les Pêches d'amateurs en Méditerranée.*)

SOUPE DE ROCHE

Soupe de poissons marseillaise.

C'est une véritable soupe et non pas un mets qui comporte une soupe et un plat de poisson combinés. Je la préfère à beaucoup de plats compliqués et lui donne même une très bonne note. C'était notre soupe de poissons préférée quand nous habitions Tunis.

Toute vraie Marseillaise, sans parler de son mari, a son idée personnelle sur la véritable façon de faire la soupe de roche. Mais les principes de base en sont très simples. L'essentiel est d'avoir une grande diversité de petits poissons de roche dont aucun ne restera entier pour être servi à part, comme cela se fait avec au moins quelques-uns des poissons utilisés dans la confection de la bouillabaisse. Procurez-vous les éléments nécessaires, trouvez un marché aux poissons où l'on estime que d'aussi petits poissons valent la peine d'être vendus et faites votre soupe. (Signalons, en passant, qu'il est faux de croire, ainsi que le font les Marseillais, que le seul mélange orthodoxe n'existe que dans le golfe du Lion.)

Pour 6 personnes.
Temps de préparation et de cuisson : 20 à 25 minutes.

1,5 kilo, en tout, de poissons de petite taille, des espèces suivantes : rascasses (spécialement les Nos 216 et 218, qui ne sont pas bonnes à autre chose), vieilles (Nos 170 à 177), c'est la girelle (N° 177) qui est surtout recommandée pour cette soupe, et le congre (N° 68).
1 oignon.
2 blancs de poireau.
2 gousses d'ail écrasées.
1 ou 2 branches de fenouil.
Du persil.
Du thym.
1 feuille de laurier.
1 morceau de peau d'orange.
Quelques cuillerées d'huile d'olive.
2 grosses tomates pelées et coupées.
500 g de pâtes.
Des croûtons.
Du fromage râpé.
Du safran.
Du sel et du poivre.

• 1 Mettez l'huile à chauffer dans un grand poêlon allant au feu, ajoutez-y les poireaux et l'oignon coupé fin.

• 2 Faites cuire rapidement, ajoutez les tomates, remuez bien.

• 3 Ajoutez l'ail, le fenouil, le persil et le thym, une feuille de laurier et un morceau de peau d'orange, selon le goût.

• 4 Mettez le sel, le poivre et 2 litres d'eau.

• 5 Ensuite vient le poisson, il aura été au préalable vidé et nettoyé si c'était nécessaire. Portez à ébullition et laissez bouillir à feu vif pendant 15 minutes.

• 6 Passez au tamis ou au moulin à légumes en le faisant en deux fois d'abord avec un gros tamis puis avec un plus fin.

• 7 Remettez la soupe à bouillir. Ajoutez 500 grammes de pâtes et une pincée de safran. Laissez cuire doucement.

• 8 Servez avec de la rouille, des croûtons et du fromage râpé.

POUTINE, NOUNAT ET MELET

Je vais étudier tous ces petits poissons en même temps, car ils sont souvent confondus. Je n'étais pas bien sûr de moi, non plus, avant d'avoir consulté les experts du musée océanographique de Monaco.

Les sardines (N° 56) et anchois (N° 61) à l'état larvaire sont connus en Provence sous le nom de poutine, poutine nue (ou poutina nuda), tant qu'ils n'ont pas d'écailles, et poutine habillée (ou poutina vestida), quand les écailles apparaissent. Ces poissons minuscules (des centaines à la livre) sont consommés en grandes quantités du côté de Nice et des environs au début de l'année, dès leur apparition. Dans d'autres régions de France, il serait défendu de les pêcher, mais dans les Alpes-Maritimes la réglementation de la pêche aux sardines n'a pas changé depuis le rattachement du comté de Nice à la France en 1860. La poutine, qui échappe à ce destin, s'appelle palaille ou palaillette lorsqu'elle est un peu plus grande.

Les nounats sont des gobies transparents (N° 212) qui, même adultes, ne mesurent pas plus de quelques centimètres.

Les melets sont les tout petits prêtres (Nos 102 à 104). C'est aussi le nom d'une préparation du genre du garum (voir plus bas) que l'on fait à partir du melet. S'ils sont tout petits, ils s'appellent melettu.

La poutine et le nounat sont utilisés en soupes, en beignets et en omelettes. Voici comment les pêcheurs de la région de Nice font la soupe de nounats et la soupe de poutine. Ils font revenir un peu d'oignon et d'ail hachés dans de l'huile d'olive, ajoutent de l'eau (1 litre environ pour 5 personnes), du sel et un bouquet garni ; quand tout cela bout, ils y mettent les pâtes de leur choix, qui sont généralement des cheveux d'ange. Une fois que les pâtes sont cuites, ils ajoutent la poutine ou les nounats (50 grammes par personne). Ils laissent bouillir quelques minutes, puis retirent le pot du feu, ajoutent une pincée de safran et servent avec du fromage râpé.

Pour faire une omelette à la poutine, il suffit d'en ajouter aux œufs battus avec quelques gousses d'ail hachées, du persil, du sel et du poivre, puis de procéder comme d'habitude. C'est un plat que l'on fait aussi en Espagne (voir p. 289). La poutine sert aussi à faire une préparation du type du garum connue sous le nom de pissalat (peï salat). Cette préparation, mélangée avec une purée d'oignons étendue sur un fin morceau de pâte à pain, garnie de quelques olives noires et passé à four doux pendant 35 minutes, est la pissaladière (celle qui est vendue toute prête est souvent faite avec des anchois en conserve mélangés avec de la purée d'oignons).

Les melets sont quelquefois assez gros pour être frits. Aspergez-les de vinaigre, enduisez-les de farine et faites-les dorer à l'huile très chaude. C'est la friture de melets.

SARTANADO

C'est le nom provençal d'un plat fait avec de très petits poissons frits dans l'huile d'olive très chaude. Parfois, il s'appelle aussi sartagnade ou encore crespeou. "Sartan" veut dire "poêle" en provençal.

Voici les noms locaux et les numéros auxquels sont inscrits les poissons que l'on peut utiliser pour faire ce plat :

- Petites sardines, 56, 57, sardinettes.
- Petits anchois, 61.
- Petits prêtres, 103, siouclet.
- Petit picarel, 145, 146, jarretons.
- Petites crevettes grises, 506, carambots.

Les poissons sont enfarinés et salés. Dans une poêle, faites chauffer de l'huile. Quand elle est chaude, on les y range les uns à côté des autres et très serrés ; ainsi, en cuisant, ils se colleront les uns aux autres et formeront comme une grande crêpe (d'ailleurs ce plat s'appelle aussi crespeou). Faites-les cuire à feu vif. Ils ne doivent pas coller au fond de la poêle, aussi il est parfois nécessaire de secouer la poêle pour les empêcher d'attacher. Mais vous ne devez ni les remuer ni les piquer, car cela les empêcherait d'adhérer les uns aux autres. Quand le dessous est bien doré, retournez-les avec une spatule comme si vous retourniez une crêpe. Faites dorer l'autre côté, puis servez dans un plat chaud. Mettez deux cuillerées à soupe de vinaigre dans la poêle, laissez bouillir un moment, versez sur les poissons et commencez à manger.

SALADE ANTIBOISE

Salade de poisson. "Si vous avez un reste de poisson au court-bouillon, utilisez-le, dit Escudier au début de cette recette, sinon, achetez, pour faire cette salade, soit des tranches de merlan (N° 77), soit du congre (N° 68)." Pour ma part, je recommande ce dernier, ou encore de la baudroie (N° 249).

Pour 4 personnes.
Temps de préparation et de cuisson : 15 minutes.
4 tranches de poisson ou un restant de poisson.
Des câpres et des cornichons.
7 concombre.
4 pommes de terre bouillies de taille moyenne.
1 petite betterave.
4 ou 5 filets d'anchois en boîte.
De l'huile d'olive.
Du vinaigre ou du jus de citron.
Du sel et du poivre.

• 1 Faites pocher le poisson ; il doit rester assez ferme.
• 2 Découpez le poisson en petits carrés.
• 3 Mélangez-le avec les câpres, les cornichons et les légumes coupés en carrés ou en rondelles.
• 4 Coupez les filets d'anchois en petits morceaux et ajoutez-les.
• 5 Assaisonnez.
• 6 Servez.

ALOSE A L'OSEILLE

L'alose (N° 55) est un poisson qui a beaucoup d'arêtes. Il y a de nombreuses recettes classiques pour l'accommoder et certaines d'entre elles sont supposées faire disparaître ces désagréables petites arêtes ; les uns pensent que c'est le cognac, d'autres l'oseille. Cela est douteux mais ce qui est sûr, c'est qu'en tout cas l'oseille va très bien avec l'alose.

Pour 4 personnes.
Temps de préparation et de cuisson : 20 à 30 minutes.
150 grammes d'alose par personne.

1 kilo d'oseille.
2 œufs.
1 cuillerée à café de moutarde à l'estragon.
Quelques feuilles d'estragon (selon goût).
De la noix de muscade.
Du sel et du poivre.

• 1 Faites cuire l'alose, par exemple, dans un court-bouillon additionné de zeste de citron.

• 2 Faites cuire l'oseille (dans très peu d'eau, comme les épinards).

• 3 Faites-en une purée, mélangez-y 2 jaunes d'œufs, la moutarde à l'estragon, un peu de noix de muscade et (selon goût) quelques feuilles d'estragon hachées, mélangées à quelques feuilles d'oseille crue.

• 4 Servez l'alose sur ce lit d'oseille.

L'ANCHOÏADE

La recette traditionnelle de l'anchoïade se fait à base d'anchois salés (de ceux que l'on vend dans des tonneaux ou dans des bidons). L'autre élément de base est le pain rassis que l'on n'a, comme chacun sait, que lorsqu'on n'en a pas besoin ; le jour où il serait nécessaire d'en avoir, il n'y a dans le panier à pain que le plus croustillant des pains frais. Heureusement, cette recette est si facile que vous pouvez choisir votre jour pour la faire (celui où vous aurez du pain rassis). Ou encore, comme on le fait souvent en Provence, faites une sauce à l'anchois, sans pain, et mangez-la avec des crudités (branches de céleri, carottes nouvelles, artichauts violets, fèves, cebettes, etc.), ainsi que des pommes de terre et des œufs durs.

Temps de préparation : 10 minutes.
150 à 300 grammes d'anchois salés (selon le nombre des convives).
Des gousses d'ail, pilées.
Du vinaigre (très peu).
De l'huile d'olive (pas mal).
Du poivre. (Pas de sel.)
Du pain rassis grillé.

• 1 Dessalez les anchois sous le robinet, au besoin laissez couler dessus un filet d'eau.

• 2 Retirez l'arête et la queue.

• 3 Écrasez vigoureusement avec le dos d'une fourchette solide dont les dents écraseront et mélangeront en même temps la chair.

• 4 Préparez une sauce vinaigrette avec huile, vinaigre, poivre et ail.

• 5 Coupez le pain en morceaux de forme régulière et faites-le griller.

• 6 Mélangez les anchois avec la vinaigrette. Étalez la pâte ainsi obtenue sur le pain grillé en la faisant bien pénétrer.

Est-ce vraiment la peine de chercher à compliquer une recette aussi simple et si délicieuse ? Voici, pour ceux qui voudraient l'essayer, la version que m'a préparée un jour chez elle, près d'Aix-en-Provence, Mme Roland Ricard, d'après la recette de M. Austin de Croze. Il est vrai que n'importe quoi serait bon dans sa salle à manger, d'où l'on voit, à travers les pins d'Alep, la vallée que domine Sainte-Victoire, chère à Cézanne. Mais, en dehors de ces considérations, je dois dire que cette anchoïade était supérieurement réussie.

12 anchois de Collioure (en boîte).
12 anchois au sel.
12 amandes fraîches pelées.
3 figues sèches découpées en lamelles et hachées.
2 gousses d'ail.
1 poivron rouge épépiné.
4 cuillerées à soupe d'huile d'olive.
1 petit oignon.
50 grammes de fines herbes.
1 branche de fenouil.
1 demi-citron (le jus).
2 cuillerées à café d'eau de fleur d'oranger.
1 douzaine de tout petits pains au lait, ronds.

PREMIER MÉLANGE

Hacher finement les herbes, l'ail, l'oignon et le fenouil ; y mélanger les figues sèches.

DEUXIÈME MÉLANGE

• 1 Faire une pâte avec le poivron, les amandes, les filets d'anchois en boîte et les anchois au sel (dessalés, bien sûr). Ajoutez 3 cuillerées d'huile d'olive de façon à obtenir une purée épaisse.

• 2 Mélanger maintenant les deux préparations en y ajoutant petit à petit le jus de citron et l'eau de fleur d'oranger.

• 3 Couper en deux les petits pains, enduire la partie supérieure de pâte d'anchois, humecter la partie inférieure avec le restant d'huile d'olive.

• 4 Refermer les petits pains et les mettre 5 minutes au four (qui aura été préalablement chauffé).

• 5 Servir cette anchoïade de luxe entourée de petites olives noires en abondance, "en couronne d'un velours sombre et chatoyant".

TERRINE D'ANGUILLE À LA MARTÉGALE

Anguille au four avec des poireaux et des olives noires. "C'était le plat traditionnel que l'on servait aux Martigues pour le "gros souper" de Noël. Cette excellente recette mérite d'être conservée et exécutée".

Temps de préparation et de cuisson : 1 heure 40 minutes.
1 grosse anguille.
500 grammes de poireaux émincés.
2 gousses d'ail, hachées. Du persil haché.

I feuille de laurier.
2 poignée d'olives noires dénoyautées.
I bon verre de vin blanc sec.
I verre d'huile d'olive.
De la chapelure, sel, poivre.

• 1 Couvrez le fond d'un plat à gratin de poireaux émincés afin d'en faire un lit épais. Parsemez cette couche d'ail et de persil hachés. Assaisonnez et ajoutez une feuille de laurier.

• 2 Jetez dessus une bonne poignée d'olives noires et mouillez d'un bon verre de vin blanc sec. Couchez alors sur ce lit une grosse anguille après en avoir enlevé la peau.

• 3 Saupoudrez de chapelure et arrosez de quelques cuillerées d'huile.

• 4 Cuisez au four, 1 heure 30 minutes environ (selon la grosseur de l'anguille).

Les indications données ici sont celles d'Escudier dans *La Véritable Cuisine provençale et niçoise.* J'ajouterai que j'ai moi-même fait ce plat avec succès en utilisant des petites anguilles au lieu d'une grosse, les laissant cuire seulement trente minutes environ. Le plat avait un aspect inhabituel avec les anguilles toutes tordues sur leur lit et les olives noires qui se plaçaient entre elles, telles des barrières de labyrinthe.

FLAN DE BAUDROIE

A Marseille, il n'y a eu qu'un seul marchand de poisson anglais, c'est Kenneth Moss. Sa femme, Anna, qu'il rencontra lors de l'escale d'un transport de troupes et qu'il revint épouser quelque temps après, a contribué à l'élaboration de cette recette. Elle fait remarquer que ce plat permet une petite supercherie sans malice car beaucoup de personnes, en le dégustant, croiront manger de la langouste.

Pour 4 personnes.
Temps de préparation et de cuisson : I heure 30 minutes.
I kilo de queue de baudroie (N° 249).
I kilo de tomates.
De l'huile d'olive.
8 œufs.
Du sel et du poivre.

• 1 Coupez la baudroie en grosses tranches et faites-les cuire 20 à 30 minutes dans de l'eau sans sel et sans aromates.

• 2 Pendant ce temps, pelez et épépinez les tomates, faites-les cuire et réduire dans un peu d'huile d'olive.

• 3 Après quoi, vous couperez très fin la baudroie cuite et la mélangerez aux tomates.

• 4 Battez les œufs (blanc et jaune mélangés), ajoutez-les à la baudroie et aux tomates.

• 5 Mettez le mélange dans un moule beurré et faites-le cuire 1 heure au bain-marie, dans un four où le thermostat sera entre 6 et 7.

6 Démoulez et servez froid.

DAURADE À LA CRÈME D'OURSINS

Pour 4 personnes.
Temps de préparation et de cuisson : 20 à 30 minutes.
1 daurade (N° 128) d'environ 750 grammes.
1 oignon.
1 carotte.
1 brin de thym.
1 feuille de laurier.
2 citrons (le jus).
24 oursins (ce qui remplira les trois quarts d'une tasse avec les coraux).
De l'huile d'olive, sel, poivre.
De la sauce hollandaise (une tasse remplie aux trois quarts).

• 1 Nettoyer le poisson et le mettre dans une poissonnière.

• 2 Le couvrir d'eau froide, ajouter les légumes et les herbes, l'assaisonnement et le jus de citron.

• 3 Mettre à feu vif jusqu'à ébullition, puis laisser mijoter 10 à 15 minutes à couvert.

LA SAUCE
Extraire le corail des oursins, l'écraser avec un peu d'huile d'olive. Puis, le mélanger soigneusement à la sauce hollandaise. Verser le tout sur le poisson et servir.

DAURADE À LA NIÇOISE

Pour 4 personnes.
Temps de préparation et de cuisson : 30 minutes.
1 daurade (N° 128) de 1 kilo.
1 verre d'huile d'olive.
1 bouquet garni.
1 citron (coupé en tranches).
1 ou 2 tomates coupées en tranches.
8 olives noires.
8 filets d'anchois.
1/2 verre de vin blanc sec.

• 1 Videz, écaillez, lavez et épongez la daurade.

• 2 Assaisonnez-la, placez un bouquet garni à l'intérieur. Mettez-la dans un plat à gratin avec l'huile d'olive. Disposez des rondelles de citron sur le poisson et des rondelles de tomates autour.

• 3 Cuisez-la 20 minutes environ à four chaud en l'arrosant de temps en temps d'huile d'olive.

• 4 Quand le poisson est presque cuit, disposez dessus les huit olives, chacune ayant un anchois enroulé autour d'elle.

5 Versez sur le tout à peine un demi-verre de vin blanc. Remettez 2 à 3 minutes au four et servez.

DENTÉ FARCI, GRILLÉ ET FLAMBÉ AU FENOUIL OU A LA FARIGOULETTE

Ce plat demande une certaine habileté. On peut le faire également avec un loup (N° 113), un mulet (N° 105) ou une daurade (N° 128).

Pour 4 personnes.
Temps de préparation et de cuisson : 40 minutes.
1 denté de 800 grammes à 1 kilo.
2 oignons en tranches fines.
4 ou 5 tomates en tranches fines.
De la sauce tomate
(faite avec des tomates fraîches.)
De petites branches de fenouil.
De la moutarde à l'estragon.
De l'huile d'olive.
Du vinaigre.
Du cognac (pour flamber le poisson).
Du sel et du poivre.

• 1 Videz, écaillez, nettoyez et séchez le poisson.

• 2 Assaisonnez de sel et de poivre. Puis enduisez l'intérieur de moutarde et de sauce tomate, farcissez de tranches d'oignons et de tomates, terminez en mettant des branches de fenouil.

• 3 Fendez le poisson sur chaque flanc, de la tête à la queue (la fente doit être faite en biais et atteindre l'arête). Enduisez aussi ces fentes avec de la moutarde à l'estragon, du sel, du poivre et insérez-y des tranches d'oignons et de tomates. (Si les fentes n'étaient pas en biais, les tranches ne s'y maintiendraient pas.)

• 4 Mettez le poisson ainsi préparé sur un plat, arrosez-le copieusement d'huile d'olive et d'un filet de vinaigre.

• 5 Faites-le griller 4 minutes seulement de chaque côté, ce qui le cuira à moitié.

• 6 Transvasez-le dans un plat à gratin, versez-y le restant d'huile d'olive et de vinaigre qui se trouve dans le fond du plat où le poisson était précédemment. Mettez au four pour terminer la cuisson ; arrosez souvent.

• 7 Quand il est cuit, transvasez-le dans un plat métallique préalablement chauffé, versez-y les liquides de cuisson, disposez du fenouil sur le dessus et flambez au cognac. Servez. (En brûlant, le fenouil dégage une forte odeur qui imprègne le plat.)

Il est possible également de faire brûler de la farigoulette (serpolet), ainsi que le propose M. Escudier, en prenant soin de la faire sécher au préalable dans le four.

LOUP AU BEURRE DE MONTPELLIER

Le beurre de Montpellier est connu en tant que condiment pour accompagner le saumon, mais il convient fort bien pour n'importe quel poisson grillé. Puisqu'il porte le nom d'une grande ville du sud de la France, j'ai trouvé opportun de le conseiller pour accompagner le loup, poisson très estimé dans cette région.

Le loup est souvent d'une taille convenable pour être cuit au gril, mais s'il est très gros, il n'est pas conseillé de le griller entier, aussi est-ce mieux de prendre deux loups de 700 à 800 grammes chacun, ce qui vous fera des parts suffisantes pour 6 personnes. Préparez-les et grillez-les comme d'habitude (voir p. 164).

Il y a différentes recettes pour le beurre de Montpellier. Celle-ci a été choisie par Elizabeth David pour être publiée dans son livre *French Provincial Cooking*.

Pesez, approximativement, 100 grammes d'herbes aromatiques dont : des feuilles de cresson, de l'estragon, du persil, du cerfeuil et des épinards autant que possible en proportions égales. Si vous ne trouvez pas de cerfeuil, mettez davantage de persil.

La pimprenelle, dont le goût fait penser à celui du concombre, est souvent indiquée, mais on n'en trouve plus guère de nos jours.

Plongez les herbes pendant 30 minutes dans de l'eau bouillante. Passez et égouttez le plus possible. Ecrasez-les au mortier avec 6 filets d'anchois, 2 cuillerées à soupe de câpres, 4 cornichons, 1 jaune d'œuf cru, 3 jaunes d'œuf durs et 200 grammes de beurre. Passez le tout au tamis métallique. Vous obtenez ainsi une pâte épaisse dans laquelle vous ajoutez lentement 5 à 6 cuillerées d'huile d'olive et quelques gouttes de citron. Cette sauce se gardera quelques jours au réfrigérateur mais devra être remuée au moment de s'en servir, sans quoi, elle serait trop compacte.

MERLAN EN RAÏTO

D'après la tradition, la sauce batte aurait été apportée à Marseille (Phocée à l'époque) par les Phéniciens.

Merlan au vin rouge "à la provençale".

Pour 4 personnes.
Temps de préparation et de cuisson : 20 minutes.
1 gros merlan de 1 kilo ou plus.
3 cuillerées à soupe d'huile d'olive.
Des câpres.
De la farine.
Pour la raïto :
1 oignon haché menu.
2 cuillerées à soupe de farine.
2 cuillerées à soupe d'huile d'olive.
1/2 litre de vin rouge.
2 gousses d'ail, 1 bouquet garni (laurier, thym, persil).
1 cuillerée à soupe de concentré de tomate.

Commencer par la préparation de la sauce.

• 1 Chauffer l'huile dans une casserole, y faire doucement roussir l'oignon.

• 2 Ajouter la farine, puis le vin et une quantité à peu près égale d'eau bouillante.

• 3 Porter le tout à ébullition.

• 4 Ajouter les autres éléments et laisser cuire jusqu'à épaississement de la raïto, ce qui réduira son volume environ de moitié.

• 5 Passer la sauce et la tenir au chaud.

D'autre part :

• 6 Nettoyer le merlan, le couper en tranches de 2 centimètres d'épaisseur.

• 7 Chauffer l'huile dans une poêle, passer les tranches de poisson dans la farine, les faire frire, les égoutter et les mettre dans la raïto.

• 8 Laisser mijoter 10 minutes environ.

• 9 Ajouter les câpres au dernier moment et servir.

MÉROU AU BLEU DE BRESSE

Pour 6 personnes.
Temps de préparation et de cuisson : 30 minutes.
6 tranches de mérou de 150 à 200 grammes.
1 petit bleu de Bresse.
100 grammes de beurre.
1 litre de fumet de poisson.
3 jaunes d'œuf.
De la farine.
Du sel et du poivre.

Les tranches de mérou devront être de la même taille et parées.

• 1 Les fariner et les cuire à la meunière ; puis, les retirer et les garder au chaud.

• 2 A l'aide d'une spatule, et à la chaleur, faire une pâte avec le fromage.

• 3 Incorporer les jaunes d'œuf dans le fumet, ajouter aussi la pâte de fromage, assaisonner. (La sauce doit être très épaisse.)

• 4 Beurrer un plat long à gratin. Y mettre les tranches de mérou et napper le tout avec la sauce.

• 5 Faire dorer quelques minutes à four chaud.

M. Max Maupuy, du restaurant Max, à Paris, m'a aimablement communiqué cette recette. Il peut être considéré comme un spécialiste dans l'art d'associer le mérou et le bleu de Bresse ; il suggère aussi de servir le mérou froid (après l'avoir cuit au court-bouillon) avec deux sauces différentes, d'une part une rougaille et, d'autre part, une sauce au bleu de Bresse. Les deux sont faciles à faire.

La rougaille : prendre la chair de 1 kilo de tomates, épépinées, égouttées et qui auront rafraîchi au réfrigérateur, mélanger avec une cuillerée de moutarde forte et assaisonner selon goût.

La sauce au bleu de Bresse : travailler ensemble 50 centilitres de crème fraîche et la moitié d'un petit bleu de Bresse, passer au tamis. Ajouter une pointe de poivre de Cayenne. Servir froid, mais non glacé.

MULET À LA MARTÉGALE

Pour 4 personnes.
Temps de préparation et de cuisson : 40 minutes.
800 grammes à 1 kilo de mulet, soit 1 ou 2 mulets.
Quelques tomates coupées en rondelles.
Quelques oignons coupés en bracelets.
1 verre d'huile d'olive.
1 citron en tranches fines. Du sel et du poivre.

• 1 Videz, écaillez, lavez et séchez le ou les mulets.
• 2 Mettez-les dans un plat à gratin huilé sur un lit d'oignons et de tomates.
• 3 Arrosez d'huile d'olive.
• 4 Assaisonnez de sel et de poivre.
• 5 Placez les tranches de citron sur le poisson.
• 6 Cuisez 25 à 35 minutes à four moyen.

PAGRE AUX MOULES

Cette recette évoque Toulon, mais pourtant je ne suis pas certain que ce soit ainsi que l'on y fasse ce plat. On peut l'utiliser pour de nombreux poissons de la famille des brèmes et pour le mulet.

Pour 6 personnes.
Temps de préparation et de cuisson : 1 heure.
1 pagre (N° 129) de 800 à 1 200 grammes environ.
1 kilo de moules, de préférence des petites.
1 verre de vin blanc.
2 ou 3 cuillerées d'huile d'olive.
1 poireau.
3 tomates pelées et coupées.
4 cuillerées à soupe de persil haché.
Du fenouil.
1 ou 2 gousses d'ail hachées.
1 ou 2 citrons.
Du sel et du poivre.

• 1 Lavez et grattez les moules.
• 2 Mettez-les dans une grande casserole avec du vin blanc, faites-les ouvrir à feu vif.
• 3 Retirez-les dès qu'elles sont ouvertes, passez le bouillon et sortez les moules de leurs coquilles.
• 4 Chauffez l'huile d'olive dans une petite poêle, mettez-y le blanc du poireau haché.

Ajoutez les tomates, l'ail, le persil, le fenouil, assaisonnez.

• 5 Lorsque ce mélange commence à ressembler à une purée, allongez-le avec le jus de cuisson des moules.

• 6 Puis, hors du feu, ajoutez les moules.

• 7 Nettoyez, écaillez, videz le poisson. Retirez la tête. Enduisez d'huile une feuille de papier d'aluminium ou de papier sulfurisé couchez-y le poisson, entourez-le de sauce et fermez le papier de façon à ce que le jus ne puisse pas s'échapper.

• 8 Mettez dans un plat à gratin, à four moyen, 40 minutes environ.

• 9 Pour servir, retournez-le dans un plat préalablement chauffé ; mettez le jus tout autour. Ajoutez des quartiers de citron.

RAIE AU BEURRE NOIR

(Choisie par Elizabeth David pour *French Provincial Cooking.*)

Pour 4 personnes.
Temps de préparation et de cuisson : 30 minutes.
500 à 700 grammes de raie (en un seul morceau).
1 oignon.
Quelques brins de persil.
4 cuillerées à soupe de vinaigre.
50 grammes de beurre.
Du sel et du poivre.

Et une très grande poêle qui puisse contenir le morceau entier.

• 1 Mettez la raie dans la poêle, ajoutez-y de l'eau froide de manière à recouvrir entièrement le poisson, l'oignon émincé, un peu de persil, du sel et 2 cuillerées de vinaigre.

• 2 Portez doucement à ébullition, laissez frémir 15 à 20 minutes.

• 3 Après quoi, vous retirez la raie de l'eau et la déposez sur un grand plat ou sur une planche afin de pouvoir la débarrasser des cartilages et de la peau, puis de la partager en deux ou trois morceaux. C'est une opération à mener avec délicatesse sinon le poisson n'aura plus aucune forme.

• 4 Mettez les morceaux dans un plat de service pouvant aller au feu, saupoudrez de persil, laissez-le au chaud pendant que vous préparez le beurre noir.

• 5 Dans une petite poêle, mettez 50 grammes de beurre à cuire sur feu vif jusqu'à ce qu'il commence à brunir. Retirez-le instantanément, il prendra sa couleur "beurre noir", qui est à peine plus foncée que "beurre noisette".

• 6 Versez sur le poisson. Remettez sur le feu la poêle dans laquelle vous avez fait le beurre noir, versez-y deux cuillerées de vinaigre qui bouillonnera presque instantanément ; versez sur le poisson sans attendre car pour qu'un plat "au beurre noir" soit réussi, il doit être servi encore "brûlant".

CASSOULET DE RASCASSE À LA SUFFREN

Voici l'excellente recette donnée par le Dr Aronvald (*Le Trésor de la cuisine du Bassin méditerranéen*), telle que je l'ai moi-même essayée. C'est un plat d'une saveur très spéciale qui peut être dégusté accompagné d'olives et de vin rouge. Son nom se réfère à l'amiral Suffren, de Saint-Tropez, qui s'est illustré dans des batailles navales contre les Anglais.

Si vous ne faites pas de confit d'oie et de ce fait n'avez pas de terrine convenable, n'abandonnez pas pour autant l'idée de faire ce plat, il suffit d'avoir un récipient dans lequel on puisse faire flamber le rhum et écraser le poisson.

Pour 4 personnes.
Temps de préparation et de cuisson : 30 minutes.
2 rascasses (N° 217) de 350 à 400 grammes chacune.
2 oignons coupés en quatre.
3 gousses d'ail.
Du persil et du cumin.
1 verre d'huile d'olive. 1/2 verre de rhum.
Du sel et du poivre.
Du saindoux.

• 1 Videz les poissons. Mettez de l'eau fraîche dans une poissonnière, portez-la à ébullition, mettez-y les oignons puis, 3 minutes plus tard, les poissons. Laissez-les cuire exactement 10 minutes, après quoi vous les sortez, retirez la peau et les arêtes, levez les filets que vous laissez refroidir complètement.

• 2 Pilez l'ail au mortier, ajoutez les morceaux de rascasse que vous écraserez modérément au pilon, saupoudrez de cumin, de poivre et d'un peu de sel.

• 3 Mettez 3 cuillerées à soupe d'huile d'olive à chauffer dans une poêle. Lorsque l'huile chante, versez-y le mélange bien homogène, faites dorer en tournant.

• 4 Versez la pâte dans la terrine préalablement flambée au rhum, tassez-la bien à la fourchette. Recouvrez le tout de saindoux et gardez au frais.

RAGNOLA AU FOUR

Loup au four. Recette corse.

• 1 Prendre un loup de bonne taille.

• 2 Le vider, l'écailler.

• 3 Préparer une farce maigre : moitié "brocciu" (fromage corse), moitié mie de pain cuite dans du lait avec du thym, de l'ail et de l'oignon.

• 4 Farcir le poisson, le coudre et le disposer dans un plat allant au four en le recouvrant de tranches minces de "gulagna" (sous-joue de porc fumé). Entailler légèrement le poisson et insérer dans les fentes des lamelles de gulagna.

• 5 Verser, jusqu'à mi-hauteur, un bouillon de veau pour faire une gelée. Faire cuire au four, le temps de cuisson dépendra de la taille du poisson. Simone Costantini précise, dans la préparation de cette recette corse, qu'elle peut également servir à accommoder d'autres poissons tels que la daurade ou le pagre.

CHAPON FARCI

Une façon marseillaise d'accommoder les grosses rascasses.

L'estime que je porte à la rascasse rouge est égalée sinon surpassée par celle que lui portait M. Alphonse Mounier qui, presque chaque jour, à la criée aux poissons de Marseille, achètait quelques-unes des plus grosses qui s'y trouvaient. C'est lui qui présidait aux destinées du restaurant Chez Fonfon, au Vallon-des-Auffes, petit village de pêcheurs qui subsiste à l'ombre de la Corniche dont un grand pont enjambe l'entrée de la crique. Avec la bienveillance et la vivacité qui le caractérisent, il m'invita à assister dans sa cuisine à la préparation de ce plat remarquable et délicieux.

Pour 6 personnes.
Temps de préparation et de cuisson : 1 heure 20 minutes.
1 rascasse rouge de 2 à 2,5 kilos.
500 grammes de moules (sorties des coquilles).
500 grammes de crevettes, cuites et pelées.
500 grammes de tomates.
2 oignons.
2 gousses d'ail, écrasées.
20 grammes de cèpes secs.
Du persil haché.
Du thym.
Du fenouil.
Une petite pincée de piment fort (Cayenne).
Du sel et du poivre.
1/2 litre d'huile d'olive.
1/2 verre de cognac.
1/2 litre de vin blanc.
1/2 litre de "fond de poisson".
1 décilitre de crème fraîche.
500 grammes de riz de Camargue.

• 1 Faites ouvrir les moules dans une casserole comme d'habitude. Videz le poisson par les ouïes, sans ouvrir le ventre. C'est facile à faire en pliant la grosse tête en arrière. Ecaillez-le.

• 2 Préparez votre farce, mettant dans une casserole les tomates (sauf deux) et l'oignon hachés ; de l'huile d'olive, les moules (sorties de leurs coquilles) et les crevettes ; les gousses d'ail, du persil, du thym et du fenouil ; le piment et les cèpes (que vous aurez rincés sous le robinet).

• 3 Faites cuire cette farce pendant quelques minutes. Aspergez avec le cognac.

• 4 Mettez la farce dans le poisson par la gorge (comme pour gaver une oie). Réservez ce qui reste. Bouchez la gorge avec une des tomates qui restent.

• 5 Huilez avec de l'huile d'olive un grand plat creux allant au four et placez-y le chapon sur un lit d'oignons et de tomates grossièrement hachés, de branches de thym et de fenouil. Versez encore de l'huile d'olive sur le poisson, puis le vin blanc et le "fond de poisson". Ajoutez le restant de la farce. Placez au-dessus une feuille d'aluminium.

• 6 Mettez le plat sur le fourneau avant de le mettre à four doux. Laissez pendant 1 heure environ.

• 7 Pendant que le poisson cuit, préparez le riz comme d'habitude.

• 8 Quand le chapon est cuit, mettez-le sur un plat de service. Rectifiez la sauce, passez-la à travers un chinois, ajoutez de la crème fraîche et nappez votre poisson avec. Vous en aurez largement assez pour en servir à part dans une saucière.

• 9 Servez très chaud. N'oubliez pas les bons morceaux de chair inclus dans la tête, notamment les joues. Le riz se sert en même temps.

M. Mounier se servait quelquefois de champignons de Paris au lieu de cèpes, admet tant que certains de ses clients les préfèrent. Mais, comme lui, je trouve que les cèpes sont bien supérieurs pour ce plat. Les champignons de Paris pourraient mieux s'utiliser dans une autre version (chapon farci à la provençale) dans laquelle la farce se compose de la chair de rougets préalablement cuits et de champignons, de tomates et d'aromates.

ROUGETS À LA NIÇOISE

A Nice, dans la vieille ville, rue de la Préfecture, il y a depuis longtemps un restaurant très estimé des Niçois : la Trappa. Les propriétaire, issues d'une famille de pêcheurs, ont bien voulu s'entretenir longuement avec moi au sujet des plats qui venaient de la cuisine et dont je m'étais régalé, notamment celui dont je donne la recette ci-dessous et qui est une spécialité de Nice.

Pour 4 personnes.
Temps de préparation et de cuisson : 30 minutes.
4 beaux rougets (N° 148) ou 8 petits.
1 verre d'huile d'olive.
1 oignon haché.
2 gousses d'ail.
Du persil haché.
4 tomates pelées et coupées.
1 demi-cuillerée à café de concentré de tomate.
1 bouquet garni.
Du sel et du poivre.
Encore un peu d'huile d'olive.
Du vin blanc sec.
8 olives noires.
Des tranches de citron.

• 1 Faites revenir légèrement l'oignon, l'ail et le persil dans l'huile d'olive, ajoutez les tomates, le concentré de tomate et le bouquet garni, sel et poivre.

(Mme Annie insiste sur l'importance de la "pointe" de concentré de tomate ajoutée aux tomates fraîches, car cela donne du corps à la sauce.)

• 2 Laissez cuire 15 minutes.

• 3 Pendant ce temps, nettoyez, écaillez les rougets et faites-les frire légèrement dans l'huile d'olive, juste assez pour les rendre plus fermes sans les cuire.

• 4 Lorsque la sauce a cuit 15 minutes, ajoutez un bon verre de vin blanc, les rougets et les olives. Cuisez 10 minutes à couvert, sur feu doux.

• 5 Décorez de tranches de citron.

• 6 Servez.

ROUGETS EN PAPILLOTE "BAUMANIÈRE"

Baumanière est le fameux hôtel des Baux-de-Provence qui a réussi l'exploit d'additionner le maximum de points dans le *Guide Michelin*, soit cinq fourchettes et trois étoiles. On le trouvera à la savoureuse et très respectable rubrique des "Demeures anciennes aménagées avec élégance : terrasses fleuries et piscines". Je me souviens encore du moment où j'ai vu cet endroit pour la première fois, alors que je passais par là, à pied, un jour d'été où les Alpilles cuisaient dans la fournaise ; je me souviens aussi avec quelle intensité, depuis un kilomètre, mes yeux fixaient cette même piscine, croyant être la victime d'un mirage. "Y en a vraiment qui ne s'en font pas !", telle est la réflexion épigrammatique et de pure rhétorique qui ne me vint même pas à l'esprit, la chaleur étant trop forte, mais sortit mollement de mes lèvres en un "Pff !" maussade comme une bulle de gaz des marais, alors que je soulageais mes jambes poussiéreuses en me déchargeant de mon sac que je laissais tomber par terre ; ce sac plein de livres, de vieilles chaussettes et de pain rassis que je portais depuis Avignon jusqu'en Arles.

En fait, je ne m'étais pas vraiment rendu compte à quel point ces petites taches de couleur, qui, de loin, semblaient trembloter au bord de la piscine, ne s'en faisaient pas ! En effet, il était trois heures de l'après-midi et ils venaient sans doute de déguster pour déjeuner la création de M. Thuilier, dont une description est donnée ci-dessous.

Temps de préparation et de cuisson : 30 minutes.
1 rouget de roche (N° 148) par personne (175 grammes environ).
Pour chaque rouget :
- 1 tranche fine de filet de porc légèrement fumé.
- Du papier d'aluminium.
- Des feuilles de laurier.
- De la sauce hollandaise.
- Du riz.

• 1 Ecaillez les rougets, mais ne les videz pas.

• 2 Préparez pour chaque rouget une feuille de papier d'aluminium (ou de papier sulfurisé) suffisamment grande pour en faire une papillote. Huilez-la grassement.

• 3 Mettez une feuille de laurier sur chacune d'elle ; sur chaque feuille de laurier, mettez un rouget et sur chaque rouget une tranche de filet de porc légèrement fumé.

• 4 Enroulez les poissons dans leur emballage, entortillez-en les extrémités.

• 5 Mettez les papillotes dans un plat à gratin bien graissé et cuisez 20 minutes à four modéré. Tournez-les plusieurs fois en cours de cuisson.

• 6 Servez les rougets dans leur papillote, avec une sauce hollandaise parfumée aux anchois et du riz cuit dans du fumet de moules.

Signalons en passant que cette recette n'est pas la seule où s'allie la saveur du porc et celle du rouget de roche. A Ancône, en Italie, le rouget de roche, mariné dans du jus de citron et du romarin haché, puis enduit de persil haché et de chapelure, est enroulé dans une tranche de jambon de Parme avant d'être mis au four, arrosé de la marinade tamisée.

ROUGETS AUX FEUILLES DE VIGNE

Auguste Escoffier recommande cette recette amusante, qu'il est facile de faire, à condition toutefois d'avoir aussi bien des rougets que des feuilles de vigne.

Temps de préparation et de cuisson : 30 minutes.
Des rougets (comptez un rouget de 150 à 200 grammes par personne).
1 feuille de vigne par rouget.
De l'huile d'olive.
Du sel et du poivre.

- 1 Videz, écaillez, lavez et séchez les rougets. Faites attention de ne pas leur retirer le foie en les vidant.
- 2 Faites à chacun des fentes le long du dos.
- 3 Enduisez-les de beaucoup d'huile d'olive, salez, poivrez.
- 4 Faites tremper les feuilles de vigne pendant une minute ou deux dans de l'eau bouillante pour les assouplir.
- 5 Enveloppez chaque poisson, une fois préparé, dans une feuille de vigne, et rangez-les dans un plat à gratin.
- 6 Arrosez d'huile d'olive.
- 7 Faites cuire 20 minutes à four moyen.

SAINT-PIERRE À LA PARMENTIER

Prenez un saint-pierre de taille moyenne. Vous serez étonné, comme toujours après avoir nettoyé un saint-pierre, du peu qu'il reste de ce poisson, toutefois les déchets (à l'exclusion des entrailles) vous feront un excellent bouillon.

Pour 2 personnes.
Temps de préparation et de cuisson : 50 minutes.
1 saint-pierre de taille moyenne.
Des pommes de terre en rondelles.
Du beurre.
Du vin blanc sec.
1 douzaine de rondelles de citron.
Du persil hache.
Du sel et du poivre.

- 1 Prenez un plat à gratin de la taille du poisson, couvrez-en le fond de rondelles de pommes de terre.
- 2 Nettoyez bien le poisson, séchez-le, déposez-le sur la couche de pommes de terre, assaisonnez, arrosez de beurre fondu. Couvrez d'une couche de tranches de citron suivie

d'une couche de rondelles de pommes de terre, assaisonnez de nouveau et arrosez de beurre fondu.

• 3 Versez un verre de vin blanc sur le tout.

• 4 Mettez le plat à four moyen et laissez cuire 30 à 35 minutes environ, veillez à ce qu'il y ait toujours suffisamment de liquide, arrosez de temps en temps. Saupoudrez de persil haché avant de servir.

Ce plat, avec quelquefois des variantes, peut vous être présenté sous le nom de "saint-pierre à la ménagère" (avec des oignons) ou "saint-pierre des pêcheurs".

SAR OU DAURADE AU FENOUIL ET AU VIN BLANC

Mme Totte Feissel m'a montré dans la cuisine de sa maison, située sur le haut d'une colline de Marseille, comment elle faisait ce plat. Elle le fait au four, dans une lèchefrite. Si vous n'en avez pas, vous pouvez adapter un gril dans un grand plat peu profond allant au four.

Pour 4 personnes.
Temps de préparation et de cuisson : 30 à 40 minutes.
1 sar (N° 138) ou 1 daurade (N° 133), pesant environ 1 kilo, ou 2 moyennes ou 4 petites.
1 ou 2 cuillerées d'huile d'olive.
50 grammes de beurre.
1 verre et demi de vin blanc.
1 oignon émincé (selon goût).
1 ou 2 tomates, en tranches fines.
1 citron.
Des branches de fenouil.
Du thym.
Du sel et du poivre.

• 1 Videz, nettoyez-le (ou les) poisson. Faites-lui, sur le dos, deux larges entailles dans lesquelles vous insérerez des branches de fenouil.

• 2 Dans le ventre du poisson, mettez beurre, sel, poivre, fenouil et thym.

• 3 Disposez le poisson sur le gril de la lèchefrite, versez dessus 1 verre et demi de vin blanc, 1 ou 2 cuillerées d'huile d'olive, mettez quelques tranches de tomate dans le liquide, quelques tranches d'oignon et de citron sur le poisson.

• 4 Faites cuire de 15 à 25 minutes selon la taille du poisson, moins longtemps pour le sar que pour la daurade. Arrosez de temps en temps.

• 5 Passez le jus de cuisson qui accompagne le poisson. Servez.

BEIGNETS DE SARDINES

Temps de préparation et de cuisson : 15 minutes.
(La pâte à beignet devra être préparée 1 heure au moins à l'avance.)
Des sardines fraîches (150 grammes par personne).
200 grammes de farine.
1 œuf.
Levure (selon goût).
Du sel et du poivre.

• 1 Commencez par préparer la pâte à beignets en mélangeant les 200 grammes de farine, le jaune d'œuf (gardez le blanc que vous battrez en neige au dernier moment), le sel, le poivre, une cuillerée d'eau chaude et de la levure à volonté.

• 2 Laissez reposer.

• 3 Retirez la tête et l'arête des sardines, laissez la queue. Vous pouvez soit redonner à chaque sardine sa forme en la repliant sur elle-même, soit les mettre deux par deux en assemblant les parties internes.

• 4 Trempez-les dans la pâte à beignet, dans laquelle vous aurez incorporé le blanc en neige, puis prenez-les par la queue et mettez-les dans l'huile très chaude. La cuisson est rapide.

SOLE À LA PROVENÇALE

Sole frite aux aubergines.

Pour 2 personnes.
Temps de préparation et de cuisson : 20 minutes.
350 grammes de filets de sole.
De l'huile d'olive.
Des aubergines coupées en tranches dans la longueur (comptez une tranche par filet de sole).
Des tomates coupées en morceaux et cuites à l'avance.
50 grammes de beurre.
Des fines herbes hachées.
Du sel et du poivre.

• 1 Lavez et séchez les filets de sole.

• 2 Faites-les frire dans l'huile d'olive.

• 3 Faites frire les tranches d'aubergine (vous pouvez aussi faire ce plat avec des courgettes).

• 4 Mettez une tranche d'aubergine sur chaque filet de sole et deux cuillerées à café de tomates cuites sur chaque tranche d'aubergine.

• 5 Laissez le tout au chaud dans le four.

• 6 Faites fondre le bourre, laissez-le devenir brun et versez-le sur le plat. Saupoudrez de fines herbes hachées.

• 7 Servez.

PETITS PATÉS AU THON

Pour cette recette, vous pouvez aussi bien utiliser de la pâte brisée que de la pâte feuilletée, mais je vous conseille cette dernière : elle est plus légère et le thon est très nourrissant. Mais si vous décidez de fourrer vos pâtés avec des anchois, la pâte brisée sera préférable.

Pour 2 personnes.
Temps de préparation et de cuisson : 1 heure.
1 boîte de 200 grammes de thon.
50 grammes de chapelure.
1 tasse de lait.
50 grammes de beurre.
1 jaune d'œuf.
De la pâte feuilletée ou brisée selon goût.
Du sel et du poivre.

• 1 Commencez par faire tremper la chapelure dans du lait. Exprimez-en le jus.

• 2 Malaxez-la avec 200 grammes de thon dans un mortier, ajoutez le beurre, le jaune d'œuf et l'assaisonnement.

• 3 Étalez la pâte et découpez-en des rondelles (avec le bord d'un verre) de 7 à 8 centimètres de diamètre, environ, la taille n'est pas très importante mais pensez à calculer le nombre de rondelles.

• 4 Au milieu du rond, déposez une cuillerée de farce, recouvrez-le d'un autre rond et mouillez-en les bords avant de les ourler ensemble soigneusement, afin de retenir là farce. Avec un pinceau, passez du jaune d'œuf sur la pâte pourqu'elle soit dorée.

• 5 Mettez 20 minutes à four chaud.

Les pâtés aux anchois se font de la même façon, en remplaçant le thon par des filets d'anchois.

THON EN CHARTREUSE

Une “chartreuse” est un mélange de légumes avec lequel on peut préparer le thon selon plusieurs méthodes. Voici, pour cette version-ci, ce dont vous aurez besoin :

Pour 4 personnes.
Temps de préparation et de cuisson : 1 heure.
1 darne de thon de 1 500 grammes.
Du jus de citron.
4 filets d'anchois.
3 cuillerées à soupe d'huile d'olive.
2 oignons.
6 carottes.
4 à 6 cœurs de laitue.
1 poignée d'oseille.
1 verre et demi de vin blanc.
Du sel et du poivre.

• 1 Prenez une sauteuse qui soit assez grande pour contenir la tranche de thon. Faites blanchir la tranche de thon dans de l'eau additionnée de sel et de jus de citron, retirez la peau et lardez avec les filets d'anchois.

• 2 Faites chauffer de l'huile d'olive dans la sauteuse. Ajoutez-y les oignons et les carottes hachés fin, mettez le thon par-dessus, couvrez et faites cuire doucement pendant que vous faites blanchir les cœurs de laitue.

• 3 Dès qu'ils sont cuits, retournez le thon, mettez les cœurs de laitue en rond et l'oseille par-dessus le tout, puis le sel et le poivre, couvrez de nouveau et refaites cuire 3 ou 4 minutes.

• 4 Le liquide de cuisson des légumes doit maintenant s'être évaporé, remplacez-le par du vin blanc.

• 5 Laissez mijoter 40 minutes en retournant plusieurs fois les cœurs de laitue mais sans toucher au thon.

• 6 Servez le thon, entouré de légumes, dans un plat préalablement chauffé.

• 7 Versez dessus le jus de cuisson.

LANGOUSTE COMME CHEZ NÉNETTE

C'est une variante de la "Langouste à la sétoise" qui est, elle-même, une variante du "Homard à l'américaine". C'est un plat coûteux mais la langouste étant parmi les plus chers et les plus délicieux des poissons et fruits de mer de la Méditerranée, c'est bien le moins que d'en faire un mets hors de pair.

Voici la recette choisie par Elizabeth David pour *French Provincial Cooking* :

• 1 Couper une langouste, vivante, en morceaux qui ne soient pas trop grands ; les mettre immédiatement, dans une large poêle, dans de l'huile d'olive fumante, ajouter du sel et du poivre et laisser cuire jusqu'à ce que la carapace devienne rouge. Ajouter quelques échalotes hachées ainsi qu'une ou deux gousses d'ail écrasées et qui auront déjà cuit dans un peu d'huile.

• 2 Verser sur le tout un verre de bon cognac, faire flamber ; ajouter une demi-bouteille de champagne non champagnisé ou de Chablis, et une cuillerée de concentré de tomate. Faites cuire 20 minutes, à couvert, à température régulière. Puis retirer les morceaux de langouste qui sont cuits, les garder au chaud.

• 4 Passer la sauce à travers un tamis très fin, faire bouillir de nouveau, assaisonner d'un petit morceau de piment et, au dernier moment, ajouter 3 grosses cuillerées d'aïoli (p. 174). Verser la sauce sur la langouste, parsemer le plat de persil haché fin.

RIZ AUX FAVOUILLES

Pour 4 personnes.
Temps de préparation et de cuisson : 30 minutes.
8 ou 12 crabes (N° 516).
2 verres d'huile d'olive.
1 oignon haché.

2 tomates.
Du riz. Du safran.
Du fromage râpé.
Du sel et du poivre.

• 1 Arrachez les pattes des crabes, donnez un coup sur la carapace de chacun d'eux pour la desceller, puis mettez-les à cuire dans un verre d'huile d'olive. Ajoutez de l'eau et laissez cuire 20 minutes. Retirez-les, gardez-les au chaud et passez le liquide de cuisson.

• 2 Chauffez un autre verre d'huile d'olive, ajoutez l'oignon haché et les tomates coupées. Versez une tasse de liquide de cuisson, assaisonnez et ajoutez le safran.

• 3 Quand tout cela bout, mettez le riz (environ les trois quarts d'une tasse), la moitié du volume du contenu de la casserole. Il est possible que vous ayez à ajouter un peu de liquide en cours de cuisson.

• 4 Quand le riz est prêt, arrangez-le sur un plat préalablement chauffé, saupoudrez de fromage râpé, disposez les crabes dessus et servez.

POULPE À LA NIÇOISE

Indications données par Mme Annie, restaurant “La Trappa”, dans le Vieux-Nice.

Pour 6 personnes et plus.
Temps de préparation et de cuisson : 3 heures.
1 poulpe (achetez-le la veille, pendez-le toute la nuit, les tentacules vers le bas ; cela l'attendrira).
De l'huile d'olive.
2 gousses d'ail hachées.
1 oignon. Du persil.
1 bouquet garni.
1 bon verre de cognac.
5 ou 6 tomates.
1 cuillerée à café (pas plus) de concentré de tomate.
1 verre de vin blanc.
1 cuillerée à soupe de farine.
Du sel et du poivre.

• 1 Préparez le poulpe, comme d'habitude (voir p. 147), coupez-le en bandes. Mettez-les, sans rien d'autre, dans une casserole, chauffez 5 minutes pour leur faire rendre leur eau. Passez.

• 2 Faites dorer légèrement un oignon dans l'huile d'olive avec deux gousses d'ail hachées et le persil haché. Ajoutez le bouquet garni, les morceaux de poulpe et faites cuire 5 minutes jusqu'à ce que le poulpe se colore.

• 3 Versez un grand verre de cognac, faites flamber. Quand la flamme est tombée, ajoutez une cuillerée à soupe de farine, cinq ou six tomates en morceaux, un tout petit peu de concentré de tomate et un verre de vin blanc. Si c'est nécessaire, et afin que le poulpe soit couvert, ajoutez aussi un petit peu d'eau.

• 4 Salez, poivrez. Faites cuire doucement pendant environ 3 heures, jusqu'à ce que le poulpe soit tendre.

SEICHES À L'AGATHOISE

On peut féliciter la petite ville d'Agde, située tout près de la mer, à peu près à mi-chemin de Narbonne et de Montpellier, pour le charmant adjectif qu'elle a formé avec son nom. Comme les habitants de Sète, non loin de là, les Agathois ont leurs propres recettes traditionnelles. Celle-ci, qui est pour la seiche (N° 568), peut servir aussi pour l'encornet (N° 573) et le calmar (N° 577).

Pour 6 personnes.
Temps de préparation : environ 20 minutes.
Temps de cuisson : au moins 3 heures.
1 seiche de 1 kilo environ.
1 verre d'huile d'olive.
1 oignon haché.
3 carottes en rondelles.
Pour la farce :
150 grammes de veau haché.
150 grammes de porc haché.
1 oignon haché fin.
Du persil hache fin.
1 jaune d'œuf.
Du sel et du poivre.

• 1 Rincez consciencieusement la seiche nettoyée sous l'eau courante, elle doit être d'un blanc spectral que l'action de l'eau intensifiera.

• 2 Préparez la farce avec le veau, le porc, un oignon et le persil haché fin. Liez au jaune d'œuf, assaisonnez de sel, de poivre, farcissez la seiche et cousez-la.

• 3 Chauffez l'huile d'olive dans une casserole, faites-y dorer l'autre oignon haché et ajoutez suffisamment d'eau pour que la seiche en soit recouverte quand vous l'y mettrez.

• 4 Portez à ébullition. Mettez la seiche, les carottes ; faites cuire doucement, à couvert, pendant 3 heures ou plus, jusqu'à ce que la seiche soit tendre.

SEICHES À L'AIGUEMORTAISE

Voici une recette que j'ai trouvée à Aigues-Mortes. Sur la carte, on lisait : "seiche à l'aiguemortaise", mais le chef du restaurant "l'Escale", M. Rémi Rigal, m'a avoué qu'il ne s'agit pas d'une spécialité traditionnelle de cette ancienne ville, mais d'une recette personnelle.

Nettoyez les seiches et coupez-les en morceaux, gros comme des ravioli. Mettez-les dans une casserole avec un verre d'eau et blanchissez-les pendant une durée de 20 à 35 minutes, selon la grosseur. (Pour être cuit, le morceau de seiche doit se couper à la cuillère.) Égouttez-les et gardez le jus de cuisson. Faites-les revenir dans de l'huile d'olive avec de l'ail et de l'oignon. Liez avec du concentré de tomate délayé avec un peu de jus de cuisson. La sauce obtenue doit recouvrir les morceaux de seiche. Assaisonnez (sel, poivre, piment...). Arrosez avec un peu de cognac et une dose de pastis blanc (1 centilitre par kilo de seiche). Laissez mijoter pendant 20 minutes. Puis, pour servir, dressez les morceaux de seiche sur des croûtons (frits dans l'huile), ajoutez à la sauce un œuf monté (un jaune d'œuf assaisonné de sel, que l'on monte comme une mayonnaise, en versant l'huile goutte à goutte [huile utilisée : deux fois le volume de l'œuf]) et nappez-en la seiche.

Le goût de ce plat est si spécial qu'il parviendra sans doute à mériter son titre en établissant une nouvelle tradition aiguemortaise.

CLOVISSES FARCIES AU GRATIN

Cette recette peut être appliquée à plusieurs autres bivalves, par exemple les moules (N° 545) et les praires (N° 555), mais c'est aux clovisses (N° 558) qu'elle convient le mieux, si toutefois vous pouvez vous en procurer d'assez grandes. C'est trop minutieux à faire si elles sont très petites.

Pour 2 personnes.
Temps de préparation et de cuisson : 20 minutes.
Plusieurs douzaines de clovisses.
1 verre de vin blanc.
1 oignon haché fin.
1 demi-verre d'huile d'olive.
1 douzaine ou davantage de très jeunes champignons hachés.
Un peu de chapelure, trempée dans du lait et exprimée.
2 tomates, pelées épépinées.
2 branches de persil.
Du poivre noir.
Un peu de noix de muscade (selon goût).
De la chapelure.
Du jus de citron.

• 1 Lavez bien les clovisses. Faites-les ouvrir dans une grande casserole avec un verre de vin blanc. Elles ne mettront que quelques minutes à s'ouvrir sur une flamme modérée. Retirez-les de la coquille, n'en gardant qu'une moitié, passez le liquide.

• 2 Hachez finement un oignon. Faites chauffer de l'huile d'olive et faites-y dorer l'oignon, ajoutez-y les champignons hachés, la chair des deux tomates, la chapelure (pressée), les brins de persil, le poivre noir et, si vous le désirez, un peu de noix de muscade.

• 3 Écrasez bien tout cela ensemble afin d'en faire une farce épaisse, liez avec un peu de jus de clovisses.

• 4 Mettez une clovisse dans chaque demi-coquille, couvrez-les de farce et disposez-les dans un plat à gratin. Saupoudrez de chapelure.

• 5 Déposez une goutte d'huile d'olive sur chaque clovisse. Laissez gratiner jusqu'à ce que le dessus soit bien doré. Arrosez de jus de citron, et servez.

COQUILLES SAINT-JACQUES À LA PROVENÇALE

Les coquilles Saint-Jacques de Méditerranée sont beaucoup plus petites que celles qui viennent de l'Atlantique, mais ce mode de cuisson leur convient parfaitement. D'après Elizabeth David, *French Provincial Cooking* :

"Partagez en deux rondelles les parties blanches (qui s'appellent noix), après les avoir nettoyées, assaisonnez-les de sel, de poivre et de jus de citron ; au moment de les faire cuire, saupoudrez-les très légèrement de farine, faites-les à peine dorer de chaque côté dans un mélange de beurre et d'huile d'olive. Mettez le corail, ajoutez de l'ail et du persil hachés en abondance, secouez la poêle afin que ce mélange recouvre bien tous les morceaux de noix et de corail.

Tout cela vous prendra 5 minutes en tout."

MOULES CAMARGUAISES

Recette de Mme Ricard, Aix-en-Provence. Plat simple et d'aspect attrayant.

Pour 2 ou 3 personnes.
Temps de préparation et de cuisson : 20 minutes.
1 kilo de moules.
2 verres de vin blanc.
1 mayonnaise au citron.
Du persil.

• 1 Grattez et ébarbez les moules.

• 2 Faites-les ouvrir à la chaleur dans une grande casserole avec deux verres de vin blanc.

• 3 Sortez-les des coquilles dont vous ne gardez qu'une moitié. (Si les moules sont petites, mettez-en deux par coquille.)

• 4 Faites une mayonnaise au citron, pas au vinaigre. Mélangez-y deux cuillerées à soupe de bouillon de moules, passé. Arrosez les moules avec la sauce ainsi obtenue, saupoudrez de persil.

MOULES NAUTILE

Ceux qui, comme moi, ont été captivés dans leur prime jeunesse par la lecture de *20 000 lieues sous les mers* pouvait faire autrefois une expérience agréable et évocatrice à Toulon. Il suffisait d'aller dans l'ancienne maison qu'habitait Jules Verne, devenue l'hôtel Nautilus. Il occupait une situation privilégiée et dominait le petit port du Mourillon, à Toulon. M. Chabot, le propriétaire, expert dans l'art d'accommoder les poissons et fruits de mer, m'exposa un jour, assis sous un grand portrait de Jules Verne, sa méthode favorite pour préparer les moules qui, à Toulon, sont réputées.

Temps de préparation : 15 à 20 minutes.
Temps de cuisson : 7 à 10 minutes maximum.

15 moules (environ) par personne.
Du vin blanc.
Des échalotes hachées.
Des oignons hachés.
Quelques tomates en morceaux.
Un bouquet garni.
De l'huile d'olive.
De la farine.
Du persil haché.
Du poivre.
Du safran.

• 1 M. Chabot fait ouvrir les moules (grattées et ébarbées) dans un grand récipient avec du vin blanc et des échalotes hachées. Puis il les met dans leur demi-coquille sur un plat. Le bouillon est passé et réservé. Il prépare alors la sauce.

• 2 Il fait dorer les oignons dans l'huile d'olive, les saupoudre de farine, met quelques tomates pelées et coupées en morceaux, un bouquet garni, du vin blanc et du bouillon de moules en quantités égales ; puis, il fait cuire le tout pendant 7 à 8 minutes, certainement pas plus de 10 minutes.

• 3 Au dernier moment, il saupoudre de poivre et de safran (pas de sel), verse la sauce sur les moules et ajoute le persil haché. La sauce est épaisse et sa couleur orange fait un heureux contraste avec le bleu-noir des moules.

HOMARD A LA PROVENÇALE

Pour 2 personnes.
Temps de préparation et de cuisson : 35 minutes.
1 gros homard (ou 2 petits). De l'huile d'olive.
2 gros oignons, hachés.
2 grosses tomates pelées et épépinées.
2 verres de vin blanc sec.
1 feuille de laurier.
3 à 4 gousses d'ail.
1 brin de fenouil.
1 jaune d'œuf.
Du beurre.
De la farine.
Du sel et du poivre.

• 1 Coupez le homard vivant en tronçons.

• 2 Grattez tout ce qu'il y a dans le thorax ; gardez le tout, y compris les œufs s'il y en a (mais jetez l'estomac, qui se présente comme une petite poche translucide).

• 3 Le liquide, vaguement bleuâtre, qui s'échappe est le sang ; il faut le recueillir aussi.

• 4 Faites roussir à l'huile les oignons et les tomates. Ajoutez les tronçons de homard, faites-les revenir.

• 5 Quand la carapace a bien rougi, mouillez avec le vin, salez et poivrez. Ajoutez la feuille de laurier, l'ail et le fenouil. Couvrez. Laissez cuire à feu doux 20 minutes.

• 6 Broyez au mortier ce qui vient du thorax. Versez-le dans du beurre manié avec un peu de farine, puis hors du feu, incorporez-y le sang du homard et un jaune d'œuf pour lier ; cela constituera la sauce.

• 7 Servez très chaud.

LANGOUSTE COMME AU FRIOUL

Pour 2 personnes.
Temps de préparation et de cuisson : 25 minutes.
1 langouste.
Du court-bouillon, très relevé.
Du vin blanc sec.
1 échalote hachée fin.
2 filets d'anchois broyés.
De la moutarde.
Du persil haché.
1 jus de citron.
De l'huile d'olive.
De l'ail (très peu).

• 1 Faites cuire la langouste dans un court-bouillon moitié vin blanc et moitié eau.

• 2 Fendez la langouste. Sortez l'intérieur du thorax. Mélangez-le avec l'échalote, les filets d'anchois, la moutarde, le persil, le jus de citron, l'huile d'olive et une pointe d'ail (très peu).

• 3 Servez cette sauce à part. ("On y trempera les morceaux de langouste au fur et à mesure", dit M. Henri Meffre, en nous confiant cette recette.)

OMELETTE D'OURSINS

Pour 2 personnes.
Temps de préparation et de cuisson : 10 minutes.
3 œufs.
18 oursins.
Du beurre (ou de l'huile d'olive).
Du sel et du poivre.

• 1 Ouvrez les oursins.

• 2 Retirez à chacun d'eux les cinq coraux et gardez-les ensemble dans une jatte.

• 3 Cassez les œufs dans un bol, ajoutez deux cuillerées à soupe d'eau, du sel et du poivre.

• 4 Mélangez vigoureusement le tout avec une fourchette (ou battez-les si vous préférez), ajoutez le corail à ce mélange.

• 5 Faites chauffer le beurre ou l'huile dans une poêle. Faites-y glisser le mélange avec précaution et cuisez l'omelette comme d'habitude.

BEIGNETS DE PASTÈGUES

Friture d'orties de mer.

Charles Giorgi est un passionné de pêche sous-marine, qui s'intéresse tout autant à la préparation et à la cuisson de ses captures qu'à la pêche elle-même. Il a eu le mérite de capturer d'énormes mérous, cela n'empêche pas qu'il mettra la même passion à parler de sujets apparemment triviaux, comme par exemple la façon de faire une friture d'orties de mer. Il rappelle, avant de commencer, que l'on doit maintenir les orties de mer ("pastègues" en provençal) loin des yeux quand on les ramasse.

Après avoir ramassé vos orties de mer avec maintes précautions, rentrez votre pouce dans chacune d'elles, par le côté du rocher (si l'on peut dire) jusqu'aux tentacules. Vous la viderez ainsi de toute la nourriture et des corps étrangers qu'elle avait absorbés.

Préparez de la pâte à beignets. Faites chauffer de l'huile d'arachide (M. Giorgi a un point de vue particulier en ce qui concerne l'huile d'olive, qui, d'après lui, ne doit servir qu'à la salade). Plongez les orties de mer dans la pâte, mettez-les dans la poêle, et laissez-les frire 10 minutes. La cuisson doit se faire à feu doux. Le résultat, d'après ce gourmet, est exquis.

TOTANU PIENU

Encornet farci comme au cap Corse.

Simone Costantini, *La Gastronomie corse et ses recettes.*

Pour 6 personnes.
1 encornet de 1 bon kilo.
De l'huile d'olive.
2 ou 3 tomates pelées.
Du sel et du poivre.
Quelques morceaux de noix décortiquées.
Quelques raisins secs.
De la marjolaine.
Du riz.
Pour la farce :
- 80 grammes de "prisuttu" (jambon corse fumé).
- 30 grammes de "panzetta" (lard de poitrine).
- 1 gros oignon ou 2 moyens.
- Du persil.
- Du sel et du poivre.
- Un peu de mie de pain trempée dans du lait.
- 50 grammes de noix décortiquées.
- 50 grammes de raisins secs.

• 1 Videz l'encornet.

• 2 Hachez menu le "prisuttu" et la "panzetta". Hachez aussi l'oignon et le persil. Puis, faites la farce en ajoutant les autres ingrédients cités.

• 3 Faites revenir les tomates à l'huile d'olive, dans un poêlon en terre ("tianu", en corse). Ajoutez du sel, du poivre, quelques morceaux de noix décortiquées, les raisins secs et de la marjolaine. Faites cuire à feu doux, à couvert.

• 4 À la fin de la cuisson, ajoutez du riz déjà cuit à l'eau (grains bien détachés).

• 5 Servez l'encornet en tranches.

Italie

La géographie de l'Italie est telle que, pratiquement, chaque province a sa part de côtes. La mer Adriatique, et les eaux qui entourent la Sicile, sont parmi les plus poissonneuses de la Méditerranée. Aussi n'est-il pas surprenant de constater que dans les cuisines régionales de l'Italie les plats à base de poissons et de fruits de mer occupent une place importante.

Il y a en Italie tant de recettes pour préparer le poisson qu'il est vraiment difficile d'en faire un choix qui, tout en étant suffisamment concis, rende quelque justice à toutes ces prétentions rivales. Rien que pour les soupes de poissons, il serait possible de citer des douzaines de recettes excellentes. Dans leur livre *Mangiare di Romagna*, Caminiti, Pasquini et Quondamatteo remarquent que dans la seule province de la Marche, sept villes : San Benedetto, Porto San Giorgio, Porto Renacati, Numana, Ancona, Falconara et Senigallia, revendiquent avec passion le meilleur "brodetto" de ce petit coin de la côte italienne.

Il est vrai qu'il y a souvent bien peu de différence entre les diverses variétés locales ; il est vrai aussi que le nombre des plats n'est certainement pas aussi grand que celui des noms inscrits sur les menus. Mon ami Giorgio Bini, dans une série d'études documentaires écrites pour le magazine *Mondo Sommerso*, montre, par son classement des plats faits avec des produits de la mer, combien les formules de base en sont peu nombreuses.

Il n'en reste pas moins que nous sommes en présence d'une grande profusion de recettes, et tout ce que je peux dire en faveur de mon choix est qu'il est l'illustration même de cette profusion. Chaque grande région gastronomique y est représentée et des plats typiques, mais peu connus, y côtoient les plus fameux. Il s'y trouve aussi certaines préparations spécifiquement italiennes qui allient la saveur des produits de la mer à celles des pâtes. Je les trouve particulièrement satisfaisantes et harmonieuses (à condition qu'elles ne soient pas trop élaborées) et pense que "Vermicelli alle vongole" par exemple réussit une fusion des plus délicates entre les produits de la mer et ceux de la terre.

BRODETTO DI PESCE VENEZIANO

Soupe de poissons à la vénitienne

Les Vénitiens sont, à juste titre, fiers de cette soupe, faisant valoir le fait que sa saveur n'est pas modifiée par l'emploi de fortes épices et qu'elle est réellement celle du poisson. Allusion malveillante à l'égard des Marseillais et des Génois. Sa préparation comprend deux phases distinctes.

La première consiste à faire un bouillon, qui sera passé, avec des poissons savoureux mais ordinaires ou ayant beaucoup d'arêtes que le tamis fera disparaître ; la seconde consiste à choisir des poissons de qualité supérieure, sans arêtes, que l'on fera cuire dans le bouillon.

PREMIÈRE PHASE

Pour 8 personnes.
Temps de préparation et de cuisson : 30 à 40 minutes.
1 kilo de gobies (N° 213).
1 kilo de rascasses (N°216).
1 kilo de crevettes grises (N° 506).
1 citron coupé en deux.
4 tomates coupées en quatre.

• 1 Nettoyer les poissons, retirer les têtes des rascasses. Mettre les têtes à bouillir pendant 1 heure dans de l'eau avec le citron et les tomates. Ajouter, 20 minutes avant la fin de la cuisson, les corps des rascasses, les gobies et les crevettes.

• 2 Passer les poissons et les débris, les mettre de côté, garder aussi le bouillon. Puis, passer poissons et débris au tamis ou au moulin à légumes. Ajouter la purée ainsi obtenue à l'eau de cuisson.

DEUXIÈME PHASE

(Elle peut être commencée pendant que la première phase se déroule.)

2,5 kilos en tout de mulet, de queue de baudroie et de tête de poulpe (facultatif)en morceaux.
1 verre d'huile d'olive.
100 grammes de beurre.
2 gousses d'ail hachées. Du persil haché. Du sel.

• 1 Nettoyer et préparer les poissons. Les faire cuire à l'eau ; les morceaux de poulpe et de baudroie devront être mis avant les mulets, qui cuisent plus vite.

• 2 Pendant ce temps, faire cuire dans l'huile d'olive et le beurre, l'ail et le persil, jusqu'à ce qu'ils soient colorés.

• 3 Retirer les poissons. Enlever la tête et les arêtes des mulets ; les couper. Couper aussi les queues de baudroie en morceaux. Le poulpe est déjà en morceaux. Joindre le tout à l'ail et au persil, laisser se colorer. Verser ensuite le bouillon de la première phase (qui contient la purée de poisson) sur le poisson ; ajouter du sel et laisser frissonner quelques minutes.

• 4 Servir dans de grandes assiettes creuses avec des tranches de pain frites.

ZUPPA DI PESCE ALLA BARESE

Soupe de poissons de Bari

Cette recette vient de Mme Delia (Lennie) Conenna, qui souligne que c'est le plat de résistance.

Pour 4 personnes.
Temps de préparation et de cuisson : 20 minutes.
4 grandes tranches fines d'émissole (Nos 13, 14), de grande ou de petite roussette (Nos 10, 11) ou de mérou (N° 116, etc.), ou de n'importe quel autre gros poisson.
2 gousses d'ail hachées fin.

750 grammes de tomates (un peu moins si elles sont en boîte).
150 à 200 grammes d'olives noires (de préférence les petites de Bari).
1 verre d'huile d'olive.
Du persil.
Du sel et du poivre.

• 1 Chauffer un verre d'huile d'olive dans un plat large et assez bas pouvant aller sur le feu, y faire revenir doucement l'ail.

• 2 Dès que l'huile commence à grésiller, y mettre les tomates grossièrement coupées, le persil haché, le sel et le poivre.

• 3 Cuire le tout quelques minutes et ajouter les olives.

• 4 Ajouter les tranches de poisson, les laisser cuire jusqu'à ce qu'elles deviennent blanches, pas plus, ce qui devrait mettre 5 ou 10 minutes.

CACCIUCCO LIVORNESE
Soupe de poissons à la mode de Livourne

C'est un véritable ragoût de poisson dans lequel les poissons, mollusques et crustacés ont plus d'importance que le bouillon. Il y a de nombreuses façons de préparer le *Cacciucco*, d'autant que le domaine de ce plat régional s'étend assez loin au nord et au sud de Livourne.

La variété des recettes se concrétisa pour moi sous la forme d'un groupe de dames de Toscane qui, alors qu'elles jouaient au bridge avec leurs maris dans une villa non loin de Livourne, me trouvèrent tout d'un coup au milieu d'elles, mon carnet de notes à la main. Avec une grande courtoisie, elles abandonnèrent leurs maris à leur jeu et formèrent un "conseil du Cacciucco" qui, pendant une heure autour d'une tasse de thé, se concerta pour me donner des indications discordantes dont j'ai pu utiliser ultérieurement ce qui suit.

Il faut d'abord bien comprendre que ce plat est, de par sa nature, un plat simple et bon marché. Aussi les produits chers n'y ont-ils pas leur place, non plus que les préparatifs longs et compliqués. Cependant, il demande un soin particulier afin que les arêtes ne risquent pas de gâcher le résultat. Un autre point essentiel est d'y mettre des morceaux de petits piments rouges, et cela dans n'importe quelle version de ce plat.

Pour 6 à 8 personnes.
Temps de préparation et de cuisson : 1 heure.
2 kilos de poissons et fruits de mer, y compris des rascasses des grondins et des petites roussettes (et éventuellement quelques morceaux de congre ou de murène) ; des petits poulpes et des petites seiches ; des crustacés (par exemple, des squilles) ; des moules si vous voulez, et tout autre poisson ou fruit de mer pas trop cher.
1 verre d'huile d'olive.
1 ou 2 oignons hachés fins.
Des gousses d'ail hachées.
Quelques morceaux de piment rouge hachés.
750 grammes de tomates pelées et épépinées.
Du persil haché. Du sel et du poivre.

• 1 Tout d'abord, préparer un "soffritto", c'est-à-dire, dans de l'huile d'olive chaude, faire revenir de l'ail haché, des oignons hachés et du piment rouge. Quand ce mélange commence à prendre de la couleur, y ajouter les tomates ou du concentré de tomate dilué avec de l'eau ; ajouter du sel, du poivre noir et du persil haché.

• 2 Laisser cuire pendant un moment.

• 3 Voici maintenant la deuxième partie de la confection du plat. Mettre dans la sauce les poissons les plus petits et ceux qui sont destinés à être passés à cause de leurs nombreuses arêtes.

• 4 Quand ils sont bien cuits, passer le tout au tamis (ou au moulin à légumes), ainsi les arêtes seront éliminées et il restera un bouillon délicieux qu'auront parfumé les rascasses et les grondins.

• 5 Y mettre à cuire le restant des poissons et fruits de mer (qui auront été lavés et grattés au préalable) en mettant d'abord ceux qui sont plus longs à cuire.

• 6 Faire cuire, puis mettre dans la soupière des morceaux de pain grillés frottés d'ail, y poser les morceaux de poissons et les fruits de mer. Verser le bouillon (qui sera court) sur le tout. Servir.

BURRIDA ALLA GENOVESE

Soupe de poissons à la gênoise

Voici comment on fait, à Gênes, ce plat magnifique. On peut adapter cette recette à d'autres espèces de poissons si l'on n'a pas sous la main ceux qu'on y met traditionnellement ; mais sachez que, pour la vraie "burrida alla genovese", il est essentiel d'y mettre baudroie, poulpe et encornet.

Pour 6 personnes.
Temps de préparation et de cuisson : 50 à 60 minutes.
1,750 kilo de poissons, y compris de la baudroie, du poulpe, de l'encornet et d'autres qui pourraient être des rascasses, des vives, des grondins ou des petites roussettes.
250 grammes environ de fruits de mer : crevettes, moules et couteaux.
3 cuillerées a soupe d'huile d'olive.
50 grammes de lard haché.
1 petit oignon haché.
1 demi-branche de céleri.
1 petite carotte. 1 gousse d'ail.
1 branche de persil haché fin.
3 filets d'anchois hachés.
500 grammes de tomates pelées et hachées.
Du basilic frais haché.
1 verre de vin blanc sec, 1 verre d'eau tiède.
Du sel et du poivre.

• 1 Chauffer l'huile d'olive et le lard dans une casserole, y mettre l'oignon, le laisser se colorer. Ajouter l'ail, la carotte, le céleri, le persil et les filets d'anchois.

• 2 Cinq minutes après, ajouter les tomates, le basilic, l'assaisonne-ment, l'eau et le vin ainsi que l'encornet et le poulpe (préalablement lavés et coupés). Laisser bouillonner doucement pendant 30 minutes.

• 3 Ajouter alors le poisson qui aura été préparé et coupé en gros morceaux si nécessaire, les moules dans les coquilles bien grattées et ébarbées, les crevettes et les couteaux (avec leurs coquilles) soigneusement lavés. Laisser bouillonner le tout sur un feu un peu plus vif pendant 20 minutes encore.

• 4 Préparer des croûtons grillés ou frits. Disposer le poisson dessus, verser le bouillon sur le tout et servir.

ZUPPA DI TELLINE, VONGOLE, COZZE, CANNOLICCHI

Soupe de haricots de mer, de clovisses, de moules ou de couteaux

Des quatre bivalves proposés dans le titre de cette recette, c'est probablement le haricot de mer qui convient le mieux (N° 561) ; mais, en suivant les mêmes indications de base, vous obtiendrez aussi avec les autres une excellente soupe. Le principe est simple. Préparer une sauce très parfumée à base d'huile d'olive, d'ail, de tomates et d'herbes, dans une grande casserole ; mettre les clovisses (ou autres) sur le dessus de cette préparation et continuer à laisser chauffer jusqu'à ce que les bivalves s'ouvrent ; ce faisant, leur jus se répandra dans la sauce. Les servir avec le liquide sur des croûtons grillés.

Voici deux variantes qui illustrent très bien les innombrables façons d'appliquer la technique décrite ci-dessus.

Pour plus de simplicité, je propose les moules pour les deux, mais d'autres bivalves peuvent être substitués, à condition toutefois de faire très attention à laisser cuire moins longtemps ceux qui seraient de plus petite taille, une fois ouverts.

PREMIÈRE VARIANTE

Temps de préparation et de cuisson : 15 minutes.
2 kilos de moules.
1 demi-verre d'huile d'olive.
1 gousse d'ail.
2 cuillerées à soupe de concentré de tomate ou quelques tomates pelées en boite (gardez le jus).
Piment rouge haché ou poivre de Cayenne (selon goût).
Du persil haché.

• 1 Chauffez l'huile d'olive dans une casserole grande et profonde.

• 2 Faites-y revenir l'ail ; une fois qu'il est coloré, retirez-le.

• 3 Ajoutez le concentré de tomate et, si vous le désirez, des petits morceaux de piment ou du poivre de Cayenne. Cuire environ 5 minutes.

• 4 Ajoutez le persil haché et les deux kilos de moules, bien grattées. Pendant que les moules s'ouvrent, remuez-les afin que celles du dessus puissent aussi s'ouvrir.

• 5 Préparez des croûtons, versez le bouillon et les moules dessus dès qu'elles sont ouvertes.

DEUXIÈME VARIANTE

1 oignon de taille moyenne, haché.
2 gousses d'ail hachées.
1 branche de céleri hachée.
1 branche de marjolaine ou de thym ou de basilic.
Du poivre fraîchement moulu mais pas de sel.
750 grammes de tomates pelées et hachées grossièrement.
1 verre de vin blanc sec.
1 demi-verre d'huile d'olive.
1 kilo de moules.
Du zeste de citron. Du persil haché.

• 1 Chauffez l'huile d'olive dans une grande casserole, ajoutez l'oignon. Quand il est doré, ajoutez l'ail et le céleri. Mettez en même temps la marjolaine et le poivre. 2 minutes après, ajoutez les tomates et laissez cuire 4 à 5 minutes.

• 2 Ajoutez le vin blanc.

• 3 Faites faire un bouillon puis continuez la cuisson à feu doux, à couvert, jusqu'à ce que les tomates soient bien cuites. C'est alors le moment d'ajouter un verre et demi d'eau chaude. Laissez bouillonner encore quelques minutes, remuez et assurez-vous que le résultat obtenu est bien une sorte de soupe épaisse. (Cette préparation peut attendre et être réchauffée au moment voulu.)

• 4 Quinze minutes avant de servir, ajoutez les moules dans la soupe et laissez sur feu vif. Quand elles sont toutes ouvertes, retirez-les du feu, parsemez-les de persil et d'un petit peu de zeste de citron.

• 5 Servez le tout sur des croûtons mis dans chaque assiette. Mettez une grande jatte au milieu de la table pour les coquilles vides.

CAPPON MAGRO

Pièce montée faite de poissons et de légumes

C'est un plat plantureux.

M. Alexander Moll qui, à Gênes, me fit découvrir les délices de cette recette, et me tint compagnie alors que je dégustais ce plat pour la première fois, insista sur le fait que, pour le réussir, une certaine condition doit être respectée, à savoir, ne pas regarder à la dépense. Il faut aussi disposer de beaucoup de temps. Pour en simplifier l'exécution, nous l'avons partagée en plusieurs parties. Je dois ajouter que, même à Gênes, il en existe plusieurs variantes ; mais il n'y a pas de raison pour qu'une version soit moins bonne qu'une autre dès l'instant que les crustacés et les légumes qui entrent dans sa composition sont de première qualité.

LES LÉGUMES

1 pied de céleri (nettoyé).
1 betterave (cuite).
6 cœurs d'artichaut (en conserve).
200 grammes de chou-fleur.

250 grammes de pommes de terre.
150 grammes de haricots verts.
6 carottes nouvelles.
Quelques cornichons.
De l'huile d'olive.
Du sel.

• 1 Faire cuire à l'eau ou à la vapeur : le chou-fleur, les pommes de terre, les carottes et les haricots ; prendre bien soin de ne pas les faire trop cuire, ils doivent rester fermes.
• 2 Puis, couper tous les légumes en dés, en bandes ou en tranches et les mettre à refroidir.
• 3 Assaisonner avec du sel et de l'huile d'olive.

LES POISSONS

Pas question de rechercher le bon marché.
1 kilo de poisson, du plus délicat que vous puissiez trouver :
Soit du bar (N° 113). Soit de la daurade (N° 128).
Soit du denté (N° 125). Soit du grondin (N° 221).
1 langouste ou 1 homard.
Des langoustines ou des crevettes.
D'autres fruits de mer selon le goût.
Quelques tranches de "musciame" (p. 152).
De l'huile d'olive.
Du sel.

• 1 Cuire le poisson au court-bouillon.
• 2 Préparer les crustacés de la façon habituelle.
• 3 Débarrasser le poisson de ses arêtes, le couper en morceaux convenables.
• 4 Lever la chair des crustacés, la couper en morceaux.
• 5 Assaisonner avec du sel et de l'huile d'olive, et mettre à refroidir.

LA SAUCE

1 bouquet de persil.
1 cuillerée à soupe de câpres.
1 demi-gousse d'ail.
2 anchois en filets.
6 olives dénoyautées.
1 gros morceau de mie de pain trempé dans du vmaigre.
Les jaunes de 2 œufs durs.
2 verres d'huile d'olive.

• 1 Retirer la queue du persil, le laver. Le mettre dans un mortier avec la demi-gousse d'ail et en faire une pâte. Ajouter les câpres, les anchois et les olives.
• 2 Continuer à travailler la pâte en y ajoutant la mie de pain trempée qui aura été préalablement pressée. A ce stade, on doit avoir une sauce épaisse.
• 3 Ajouter les deux jaunes d'œuf ; puis l'huile d'olive goutte à goutte en mélangeant avec une cuillère en bois, comme pour faire une mayonnaise, jusqu'à obtenir une sauce épaisse.

LA PRÉPARATION

Le but est de construire une très belle pyramide avec ces éléments. La base est constituée de biscuits de mer préalablement frottés d'ail et trempés dans un mélange d'huile d'olive et d'eau.

Des biscuits de mer.
3 ou 4 gousses d'ail.
1 verre d'huile d'olive.
2 citrons en tranches.
Des olives.

• 1 Préparer les biscuits de mer selon les indications ci-dessus.

• 2 Étaler un peu de sauce sur ce fond, disposer une couche de légumes, suivie d'une couche de poisson, napper le tout d'une couche de sauce.

• 3 Répéter cette opération jusqu'à ce que tous les légumes et tous les morceaux de poisson soient intégrés à la pyramide ; en ayant soin de garder de la sauce pour verser sur le tout.

• 4 Décorer l'ensemble avec la chair de la langouste ou du homard, les langoustines ou les crevettes, les tranches de citron et les olives.

• 5 Servir immédiatement pendant que le tout est frais et appétissant.

FRITTO MISTO MARE
Friture de poissons

C'est un des plats de poisson les plus courants dans les restaurants de la côte italienne. Sa composition diffère selon les ressources locales ; les combinaisons sont multiples et variées.

Voici quel est le mélange habituel à Venise : seiche, crabe, langoustine ou squille, anguille, sardine.

La liste en sera moins longue à Naples, ainsi que l'explique Signora Carola : "Si vous dégustez une friture de poissons dans une trattoria napolitaine avec vue sur mer, vous croirez sentir dans votre bouche la mer elle-même avec ses parfums multiples et cette légère saveur d'iode, qui est loin d'être désagréable. Notre friture de poissons, celle de la recette classique, n'est pas tellement variée, elle comprend uniquement des rougets et de la seiche ; en ce qui concerne le premier, prenez de préférence le rouget de roche, plus savoureux. Les touffes de tentacules des petites seiches seront enlevées et hachées et on coupera les corps en anneaux. Ces tentacules, menus et croustillants, en se mêlant dans la bouche avec les anneaux, plus tendres, feront un contraste agréable. Bien entendu, même pour cette recette classique, nous nous laissons aller parfois à quelque fantaisie, y ajoutant de petites crevettes roses (qui vont très bien avec) ou quelquefois des anchois ou encore des anguilles. Mais ce sont des exceptions à la règle ; pour la véritable friture de Naples, les saveurs contrastées du rouget et de la petite seiche sont suffisantes".

Temps de préparation et de cuisson : 10 minutes.
1 bain de friture.

Des rougets de roche.
Des petites seiches, le corps coupé en anneaux, les tentacules hachés.
De la farine.

• 1 Faire chauffer l'huile.

• 2 Laver les poissons.

• 3 Les enduire légèrement de farine.

• 4 Les faire frire.

• 5 Servir immédiatement.

PESCE IN SAOR

Sardines ou autres poissons "dans toute leur saveur"

Cette recette vénitienne peut être appliquée à de nombreux poissons.

"Saor" veut dire "saveur". C'est une marinade dont le but, à l'origine, était de conserver le poisson. On apprend dans *Il Veneto in cucina*, du Signor Ranieri di Mosto, que le niveau social du Vénitien se reconnaît au poisson qu'il choisit pour mettre "in saor". Le choix qui allait des sardines, pour les plus pauvres, en passant par le flet, pour les gens aisés, finissait par atteindre la sole que choisissaient les "nantis". Mais depuis que l'usage des réfrigérateurs s'est généralisé, cette technique s'emploie de moins en moins ; de nos jours, elle est presque uniquement utilisée pour les sardines.

Pour 6 personnes.
Temps de préparation et de cuisson. 30 minutes.
1 kilo de sardines fraîches (à Venise, demandez des "sardele").
1,5 kilo d'oignons blancs.
3 verres d'huile d'olive.
2 ou 3 verres de vinaigre.
De la farine et du sel.
50 à 100 grammes de pignons.
50 à 100 grammes de raisins secs.
Du zeste de citron.

• 1 Ecailler, vider les sardines, les laver et les sécher après en avoir retiré la tête.

• 2 Les rouler dans la farine et les faire frire à l'huile d'olive. Les retirer, les égoutter, les saler et les mettre de côté.

• 3 Dans la même huile, faire dorer les oignons (coupés en tranches). Verser le vinaigre dessus, laisser réduire sur le feu pendant quelques minutes. Ajouter les pignons, les raisins secs et le zeste de citron.

• 4 Dans un plat en terre, intercaler des couches de sardines et des couches d'oignons en ajoutant le jus. Terminer par des oignons et veiller à ce que le tout soit recouvert de jus.

• 5 Laisser reposer un jour ou deux dans un endroit frais. Cette préparation se garde quelques jours.

(Signor di Mosto conseille de le manger avec de la polenta froide.)

PESCE ALLA PIZZAIOLA

Cette recette peut vraiment être utilisée pour n'importe quel poisson, mais elle est spécialement intéressante pour accommoder des darnes qui ne seraient pas tout à fait assez fraîches pour être grillées ou pour des poissons au goût un peu fade, tels que les émissoles par exemple.

Pour 4 personnes.
Temps de préparation et de cuisson : 20 minutes,
plus le temps de la marinade.
4 darnes de poisson.
1 verre et demi d'huile d'olive.
Du persil.
2 gousses d'ail hachées.
4 tomates.
4 filets d'anchois frais ou en conserve.
2 feuilles de laurier.
Du concentré de tomate.
De l'oignon.
De l'origan.
Du sel et du poivre.

• 1 Préparer, laver et sécher le poisson. Le mettre à mariner 1 heure (ou 2, si possible) dans de l'huile d'olive assaisonnée de persil haché, d'une ou deux feuilles de laurier et de poivre.

• 2 Mettre l'huile d'olive (prélevée sur la marinade) à chauffer dans la poêle. Pendant qu'elle chauffe, égoutter le poisson. Quand l'huile est chaude, faire revenir le poisson des deux côtés, puis le laisser cuire doucement jusqu'à ce qu'il soit cuit (10 à 15 minutes).

• 3 Chauffer de l'huile d'olive dans une casserole ; y faire revenir les deux gousses d'ail hachées. Ajouter les tomates et les filets d'anchois, le sel et le poivre.

• 4 Faire cuire à feu vif, jusqu'à ce que le tout soit réduit en purée ; au besoin, y ajouter du concentré de tomate.

• 5 Quand la cuisson est terminée, saupoudrer de persil et d'origan. Mettre le poisson dans un plat chaud et verser la sauce dessus.

RISO CON LE SEPPIE
Risotto aux seiches

Pour un plat de pâtes aux fruits de mer ou aux poissons, les pâtes sont cuites séparément, puis garnies d'une sauce assaisonnée aux poissons.

Mais quand il s'agit d'un risotto, le poisson ou les fruits de mer sont cuits en même temps que le riz. Le risotto peut également se faire avec des crevettes (plat fort apprécié de nos jours), mais le risotto classique est fait avec des moules ou des seiches, qui sont relativement bon marché et conviennent parfaitement.

Un des plats traditionnels de Venise s'appelle "Riso ci'i pecci" ; c'est la variante aux moules.

La recette suivante est une variante romaine, elle se fait avec des seiches.

1 seiche d'une bonne taille.
1 verre d'huile d'olive.
1 gros oignon haché fin.
1 gousse d'ail.
1 cuillerée de concentré de tomate.
1 ou 2 verres de vin blanc ou rouge.
Du riz.
Du sel et du poivre.

• 1 Retirer la peau de la seiche. La vider, retirer l' "os" et les yeux. Prendre soin de ne pas briser les deux sacs de l'intérieur dont l'un contient de l'encre et l'autre une matière épaisse jaunâtre. Jeter la première mais garder l'autre dont le contenu, ajouté plus tard à la sauce, donnera du goût.

• 2 Laver ce qui reste, le couper en bandes. Les sécher.

• 3 Chauffer l'huile d'olive et y faire revenir l'oignon et l'ail ; ajouter le concentré de tomate dilué dans un peu d'eau. Laisser cuire quelques minutes. Ajouter la seiche, le contenu du second sac, du sel et du poivre. Faire cuire en remuant de temps en temps. Au fur et à mesure que la sauce épaissit, l'allonger avec le vin.

• 4 Lorsque le vin est évaporé, mouiller avec la même quantité d'eau bouillante et la laisser aussi s'évaporer en laissant mijoter à feu doux. Mettre le riz à cuire 20 minutes dans la sauce en ajoutant de temps en temps de l'eau bouillante et en remuant.

PASTA E BROCCOLI COL BRODO D'ARZILLA

Soupe romaine, faite de raie, de pâtes et de broccoli

Le professeur Bini, éminent ichtyologiste italien et gastronome réputé, m'a communiqué la recette d'un mets romain très connu. "Arzilla" est le nom donné à Rome et dans la région romaine à beaucoup de raies. La raie est choisie pour ce plat car, après une cuisson prolongée, les "os" cartilagineux se dissolvent, ce qui épaissit et enrichit le potage.

Pour 6 personnes.
Temps de préparation et de cuisson : 2 heures 30 minutes.
1,5 kilo de raie, de préférence la raie bouclée (N° 31), mais toute autre convient si elle est fraîche.
5 à 6 gousses d'ail.
1 anchois salé.
2 brins de persil.
1 demi-verre d'huile d'olive.
2 cuillerées à soupe de concentré de tomate
500 grammes de broccoli.
300 grammes de pâtes ("trenette", "fettuccine spezzate" ou "cannolicchi" que les Romains appellent "strozzapreti"), toutes ces variétés peuvent être remplacées par des nouilles coupées (fraîches, si possible).
Du sel et du poivre.

• 1 Mettre la raie à l'eau froide avec trois ou quatre gousses d'ail, porter à ébullition et laisser cuire pendant longtemps, disons 2 heures. Elle donnera toute sa saveur au potage mais il n'en restera aucun morceau présentable.

• 2 Quand le potage est presque prêt, préparer l'assaisonnement. Dessaler l'anchois, en retirer l'arête. Le piler ; en faire une pâte avec le persil.

• 3 Prendre une casserole assez grande pour pouvoir contenir le bouillon et les broccoli, y chauffer l'huile d'olive et faire dorer l'ail à feu doux. Ajouter la pâte d'anchois et de persil, veiller à ce que la chaleur n'augmente pas car l'anchois deviendrait amer.

• 4 Ajouter le concentré de tomate dilué dans un peu d'eau. Mettre les fleurs de broccoli, le sel et le poivre. Quand le broccoli est cuit, verser dessus le bouillon de poisson en le passant. Refaire bouillir et mettre les pâtes, qui doivent être cuites "al dente", c'est-à-dire assez fermes pour offrir quelque résistance sous la dent.

PASTA CON LE SARDE

Pâté de macaronis et de sardines à la sicilienne

Pour 6 personnes.
Temps de préparation et de cuisson : 40 minutes.
500 grammes de fenouil (le bulbe). Si vous êtes en Sicile, demandez du fenouil de montagne, "finocchielli".
50 grammes de raisins secs.
500 grammes de sardines fraîches (environ une douzaine).
2 verres d'huile d'olive.
Quelques échalotes.
3 anchois salés.
1 pincée de safran.
100 grammes de pignons.
500 grammes de "maccheroncini", pâtes du genre des vermicelles, mais un peu plus grosses.
De la farine.
Du sel et du poivre.

• 1 Nettoyer le fenouil et le débarrasser des parties trop dures, le faire bouillir 10 minutes dans de l'eau. Passer et garder le liquide de cuisson.

• 2 Faire tremper les raisins 15 minutes dans de l'eau chaude, les égoutter.

• 3 Retirer la tête et l'arête des sardines. Couper un tiers des sardines en très petits morceaux, elles iront dans la sauce.

• 4 Rouler dans la farine le restant des sardines et faire frire à l'huile d'olive.

• 5 Chauffer d'autre huile d'olive, y faire dorer les échalotes. Ajouter les sardines en morceaux, les écraser à la cuillère. Ajouter le fenouil haché, laisser le tout cuire un moment, ajouter, si c'est nécessaire, un peu du liquide dans lequel les raisins ont trempé.

• 6 Laver les anchois et en retirer les arêtes. Chauffer d'autre huile d'olive, y mettre les anchois, mais laisser sur le coin du fourneau, écraser les anchois avec une fourchette.

• 7 Ajouter maintenant les raisins, les pignons, le sel et le poivre, le mélange de sardines, d'échalotes et de fenouil, à l'anchois combiné avec le safran avec un tout petit peu d'eau.

Laisser cuire le tout pendant quelques minutes.

• 8 Pendant ce temps, cuire les pâtes. Porter le liquide de cuisson du fenouil à ébullition, ajouter de l'eau si c'est nécessaire et y mettre les pâtes avec un peu de sel.

• 9 Passer. Ajouter à la sauce.

• 10 Enfin, dans un plat à gratin, intercaler des couches de sardines frites et des couches de pâtes, en commençant et en terminant par des pâtes. Faire gratiner à four chaud environ 15 minutes.

VERMICELLI ALLE VONGOLE CON I PELATI

Vermicelles aux palourdes ou aux moules

Quatre recettes de vermicelles aux palourdes ou aux moules

La recette de base qui suit englobe une série de spécialités napolitaines pour accommoder les vermicelles, ou des pâtes similaires, avec une sauce aux palourdes ou aux moules. Si la sauce contient des tomates, le plat s'appelle "Con i pelati", sinon il s'appellera "in bianco".

Voici comment l'on procède pour faire les "Vermicelli alle vongole con i pelati".

Pour 4 personnes.
Temps de préparation et de cuisson : 15 à 20 minutes
1 verre d'huile d'olive.
2 gousses d'ail.
1,250 kilo de palourdes (N° 557) soigneusement lavées
et nettoyées à l'eau claire.
600 grammes de tomates pelées ("pelati") en boîte.
Beaucoup de persil haché fin.
600 grammes de vermicelles. Du sel et du poivre.

• 1 Chauffer l'huile d'olive dans une poêle, y mettre l'ail à dorer. Ajouter les palourdes, une pincée de poivre et les tomates.

• 2 Retirer les palourdes lorsqu'elles sont ouvertes, les sortir de leurs coquilles et les mettre de côté.

• 3 Laisser cuire la sauce jusqu'à ce qu'elle soit suffisamment réduite. Remettre alors les palourdes et le persil. Laisser cuire 2 à 3 minutes seulement.

• 4 Pendant ce temps, faire cuire les vermicelles dans de l'eau légèrement salée. Les passer.

• 5 Les assaisonner avec une partie de la sauce ; le restant sera servi dans une saucière avec les palourdes.

La recette des "Vermicelli alle cozze in bianco" est très semblable. On pourrait prendre des "linguine", pâtes légèrement plus grosses que les vermicelles ; on aura seulement besoin d'un demi-verre d'huile d'olive ; on supprimera les tomates. Il faudra alors 1,5 kilo de moules et non pas 1,250 kilo, la cuisson de la sauce sera plus longue (à cause de la quantité de liquide provenant des moules). Penser à laver et à ébarber les moules auparavant.

Vous devez pouvoir faire vous-même les modifications nécessaires pour faire "`Vermicelli alle vongole in bianco" et "Vermicelli alle cozze con i pelati".

ACCIUGHE TARTUFATE

Anchois truffés à la piémontaise

Les truffes blanches du Piémont attirent beaucoup les voyageurs. Mais il n'est tout de même pas nécessaire de faire exprès un voyage dans la région d'Albe, le pays des truffes, pour pouvoir en déguster ; et pourtant, j'y suis allé exprès afin d'y acheter un appareil à couper les truffes, car depuis longtemps, je souhaitais avoir en ma possession cet ustensile si spécial. Ayant comblé cette lacune dans notre batterie de cuisine, je fus ravi de découvrir à l'hôtel Savona un plat dans lequel le goût des truffes blanches se marie avec celui des anchois.

Temps de préparation : 20 à 30 minutes, mais ne peut se manger que quelques heures plus tard.
Des anchois salés (les anchois en boîte ne conviennent pas).
Des truffes blanches.
De l'huile d'olive.

• 1 Laver les anchois, en lever les filets, bien les rincer et les sécher.

• 2 Couper les truffes en fines lamelles.

• 3 Intercaler, dans un plat en terre, des couches de filets d'anchois et des couches de lamelles de truffes.

• 4 Couvrir d'huile d'olive.

• 5 Mettre au frais. Ce plat se garde quelques jours.

ALICI RIPIENE

Anchois [ou sardines] farcis.

Recette sarde.

Pour 4 personnes.
Temps de préparation et de cuisson : 15 à 30 minutes.
800 grammes de gros anchois frais.
5 anchois salés. 130 grammes de fromage frais. De la farine.
2 œufs. De la chapelure.
1 bain de friture (d'huile d'olive).

• 1 Nettoyer les anchois frais ; les ouvrir par-dessous et en retirer l'arête.

• 2 Dessaler les anchois salés, les ouvrir, retirer l'arête, séparer les filets.

• 3 Dans chaque anchois frais, mettre un filet d'anchois salé et une lamelle mince de fromage. Refermer les anchois.

• 4 Les fariner, les tremper dans les œufs battus puis dans la chapelure.

• 5 Les faire frire lorsque l'huile est vraiment très chaude ; les maintenir délicatement pour les empêcher de se casser.

• 6 Lorsqu'ils sont cuits, ils deviennent brun doré. Les sortir alors et les servir immédiatement.

ACCIUGHE AL LIMONE
PEPERONI CON BAGNA CAUDA
Deux hors-d'œuvre à base d'anchois

L'anchois ferait figure de champion, dans un concours de hors-d'œuvre.

Voici deux façons, simples et délicieuses, de les utiliser, dont j'ai pu constater les qualités à la Trattoria Oswaldo, à Boccadasse, petit port de pêche tout près de Gênes, qui est maintenant englobé dans la ville.

ANCHOIS AU CITRON :

Temps de préparation : 5 minutes plus 24 heures de marinade.
Des anchois frais.
Le jus de plusieurs citrons.

• 1 Laver les anchois, retirer la tête et l'arête, en les ouvrant par-dessous, jusqu'à la queue.

• 2 Les faire tremper, ouverts et à plat, dans le jus de citron pendant 24 heures.

POIVRONS ROUGES AUX ANCHOIS

Temps de préparation et de cuisson : 20 minutes.
(Préparer 2 heures à l'avance.)
Des anchois salés.
De l'huile d'olive.
Des gros poivrons rouges.
Des gousses d'ail hachées fin.

• 1 Faire griller les poivrons, en retirer la peau, les couper en rondelles ou en carrés de deux ou trois centimètres.

• 2 Bien dessaler les anchois, retirer la queue et la tête, en lever les filets.

• 3 Faire chauffer les filets à feu doux dans l'huile d'olive avec l'ail en écrasant le tout à la fourchette. Tartiner les morceaux de poivrons rouges avec ce mélange.

• 4 Mettre de l'huile d'olive dans le fond d'un plat peu profond. Y disposer les morceaux. Attendre 1 heure ou 2 avant de servir.

Quand, après avoir goûté ce plat, je m'extasiai sur la simplicité de la préparation, la famille Oswald et les serveurs, qui m'observaient du coin de l'œil, furent tout heureux de me voir, comme eux, considérer que les mets les meilleurs ne sont pas forcément ceux qui demandent le plus d'efforts.

ANGUILLA O CAPITONE ARROSTO
Anguille ou capitone en brochettes

Anguille en brochettes

Les anguilles ont une chair très riche et la cuisson en brochettes leur convient très bien. La recette suivante est typiquement italienne.

Pour 6 personnes.
Temps de préparation et de cuisson : 40 minutes.
1 anguille de 1 kilo, nettoyée et coupée en morceaux de 8 a 10 cm.
Des feuilles de sauge (ou de laurier ou bien de romarin).
Du sel.

• 1 Enfiler les morceaux d'anguille sur les brochettes en intercalant les feuilles de sauge (de laurier ou de romarin). Laisser la peau, elle durcira en cuisant et ainsi protégera la chair. Elle s'enlèvera facilement après la cuisson.

• 2 En cours de cuisson, arroser l'anguille avec sa propre graisse et l'assaisonner de sel.

• 3 Laisser cuire 30 minutes.

Dans le nord de l'Italie, ce plat est souvent accompagné de "moutarde de Crémone", conserve réputée, qui est à base de fruits : petites poires, oranges, abricots et cerises, morceaux de melon, le tout trempant dans un sirop de sucre, et parfumé de moutarde et d'ail.

Capitone en brochettes

Ce plat, très connu dans le sud de l'Italie, se fait traditionnellement la nuit de Noël ; il a d'ailleurs son équivalent dans le sud de la France. Le "capitone" est une anguille commune (N° 66) qui est devenue extraordinairement grasse. On en trouve de très bons spécimens en Corse.

Pour 6 personnes.
Temps de préparation et de cuisson : 1 heure 40 minutes, y compris le temps de marinade.
1 kilo de "capitone", nettoyé et coupé en tronçons de 10 cm.
4 à 5 gousses d'ail hachées.
Des feuilles de laurier.
2 cuillerées à soupe d'huile d'olive.
1 cuillerée à soupe de vinaigre.
Du poivre.

• 1 Laver les morceaux de poisson, les sécher et les enduire d'ail haché.

• 2 Les enfiler sur les brochettes en intercalant des feuilles de laurier, les mettre à mariner pendant 1 heure dans une marinade d'huile d'olive, de vinaigre et de poivre.

• 3 Faire griller à feu moyen, en les retournant et en les arrosant souvent à l'aide d'un brin de persil trempé dans la marinade. Compter 30 minutes de cuisson.

ANGUILLA SFUMATA D'ORBETELLO
Anguille fumée d'Orbetello

Bien que les anguilles de Comacchio soient les plus célèbres d'Italie, celles d'Orbetello, fumées et marinées, ont localement une grande réputation. Orbetello fut, jadis, la capitale du "Reali presidi di Spagna", et ce furent les Espagnols qui, au XVIe siècle, introduisirent cette technique pour fumer les anguilles qui, disait-on, venaient des Flandres.

J'ai passé un après-midi très intéressant dans un petit établissement qui traite les anguilles de cette façon. A côté des bâtiments, une kermesse italienne battait son plein. A l'intérieur de l'établissement, des centaines d'anguilles étincelaient dans des bacs de béton, tandis que des centaines d'autres pendaient en grappes sinistres sur des séchoirs métalliques. Des mains prestes brandissaient devant moi une forte perche à laquelle était fixé un fil électrique et, au bout, une grande fourchette métallique qui servait à électrocuter tout un bassin d'anguilles avec un simple contact. Toutes les explications m'ont été fournies par un chœur assourdissant, mais la personnalité de ma monitrice en chef, Signorina Luigina Testi, une jeune femme si vibrante qu'auprès d'elle les autres Italiens semblaient posséder une réserve presque britannique, dominait ce sabbat si souverainement que chaque détail passait clairement.

Les anguilles, une fois tuées, sont fendues tout du long, vidées, nettoyées puis laissées à mariner dans le sel et le vinaigre pendant deux heures. On les enfile ensuite par les ouïes à des joncs secs, très durs, et on les suspend au soleil jusqu'à séchage partiel et non total. Pendant ce temps on prépare une sauce en faisant bouillir dans du vinaigre un mélange de poivrons rouges et de piments coupés en morceaux. Ce mélange, une fois cuit, est passé au tamis ; puis on en tartine l'intérieur des anguilles à demi séchées. Ainsi enduites, les anguilles sont exposées sur un gril pendant une minute ou deux à la fumée d'un feu de braise. Avant de la manger, on coupe l'anguille fumée et on la frit dans de l'huile d'olive. (J'ai l'impression que si cette recette est vraiment venue de Flandres, elle a dû être sérieusement modifiée par les habitants d'Orbetello pendant les quatre cents dernières années.)

BISATO SULL'ARA

Manière vénitienne d'accommoder les anguilles.

"Bisato" est le nom vénitien des anguilles.

C'est un plat originaire de l'île de Murano, près de Venise, où l'on fait le verre soufflé. "Ara" est le nom donné à l'espace clos situé au-dessus des anciens fours à bois, où l'on mettait le verre à refroidir. Ces endroits ont servi pendant longtemps à la cuisson des anguilles, que les habitants de Murano préparaient ainsi :

1,5 kilo d'anguilles de taille moyenne.
Des feuilles de laurier.
Du sel et du poivre.

• 1 Retirer la peau des anguilles et les vider.

• 2 Faire des entailles circulaires tous les cinq centimètres environ.

• 3 Couvrir le fond d'un grand plat de feuilles de laurier, y mettre le poisson. Saupoudrer de sel et de poivre, mettre un peu d'eau. Couvrir d'une seconde couche de feuilles de laurier.

• 4 Mettre à four doux jusqu'à cuisson complète. Servir avec de la "polenta".

Il semble que l'"ara" ait été utilisé uniquement par raison d'économie et non pas pour communiquer aux anguilles quelque saveur subtile de verre soufflé. Aussi, pour faire ce plat, n'importe quel four fera l'affaire.

CE'E ALLA SALVIA (CIECHE ALLA PISANA)

Civelles à la mode de Pise

Ces petites anguilles transparentes, qui se trouvent à l'embouchure des fleuves de l'Europe en hiver, ne sont nulle part ailleurs aussi estimées que dans le voisinage de Pise, où elles sont très recherchées. Cavanna raconte, de façon fascinante, comment ces civelles ("ce'e" ou "cieche" en Toscane) étaient pêchées au début du siècle. Les pêcheurs, qui, pour la plupart, étaient des portefaix et d'autres travailleurs, attendaient toute la nuit, dans un coin de leur choix le long de la rive du fleuve, près de la mer. Ils étaient chaudement vêtus, dans des houppelandes de lainage rouge, des capuchons de fourrure sur la tête, munis de grands tamis et de lanternes. Enfonçant leurs tamis à contre-courant dans l'eau comme des cuillères, ils espéraient ainsi ramener des masses de civelles.

"A l'embouchure de la Callambrone, écrit Cavanna, certaines nuits de février où le temps était clément, j'ai vu des quintaux de civelles ramassés en quelques heures, alors que, d'autres nuits plus froides et moins fructueuses pour les pêcheurs, pas une seule civelle n'était ramassée, et les pêcheurs, abandonnant leur entreprise, tristes, grelottants et les mains vides, reprenaient le chemin de la ville. Un témoin à la vue perçante pourrait conclure du résultat de la pêche d'après le mouvement, rapide ou lent, des lanternes traversant la campagne." Les indications suivantes pour faire cuire les civelles peuvent être utilisées pour les nounats (N° 212), en italien "rossetto".

Temps de préparation et de cuisson : 20 minutes.
Des civelles.
1 demi-verre d'huile d'olive.
2 gousses d'ail.
Quelques feuilles de sauge.
Du concentré de tomate.
Du parmesan.

• 1 Chauffer l'huile dans une grande poêle. Mettre les gousses d'ail à dorer légèrement, ajouter les feuilles de sauge.

• 2 Pendant ce temps, rincer les civelles à l'eau courante ; essuyer avec précaution car elles doivent être vivantes quand on les met dans l'huile.

• 3 Les jeter dans l'huile très chaude, couvrir rapidement, car elles risqueraient de sortir de la poêle. Laisser cuire 5 minutes, assaisonner, ajouter le concentré de tomate dilué dans un demi-verre d'eau. Cuire 15 minutes environ, jusqu'à ce que l'eau soit évaporée.

La cuisson ainsi terminée, on peut aussi ajouter aux "ce'e" un peu de parmesan râpé trois minutes avant de servir.

Ce sont les indications données par la Signora Lina d'Ascanio qui sont reprises ci-dessus. Une variante, donnée par la Signora Bianca Berlendi, conseille de mettre les civelles à gratiner au four après les avoir saupoudrées de chapelure.

De toute façon, ce plat est accompagné de spaghettis et mangé à la fourchette. J'aurais dû dire que ces deux dames vivent à Pise et ont une grande habitude d'accommoder les civelles. Signora d'Ascanio m'a raconté que, pendant quelque temps, le prix des civelles avait tellement augmenté que les maîtresses de maison avaient fait montre d'imagination afin de pouvoir faire des plats copieux avec une quantité restreinte de civelles. On les incorpore, par exemple, à des omelettes après les avoir préparées comme expliqué ci-dessus, et agrémentées de parmesan.

CAPONE APPARECCHIATO

Une façon sicilienne de préparer le coriphène.

C'est le Signor A. La Porta, de Palerme, qui m'a donné cette recette.

Pour 6 personnes.
Temps de préparation et de cuisson : 30 minutes.
1 kilo de coriphène (N° 166).
1 pied de céleri.
50 grammes de câpres.
100 grammes d'olives vertes.
1 oignon.
1 verre trois quarts d'huile d'olive.
100 grammes de concentré de tomate.
1 cuillerée à soupe de sucre.
3 cuillerées à soupe de vinaigre.
Du sel et du poivre.

• 1 Nettoyer le poisson, le rincer à l'eau courante ; le couper en tranches. Laver le céleri et le cuire à l'eau. Laver les câpres. Laver les olives, en retirer les noyaux. Hacher l'oignon, le faire revenir dans quatre cuillerées à soupe d'huile d'olive dans le plat qui sera le plat de service.

• 2 Ajouter le concentré de tomate dilué dans un peu d'eau (utiliser l'eau de cuisson des céleris). Couper les céleris, les ajouter, mettre l'assaisonnement. Cuire le tout sur un feu moyen jusqu'à ce que l'on obtienne une sauce épaisse.

• 3 Pendant ce temps, frire les tranches de poisson dans un verre d'huile d'olive, après les avoir enduites de farine. Elles devront être dorées légèrement et régulièrement.

• 4 Retourner maintenant à la sauce, y ajouter les olives, les câpres, le sucre, le vinaigre et deux cuillerées à soupe d'huile d'olive. Laisser cuire quelques minutes.

• 5 Y mettre les tranches de poisson, faire cuire 5 minutes. Servir froid.

CERNIA RIPIENA
Mérou farci

Pour 4 personnes.
Temps de préparation et de cuisson : 1 heure 30 minutes.
1 mérou de 1 kilo (un denté ou un poisson du même genre fera l'affaire).
Pour la farce :
- Du pain trempé dans du lait.
- 6 petites crevettes roses, épluchées et pilées,
- 1 petit oignon haché fin.
- Des champignons secs trempés et hachés.
- Du persil haché fin.
- Un peu de beurre.
- 2 cuillerées à soupe de parmesan.
- 2 œufs battus.
- De la noix de muscade.
- Du sel et du poivre.

Pour la cuisson :
- D'autre beurre.
- 1 demi-douzaine de petits oignons.
- D'autre champignons trempés.
- 1 demi-verre de vin blanc sec.

• 1 Ouvrir le mérou, le nettoyer, retirer la grosse arête, sans abîmer les filets. Faire la farce avec les éléments indiqués, la mettre dans le poisson qui devra être recousu.

• 2 Pour la cuisson, faire fondre le beurre au fond de la casserole.

• 3 Mettre à frire les petits oignons et les champignons, jusqu'à ce que les premiers deviennent dorés.

• 4 Ajouter le mérou et le vin blanc.

• 5 Mettre à four très chaud jusqu'à ce qu'il soit cuit, ce qui ne prendra pas moins de 1 heure.

DENTICE FARCITO
Denté farci

Cette recette, ainsi que la suivante, est adaptée du livre charmant de Maria Nencioli, *Cacciucco*.

Temps de préparation et de cuisson : 1 heure.
1 denté de 1 kilo.
1 marinade (voir texte).
Pour la farce :
- De la chapelure trempée dans du vin blanc.
- 100 grammes de riz cuit.
- 1 demi-poire.
- Un mélange de céleri, d'oignon et de persil hachés.
- 1 œuf dur haché et un blanc d'œuf battu en neige.

Du sel, du poivre et des épices.

Pour la cuisson :

Du beurre.

Encore un peu de chapelure.

Du bouillon de poisson.

• 1 Nettoyer le poisson, le mettre à mariner 30 minutes dans un mélange d'huile d'olive, de jus de citron et d'herbes.

• 2 Pendant ce temps préparer une farce avec le riz, la demi-poire écrasée, la chapelure trempée, le mélange d'oignons, de céleri et de persil que l'on aura fait légèrement frire, l'œuf dur écrasé et le blanc en neige.

• 3 Saler, poivrer et épicer.

• 4 Travailler cette farce. Lorsqu'elle est d'une consistance satisfaisante, la mettre à l'intérieur du poisson qui sera maintenu fermé avec des cure-dents en bois.

5 Mettre le poisson dans un plat à gratin bien huilé, verser dessus du beurre fondu, le saupoudrer de chapelure et le mettre de 18 à 24 minutes à four très chaud. Arroser de temps en temps avec du bon bouillon de poisson.

LAMPREDA AL VINO BIANCO
Lamproie au vin blanc

Pour 4 à 5 personnes.

Temps de préparation et de cuisson : 35 à 45 minutes.

1 lamproie de 1 kilo environ.

100 grammes de beurre.

4 échalotes.

Du thym.

2 verres de bouillon de poisson.

1 verre de "vernaccia" (vin de Sardaigne)ou autre vin blanc.

De la farine. Du sel et du poivre.

• 1 Choisir un poêlon dont le couvercle ferme hermétiquement. Mettre du beurre dans le poêlon, y faire revenir doucement les échalotes et le thym.

• 2 Retirer la peau de la lamproie, couper le poisson en tronçons, les enduire légèrement de farine et les ajouter aux échalotes en y joignant le bouillon, du sel et du poivre.

• 3 Mettre le couvercle et laisser environ 30 minutes.

• 4 Vers la fin de la cuisson, ajouter le verre de vin.

• 5 Servir dans le poêlon.

ORATA ALLA PUGLIESE
Daurade à la mode des Pouilles

Pour 6 personnes.

Temps de préparation et de cuisson : 30 minutes.

1 daurade de 1,5 kilo (N° 128).

1 verre d'huile d'olive.

I gros bouquet de persil haché. 6 à 8 pommes de terre pelées et coupées en tranches.

100 grammes de fromage rapé.

Du sel et du poivre.

• 1 Nettoyer, laver et sécher la daurade.

• 2 Mettre une grande partie de l'huile d'olive dans un plat à gratin.

• 3 Ajouter la moitié du persil haché, la moitié des pommes de terre et la moitié du fromage.

• 4 Mettre alors le poisson ; puis l'autre moitié du persil, les pommes de terre, le fromage et le restant de l'huile d'olive. Assaisonner. Mettre à four très chaud 25 minutes environ.

TRANCIE DI PAGRO COL PESTE

Tranches de pagre avec un "pesto"

Pour 4 personnes.

Temps de préparation et de cuisson : 15 minutes.

Temps de préparation du "pesto" : 10 minutes.

4 darnes de pagre (N° 129).

2 tomates.

4 filets d'anchois.

I demi-verre d'huile d'olive.

Du sel et du poivre.

Pour le pesto :

2 gousses d'ail écrasées au mortier.

I poignée de feuilles de basilic, écrasées.

50 grammes de pignons.

100 grammes de parmesan râpé.

2 cuillerées à soupe d'huile d'olive.

Du sel.

• 1 Commencer par faire griller les darnes de pagre.

• 2 Peler, épépiner et hacher les tomates ; les mettre à mijoter doucement à l'huile d'olive dans une grande poêle avec les filets d'anchois hachés, le sel et le poivre.

• 3 Retourner le poisson.

• 4 Quand le mélange de tomates et d'anchois aura cuit 5 minutes, verser le pesto, remuer.

• 5 Sortir le poisson (5 minutes de cuisson pour chaque côté suffisent). Verser la sauce dessus et servir.

COMMENT FAIRE LE PESTO

Mélanger l'ail et le basilic dans le mortier, y joindre les pignons et une pincée de sel. Puis ajouter, petit à petit, le fromage râpé et l'huile d'olive afin d'obtenir une crème épaisse.

FILETTI DI PESCE GALLO AL MARSALA
Filets de saint-pierre au marsala

Le saint-pierre ("pesce San-Pietro") est connu en Sicile sous le nom de "gallo", nom proche du nom italien "gall" et du français "poule de mer". Mon collègue George Evans, qui a été en poste à Venise et à Palerme, trouve qu'en Sicile, ce poisson n'est pas aussi apprécié qu'il devrait l'être, d'autant qu'il est très bon marché. D'autre part, il dit aussi qu'il est difficile de trouver un poissonnier qui sache lever les filets à la manière vénitienne, c'est-à-dire les découper dans leur épaisseur et les ouvrir comme des papillons. C'est pourquoi, en Sicile, les filets, plus épais, peuvent être cuits comme les "scallopine alla marsala". Le marsala est un vin très souvent utilisé dans la cuisine sicilienne.

La recette suivante peut aussi bien être utilisée pour accommoder les filets de sole ou tout autre bon poisson plat.

Pour 2 personnes.
Temps de préparation et de cuisson : 30 minutes.
1 saint-pierre de 1 kilo ou plus.
De la farine.
100 grammes de beurre.
2 verres de marsala.
2 verres de fumet de poisson.
Du sel et du poivre.

• 1 Nettoyer le poisson et lever les filets. Avec la tête et les arêtes, faire un fumet de poisson.

• 2 Laver les filets, les enduire légèrement de farine et les faire revenir dans du beurre jusqu'à ce qu'ils soient dorés.

• 3 Ajouter le marsala et le fumet de poisson. Laisser mijoter le temps de réduire la sauce de moitié. Servir les filets dans leur sauce.

IMPANATA DI PESCE SPADA
Pâté sicilien d'espadon

Pour 8 personnes.
Temps de préparation et de cuisson : 1 heure 20 minutes.
Plus temps de repos de la pâte : 1 heure.
Pour le poisson :
500 grammes d'espadon (N° 199).
De l'huile d'olive.
2 oignons moyens.
2 branches de céleri.
4 ou 5 courgettes.
2 cuillerées à soupe de concentré de tomate.
100 grammes d'olives vertes dénoyautées.
1 cuillerée à soupe et demie de câpres.
Pour la croûte :
400 grammes de farine.

200 grammes de beurre.
175 grammes de sucre en poudre.
4 ou 5 jaunes d'œuf.
Du zeste de citron.
Une pincée de sel.

• 1 Faire une pâte feuilletée avec les éléments indiqués ; en faire une boule ; l'envelopper dans du papier sulfurisé ; la laisser 1 heure au rétrigérateur.

• 2 Hacher finement les oignons, les faire revenir à l'huile d'olive, ajouter le concentré de tomate dilué dans de l'eau, le céleri haché fin, les olives dénoyautées et hachées puis les câpres.

• 3 Couper l'espadon en petits morceaux, les ajouter, ainsi que l'assaisonnement, et laisser mijoter jusqu'à ce que la sauce ait réduit.

• 4 Couper les courgettes en bandes de 5 centimètres environ, les tremper dans les œufs battus, puis dans la farine ; faire frire dans l'huile chaude ; les mettre à égoutter sur un papier absorbant.

• 5 Prendre un moule de 20 centimètres de diamètre et de 7 à 8 centimètres de hauteur, ayant, de préférence, le fond amovible.

• 6 Beurrer et fariner le moule. Partager la pâte en trois. Etaler une des parts de pâte en un disque qui devra être légèrement plus grand que le fond du plat afin de remonter sur les côtés. Mettre en place.

• 7 Etaler la moitié du poisson cuit et la moitié des courgettes dans le fond du moule. Intercaler une couche mince de pâte, puis mettre le restant des courgettes et du poisson. Etaler le restant de la pâte et en couvrir le pâté en prenant bien soin de fermer tout autour. Badigeonner le dessus avec du jaune d'œuf. Cuire 50 à 55 minutes à four doux.

• 8 Démouler et servir. Vous verrez alors qu'en ce qui concerne la couche de pâte intermédiaire, le désastre que vous aviez imaginé ne s'est pas produit.

Ce mélange de saveur est inhabituel et cette recette peut être utilisée pour accommoder d'autres poissons comme, par exemple, le flétan.

CODA DI ROSPO
Queue de baudroie

La baudroie, abondante en Adriatique, est très recherchée à Venise, à tel point que les Vénitiens doivent en faire venir d'ailleurs. Même des spécimens originaires de l'Atlantique viennent aboutir sur les étalages des poissonniers du Rialto.

De ce poisson à tête énorme, la seule partie comestible est la queue. La chair, blanche et ferme, est assez semblable à celle du crabe ou de la langouste.

À Venise, mes propres recherches m'ont amené à la conclusion que c'était peut-être la grillade qui était la meilleure façon de les cuire. Fendre la queue dans sa longueur, l'ouvrir et la faire bien griller de chaque côté vingt minutes.

Vous pouvez aussi la faire frire en filets.

Une troisième méthode est de la cuire au court-bouillon pendant une demi-heure (ce qui est plus long que pour la plupart des poissons), et de la servir avec des pommes de terre bouillies, du persil et une mayonnaise ou une autre sauce.

SARDE A BECCAFICCU

Sardines farcies et cuites au four à la sicilienne

L'expérience et le "savoir-faire" de plusieurs dames siciliennes, notamment de la Signora Maria Bianco Cutolo, se retrouvent dans cette recette qui est celle d'une spécialité sicilienne bien connue. Le "becca ficco" ("beccaficu" en Sicile ; "becfigue" dans le Midi de la France), est un petit oiseau. Le nom de la recette vient de la façon dont les sardines sont disposées dans le plat ; en effet, elles évoquent un peu ces oiseaux.

Pour 6 personnes.
Temps de préparation et de cuisson : 30 à 40 minutes.
1 kilo de sardines fraîches (environ 2 douzaines, soit 4 par personne).
Pour la farce :
100 grammes de chapelure.
1 cuillerée à soupe d'huile d'olive.
2 gousses d'ail.
Du persil.
2 ou 3 échalotes.
1 cuillerée à café de jus de citron.
40 grammes de pignons.
60 grammes de câpres.
60 grammes d'olives noires dénoyautées.
40 grammes d'amandes blanchies.
Du sel et du poivre.

• 1 Bien mélanger tous les éléments de la farce, hachés fin.

• 2 Nettoyer les sardines retirer la tête, les fendre, les ouvrir jusqu'à la queue et retirer l'arête centrale.

• 3 Les mettre à plat sur le dos, étaler une fine couche de farce sur chacune d'elles. Puis les rouler en allant vers la queue, les placer en rond dans un plat à gratin, serrées les unes contre les autres, la queue en l'air.

• 4 On peut insérer une feuille de laurier par-ci par-là, si l'on veut.

• 5 Verser de l'huile d'olive et cuire 10 minutes environ à four chaud.

Ce plat peut se faire également avec des anchois frais. Le choix des éléments de la farce peut varier, certains y mettent du fromage râpé, des anchois, de la muscade, etc.

FILETTI DI SFOGLIA, VERI E FALSI

Filets de sole

Comment accommoder les filets de sole, et comment maquiller d'autres poissons en filets de sole.

Cavanna (dans *Doni di Nettuno*) nous donne des instructions singulières pour accommoder les filets de sole, et explique aussi comment préparer des tanches avec une technique que même les moins scrupuleux n'utiliseraient probablement pas de nos jours étant donné le prix élevé des huîtres et la facilité avec laquelle on peut se procurer des filets de sole surgelés. J'ai essayé la première des deux recettes et l'ai trouvée bonne ; mais je n'ai jamais essayé de préparer l'"imitation".

Voici la recette :

"Choisir des soles qui pèsent à peu près 200 grammes. Une fois leur peau retirée, lever les quatre filets de chaque sole et les mettre à tremper avec du sel et du poivre dans des œufs battus. Les y laisser deux à trois heures. Puis, les enrober de chapelure et les faire frire dans de l'huile d'olive. Les mettre ensuite dans une autre casserole avec de l'huile d'olive et du beurre, en les saupoudrant de nouveau de sel et de poivre, grossièrement moulu. Lorsque le tout est très chaud, y verser du vin blanc sec. Une fois la cuisson terminée, saupoudrer de persil haché et servir avec des tranches de citron disposées tout autour."

Et voici la recette des "imitations" de filets de sole :

"Certains présentent, avec beaucoup d'art, les filets dont la chair n'a rien à voir avec celle de la sole ! Ils prennent des filets de tanche (le poisson de rivière), les arrangent un peu, les enduisent d'une crème faite avec des huîtres (il en faut très peu), du sel, du poivre et du jus de citron, puis les font dorer à la friture et procèdent comme il est indiqué ci-dessus. Seul un fin connaisseur pourrait s'apercevoir de la supercherie, encore faudrait-il qu'il ait lieu d'être soupçonneux."

SOGLIOLE ALLA PARMIGIANA

Sole au parmesan

Pour 2 personnes.
Temps de préparation et de cuisson : 20 minutes.
2 soles de taille moyenne.
100 grammes de beurre.
Du parmesan râpé.
2 cuillerées à soupe de bouillon de poulet ou de poisson.
1 citron.
De la salade verte.
Du sel et du poivre.

• 1 Retirer la peau des soles des deux côtés.

• 2 Beurrer une poêle, y mettre les soles, les saupoudrer de sel et de poivre et mettre des morceaux de beurre dessus.

• 3 Faire dorer des deux côtés. Mettre le parmesan en une couche légère, ajouter le bouillon, couvrir et laisser mijoter 5 minutes jusqu'à ce que le poisson soit cuit et le fromage fondu.

• 4 Servir dans le plat de cuisson avec des demi-citrons et de la salade verte.

Ce plat peut se faire aussi bien au four, selon Elizabeth David, qui en donne la recette dans son livre *Italian Food*, à côté de la recette précédente.

SPIGOLA IN AGRODOLCE
Loup à l'aigre-doux

Quoique cette recette soit à recommander spécialement pour le loup, elle peut être utilisée pour d'autres poissons.

Temps de préparation et de cuisson : 35 minutes.
1 loup entier (compter 250 grammes par personne).
3 oignons hachés.
1 verre d'huile d'olive.
1 grosse cuillerée à soupe de sucre en poudre.
De la farine.
50 grammes de beurre.
Le jus d'un citron.
Quelques morceaux de lard fumé.

• 1 Préparer le poisson, le couper en tranches.

• 2 Faire revenir doucement les oignons et les morceaux de lard fumé dans l'huile d'olive. Puis ajouter le poisson qui devra être doré des deux côtés. Laisser mijoter.

• 3 Pendant ce temps, préparer la sauce : faire fondre le sucre en poudre dans une casserole, ajouter une cuillerée de farine et le beurre, remuer le mélange pour l'empêcher de brunir.

• 4 Verser le jus de citron goutte à goutte et laisser épaissir. Ensuite, verser la sauce sur le poisson et laisser ainsi, jusqu'à la fin de la cuisson.

TONNO ALLA GENOVESE
Thon frais à la génoise

Pour 4 personnes.
Temps de préparation et de cuisson : 40 à 45 minutes.
4 tranches de thon frais pesant en tout 600 à 700 grammes.
20 grammes de champignons secs ayant trempé quelques minutes dans l'eau.
3 anchois salés.
Du persil.
2 gousses d'ail.
1 verre d'huile d'olive.
1 cuillerée à soupe de farine.
2 verres de vin blanc sec.
Le jus d'un citron.

50 grammes de beurre.
Du sel, du poivre et des épices.

• 1 Egoutter les champignons, dessaler les anchois, en lever les filets, les sécher.

• 2 Ecraser les champignons, les anchois, deux brins de persil et deux gousses d'ail. Mettre tout cela dans une grande poêle avec l'huile d'olive ; ajouter la farine. Faire frire doucement en remuant. Ajouter le vin et porter à ébullition.

• 3 Mettre alors les tranches de thon en une seule couche, les assaisonner, y ajouter une pincée d'épices. Couvrir et laisser cuire 5 minutes.

• 4 Retourner les tranches de thon et mettre le plat à four chaud 20 à 25 minutes environ. Lorsque les tranches sont bien cuites, les mettre dans le plat de service et les maintenir au chaud.

• 5 Ajouter le jus de citron et le beurre au jus de cuisson. Verser cette sauce sur le poisson et servir immédiatement.

TRIGLIE ALLA LIVORNESE
Rougets à la mode de Livourne

Temps de préparation et de cuisson : 15 minutes.
Des rougets d'environ 200 grammes chacun (un par personne).
De l'huile d'olive.
De la farine.
Mélange aromatique à répandre sur le poisson :
Persil haché extrêmement fin.
Morceaux minuscules de feuilles de laurier.
Du poivre, mais "à peine".
Rien qu'un petit éclat d'une gousse d'ail.
Une quantité, disons, infime d'oignons, ou encore un soupçon de fenouil.

• 1 Que vous les vidiez ou pas, lavez les rougets à l'eau claire et séchez-les bien.

• 2 Chauffez l'huile d'olive dans une grande poêle où tous les poissons pourront tenir. Mettez-les dans l'huile chaude. Lorsqu'ils ont commencé à cuire, retournez-les délicatement et saupoudrez-les avec le mélange aromatique indiqué.

La saveur du rouget est très fine. Peut-être ai-je exagéré les précautions pour vous empêcher d'ajouter une trop grande quantité d'assaisonnement, mais cela en abîmerait la saveur délicate.

• 3 Pendant que le poisson cuisait, vous avez préparé une sauce tomate assez épaisse. Vous en versez (avec modération) sur le poisson, quand il est cuit ; le plat est prêt quelques minutes plus tard.

TRIGLIE FREDDE CON SALSA DI MENTA
Rouget froid, sauce à la menthe

Temps de préparation et de cuisson : 15 minutes.
1 rouget par personne.
300 grammes de mie de pain.

Du persil et des feuilles de menthe fraîche.
2 cuillerées à café de câpres.
1 œuf cru.
2 cuillerées à café de sucre.•
2 cuillerées à café de pâte d'anchois
1 demi-verre d'huile d'olive.

• 1 Laver et écailler les rougets. Les faire frire doucement, puis les mettre de côté.

• 2 Pour la sauce, faire tremper 300 grammes de mie de pain dans de l'eau vinaigrée, bien la presser pour en retirer l'excès de liquide.

• 3 Hacher le persil et la menthe, les mettre dans un mortier avec la mie de pain, les câpres, l'œuf, la pâte d'anchois et une pincée de sel. Bien pétrir et passer au tamis, puis y verser l'huile d'olive, en filet comme pour faire une mayonnaise.

• 4 Servir les poissons et la sauce à part.

C'est un mets à consommer l'été. La recette, trouvée à Palerme chez la baronne Pucci in Moore, vient d'un livre de cuisine familiale, vieux de cinq générations.

SCHILE AGIO E OGIO

Manière traditionnelle de cuire les crevettes à Venise.

Des crevettes fraîches.
De l'huile d'olive.
De l'ail. Du persil haché.

• 1 Mettre les crevettes dans un poêlon, les couvrir d'eau salée. Chauffer jusqu'à ce que l'écume se forme.

• 2 Passer et mettre dans une casserole avec beaucoup d'huile d'olive, d'ail et de persil haché.

• 3 Cuire quelques instants sur feu vif.

MOLECHE ALLA MURANESE
(GRANCHI MOLLI ALLA MURANESE)
Crabes à carapace molle à la mode de Murano

Il vous faut, pour cela, des crabes à carapace molle, c'est-à-dire des crabes qui ont perdu récemment leur carapace.

Pour 6 personnes.
Temps de préparation et de cuisson : 15 minutes.
1,5 kilo de crabes, soit 2 douzaines et demie à 3 douzaines de crabes.
2 œufs battus.
1 verre d'huile d'olive.
De la farine.

• 1 Retirer les pinces et les pattes des crabes.

• 2 Battre les œufs dans une casserole et y mettre le corps des crabes. Les œufs seront absorbés en quelques minutes.

• 3 Enrober immédiatement les crabes de farine et les faire frire à l'huile chaude.

CAPE SANTE IN TECIA
(CAPPE SANTE IN TEGAME)
Coquilles Saint-Jacques à la vénitienne

Pour 6 personnes.
Temps de préparation et de cuisson : 30 minutes.
16 grandes coquilles Saint-Jacques.
De la chapelure fine.
2 cuillerées à soupe d'huile d'olive.
30 grammes de beurre.
1 gousse d'ail.
3 brins de persil.
Du sel.
Le jus d'un demi-citron.
3 cuillerées à soupe de vin blanc.

• 1 Ouvrir les coquilles. Retirer la partie comestible (le muscle) et, s'il y en a, le corail (les œufs) ; sécher ; les enrober de chapelure.

• 2 Garder les huit plus belles coquilles ; bien les laver.

• 3 Chauffer l'huile d'olive et le beurre dans une poêle avec l'ail et du persil. Au bout de quelques minutes, retirer l'ail et mettre le muscle et éventuellement le corail, avec une pincée de sel.

• 4 Faire cuire de 12 à 15 minutes en veillant à ce qu'ils se colorent dans leur totalité.

• 5 Arroser de jus de citron et de vin blanc en fin de cuisson.

• 6 Les servir par deux dans les coquilles après les avoir arrosées avec le restant du jus de cuisson et décorées de persil.

COZZE E PATATE AL FORNO
Moules au four avec des pommes de terre

Les directives, pour faire ce plat, proviennent de Mme Teresa Turco, de Rutigliano, près de Bari, qui le faisait depuis la première année de ce siècle, alors que la reine Victoria était encore sur le trône et qu'en Italie, le roi Victor-Emmanuel III venait de succéder à son père, assassiné par un anarchiste de New Jersey.

Pour 6 personnes.
Temps de préparation et de cuisson : 1 heure 15 minutes.
1 kilo de pommes de terre.
1,5 à 2 kilos de moules.
250 grammes de tomates longues.
Du persil haché.
De l'huile d'olive.
De la chapelure.
2 gousses d'ail hachées fin.
Du sel et du poivre.

• 1 Prendre un plat à gratin, grand et profond, et en huiler le fond. Y mettre les pommes de terre, pelées, coupées en rondelles et assaisonnées. Les parsemer abondamment de persil haché et y verser deux cuillerées à soupe d'huile d'olive.

• 2 Couper la moitié des tomates en rondelles et les poser sur les pommes de terre. Choisir des tomates longues, fraîches ou en conserve.

• 3 Les moules auront été ouvertes selon la méthode habituelle, à la vapeur, dans une grande casserole. Ne garder qu'une coquille de chaque moule et jeter l'autre. Il faut s'efforcer de garder le maximum d'eau de moules. Les poser côte à côte sur la couche de pommes de terre et de tomates.

• 4 Ensuite, saupoudrer de chapelure. Mouiller d'un filet d'huile d'olive. Ajouter du sel et du poivre, du persil, de l'ail haché et le restant des tomates en tout petits morceaux.

• 5 Faire cuire 1 heure à four doux.

CALAMARI RIPIENI
Encornets farcis

C'est un plat délicieux, très courant en Italie, et dont on trouve de nombreuses variantes régionales intéressantes. Cette version-ci vient de Naples où Assunta Viscardi, qui me l'a communiquée, a été, pendant de nombreuses années, la cuisinière du consul général de Grande-Bretagne.

Pour 4 personnes.
Temps de préparation et de cuisson : 45 minutes.
800 grammes à 1 kilo d'encornets.
1 demi-verre d'huile d'olive.
2 gousses d'ail hachées.
1 branche de persil haché.
6 olives noires dénoyautées et coupées en deux.
1 cuillerée à soupe de câpres.
4 tomates pelées et hachées.
Quelques petits morceaux de piments rouges (ou du poivre de Cayenne).
1 cuillerée de mie de pain trempée.
Du sel et du poivre.

• 1 Laver et préparer les encornets comme d'habitude ; hacher la tête et les tentacules.

• 2 Chauffer de l'huile d'olive dans une poêle et y faire frire successivement 1 gousse d'ail hachée, la tête et les tentacules hachés, les olives, les câpres, le persil, deux tomates, le piment et lorsque tout cela a pris de la couleur, la mie de pain pour lier.

• 3 Avec cette farce, remplir la poche de l'encornet ; la coudre.

• 4 Dans une poêle, faire chauffer de l'huile d'olive, y faire revenir une gousse d'ail hachée, y ajouter deux tomates, le piment et, lorsque tout est bien revenu, ajouter du du sel et du poivre. Mettre les encornets dans cette sauce, couvrir et laisser mijoter 30 minutes environ.

POLPETIELLI ALLA LUCIANA
Poulpes à la napolitaine

Mme Carola recommande à ses lecteurs, au début du chapitre sur les poulpes, dans son livre *La Cucina napolitana*, d'acheter le véritable poulpe, celui qui a une double rangée de ventouses sur chaque tentacule (c'est-à-dire les N°s 579 ou 580), et de ne pas se contenter de l'espèce n'ayant qu'une rangée de ventouses et qui est de qualité inférieure (N° 582, connu sous les noms "sinisco" et "sinischiello" à Naples). Ces deux espèces ne se capturent pas de la même façon. Le "sinisco", qui vit plus loin en mer, est pêché des bateaux avec des filets, alors que le "véritable" poulpe, attiré par la couleur blanche, est appâté soit par une plume blanche, soit par un chiffon de cette couleur attaché à une toute petite ancre à cinq branches appelée "filatiello". Il est pêché également à l'aide d'une poterie blanche, en forme d'amphore, appelée "mummarella", qui contient des cailloux blancs ; elle est descendue au fond, près des rochers, à l'aide d'une corde. Quand le véritable poulpe la voit, il la vide de ses cailloux et s'y installe comme dans un nid. Lorsque le pêcheur voit le tas de cailloux blancs à côté de l'amphore, il la tire et capture ainsi le poulpe.

Pour 6 personnes.
Temps de préparation et de cuisson : 1 heure.
1,250 kilo de petits poulpes (N° 579 ou 580).
1 verre d'huile d'olive.
2 gousses d'ail.
Beaucoup de persil haché.
2 cuillerées à soupe de jus de citron.
Du sel et du poivre.

• 1 Nettoyer les poulpes, retourner la poche pour les vider, retirer les yeux (sans les confondre avec les ventouses des tentacules) et le petit os qui est au fond. Laver soigneusement.

• 2 Les cuire dans un peu d'eau bouillante salée ou, mieux encore, dans un mélange d'eau douce et d'eau de mer (trois quarts eau de mer, un quart eau douce), sans ajouter de sel bien entendu. Cuire de 20 à 45 minutes, selon la taille.

• 3 Egoutter les poulpes, les couper en petits morceaux, assaisonner avec l'ail (haché ou entier), l'huile d'olive, le jus de citron, le persil et le poivre.

• 4 Faire cuire un bon moment avant le repas afin que l'assaisonnement ait le temps de bien pénétrer dans la chair, ce qui l'attendrira.

J'ajouterai que j'ai goûté de ce plat fait sans huile d'olive et avec très peu d'ail. Je l'ai trouvé très bon ainsi et particulièrement léger.

SEPPIE ALLA VENEZIANA CON POLENTA
Seiche à la vénitienne avec de la polenta

Ce plat, nourrissant, est bien connu dans toute la région de Venise.

Pour 4 personnes.
Temps de préparation et de cuisson : 35 minutes.
800 grammes de petites seiches.
1 demi-verre d'huile d'olive.
1 gousse d'ail.
1 demi-verre de vin blanc.
500 grammes de polenta.
Du sel et du poivre.

• 1 Videz les seiches et jetez les yeux ; gardez un ou deux sacs d'encre. Lavez soigneusement les seiches.

• 2 Mettez-les à cuire dans un poêlon avec l'huile d'olive et l'ail que vous prendrez soin de retirer quand il commencera à brunir. Saupoudrez de sel et de poivre, laissez cuire 20 minutes à feu doux.

• 3 Ajoutez alors le vin blanc et le contenu d'un ou deux sacs d'encre. Laissez cuire encore quelques minutes.

• 4 Servez avec la polenta que vous avez fait cuire 20 minutes en remuant, dans deux litres et demi d'eau salée bouillante.

Voici maintenant la recette d'un plat toscan qui correspond à celui-ci : il s'appelle “Seppie* ai nero con spinaci”. Une amie de Toscane se rappelle en avoir mangé tous les vendredis de son enfance. Le résultat est qu'elle est incapable maintenant de l'apprécier et qu'elle n'en fait jamais. Toutefois, la façon de le faire est si bien inscrite dans sa mémoire qu'elle pourrait prétendre être une des plus grandes spécialistes en la matière.

Voici la recette :

1 kilo de seiche.
1 kilo d'épinards.
De l'huile d'olive.
De l'ail.

• 1 Préparer la seiche comme d'habitude, en réservant trois ou quatre sacs d'encre.

• 2 Faire revenir 1 gousse d'ail hachée fin dans l'huile d'olive, ajouter les seiches, laisser mijoter, à couvert, jusqu'à cuisson complète.

• 3 Pendant ce temps, nettoyer les épinards. Les mettre dans une casserole sans ajouter d'eau. Préparer alors un “soffritto” d'ail et d'huile d'olive, le joindre aux épinards cuits et laisser cuire encore quelques minutes.

• 4 Enfin : mélanger la seiche, les épinards et l'encre ; faire cuire le tout quelques instants.

---

*Mais on risque d'être un peu perdu dans les appellations, car en Toscane les seiches s'appellent parfois “calamari” ; c'est pourquoi ce plat s'appelle aussi quelquefois “calamari con spinaci”.

Grèce

Lors de nos premières vacances en Grèce, nous venions d'une grande capitale où les poissons sont rares ; aussi étions-nous bien déterminés à faire un repas de poissons le soir même de notre arrivée à Athènes. Nous avions décidé d'aller à Turkolimeno, le petit port de plaisance et de pêche, près du Pirée, où la vue de tous ces petits restaurants avec leurs tables le long du quai et les lumières scintillant au-dessus d'elles nous a réjouis. Là, après avoir fait, entre tous, un choix difficile, nous sommes allés, selon l'habitude grecque, choisir dans le réfrigérateur le poisson que nous voulions nous faire servir.

Pour une raison quelconque, il n'y avait presque pas d'autres clients ce soir-là, peut-être la saison était-elle trop avancée pour dîner dehors, il y faisait un peu frais. L'un après l'autre, les restaurants se suivaient et, côte à côte, le long du quai, ils nous donnaient l'impression que ces milliers de tables étaient là pour nous tout seuls avec les centaines de serveurs s'échelonnant, depuis celui qui, “grandeur nature”, allongeait son ombre sur notre table, jusqu'aux petites taches noires et blanches au dernier des restaurants, dans le lointain. Il aurait fallu que De Chirico fût là pour fixer sur la toile ce curieux effet de perspective.

Les Grecs n'ont pas tellement de recettes différentes pour accommoder les poissons qu'ils consomment. La plupart des Grecs vous diront qu'il y a différentes manières de cuire les poissons et qu'elles peuvent être utilisées pour presque toutes les espèces. Parmi les recettes qui suivent, quelques-unes sont d'un caractère général, assez banales et très pratiques, alors que quelques autres sont vraiment réservées spécifiquement à certains poissons.

AVGOLEMONO PSAROSOUPA
Soupe de poissons aux œufs et au citron

C'est une soupe typiquement grecque dans laquelle on incorpore la fameuse sauce aux œufs et aux citrons.

Pour 8 personnes.
Temps de préparation et de cuisson : 20 à 25 minutes, plus le temps de cuisson du fumet.
2 litres de fumet de poisson.
100 grammes de riz (plutôt moins que plus).
1 citron.
3 œufs.

• 1 Faire le fumet de poisson. Le passer, le remettre à bouillir. Y mettre le riz.

• 2 Pendant que le riz cuit (15 minutes), battre trois œufs, y incorporer le jus de citron, puis y ajouter deux louches de bouillon de cuisson du riz.

• 3 Bien mélanger et verser dans le bouillon en remuant.

• 4 Remettre le tout à bouillir doucement quelques minutes ; puis couvrir et laisser au chaud un petit moment avant de servir.

ATHENAIKI MAYONAISA

Poisson en mayonnaise à la mode d'Athènes

C'est un plat très agréable l'été. Il faut un gros poisson dont les arêtes soient faciles à retirer ; je suggère le loup (N° 113), la sériole (N° 161), le mulet (N° 105 à 110), mais il y en a un large choix et il n'y a pas de raison pour que vous ne puissiez pas y substituer un poisson d'une autre région.

Pour 4 à 5 personnes.
Temps de préparation et de cuisson : de 35 à 45 minutes,
mais il doit être préparé à l'avance.
1 poisson de 1 kilo (voir texte).
1 œuf.
1 demi-verre d'huile d'olive.
Quelques olives vertes ou du concombre pour la décoration.
Du sel et du poivre.

• 1 Nettoyez et lavez le poisson.

• 2 Faites-le cuire au court-bouillon ou simplement dans de l'eau dans laquelle vous mettrez une carotte, du céleri et des tomates, mode de cuisson habituel en Grèce.

• 3 Sortez le poisson de l'eau, retirez la peau et les arêtes, effeuillez-en la chair.

• 4 Mélangez ces morceaux avec de la mayonnaise que vous aurez faite pendant la cuisson du poisson. Donnez à ce mélange la forme du poisson, nappez avec la mayonnaise qui reste.

• 5 Décorez le plat et faites en sorte que la garniture choisie soit de couleur verte (olives vertes, concombre etc.)

BORTHETO

Ragoût corfiote de poisson ou de poulpe

Le major Forte, lorsqu'il était vice-consul à Corfou, a eu l'amabilité de me communiquer la recette suivante. Il m'a dit que "borthéto" est un mot corfiote qui ne se trouve pas dans le dictionnaire grec et date probablement de l'occupation vénitienne, il y a deux cents ans ou plus.

Pour 4 personnes.
Temps de préparation et de cuisson : 30 minutes à 1 heure 10 minutes.
1 à 1,5 kilo de rascasse (Nos 216-218), ou 750 grammes de roussette
(Nos 10-11), ou 750 grammes de poulpe (Nos 579-580).
500 grammes d'oignons émincés.
1 verre d'huile d'olive.
1 kilo de tomates, ou
2 cuillerées à soupe de concentré de tomate dilué dans de l'eau.
1 kilo de pommes de terre pelées et coupées.
2 cuillerées à café de poivre de Cayenne.
3 cuillerées à café de persil haché.
Du sel (selon goût).

• 1 Nettoyez la rascasse de la façon habituelle, mais ne lui coupez pas la tête. Il vaut mieux acheter les roussettes et les poulpes tout préparés. Si vous choisissez le poulpe, assurez-vous qu'il a été battu afin d'être attendri.

• 2 Dans une grande poêle, faites dorer l'oignon dans l'huile d'olive. Ajoutez un demi-litre d'eau et les tomates grossièrement hachées (ou le concentré) ; portez à ébullition.

• 3 Ajoutez alors le poisson, les pommes de terre, le persil et le poivre de Cayenne, du sel selon votre goût et davantage d'eau pour couvrir.

• 4 Laissez mijoter à couvert, 20 minutes pour les roussettes, 30 minutes pour les rascasses et 1 heure pour les poulpes ; mais, dans ces derniers cas, ne mettez les pommes de terre que 20 minutes avant la fin de la cuisson. Si nécessaire, ajoutez un peu d'eau en cours de cuisson, mais légèrement afin d'obtenir une sauce rouge et épaisse.

Ce n'est qu'une des nombreuses méthodes qui toutes donnent plus ou moins le même résultat. Il y en a probablement autant que de ménagères à Corfou. On peut en dire autant de la recette suivante.

BIANCO

Recette corfiote pour cuire les petits poissons blancs

Bianco est aussi un nom d'origine vénitienne. Cette recette peut aussi être utilisée pour accommoder de très petits poissons blancs (dont la taille va de 9 à 30 centimètres), mais ce plat se fait souvent avec des mulets (N° 105, etc.), avec les poissons de la famille des Gadidés (Nos 76, 77, 78, 81, 83-85) et de très petites roussettes (Nos 10, 11, etc.).

Pour 4 personnes.
Temps de préparation et de cuisson : 25 minutes.
1 kilo de poissons (non nettoyés).
1 kilo de pommes de terre coupées en cubes.
6 gousses d'ail hachées fin.
1 demi-verre d'huile d'olive.
Le jus d'un gros citron.
2 cuillerées à soupe de persil haché.
Du sel et du poivre.

La recette est des plus simples :

• 1 Prenez une grande casserole ou une grande poêle, couchez-y le poisson (nettoyé) au fond, couvrez-le avec les pommes de terre coupées, l'huile d'olive, l'ail, le sel et le poivre, selon le goût, et assez d'eau pour couvrir les pommes de terre.

• 2 Faites-le cuire, à couvert, à feu doux jusqu'à ce que l'eau se soit évaporée, ne laissant que l'huile.

• 3 Ensuite, ajoutez le jus de citron, faites bouillir, saupoudrez abondamment de persil, retirez du feu et servez dans la casserole.

PSITO PSARI
Poisson grillé

Les Grecs font souvent griller le poisson sur du charbon de bois, mais ne l'arrosent pas toujours suffisamment en cours de cuisson. Il arrive aussi qu'ils ne le servent pas immédiatement mais le laissent macérer dans un assaisonnement à base d'huile d'olive. C'est ainsi qu'ils l'aiment, mais cela peut ne pas plaire à tout le monde.

Pour faire griller du poisson d'une manière typiquement grecque et qui emplira de nostalgie les hellénophiles et plaira à tout le monde, je recommande cette façon de procéder : choisissez comme poisson soit du "barboúnia" (rouget de roche, N° 148). soit du "tsipoúra" (daurade, N° 128), soit l'un des poissons favoris des Grecs, la "marída" (picarel, N° 146). Préparez-le et grillez-le au charbon de bois selon la manière habituelle (p. 164), en prenant soin de le badigeonner régulièrement en cours de cuisson avec un mélange d'huile d'olive et de citron (les quatre cinquièmes d'huile d'olive). D'autre part, préparez, pour la servir avec le poisson, une sauce à base d'huile d'olive et de citron, dans les mêmes proportions et dans laquelle vous ajouterez beaucoup de persil haché. Servez le poisson dès qu'il est prêt ; donnez la sauce à part.

PSARI PLAKI

Voici une recette ou plutôt une gamme de recettes pour préparer le poisson comme en Grèce en le faisant cuire sur le fourneau avec un délicieux mélange méditerranéen de tomates, oignons, ail, citron, etc., quelques olives en plus, si vous le souhaitez, et une grande possibilité de variantes.

Pour 6 personnes.
Temps de préparation et de cuisson : 30 à 40 minutes.
1,500 à 1,750 kilo de poissons, soit 6 petits entiers, soit un plus gros coupé en morceaux (1 kilo de poisson une fois nettoyé).
1 verre d'huile d'olive.
3 oignons hachés.
2 gousses d'ail hachées.
4 grosses tomates coupées en gros morceaux.
250 grammes d'épinards (selon goût).
Du persil haché.
De l'aneth odorant haché (c'est une sorte de fenouil) ou de la menthe hachée.
1 verre de vin blanc.
Du sel et du poivre. 1 citron (le jus).

• 1 Commencez par faire chauffer de l'huile d'olive dans une grande poêle à frire, faites-y dorer l'oignon et l'ail hachés.

• 2 Ensuite, ajoutez les tomates et (si vous souhaitez en mettre) les épinards, le persil et l'aneth, puis le vin et une quantité égale d'eau. En ce qui concerne la quantité d'eau nécessaire, pensez que le poisson devra être couvert ; d'autre part, pensez aussi à ajouter moins de liquide si vous mettez des épinards qui rendent beaucoup d'eau.

• 3 Assaisonnez et laissez cuire le tout pendant 10 à 15 minutes jusqu'à ce que l'ensemble soit bien moelleux.

• 4 Pendant ce temps, préparez le poisson, coupez-le en morceaux si c'est nécessaire, afin de pouvoir les disposer dans une casserole bien huilée et versez du jus de citron dessus.

• 5 Quand la sauce est prête, versez-la sur le poisson, couvrez et laissez mijoter sur le dessus du fourneau pendant 30 minutes environ. Des olives dénoyautées ainsi qu'un jus de citron peuvent être ajoutés lorsque la cuisson est presque terminée.

• 6 Lorsque le poisson est cuit, vous pouvez le retirer et le mettre de côté pour faire réduire la sauce que vous verserez sur le poisson au moment de servir.

Vous ne pouvez guère vous tromper avec cette recette, du moment que vous laissez au poisson le temps de cuire. Cela n'aurait pas de sens de chercher à préciser la quantité de chaque ingrédient, ni même d'en faire un choix déterminé, toutefois je pense que les tomates, au moins, sont essentielles. En voyant toutes ces variantes suggérées pour ce plat, le lecteur ne sera pas étonné d'apprendre qu'il peut aussi bien le servir chaud que froid ou même tiède selon l'habitude grecque.

PSARI SPETSIOTIKO
Poisson cuit au four à la mode de Spetsai

Spetsai est une des Cyclades, non loin d'Athènes. La recette qui suit est une de ces rares recettes grecques de plat de poisson dont le nom indique l'origine.

Pour 4 personnes.
Temps de préparation et de cuisson : 1 heure 15 minutes.
1 poisson entier pesant environ 1 kilo, par exemple un loup (N° 113), un denté (N° 125), un tassergal (N° 154), ou deux poissons de 500 grammes chacun, comme les maquereaux ; ou 4 darnes de poisson, pesant 200 grammes chacune.
1 verre et demi d'huile d'olive.
2 à 3 grosses tomates ou 1 cuillerée à soupe de concentré de tomate.
1 gousse d'ail écrasée. Du persil haché.
1 poignée de chapelure.
1 demi-verre de vin blanc (selon goût).
Du sel et du poivre.

• 1 Nettoyez et lavez le poisson comme d'habitude.

• 2 Préparez la sauce en mélangeant l'huile d'olive, les tomates pelées et coupées (ou le concentré), le persil et l'ail ; ajoutez le sel et le poivre.

• 3 Huilez un plat à gratin, allongez-y le poisson, couvrez-le et entourez-le de sauce. Mettez la moitié de la chapelure sur le poisson, arrosez de sauce, mettez le restant de chapelure, remettez de la sauce et du persil.

• 4 Cuisez à four moyen pendant une bonne heure (selon la taille du poisson) en l'arrosant de temps en temps et en veillant à ce que la sauce ne réduise pas trop et à ce que le poisson ne sèche pas. Au besoin, allongez la sauce avec un peu d'eau ou de vin. Toutefois, il doit rester peu de sauce en fin de cuisson. Ce plat peut être consommé chaud ou froid. Il doit être servi avec des quarts de citron ou arrosé de jus de citron.

MAYATICI SKORTHALIA
Sériole sauce à l'ail

La sériole est un très bon poisson, bien connu des Grecs quoique difficile à trouver dans certaines parties de la Méditerranée. Quand mon collègue John Little était à Salonique, il m'envoya des indications concernant les deux manières dont, là-bas, ce poisson est préparé. Dans les deux cas le poisson est d'abord coupé en tranches et frit. Il est servi accompagné soit de sauce à l'ail soit de mayonnaise. On pourrait penser que celle-ci convient mieux à un poisson de qualité, alors que celle-là est plus souvent utilisée pour la morue salée. Toutefois, la sauce à l'ail (que je choisis de donner ici) a un petit air inhabituel et bien grec.

Temps de préparation et de cuisson de la sauce : 20 minutes.
1 poignée d'amandes ou de noix.
3 ou 4 gousses d'ail (ou plus).
1 verre et demi d'huile d'olive (pas plus).
500 grammes de pain (environ).
Du vinaigre.
Du sel.

• 1 Faites blanchir les noix, retirez en la peau, mélangez-les au batteur électrique avec l'ail et un verre environ d'huile d'olive (les amandes en ont davantage besoin que les noix).
• 2 Mettez le mélange ainsi obtenu dans un mortier en bois, écrasez-le avec un peu de sel afin de lui donner une consistance crémeuse.
• 3 Retirez la croûte du pain et faites-le tremper quelques minutes dans de l'eau ; exprimez-en toute l'eau et pétrissez jusqu'à ce que vous obteniez une pâte moelleuse.
• 4 Ecrasez-la avec le mélange d'amandes et d'ail, ajoutez l'huile d'olive goutte à goutte, tout en continuant à piler jusqu'à ce que le mélange devienne brillant, c'est-à-dire jusqu'au moment précis où l'huile commence à se dissocier du mélange et apparaît à la surface. Il faut alors s'arrêter.
• 5 Ajoutez le vinaigre (selon goût). Servez la sauce avec les tranches chaudes de sérioles frites.

GARIDOPILAFO
Crevettes roses au riz à la grecque

Mme Vedova, de Salonique, m'a donné des indications précises pour la préparation de ce plat. Elle l'a fait elle-même avec plusieurs variétés de riz et pense que le meilleur est le riz long, genre Patna.

Pour 6 personnes.
Temps de préparation et de cuisson : 30 minutes.
1 kilo de crevettes roses (N° 604, etc.).
350 grammes de riz.
1 demi-verre d'huile d'olive.
1 gros oignon ou deux petits.
1 cuillerée à soupe de concentré de tomate.

1 cuillerée à soupe de vin rouge sec.
1 feuille de laurier.
Du poivre.

• 1 Coupez l'oignon et faites-le frire dans l'huile d'olive jusqu'à ce qu'il devienne brun.

• 2 Ajoutez le concentré de tomate, le vin, la feuille de laurier, le poivre. Faites chauffer ce mélange en remuant.

• 3 Pendant ce temps, les crevettes auront cuit dans beaucoup d'eau salée, elles devront être fermes. Décortiquez-les, mettez-les de côté, et mettez les débris dans l'eau de cuisson que vous portez à ébullition.

• 4 Passez l'eau de cuisson, prenez-en environ un litre et demi, portez à ébullition. Ajoutez le riz et la sauce que vous avez préparés, remuez un peu et laissez cuire sans plus remuer jusqu'à ce que toute l'eau ait été absorbée. Pour savoir si le riz est cuit, plantez-y une cuillère verticalement : si elle tient debout, le riz est cuit.

• 5 Pour servir, décorez le dessus du riz avec les crevettes.

Bien des personnes offrent du parmesan râpé avec ce plat, mais la famille Vedova ne le préconise pas.

SOUPIA YACHNI
Seiche cuite dans son encre

Pour 6 personnes.
1 kilo de petites seiches.
2 oignons.
2 verres d'huile d'olive.
2 verres de vin blanc.
2 cuillerées à soupe de pignons (selon goût).
Du persil.
Du sel et du poivre.

• 1 Videz les seiches de leurs entrailles, os et yeux mais gardez quelques sacs d'encre. Coupez les seiches en morceaux.

• 2 Emincez les oignons. Chauffez l'huile d'olive dans une casserole, mettez-y les oignons à dorer puis ajoutez les morceaux de seiche afin qu'ils se colorent aussi.

• 3 Mettez ensuite le vin et une quantité égale d'eau, le contenu de deux ou trois sacs d'encre, du persil haché, du sel et du poivre, des pignons (si vous les aimez).

• 4 Couvrez. Portez à ébullition et laissez bouillir doucement jusqu'à ce que l'eau et le vin se soient évaporés.

OCHTAPODI KRASSATO
Poulpe au vin rouge

Les Grecs sont très friands de poulpes. Voici une façon de les préparer, qui est établie d'après une vieille recette recueillie dans la famille de Mme Dimítri Gófas, fine cuisinière athénienne.

Pour 6 personnes.
Temps de préparation et de cuisson : 3 heures.
1 poulpe de 1 kilo (N° 579 ou 580).
500 grammes d'oignons hachés fin.
Les trois quarts d'un verre d'huile d'olive.
1 demi-verre de vinaigre.
3 verres de vin rouge sec.
500 grammes de tomates, pelées et coupées en petits morceaux.
1 branche de romarin. 1 feuille de laurier.
1 cuillerée à café de poivre noir.
1 pincée de muscade. 1 pincée de cannelle. 2 clous de girofle.
1 cuillerée à soupe de concentré de tomate.

• 1 Nettoyez le poulpe.

• 2 Mettez-le tel quel dans une casserole, à feu moyen. Il va devenir rouge, sortez-le alors et hachez-le.

• 3 Pendant ce temps, mettez l'huile d'olive à chauffer.

• 4 Faites légèrement dorer les morceaux de poulpe dans l'huile d'olive chaude. Ajoutez les oignons émincés et laissez dorer. A ce moment-là, ajoutez tous les autres ingrédients, remuez et couvrez.

• 5 Laissez mijoter jusqu'à ce que le poulpe soit cuit, ce qui demandera entre 2 et 3 heures.

• 6 Retirez les morceaux de poulpe de la sauce, passez celle-ci à travers un tamis et versez-la sur le poulpe.

KALAMARIA YEMISTA
Encornets farcis

Pour 6 personnes.
Temps de préparation et de cuisson : 1 heure 30 minutes à 2 heures.
1,5 kilo d'encornets de taille moyenne (N°573).
1 demi-verre d'huile d'olive.
1 verre de jus de tomate.
1 autre verre d'huile d'olive.
2 gros oignons hachés fin.
150 à 175 grammes de riz.
3 cuillerées à soupe de persil haché.
2 cuillerées à soupe de menthe (ou d'aneth odorant) hachée.
1 cuillerée à soupe de pignons.
1 verre de vin rouge. Du sel et du poivre.

• 1 Les encornets doivent être nettoyés (pensez à retirer les sacs d'encre*) et lavés. Séparez les tentacules du corps et hachez-les. Gardez-les en vue de les utiliser pour la farce.
• 2 Mélangez le demi-verre d'huile d'olive avec le jus de tomate. Les corps seront assaisonnés et mis à macérer dans ce mélange.
• 3 Chauffez le verre d'huile d'olive, faites-y dorer les oignons. Ajoutez les tentacules hachés et laissez-les aussi se colorer, puis mettez le riz le persil, la menthe (ou l'aneth), les pignons. Faites mijoter le tout pendant quelques minutes.
• 4 Mettez de l'eau à bouillir.
• 5 Retirez les encornets de leur bain de tomate et d'huile, emplissez les corps avec la farce. Ne les remplissez pas complètement car le riz aura besoin de place pour gonfler. Mettez un peu de vin dans chacun d'eux.
• 6 Cousez l'ouverture ou fixez-la avec des cure-dents. Rangez-les dans un plat à gratin très profond, debout et serrés les uns contre les autres.
• 7 Versez dessus le mélange d'huile d'olive et de jus de tomate dans lequel les encornets avaient trempé, et suffisamment d'eau bouillante pour les couvrir.
• 8 Cuisez à four moyen pendant 1 heure à 1 heure 30 minutes, jusqu'à ce que les encornets soient tendres et la sauce épaisse.
• 9 Servez chaud ou froid.

TARAMOSALATA

Les œufs du mulet, séchés, s'appellent "avgotéracho" ("poutargue" en France), ils sont conservés dans de la cire, en Grèce et dans d'autres pays méditerranéens (voir p. 52). Je crois comprendre qu'il fut un temps où ils étaient utilisés pour faire la taramosalata, aussi, fort de cette croyance (ce ne serait pas charitable de me contredire), je gage que ce plat est bien d'origine méditerranéenne, mais actuellement, les Grecs le font avec des œufs fumés de morue d'importation pour remplacer l'"avgotáracho" qui est devenu une denrée de luxe. N'hésitez pas à suivre leur exemple.

Je n'indique pas le nombre de parts que peut fournir la recette décrite ci-dessous car, quand je suis là, quelle qu'en soit la quantité, il n'y en a que pour un ! Alors, pourquoi ne pas en faire une grosse quantité ? Cela se garde.

Il faut :

500 grammes d'œufs de morue fumés.
350 grammes de fromage blanc (petit-suisse ou demi-sel).
3 cuillerées à soupe d'huile d'olive.
3 cuillerées a soupe de ciboulette.
3 cuillerées à soupe de jus de citron.

Mélangez tous ces ingrédients en ayant soin de mettre le jus de citron en dernier, battez le tout. Ne croyez surtout pas que ce soit l'unique façon de préparer la taramosaláta. Certains utiliseront du pain trempé à la place de fromage blanc. D'autres ne mettront pas de ciboulette.

* L'encre, chauffée dans de l'huile d'olive, peut être étalée sur du pain de seigle et servie avec l'apéritif.

Turquie

Les eaux qui bordent la Turquie forment un ensemble varié et particulièrement remarquable. La côte sud donne sur le bassin oriental de la Méditerranée. La côte ouest est limitée par la mer Egée et toutes ses îles éparpillées. Au nord-ouest s'étend la mer de Marmara ou l'on entre par les Dardanelles en venant de la mer Egée et qui, vers le nord, communique avec la mer Noire par le Bosphore. Une grande partie du littoral de la mer Noire jusqu'à Trébizonde, et même au-delà, est turque. La diversité de ces eaux est la source d'une abondante récolte de poissons et les Turcs, dont la cuisine compte pour beaucoup pour une des meilleures du monde, en tirent le meilleur parti.

Istanbul est un lieu d'élection pour les amateurs de poissons. Là, les poissonneries vous offrent un choix magnifique et l'on y trouve un grand nombre d'excellents endroits pour les déguster. Le plus modeste se trouve au bout du pont de Galata, du côté d'Eminönü, où, au milieu des bateaux, des marchands pleins de fougue se balancent sur leurs petits canots, offrant aux passants du "çingene palamudu" (littéralement "bonite gitane") fraîchement frit, servi dans des cornets qu'ils tendent en l'air et qui contiennent des morceaux de poisson chauds et succulents. Parmi les poissons les plus appréciés en Turquie, on compte le tassergal (lüfer), le turbot (kalkan), la bonite (torik et palamut) et l'espadon (kiliç).

Mais la première place doit être donnée à l'anchois (hamsi) qui y inspire de grands sentiments. Ils s'expriment dans des poèmes populaires d'un genre particulier dont je n'ai pas trouvé l'équivalent ailleurs en Méditerranée. Ce sont les poèmes de la mer Noire, qui sont récités par des troubadours itinérants, ils sont modifiés et renouvelés selon l'évolution du langage de chaque génération. Nazmi Akiman, poète lui-même, en a transcrit deux pour moi ; ce sont des vers vibrants qui donnent au *hamsi* une place quasiment religieuse tout autant que nutritive.

"Pour l'homme de Trébizonde, c'est un héros.
Un plein panier suffit à donner force aux faibles,
Tous les peuples du monde entendent son appel."

BALIK CORBASI
Soupe de poissons à la turque

M. Hugh Whittall a recueilli cette recette pour moi auprès de pêcheurs avec qui il est allé passer quelques jours en mer.

Temps de préparation et de cuisson : 15 à 20 minutes.
Du poisson : Serran (N° 122), ou grondin (N° 221, etc.)
ou rascasse (N° 216, etc.).
De l'huile d'olive.
Des oignons.
Des tomates.
Des poivrons verts (selon goût).

Des œufs (selon goût).
Du sel et du poivre.

• 1 Nettoyez le poisson, salez-le légèrement et coupez-le en en tranches. Ne retirez ni la tête ni la queue.

• 2 Couvrez d'eau, portez à ébullition, ajoutez de l'huile d'olive et laissez bouillir 15 minutes.

• 3 Pendant ce temps, faites frire des oignons et des tomates ainsi que des poivrons verts (selon goût). Laissez-les cuire jusqu'à ce qu'ils forment un mélange moelleux.

• 4 Quand le poisson aura bouilli, mettez-y cette sauce et laissez bouillir pendant un petit moment en remuant doucement.

• 5 Vous pouvez à ce moment-là, si vous le voulez, y mettre des œufs battus, en les versant très graduellement, sans quoi ils se solidifieraient.

• 6 Pour finir, passez la soupe. Les morceaux de poisson qui subsistent peuvent être soit servis à part, soit remis dans la soupe.

BALIK KOFTESI

Croquettes de poisson

Recette de Mme Mefkûre Üstün.

Pour 6 personnes.
Temps de préparation et de cuisson : 20 à 30 minutes.
Presque 2 kilos de poissons : bonite (N° 191), ou mulet (N° 105, etc.), ou loup (N° 113).
Un court-bouillon (voir texte).
250 grammes de pain de mie rassis.
1 oignon haché très fin.
1 œuf
1 cuillerée à café de "quatre-épices". De l'huile végétale (pour frire).
Du sel et du poivre.
Et (selon goût) :
2 cuillerées à soupe de pignons.
2 cuillerées à soupe de raisins secs.
De la chapelure.

• 1 Cuisez le poisson dans un court-bouillon aromatisé avec du jus de citron, du poivre noir, des feuilles de laurier et du persil.

• 2 Laissez refroidir. Sortez le poisson, retirez la peau et les arêtes, partagez la chair en petits morceaux.

• 3 Mettez le pain à tremper dans de l'eau pendant quelques minutes, exprimez-le bien. Mélangez-le dans une grande jatte avec le poisson, l'oignon, les pignons et les raisins secs (si vous en utilisez), l'œuf, les épices et l'assaisonnement.

• 4 Mélangez et pétrissez bien le tout ensemble. Faites des boulettes ou des croquettes que vous pouvez rouler dans la chapelure.

5 Faites-les frire et servez-les bien chaudes.

ELMALI VE SOGANLI BALIK

Poisson cuit au four avec des pommes et des oignons

Cette recette turque m'a été fournie par Ail Tomak, de Bulancak, sur la côte turque de la mer Noire, elle est spécialement intéressante car l'utilisation de la pomme fait écho à certaines recettes de plats russes qui se font sur l'autre rive de la mer Noire. N'importe quel poisson à chair ferme et blanche peut être choisi. M. Tomak recommande le turbot.

Pour 6 personnes.
Temps de préparation et de cuisson : 1 heure.
1 kilo de poisson (nettoyé).
1 kilo de pommes à cuire.
2 gros oignons coupés en lamelles.
3 ou 4 feuilles de laurier.
1 brin de persil haché.
2 verres d'huile d'olive.
Du sel et du poivre de Cayenne.

• 1 Couper le poisson en tranches de 2 centimètres d'épaisseur au maximum. Les faire bouillir dans de l'eau pendant 2 minutes seulement.

• 2 Enlever le cœur des pommes, les peler et les couper en tranches. Couvrir le fond d'un poêlon avec une couche de pommes et d'oignons (on se sert à Bulancak d'un poêlon en terre), utiliser pour cela la moitié de la quantité prévue. Mettre les feuilles de laurier, les tranches de poisson, puis le restant des pommes et des oignons. Saupoudrer de sel, de poivre de Cayenne, de persil et verser l'huile d'olive sur le tout, elle imprégnera toute la préparation.

• 3 Cuire à feu doux avec un couvercle, sur du charbon de bois ou sur un fourneau, pendant 45 minutes environ. Il ne faut surtout pas ajouter d'eau. C'est la méthode turque traditionnelle. On peut aussi le faire cuire au four.

• 4 Quand le poisson est cuit, mettre le plat à refroidir, le servir froid avec des carottes et des pommes de terre, froides également, sur lesquelles on versera du yoghourt.

C'est ainsi qu'on le mange en Turquie ; mais d'autres préféreront peut être consommer légumes et poisson chauds.

TROIS MANIÈRES TURQUES DE PREPARER LES ANCHOIS

Ne pensez surtout pas qu'il n'y en ait que trois ! Il y en a un bien plus grand nombre. J'ai même une recette pour faire du pain d'anchois. Mais les exemples qui suivent vous donneront une idée de l'immense quantité de recettes que les Turcs ont inventées pour accommoder leurs anchois bien-aimés.

HAMSI KIZARTMASI
Anchois sautés

Nettoyer des anchois frais et en retirer les arêtes, laisser les queues intactes. Les rouler dans de la farine salée et les faire frire dans de l'huile chaude. On peut les servir chauds, ou froids avec l'apéritif (dans ce cas, on les prend par la queue et on mange tout).

IÇLI TAVA
Anchois et riz

Un manuel professionnel pour les pêcheurs turcs, dans lequel on peut glaner bien des renseignements concernant les anchois, indique que cette recette est la meilleure et la plus connue de Turquie pour les accommoder.

Pour 6 personnes.
Temps de préparation et de cuisson : 30 minutes.
1,5 kilo d'anchois frais.
Du sel.
400 grammes de riz.
2 oignons moyens hachés.
2 cuillerées à soupe de pignons.
125 grammes de beurre et un peu de beurre fondu en plus.
De l'eau chaude.
2 cuillerées à soupe de raisins secs.
1 cuillerée à café de "quatre-épices".
1 cuillerée à café de cannelle.
1 cuillerée à café de sucre.
Du sel et du poivre.

• 1 Nettoyez, retirez les arêtes des anchois, salez-les. Laissez-les au frais.

• 2 Chauffez 125 grammes de beurre dans une poêle, ajoutez l'oignon et les pignons, laissez l'oignon dorer légèrement. Ensuite, ajoutez le riz, continuez à faire cuire en remuant pendant 10 minutes.

• 3 Ajoutez l'eau chaude, dans les proportions habituelles. Mettez les raisins secs, les épices, la cannelle, le sucre, le sel et le poivre. Poussez le feu pendant quelques minutes, puis ramenez à une température moyenne, enfin, baissez le plus possible jusqu'à ce que le riz soit cuit.

• 4 Prenez un plat allant au feu qui puisse être utilisé pour servir, assez grand et muni d'un couvercle.

• 5 Graissez-le ou huilez-le. Disposez la moitié des anchois au fond, en une seule rangée. Mettez tout le mélange par-dessus, puis une seconde couche d'anchois. Versez un peu de beurre fondu sur le tout, couvrez et faites cuire à chaleur moyenne 10 à 15 minutes, jusqu'à ce que le poisson soit prêt. Servez chaud.

HAMSI BUGLAMASI
Plat d'anchois froid

Pour 4 personnes.
1 kilo d'anchois frais.
Le jus d'un citron.
Deux tiers d'un verre d'huile d'olive.
2 verres d'eau.
Un peu d'aneth odorant haché.
Un peu de persil haché fin.
Du sel.

• 1 Nettoyer, laver et sécher les anchois. Les coucher côte à côte dans un plat peu profond allant au feu. Ajouter tout l'assaisonnement, sauf le citron. Couvrir le plat (si le plat n'a pas de couvercle, on peut couvrir avec une feuille de papier d'aluminium). Cuire 7 à 8 minutes à four modéré.

• 2 Retirer du four, ajouter le jus de citron. Servir froid.

KEFAL BALIGI PILAKISI

Mulet aux légumes

Pour cette recette, vous aurez besoin de 1,500 à 1,750 kilo de mulet (N° 105, etc.), poids du poisson non nettoyé ; il devra être nettoyé, puis coupé soit en tronçons, soit en tranches. (Vous pouvez également utiliser de la bonite ou des petits maquereaux vidés et entiers.)

Pour 6 personnes.
Temps de préparation et de cuisson : 30 à 40 minutes.
1, 500 à 1, 750 kilo de poisson (voir plus haut).
1 verre d'huile d'olive.
2 verres d'eau.
10 échalotes.
4 pommes de terre pelées et coupées en quatre.
2 petits céleris raves pelés et coupés.
3 carottes pelées, coupées dans la longueur.
1 gousse d'ail.
1 citron en tranches.
Beaucoup de persil haché.
Du sel.

• 1 Commencer par mettre l'huile, l'eau, les légumes, l'ail et le sel dans une grande casserole, et mettre le tout à cuire pendant 30 minutes, c'est-à-dire jusqu'à ce que les légumes commencent à s'attendrir.

• 2 Ajouter ensuite le poisson et les tranches de citron, cuire encore 15 minutes.

• 3 Retirer du feu, ajouter le persil, laisser refroidir avant de servir.

KILIÇ DOMATESLI
Espadon aux tomates

Pour 6 personnes.
Temps de préparation et de cuisson : 45 à 60 minutes.
1 kilo de darnes ou de tranches d'espadon (N° 199).
4 grosses tomates.
1 demi-verre d'huile d'olive.
1 demi-verre d'eau ou de fumet de poisson.
1 cuillerée à café de sel.

• 1 Laver le poisson, le sécher et le mettre de côté.

• 2 Peler, épépiner et couper quatre tomates. Chauffer l'huile d'olive dans une casserole profonde, ajouter les tomates et la cuillerée de sel, cuire 5 à 6 minutes en remuant souvent. On obtiendra une sorte de sauce tomate dont il faudra étaler la moitié dans le fond d'un plat à gratin peu profond.

• 3 Disposer les morceaux de poisson sur cette couche et verser le restant de la sauce dessus. Ajouter l'eau ou le fumet de poisson.

• 4 Cuire 40 minutes au four, sans couvrir le plat, ou 25 minutes sur le charbon de bois, en couvrant le plat.

KILIÇ SISTE
Espadon en brochettes

Cette spécialité turque, qui se fait avec de l'espadon, peut également se faire avec d'autres poissons à chair ferme.

Pour 6 personnes.
Temps de préparation et de cuisson : 15 minutes,
plus 4 à 6 heures de marinade.
1 kilo d'espadon.
Des tranches de citron.
Des tranches de tomates.
Pour l'assaisonnement :
Le jus d'un citron.
2 ou 3 cuillerées à café d'huile d'olive.
1 ou 2 brins de persil hachés.
Pour la marinade :
2 cuillerées à soupe de jus de citron.
2 cuillerées à soupe d'huile d'olive.
1 cuillerée à soupe de jus d'oignon (selon goût).
1 cuillerée et demie à café de paprika.
1 cuillerée à café de sel.
12 feuilles de laurier.

• 1 Coupez le poisson en gros dés de 2,5 centimètres sur 4 ou 5 centimètres (l'important est qu'ils soient de la même taille, à peu de chose près.).

• 2 Préparez la marinade avec les ingrédients indiqués. Faites-y macérer les morceaux d'espadon 4 à 6 heures (ou davantage si vous voulez).

• 3 Sortez les morceaux de poisson de la marinade, enfilez-les sur les brochettes dans le sens de leur longueur en y intercalant des tranches de citron et de tomates.

• 4 Grillez-les ensuite des deux côtés sur des braises, humectez-les fréquemment avec le restant de marinade. Cela prendra environ 10 minutes ou un tout petit peu plus.

• 5 Servez chaud, accompagné simplement de l'assaisonnement indiqué ici.

GRONDIN SAUCE AUX AMANDES

On peut trouver en Turquie toutes sortes d'amandes et de noix fraîches, depuis les noisettes qui viennent des bords de la mer Noire, les noix et les amandes d'Anatolie, les pistaches de l'est du pays, jusqu'aux pignons du Bosphore. Le lait et le beurre sont rares dans cette région et, écrasés et réduits en crème, ces fruits sont utilisés pour les remplacer. Ainsi, on fait une sauce, par exemple aux amandes, qui peut accompagner les plats de poisson. Cette recette a été indiquée à des amis par Mine Birgi qui la sert souvent à Ankara, dans sa maison située sur la colline où a vécu Ataturk. Elle estime, à juste titre, que cette sauce convient au loup mais elle peut également agrémenter d'autres poissons et j'aime en particulier la servir avec un gros grondin. On peut aussi réussir ce plat ailleurs qu'en Turquie, toutefois la sauce est meilleure si l'on peut utiliser des amandes fraîches de provenance locale.

Pour 4 personnes.
Temps de préparation et de cuisson : 30 minutes.
1 gros grondin (N° 221) de préférence.
1 tasse d'amandes mondées.
1 tranche de pain rassis (sans croûte).
1 verre d'huile d'olive.
Le jus d'un demi-citron.
Assaisonnement :
Sel, poivre, coriandre, paprika.

• 1 Cuisez le grondin au court-bouillon (p. 166).

• 2 Pendant qu'il cuit, ou, si vous souhaitez le servir froid, pendant qu'il refroidit dans le court-bouillon, préparez la sauce de la façon suivante.

• 3 Écrasez dans un mortier, ou passez au batteur électrique, une tasse d'amandes mondées de frais avec une tranche de pain rassis (sans croûte) et de l'eau froide, de manière à obtenir une crème épaisse et blanche.

• 4 Ajoutez progressivement et toujours en mélangeant un verre d'huile d'olive et le jus de citron.

• 5 Assaisonnez selon votre goût. Ainsi que vous pourrez en juger, le jus d'un demi-citron sera sans doute suffisant.

• 6 Veillez à conserver à la sauce la consistance d'une crème épaisse.

• 7 Que le poisson soit chaud ou froid, servez cette sauce froide.

Un poisson blanc, avec une sauce blanche, et servi (pourquoi pas !) sur un plat blanc...

On peut y joindre quelques pommes de terre cuites à la vapeur pour achever un extraordinaire ensemble blanc. Mais on préfère généralement des harmonies plus contrastées. C'est ce que l'on peut réaliser en ornant le poisson de rondelles de citron, en poudrant de vert la sauce avec la coriandre hachée et en teignant les pommes de terre avec un peu de paprika.

PALAMUT PAPAZ YAHNISI
Bonite froide

Cette recette peut servir aussi à accommoder des maquereaux.

Pour 6 personnes.
Temps de préparation et de cuisson : 50 minutes.
1 bonite de 1,250 kilo au moins (N° 191).
5 oignons moyens.
4 gousses d'ail.
2 carottes.
1 verre un quart d'huile d'olive.
1 verre et demi d'eau ou de fumet de poisson.
4 cuillerées à café de sauce tomate préparée à l'avance.
1 cuillerée à café de paprika ou de poivre de Cayenne (selon goût).
1 verre de vin blanc.
Du jus de citron.
Du sel.

• 1 Nettoyer la bonite et la découper en six ou en douze tranches. Saler légèrement et mettre de côté.

• 2 Couper cinq oignons et deux carottes en rondelles, hacher quatre gousses d'ail, les faire frire doucement (dans trois quarts de verre d'huile d'olive) pendant 15 minutes.

• 3 Quand les oignons sont dorés ajouter un demi-verre d'huile d'olive, un verre et demi d'eau ou de fumet de poisson, la sauce tomate et le poivre de Cayenne ou le paprika selon que vous désirez un plat plus ou moins relevé.

• 4 Saler et cuire encore 15 minutes.

• 5 Mettre les tranches de poisson côte à côte dans une casserole sur un lit de sauce. Napper avec le restant de sauce et ajouter un verre de vin blanc.

• 6 Couvrir et faites cuire 25 minutes.

• 7 Servir froid, arrosé d'un jus de citron.

USKUMRU DOLMASI
Maquereaux farcis

C'est une spécialité d'Istanbul.

La préparation des maquereaux demande un certain tour de main, mais le résultat en vaut la peine et la farce est facile à faire.

Pour 6 personnes.
Temps de préparation et de cuisson : 40 minutes.

1,500 à 1,750 kilo de maquereaux (N° 189).
De la farine.
3 verres d'huile d'olive.
3 ou 4 œufs battus.
Chapelure ou biscottes.
Pour la farce :
6 à 8 oignons hachés.
4 cuillerées à soupe de pignons.
4 cuillerées à soupe de raisins de Corinthe.
1 cuillerée à soupe de noix en poudre.
1 demi-cuillerée à café de cannelle.
1 demi-cuillerée de quatre-épices.
Du sel et du poivre.
2 brins d'aneth odorant hachés.
2 brins de persil hachés.

• 1 Commencer par vider les poissons (qui doivent être de bonne taille) par les ouïes sans ouvrir le ventre, puis les laver.

• 2 Ensuite, sur une grande planche à hacher ou sur une table, les rouler en tous sens pour décoller la chair de la peau, puis, sans crever celle-ci, casser l'arête principale au ras de la queue et de la tête. Attraper cette arête du côté de la tête, la faire aller d'avant en arrière puis l'extraire complètement. Gratter toute la chair qui y est restée attachée, la garder.

• 3 Presser le poisson entre le pouce et l'index de la queue vers la tête, pour détacher le maximum de chair de la peau, enfin le vider entièrement de toute la chair.

• 4 Préparer alors la farce. Faire dorer les oignons hachés dans une casserole avec de l'huile d'olive. Ajouter les pignons, les raisins de Corinthe, les noix, la cannelle, les épices, le sel, le poivre ainsi que la chair des maquereaux. Hacher le tout, laisser cuire environ 5 minutes, y joindre alors l'aneth et le persil.

• 5 Faire pénétrer délicatement la farce par l'ouverture des ouïes. Enfin, passer les poissons farcis dans la farine, dans les œufs battus puis dans la chapelure.

• 6 Faire frire des deux côtés dans l'huile d'olive bien chaude. Servir froid, coupé en tranches.

MIDYE TAVASI BIRALI
Moules à la bière, sauce "tarator"

Pour 4 personnes.
Temps de préparation et de cuisson : 30 minutes.
40 grandes moules (N° 545).
250 grammes de farine.
33 centilitres de bière.
3 blancs d'œuf.
Pour la farce : 100 grammes en tout de noix ou de noisettes,
ou un mélange des deux, ou encore de l'une des deux avec des pignons.
2 tranches de pain rassis sans croûte.

11 centilitres d'huile d'olive.
8 centilitres de vinaigre.
3 gousses d'ail. Du sel.

• 1 Nettoyer les moules, les faire ouvrir dans une poêle. Les sortir de leurs coquilles et les mettre à égoutter sur un linge.

• 2 Délayer, dans un saladier, 250 grammes de farine et un peu de sel dans un tiers de litre de bière, y joindre trois blancs d'œuf battus en neige. On doit obtenir une pâte bien ferme.

• 3 Enrober les moules de farine puis de pâte et les faire frire dans l'huile bien chaude.

Mme Mefkûre Üstün conseille de les servir avec une sauce tarator. En Turquie, cette sauce est faite à l'huile d'olive, ce qui la rend plus légère que celle que l'on fait au Liban avec de la pâte de sésame [voir version libanaise, p. 263].

• 4 Joindre le pain trempé et bien exprimé aux autres ingrédients, passer le tout au batteur électrique ; si vous n'en avez pas, hachez menu le pain, les noix, les noisettes et l'ail, mélangez bien à l'huile d'olive et au vinaigre.

Méditerranée orientale et Moyen-Orient

Voici maintenant des recettes de Yougoslavie, de Malte et de Chypre, ainsi que des côtes du Levant.

J'ai été en poste au Caire et me rappelle toujours avec plaisir notre poissonnerie située à l'extrémité de Sharia Shagarett El Dur, ainsi que les plats de poisson dont je me régalais lors de mes passages à Alexandrie. Mais c'était il y a bien longtemps et mon intérêt pour les poissons ne faisait que naître. Des côtes du Levant, je ne connais que Beyrouth, aussi ne puis-je offrir que quelques recettes libanaises et égyptiennes. Ce faisant je signale l'attitude décontractée des cuisiniers libanais en ce qui concerne le choix des poissons. Alors qu'une recette française vous prescrira de vous procurer tel poisson particulier, vous indiquant même dans quelles eaux et à quel moment de l'année le pêcher, la recette libanaise vous dira simplement : "Achetez un poisson de deux kilos environ..." De ce fait, on peut préparer ces plats n'importe où, ce qui compense la petite difficulté que l'on éprouve à se procurer certains condiments levantins. Il faut noter aussi l'importance du riz et le fait que beaucoup de ces mets se mangent indifféremment chauds ou froids.

BRUDET (YOUGOSLAVIE)
Ragoût de poissons

C'est la version yougoslave du "brodetto" italien.

Ilse Maycen, mon principal mentor dalmate, affirme que ce plat doit être mangé tiède.

Pour 4 personnes.
Temps de préparation et de cuisson : presque 2 heures.
1 kilo de rascasse (N° 216, etc.), ou de congre (N° 68).
1 gros oignon émincé.
1 verre d'huile d'olive.
3 ou 4 tomates hachées.
1 gousse d'ail.
Du persil haché.
1 cuillerée à café de vinaigre.
Du sel et au poivre.

• 1 Nettoyez le poisson, coupez-le en tronçons ou en tranches.

• 2 Faites revenir l'oignon dans l'huile d'olive jusqu'à ce qu'il commence à devenir brun doré. Ajoutez alors les morceaux de poisson et faites-les frire un peu avant d'ajouter l'ail, le persil, les tomates, le vinaigre et l'assaisonnement.

• 3 Laissez cuire doucement 10 minutes.

• 4 Couvrez d'eau et faites cuire pendant 1 heure 30 minutes environ sans remuer mais en secouant de temps en temps la casserole.

Ce n'est peut-être pas le meilleur plat de ce genre, mais il est très facile à faire. Il est facile aussi de se procurer le poisson nécessaire à sa confection, ce plat ne demande pas de combinaison savante de poissons. J'ai trouve que c'était une très bonne recette pour accommoder les grondins.

RIZOT OD SKAMPI (YOUGOSLAVIE)
Risotto aux langoustines

Les langoustines sont très abondantes dans certaines parties de l'Adriatique alors qu'ailleurs, en Méditerranée, il y en a peu ; aussi est-il opportun de citer cette recette de la côte dalmate.

Pour 4 personnes.
Temps de préparation et de cuisson : 30 minutes.
8 à 12 langoustines (N° 512).
4 cuillerées à soupe d'huile d'olive.
2 gousses d'ail hachées.
2 tomates ou une quantité équivalente de concentré de tomate.
2 brins de persil hachés.
300 grammes de riz.
1 cuillerée à soupe de vinaigre.
Du parmesan râpé.
Du sel et du poivre.

• 1 Coupez les queues des langoustines, décortiquez-les, découpez-les en morceaux de la taille d'une bouchée. Réservez-les. Ecrasez les têtes et les débris de carapace, mettez-les à bouillir dans une eau légèrement assaisonnée afin d'obtenir un fumet de langoustine.

• 2 Faites chauffer l'huile d'olive dans une grande casserole, faites-y revenir l'ail et le persil. Au bout de 2 minutes, ajoutez-y les morceaux de queue et la chair des tomates hachées (ou le concentré de tomate dilué).

• 3 Laissez cuire le tout quelques minutes à feu modéré, puis versez-y le riz et le vinaigre ; assaisonnez, puis mettez à feu vif. Pendant la cuisson du riz, ajoutez de temps à autre un peu de fumet, tournez souvent. Le riz mettra environ 15 minutes à cuire. Faites attendre quelques minutes avant de servir. Saupoudrez-le de parmesan râpé.

TUNJ KAO PASTICADA (YOUGOSLAVIE)
Thon sauce dalmate

Pour 6 personnes.
Temps de préparation et de cuisson : 1 heure 20 minutes.
1 kilo de thon frais (N° 192, etc.).
25 centilitres d'huile d'olive.
5 gousses d'ail hachées.
4 clous de girofle.
1 demi-verre de vinaigre.
1 verre de vin rouge ou du "proseka".

2 morceaux de sucre (si vous utilisez du vin ordinaire).
Du sel et du poivre.

• 1 Faites chauffer l'huile d'olive dans un poêlon.

• 2 Coupez le thon en tranches, faites-les revenir rapidement des deux côtés dans l'huile chaude. Ajoutez l'ail, les clous de girofle. Puis ajoutez petit à petit le vin et un peu d'eau si c'est nécessaire pour que la sauce soit d'une bonne consistance.

• 3 Mais le plat sera plus savoureux (dit Mme Marjanovic-Radica, de qui vient cette recette) si vous y mettez du "proseka", sorte de vin doux de Yougoslavie. Il en faut une quantité moindre que de vin et le sucre est inutile.

LAMPUKI (MALTE)
Pâté de coriphène

C'est une spécialité maltaise dont il existe plusieurs variantes, mais le principe de base en est assez simple. Vous faites frire des tranches de coriphène et vous les mettez avec des légumes dans une croûte. Le légume principal que j'ai choisi est le chou-fleur.

Pour 5 ou 6 personnes.
Temps de préparation et de cuisson : 1 heure 30 minutes.
1 coriphène (N° 166) de 1,5 kilo.
De la farine.
De l'huile d'olive.
1 chou-fleur.
2 oignons.
Du persil haché.
8 olives dénoyautées et hachées.
6 tomates.
2 cuillerées à soupe de câpres.
1 demi-cuillerée à café de menthe séchée.
De la pâte (pour la croûte).

• 1 Coupez et lavez le poisson. Retirez la tête et la queue (mais gardez-les pour en faire une soupe). Coupez le corps du poisson, soit en darnes épaisses soit en tranches. Passez-les à la farine assaisonnée et faites-les frire légèrement à l'huile d'olive en veillant à ne pas les faire trop cuire.

• 2 Faites bouillir le chou-fleur, hachez les oignons et faites-les frire jusqu'à ce qu'ils deviennent brun doré, prenez pour les faire frire une très grande poêle car il faut y ajouter le chou-fleur, le persil, les olives, les tomates, les câpres et la menthe.

• 3 Laissez mijoter ce mélange pendant 10 minutes environ, après quoi vous le retirez du feu et le mettez à rafraîchir.

• 4 Faites votre croûte comme vous en avez l'habitude mais vous pouvez utiliser comme liquide du vin rouge et de l'huile d'olive comme corps gras. Disposez la pâte sur le fond et sur les côtés du moule. Retirez soigneusement les arêtes du poisson frit et déposez-le sur la pâte. Disposez la garniture, froide, dessus. Couvrez le tout avec de la pâte et faites cuire à four modéré jusqu'à ce que la croûte soit bien dorée. Cela prendra environ 1 heure.

SEICHE SAUCE PIQUANTE (MALTE)

D'après Marie Vella, *Cooking the Maltese Way*

Pour 4 personnes.
2 seiches de 400 à 500 grammes environ chacune.
1 verre et demi d'huile d'olive.
2 oignons hachés.
6 olives dénoyautées et hachées.
De la menthe fraîche hachée fin.
1 cuillerée à soupe de concentré de tomate.
2 cuillerées à soupe de vin rouge.
Du sel et du poivre.

• 1 Chauffez l'huile d'olive dans une casserole.

• 2 Nettoyez les seiches et coupez-les en tronçons. Mettez-les à cuire dans l'huile pendant quelques minutes, puis remplacez-les par les oignons hachés. Lorsqu'ils sont bien revenus, ajoutez les olives hachées et la menthe. Laissez cuire doucement pendant quelques minutes.

• 3 Ajoutez le concentré de tomate et le vin. Portez le tout à ébullition de nouveau. Ajoutez les seiches, assaisonnez de sel et de poivre.

• 4 Faites cuire doucement pendant environ 30 minutes, soit jusqu'à ce que les seiches soient tendres.

RAGOUT DE TORTUE À LA MALTAISE (MALTE)

D'après Marie Vella, *Cooking the Maltese Way*

Peu de lecteurs auront l'occasion d'essayer ce plat parfumé, mais il est réconfortant de savoir que s'il vous arrivait d'avoir à cuire une tortue de mer, vous sauriez comment faire.

Pour 6 personnes.
Temps de préparation et de cuisson : 1 heure 20 minutes.
1 kilo de tortue de mer, fraîche.
2 oignons hachés.
1 verre d'huile d'olive.
1 cuillerée à soupe de concentré de tomate.
2 feuilles de laurier. Feuilles de menthe fraîche (ou sèche) hachée.
1 verre de vin rouge.
1 demi-tasse de noix hachées.
100 grammes de gros raisins secs sans pépins.
200 grammes d'olives hachées.
2 pommes pelées et coupées en tranches fines.
2 châtaignes pelées et hachées.

1 cuillerée à soupe de câpres.
Du sel et du poivre.

• 1 Ebouillantez la chair de la tortue, retirez-en la peau, coupez la chair en petits morceaux.

• 2 Chauffez l'huile d'olive, faites revenir les oignons jusqu'à ce qu'ils deviennent transparents. Ajoutez le concentré de tomate (dilué dans un demi-verre d'eau), les feuilles de laurier, les feuilles de menthe et l'assaisonnement. Faites mijoter 5 minutes, puis ajoutez : le vin, les noix, les raisins secs, les olives, les pommes, les châtaignes et les câpres.

• 3 Faites cuire 30 minutes en ajoutant, si c'est nécessaire, un peu d'eau pour couvrir.

• 4 Mettez, pour finir, les morceaux de tortue et le vin rouge, couvrez bien et faites cuire 30 minutes.

• 5 Servez avec des croûtons de pain frits.

SAYADIEH (MOYEN-ORIENT)
Poisson au riz

Le riz doit cuire dans un bouillon parfumé à l'oignon.

Il y a de nombreuses variantes de ce plat usuel dans divers pays du Moyen-Orient. Il y est habituel de faire cuire le riz dans un bouillon de poisson parfumé à l'oignon ; certaines recettes précisent que le poisson doit y cuire également alors que d'autres stipulent qu'il doit être frit. Le choix entre les deux modes de cuisson pourrait dépendre de la qualité du poisson. Pour ma part je préfère faire frire le poisson comme cela est indiqué dans la recette suivante que j'ai établie d'après celle de M. Albert Barakat, de Beyrouth. Des filets de n'importe quel poisson qu'habituellement l'on fait frire conviennent bien et le choix peut ne pas être limité aux seules espèces méditerranéennes. Je me suis rendu compte, par exemple, que l'aiglefin convient parfaitement.

Pour 6 personnes.
Temps de préparation et de cuisson : 1 heure.
Pour le poisson et la sauce :
1 kilo de filets de poisson.
500 grammes, au moins, de têtes.
1 verre et demi d'huile d'olive.
De la farine.
Du paprika.
2 ou 3 oignons hachés menu.
2 cuillerées à café de jus de citron.
Pour le riz et la garniture
2 cuillerées à soupe d'amandes blanchies.
2 cuillerées à soupe de pignons.
300 grammes de riz long.
30 grammes de beurre.
2 pincées de cumin.
Du sel et du poivre.

• 1 Salez légèrement les morceaux de poisson et laissez-les pendant 1 heure au réfrigérateur.

• 2 Lavez le riz et faites-le tremper dans de l'eau chaude pendant 1 heure.

• 3 Chauffez l'huile d'olive dans une poêle, mettez-y les amandes puis, 30 secondes plus tard, les pignons ; faites-les dorer. Retirez-les et réservez-les.

• 4 Séchez bien les morceaux de poisson. Faites-les frire dans la même huile (après les avoir passés dans de la farine dans laquelle vous aurez incorporé du paprika pour donner une belle couleur brun doré au poisson). Retirez-les et laissez-les au chaud.

• 5 Faites revenir les oignons, toujours dans la même huile, jusqu'à ce qu'ils commencent à brunir. Transvasez-les dans un plus grand poêlon, ajoutez près d'un litre d'eau ainsi que les têtes de poissons. Portez à ébullition et laissez bouillir 20 à 30 minutes. Passez.

• 6 Prenez un bon demi-verre de bouillon, assaisonnez-le et ajoutez du cumin. Faites fondre 50 grammes de beurre dans un poêlon profond, ajoutez-y le bouillon et portez à ébullition. Mettez-y le riz et faites de nouveau bouillir à feu vif jusqu'à absorption partielle du liquide, réduisez le feu et laissez cuire à couvert jusqu'à résorption complète de l'eau de cuisson (environ 15 minutes). Si, en cours de cuisson, l'eau s'est complètement évaporée, ajoutez-en. Remuez doucement et laissez 5 minutes sur le coin du fourneau.

• 7 Pendant ce temps, disposez les amandes et les pignons dans le fond d'un moule graissé. Mettez-y le riz puis démoulez-le pour le mettre au centre du plat de service.

• 8 Disposez les morceaux de poisson autour. Le plat doit être servi froid ou tiède, comme au Proche-Orient, mais, pour ma part, je le préfère chaud.

• 9 S'il vous reste une tasse de bouillon, ajoutez-y du jus de citron, faites réduire un peu et servez à part.

SAMAKI HARRA (MOYEN-ORIENT)

Poisson à la coriandre accompagné d'une sauce aux noix

Cette recette et les deux suivantes doivent beaucoup au livre d'Aïda Karaoglan *A Gourmet's Delight* ainsi qu'aux conseils de Mme Helen Essely et de Mme Susan Hamsa. Pour la faire, je suggère le pagre (N° 129) ou d'autres poissons de la famille des brèmes, ou encore du cernier ou du mérou (Nos 115 à 120).

Pour 6 personnes.
Temps de préparation et de cuisson : 40 minutes.
1 poisson pesant environ 2 kilos, non nettoyé (voir texte).
10 gousses d'ail (moins si vous préférez).
1 bouquet de coriandre fraîche,
ou
1 cuillerée à café de coriandre sèche.
1 verre et demi d'huile d'olive.
1 tasse de noix.
Le jus de 3 ou 4 citrons.
1 pincée ou 2 de poivre de Cayenne.
Du sel et du poivre noir.

• 1 Nettoyez, videz et écaillez le poisson, lavez-le et séchez-le bien. Frottez l'intérieur et l'extérieur avec du sel.

• 2 Ecrasez ensemble la coriandre et l'ail, enduisez l'intérieur du poisson avec ce mélange et refermez-le. Posez-le sur une grande feuille d'aluminium, versez l'huile d'olive dessus et enfermez bien le poisson dans ce papier. Faites-le cuire 30 minutes à four très chaud (la durée de la cuisson peut varier selon la taille du poisson).

• 3 Pendant que le poisson cuit, mélangez les noix et le jus de citron au batteur électrique, ajoutez un peu d'eau si c'est nécessaire, vous devez obtenir une sauce onctueuse. Ajoutez le poivre de Cayenne, le sel et le poivre noir. On peut soit verser cette sauce sur le poisson soit la servir à part.

TAJEN SAMAK BI TAHINI (MOYEN-ORIENT)
Poisson à la pâte de sésame

Le sésame est originaire d'Afrique, mais, au Proche-Orient, on utilise énormément d'huile et de pâte faites avec ces graines. "Tahini", est le mot qui désigne la pâte de sésame (quoiqu'il soit souvent employé à tort pour l'huile, qui est un produit très différent). Le tahini s'achète en boîte, il est parfois aussi présenté dans des jarres. Il est grisâtre et a l'aspect du miel.

Pour 6 personnes.
Temps de préparation et de cuisson : 1 heure.
1,5 kilo (nettoyé) de pagre ou de mérou, ou de tout autre poisson blanc pouvant fournir des filets sans arêtes.
1 verre d'huile d'olive.
2 gros oignons coupes en lamelles.
450 grammes de tahini.
Le jus de 2 citrons.
1 cuillerée à café et demie de sel.
Pour la cuisson du riz :
400 grammes de riz.
Trois quarts de verre d'huile d'olive.
4 cuillerées à soupe de pignons.
4 oignons moyens en lamelles.
1 demi-cuillerée à café de safran (selon goût).
2 cuillerées et demie à café de sel.

• 1 Lavez et séchez les filets de poisson. Frottez-les de jus de citron et saupoudrez-les de sel. Mettez-les quelques heures au réfrigérateur et ressortez-les 30 minutes avant de les cuire.

• 2 Relavez-les et séchez-les ; puis, badigeonnez-les avec un peu d'huile d'olive et mettez-les 15 à 20 minutes à four très chaud. Arrosez-les d'huile d'olive et faites griller quelques instants au four pour que la peau soit croustillante.

• 3 Faites sauter les lamelles d'oignon dans le restant d'huile d'olive et disposez-les sur les filets dans le plat à gratin. Abaissez la température du four.

• 4 Mélangez le tahini, le jus de citron et le sel avec un peu d'eau afin d'obtenir une sauce d'une consistance crémeuse. Versez cette sauce sur le poisson que vous remettez au four jusqu'à ce que la sauce devienne épaisse (soit environ 30 minutes).

• 5 Servez chaud avec du riz que vous ferez cuire de la façon suivante :

• 6 Faites chauffer de l'huile dans un poêlon, faites-y dorer successivement les pignons et les oignons. Ensuite, mettez dans une grande casserole la moitié des pignons dorés et la totalité des oignons avec le riz et du sel (ainsi que le safran si vous l'aimez). Faites cuire à feu moyen pendant 1 minute en remuant.

• 7 Puis, ajoutez trois quarts d'eau bouillante, augmentez le feu jusqu'à ce que l'eau commence à être absorbée par le riz, baissez alors la flamme et laissez cuire doucement jusqu'à ce que toute l'eau soit absorbée et le riz cuit. Mettez-le dans un moule. Avant de le servir, démoulez-le et décorez le dessus avec le reste des pignons.

SAMKEH MEACHWIYEH
ET SAUCE TARATOR AUX PIGNONS (LIBAN)
Poisson au four avec une sauce libanaise

Pour 6 personnes.
Temps de préparation et de cuisson : 1 bonne heure.
1 mérou (N° 116, etc.) de 2 kilos environ (non nettoyé).
Du jus de citron. Du sel.
2 tomates en tranches.
3 citrons en tranches.
De l'huile d'olive.
Pour la sauce tarator :
- 1 tasse et demie de tahini (pâte de sésame).
- Le jus de 3 citrons.
- 3 gousses d'ail pilées.
- 1 cuillerée à café de sel.
- Un peu d'eau ou de bouillon de poisson.
- 1 tasse de pignons pilés.
- 1 tranche de pain sans croûte.

• 1 Il faut nettoyer le poisson, le frotter de sel et de jus de citron, le mettre au réfrigérateur pendant un moment, puis le rincer et le sécher. Il peut être fourré avec des tranches de tomate et de citron mais cela n'est pas indispensable.

• 2 Couvrir le fond d'un plat à gratin de tranches de citron, après y avoir mis de l'huile d'olive. Y déposer le poisson, l'arroser d'huile d'olive et le couvrir (si l'on veut) de tranches de citron et de tomates. Le mettre 40 à 50 minutes à four très chaud ; le sortir et le retourner avec soin au bout de 25 minutes.

• 3 Pendant ce temps-là, préparer la sauce. La sauce tarator est en principe un mélange des cinq premiers éléments de la liste ci-contre.

Mais, dans cette recette-ci, il s'agit d'une variante particulière pour laquelle il faut ajouter les pignons et le pain. La sauce doit avoir la consistance d'une crème épaisse.

• 4 Le poisson peut être servi chaud ou froid. Si vous devez le servir froid, retirez les tranches de citron et de tomate qui sont dans le poisson et remplacez-les par des tranches fraîchement coupées ; ajoutez du persil, des lamelles de poivron rouge et de poivron vert. La sauce, dans les deux cas, doit être servie à part.

SAMAK KEBAB (EGYPTE)

Brochettes de poissons

Brochettes de poissons à l'égyptienne, accompagnées de babaghanoush

Voici une recette d'Alexandrie, indiquant la façon égyptienne de faire le poisson en brochettes. C'est assez comparable à la recette turque de la p. 252

Pour 4 personnes.
Temps de préparation et de cuisson : 45 minutes.
750 grammes de filets de loup (N° 113, le nom local est "qarous")
ou d'autre poisson à chair ferme.
400 grammes de petites tomates (8 environ).
Un peu d'huile d'olive.
Du persil haché en abondance.
Des citrons.
Pour la marinade :
Le jus de 3 citrons.
Le jus de 3 oignons.
4 feuilles de laurier.
2 cuillerées à café de cumin pilé.
Du sel et du poivre.
Pour la salade de babaghanoush :
3 aubergines.
1 oignon. 4 gousses d'ail.
200 grammes de tahini.
1 cuillerée à soupe de vinaigre.
Le jus de 3 citrons.
Du cumin pilé.
Du sel et du poivre.

• 1 Coupez le poisson en dés de 3 centimètres (ou un peu plus). Laissez-les 30 minutes dans la marinade.

• 2 Coupez les tomates en quartiers. Enfilez alternativement un dé de poisson et un quartier de tomate sur des brochettes fines en acier inoxydable (si possible). Badigeonnez-les avec de l'huile d'olive et cuisez-les au charbon de bois. Servez sur un lit de persil.

• 3 Le plat devra être garni de quartiers de citrons et accompagné de salade de babaghanoush, dont voici la recette. Cuisez au four 1 heure environ, jusqu'à ce qu'elles soient ramollies : trois aubergines de taille moyenne et un oignon assez petit. Coupez-les en deux et laissez-les refroidir, enlevez-en la pulpe que vous écraserez avec quatre gousses d'ail hachées très fin. Mélangez cette pulpe avec 200 grammes de tahini (pâte de sésame), une cuillerée à soupe de vinaigre et le jus de trois citrons. Ajoutez le sel, le poivre et une pincée de cumin pilé. Mélangez bien le tout.

• 4 Décorez avec du persil et quelques olives noires.

SAMAK YAKNI (EGYPTE)
Poisson cuit au four avec des légumes

C'est une des recettes favorites des habitants d'Alexandrie. Elle diffère, par certains détails, des plats libanais correspondants : par exemple, en ce qui concerne la sauce au yoghourt que servent les Egyptiens, alors qu'au Liban on n'allie jamais le yoghourt et le poisson. Le loup est évidemment plus coûteux que l'anguille, que l'on utilise le plus souvent.

Pour 4 personnes.
Temps de préparation et de cuisson : 1 heure 30 minutes environ, plus 1 heure de marinade.
750 grammes de loup (N° 113, appelé "qarous", en Egypte) nettoyé, ou de l'anguille (N° 66, appelé "hannasha" en Egypte).
Pour la marinade :
- 3 citrons (le jus).
- 2 cuillerées à café de cumin pilé.
- 1 verre et demi d'huile d'olive.
- Du sel et du poivre.

Pour le "yakhni" :
- 600 grammes d'oignons hachés fin.
- 3 à 4 gousses d'ail hachées fin.
- Un bouquet de persil.
- Quelques feuilles de céleri.
- 2 feuilles de laurier.
- 500 grammes de tomates hachées.

Pour la sauce au yoghourt :
- Du yoghourt, de l'ail, du persil, des feuilles de menthe, du sel.

• 1 Mettre les morceaux de poisson pendant 1 heure dans la marinade. Ceux qui n'aiment pas beaucoup le cumin feront bien d'en réduire la dose.

• 2 Chauffer l'huile d'olive dans une grande poêle, y faire dorer les oignons, puis l'ail. Ajouter le persil haché et les feuilles de céleri. Ensuite, ajouter les feuilles de laurier, les tomates hachées, le sel et le poivre. Laisser cuire 30 minutes. (Vous avez, là, du "yakhni".)

• 3 En mettre la moitié dans un plat allant au four, y placer le poisson et le recouvrir avec le restant du yakhni. Poser sur le dessus du plat une feuille de papier sulfurisé bien huilée. Cuire 20 minutes à four modéré.

• 4 Servir chaud avec du riz pilaf, ou tiède avec de la sauce au yoghourt (appelée "salade"), c'est-à-dire du yoghourt dans lequel on aura incorporé, en le battant doucement, de l'ail, du persil et des feuilles de menthe, le tout haché fin et salé.

Tunisie, Algérie et Maroc

Le littoral nord de la Tunisie est situé dans le bassin occidental de la Méditerranée, alors que la côte est, depuis le cap Bon jusqu'au golfe de Gabès, regarde vers le bassin oriental ; elle est, de ce fait, baignée par des eaux légèrement plus chaudes. Entre le cap Bon et la Sicile, une large étendue de plateau continental fournit aux chaluts un terrain de pêche fertile. Il en résulte que les Tunisiens jouissent d'une variété et d'une abondance de poissons qui ne sont surpassées nulle part ailleurs en Méditerranée.

À La Goulette, port qui doit son nom au fait qu'il se trouve au débouché du canal qui relie la ville de Tunis à la mer, sont groupés plusieurs restaurants où l'on fait des repas de poisson et dont les tables, durant l'été, envahissent la rue et la place.

Quel plaisir c'était de souper là, commençant par un Chakchouka, enchaînant avec une daurade grillée ou un mulet, choisi dans la vitrine du restaurant, entourés de groupes de Tunisiens en famille, les hommes au frais dans leurs djellabas blanches, les vendeurs de jasmin passant en frôlant les coudes, la légion des chats de La Goulette passant en frôlant les mollets et, au-dessus de la tête, une simple guirlande de lampes de couleurs, allumées à la tombée de la nuit. Là, il n'était pas question de se compliquer l'esprit avec un menu savant, il suffisait de prendre un de ces merveilleux poissons, grillé sur la braise et servi avec du persil haché et du citron en abondance.

J'espère que c'est encore comme cela !

Mais il y a aussi, en Tunisie, d'autres façons de préparer les poissons, car ce mode de cuisson ne convient pas à toutes les espèces.

Les recettes ne sont obtenues qu'après de patientes recherches et se trouvent auprès des habitants plutôt que dans les restaurants. L'étranger engagé dans une telle quête aura toute chance de la mener à bien, car toutes les portes lui seront ouvertes et chacun, depuis les ministres d'État jusqu'au plus humble pêcheur, mettra beaucoup d'empressement à l'aider. Mais il faut du temps. Je me souviens avoir rendu trois visites de plusieurs heures chacune, dans une petite maison, à un vénérable Tunisien qui, dans le temps, avait été cuisinier du Bey de Tunis. La première entrevue fut une simple visite de courtoisie consacrée à faire la connaissance de la famille et à lui expliquer mon affaire. À la seconde, je fus convié à prendre le thé avec le vénérable cuisinier en personne. À la troisième visite, il me communiqua une recette.

MARKA OU MREIKA

Recette de M. Hedi Gafsi

Pour 6 personnes.
Temps de préparation et de cuisson : 45 minutes.
1 kilo de "pataclés" (N° 137).
4 petites rascasses (N° 216, etc.).
1 morceau de mérou (N° 116), 250 grammes.
De l'huile d'olive.

1 gros oignon.
1 cuillerée à café de poivre de Cayenne.
1 gousse d'ail écrasée.
1 cuillerée à café de cumin.
500 grammes de tomates.
2 piments verts.
Du sel et du poivre noir.

• 1 Prenez un grand poêlon et faites-y chauffer une petite quantité d'huile d'olive. Faites-y dorer un oignon haché, puis ajoutez le poivre de Cayenne et un mélange d'ail et de cumin. Faites attention de ne pas laisser brûler.

• 2 Ecrasez les tomates au tamis, versez le jus pulpeux dans le poêlon petit à petit (en quatre ou cinq fois), laissez mijoter 15 minutes.

• 3 Retirez la queue des piments verts, faites-leur des fentes sur le côté, mettez-y du sel. Ajoutez-les au mélange en fin de cuisson.

• 4 Ajoutez maintenant un demi-litre d'eau et mettez-y le poisson juste avant qu'elle ne bouille. Laissez bouillir 30 minutes sur feu vif et mettez à la fin une pointe de poivre noir.

• 5 Vous pouvez alors passer en réservant le poisson et les piments ; puis, servez. Si vous avez pris garde à ne pas laisser cuire le poisson trop longtemps, il ne se défera pas et vous pourrez le servir également.

SOUPE DU RAMADAN

Recette donnée par Mme Huerman, Kairouan.

C'est une autre soupe de poissons tunisienne, habituelle pendant le Ramadan, mais elle se fait à n'importe quel moment de l'année. Sur tous les marchés méditerranéens, vous trouverez des quantités de petits poissons pour faire la soupe. Cette qualité de poisson s'appelle, en Tunisie, "bouillabaisse", quoique peu de Tunisiens préparent le poisson selon cette recette.

Pour 2 ou 3 personnes.
Temps de préparation et de cuisson : 1 heure 10 minutes.
750 grammes de petits poissons, de ceux qui sont destinés à la soupe.
2 oignons moyens hachés.
De l'huile d'olive.
50 grammes de concentré de tomate.
1 cuillerée à café de poivre de Cayenne.
150 grammes d'orge perlée ("shorba sha'ir").
Du jus de citron. Du sel et du poivre.

• 1 Faites frire les oignons doucement dans l'huile d'olive. Ajoutez le poivre de Cayenne et le concentré de tomate.

• 2 Laissez mijoter 5 minutes et ajoutez un litre d'eau bouillante. Remuez.

• 3 Ensuite, ajoutez le poisson, cuisez-le 20 minutes. Sortez-le alors de l'eau et débarrassez-le de toutes ses arêtes. Puis, remettez la chair dans le bouillon, joignez-y 150 grammes d'orge perlée, du sel et du poivre.

• 4 Laissez mijoter jusqu'à ce que l'orge soit cuite, soit 30 minutes.

• 5 Servez avec un peu de jus de citron.

COUSCOUS DE POISSONS

Baharani Amor, notre cuisinier quand nous habitions Tunis, était originaire du village de Sloughia, dans l'intérieur ; néanmoins, il aimait le poisson tout autant que nous, surtout avec le couscous. Le couscous, inventé par les Arabes au XVe siècle, a été, pendant longtemps, un des principaux plats des pays du Maghreb.

La préparation du couscous comprend deux phases distinctes qui correspondent aux deux parties de l'ustensile employé. C'est un couscoussier, une espèce de grande marmite double dont la partie supérieure a le fond perforé. La partie inférieure est utilisée pour cuire les légumes et le poisson, elle s'appelle "tajinat", ou "marmite". La moitié supérieure, dans laquelle on fait cuire le couscous à la vapeur venant du dessous, s'appelle le "keskes".

Le processus sera plus simple à expliquer si je prévois que vous devez faire cuire le plat pour le déjeuner de 12 h 45 et vous indique l'horaire exact pour chaque opération.

Pour 8 personnes.

Temps de préparation et de cuisson : 2 heures 45 minutes (+ 12 heures pour le trempage des pois chiches).

8 darnes de mérou (N° 116), de mulet (N° 105, etc.), de pagre (N° 129), d'ombrine (N° 153) ou d'un poisson semblable, le tout ne pesant guère plus d'1 kilo.

2 tasses de couscous.

150 grammes de pois chiches (ayant trempé toute la nuit).

Environ 1,5 kilo de légumes en tout (en voici une combinaison typique, mais cela peut varier) :

Carottes, pommes de terre, oignons, choux, navets.

2 verres d'huile d'olive.

100 grammes de concentré de tomate.

Une poignée de raisins secs.

Un peu de cannelle.

Du sel et du poivre.

À 10 heures : Passez les pois chiches, mettez-les à cuire doucement dans de l'eau bouillante.

À 11 heures : Chauffez l'huile d'olive dans la marmite, mettez-y les pois chiches après les avoir passés.

À 11 h 15 : Ajoutez le concentré de tomate et un litre et demi d'eau chaude.

À 11 h 30 : Ajoutez les carottes et les oignons.

À 11 h 45 : Ajoutez les pommes de terre, les navets et les choux. (Tous ces légumes doivent être entiers ou coupés en deux, sauf les choux qui doivent être coupés en morceaux de taille moyenne.)

À 12 heures : Ajoutez le poisson, le sel et le poivre.

À 12 heures également : Humectez le couscous avec un peu d'eau froide et mettez-le dans le "keskes", au-dessus de la marmite. (Il ne doit y avoir aucun "jour" entre les deux récipients ; s'ils ne sont pas parfaitement jointifs, insérez-y un linge propre.)

Dès que la vapeur commence à jaillir, retirez le keskes, sortez-en le couscous que vous mettez dans un saladier afin de le travailler et d'en séparer les grains. Puis, remettez-le dans le keskes et remettez le keskes au-dessus de la marmite.

Faites cuire cette fois pendant 10 minutes à partir du moment où la vapeur a commencé à jaillir. Retirez une nouvelle fois le keskes, prenez une louche de bouillon dans la marmite, mélangez-le au couscous, en y mettant les raisins secs et une légère pincée de cannelle.

Il doit être, à ce moment-là, à peu près 12 h 30. La phase finale consiste à présenter le couscous. Mettez le couscous dans un plat, arrangez le poisson et les légumes dessus de façon harmonieuse, et servez la sauce dans une saucière. Vous pouvez, si vous le souhaitez, faire deux parts de la sauce, l'une douce et l'autre relevée (pour cela, vous y mettrez de l'harissa).

Les plus beaux plats pour servir le couscous sont ceux que vous pouvez trouver à Nabeul, au cap Bon ; ils se vendent avec des assiettes assorties.

KOUSHA

Ragoût de saupes à la mode de Sfax

Recette d'après le Dr E.-G. Gobert : *Les Usages et Rites alimentaires des Tunisiens.*

Pour 6 personnes.
Temps de préparation et de cuisson : 35 à 45 minutes.
2 kilos de saupes (N° 142).
2 oignons coupés.
4 poignées de pois chiches ayant trempé toute la nuit et en partie cuits.
1 kilo de pommes de terre.
3 ou 4 piments.
200 grammes de tomates pelées, épépinées et coupées en quartiers.
2 verres d'huile d'olive.
1 litre et demi d'eau.
1 cuillerée à café de paprika.
3 cuillerées de poivre noir moulu.
1 gramme de safran.

• 1 Videz et nettoyez le poisson, coupez-le en morceaux.

• 2 Mettez-les à cuire dans une casserole. ("Tajin foukhar" est le nom du récipient préféré des Tunisiens.)

• 3 Ajoutez tous les autres ingrédients et faites cuire à feu doux jusqu'à ce que tout soit cuit.

• 4 Les têtes des poissons peuvent être retirées avant ou après la cuisson.

SHERMOULA

Ce plat est une spécialité de Bizerte, il ressemble de façon frappante à un plat romain décrit par Apicius. Les principales différences entre les deux sont que :

– D'une part, les Tunisiens y ajoutent des piments rouges, inconnus des Romains, sous la forme d'harissa.

– Ils remplacent les dattes par des oignons et le garum par du sel ordinaire.

– D'autre part, le silphium n'y apparaît plus ; c'est d'ailleurs une plante qui n'existe plus.

Le Dr E.-G. Gobert a décrit cette recette dans son livre *Les Usages et Rites alimentaires des Tunisiens*, ainsi que dans un article publié dans le journal de l'Institut des Belles-Lettres arabes (1942 - Vol. I, p. 52).

J'ai suivi les indications contenues dans ce dernier car elles sont plus complètes, y adjoignant toutefois deux ingrédients mentionnés dans le premier, pensant qu'ils pourraient être utilisés pour une variante. Je les y ai mis moi-même, quand j'ai fait ce plat, et n'ai pas eu à le regretter.

C'est un plat qui se fait en plusieurs phases.

Pour 6 personnes.
1 kilo de darnes d'une grosse daurade (N° 128) ou d'un pagre (N° 129).
Pour la préparation préliminaire :
  Harissa, cumin écrasé, sel.
Pour faire frire le poisson :
  Farine, huile d'olive.
Pour la troisième phase :
  2 oignons en lamelles très fines.
  2 ou 3 cuillerées à café d'harissa.
  Du sel. 1 verre de vinaigre. Eau.
Pour la troisième phase également (mais selon votre goût) :
  1 cuillerée à café de cannelle.
  1 cuillerée à café de shoush el ouard (pétales de rose en poudre).
  1 cuillerée à café de poivre noir.
Pour la quatrième phase :
  1 tasse de miel.
  250 grammes de raisins secs.

• 1 Les éléments du premier assaisonnement sont mélangés et servent à enrober le poisson que l'on laisse ainsi pendant 2 heures au moins afin que la saveur des ingrédients pénètre sa chair.

• 2 Ensuite, les darnes sont enfarinées et cuites à l'huile d'olive très chaude, puis réservées. L'huile est laissée dans la poêle.

• 3 Les tranches d'oignon sont mises dans l'huile de cuisson du poisson. On peut y mettre autant d'oignons que l'huile peut en contenir. Quand ils commencent à jaunir, on ajoute l'harissa, le sel et le vinaigre. La quantité d'eau doit être suffisante pour cuire complètement les oignons et qu'il en reste un tout petit peu en fin de cuisson. (Des trois éléments que l'on peut ajouter à ce stade de la cuisson, les deux premiers se trouvent, en mélange tout préparé, dans les épiceries tunisiennes.)

• 4 Quand les oignons sont cuits, le miel et les raisins secs sont ajoutés au mélange qui devra continuer à mijoter jusqu'à évaporation complète de l'eau. À ce moment, les darnes seront déposées dans la sauce, on fera faire un rapide bouillon afin que le poisson s'imprègne une nouvelle fois des parfums de la sauce. Le plat est alors prêt.

Le shermoula se garde bien. On peut le consommer froid. Il fait partie des provisions que les pèlerins de La Mecque prennent pour le voyage.

ANGE DE MER AU FOUR

Recette de Baharini Amor

Pour 6 personnes.
Temps de préparation et de cuisson : 45 minutes.
6 darnes épaisses d'ange de mer (N° 26).
1 cuillerée à soupe, ou un peu plus, de beurre.
1 poivron vert.
4 tomates.
2 œufs.
2 cuillerées à soupe de jus de citron.
1 cuillerée à soupe de farine.
Du sel et du poivre.

• 1 Beurrez un plat allant au four, déposez-y les darnes de poisson préalablement assaisonnées, mettez le restant du beurre sur le dessus du poisson.

• 2 Mettez-y également le poivron vert épépiné et coupé en bracelets et les tomates en tranches. Pour finir, arrosez de jus de citron.

• 3 Faites cuire 25 minutes à four modéré.

• 4 Pendant ce temps, battez les œufs et la farine. Versez le mélange sur le poisson et remettez au four 15 minutes de plus.

BALISTE, SAUCE AUX OLIVES

Recette de Baharini Amor

Pour 4 à 6 personnes
Temps de préparation et de cuisson : 40 à 60 minutes.
1 baliste de 2 kilos (N° 246).
1 oignon coupé en lamelles.
1 tomate coupée en rondelles.
De l'huile d'olive.
Du sel et du poivre.
Pour la sauce :
1 navet. 2 carottes.
1 branche de céleri. 1 oignon.
1 grosse pomme de terre (ou 2 petites).
1 tomate. 1 poivron vert.

100 grammes de champignons. 2 brins de persil.
Des olives noires et des vertes (4 à 6 de chaque selon leur taille).

• 1 Nettoyez le baliste et écorchez-le.

• 2 Procurez-vous un plat qui puisse le contenir. (Une turbotière est conseillée.)

• 3 Mettez-y un peu d'eau et d'huile d'olive, puis des tranches d'oignon, puis le poisson. Ajoutez les tranches de tomate, le sel et le poivre.

• 4 Mettez à four modéré jusqu'à ce que le poisson soit cuit.

LA SAUCE

• 5 Cuisez ensemble (à l'exception des olives) tous les éléments de la sauce dans un peu d'eau jusqu'à cuisson complète, puis passez au moulin à légumes.

• 6 Réchauffez si c'est nécessaire et ajoutez les olives dénoyautées. Servez la sauce en même temps que le poisson, dans une saucière.

MÉROU À LA SFAXIENNE

Recette de M. Darricades, de Sfax

Pour 6 personnes.
Temps de préparation et de cuisson : 20 à 30 minutes.
6 darnes de mérou (N° 116) pesant 1 kilo en tout.
1 verre d'huile d'olive.
2 gousses d'ail.
2 oignons.
1 kilo de tomates.
200 grammes de poivrons verts.
Du persil.
Du sel et du poivre.

• 1 Chauffez l'huile d'olive dans un plat allant au four, cuisez-y très légèrement les morceaux de poisson de façon à les raffermir sans les laisser brunir.

• 2 Retirez le poisson. Faites cuire dans la même huile l'ail et l'oignon hachés, ajoutez la chair des tomates (sans pépins et sans jus), puis les poivrons (épépinés et hachés). Assaisonnez bien et faites cuire.

• 3 Quand vous estimez que la sauce est cuite, retirez-en une grande partie ; laissez-en seulement unecouche au fond du plat. Déposez-y le poisson. Versez dessus le restant de sauce. Saupoudrez de persil, mettez 10 minutes au four, et servez.

MÉROU AUX ACHARDS TUNISIENS (PICKLES)

Recette donnée par Zohra El Naouil

Pour 4 personnes.
Temps de préparation et de cuisson : 40 à 60 minutes
selon l'épaisseur du poisson.
1 très gros morceau de mérou (N° 116), 750 grammes.

1 verre d'huile d'olive.
1 tasse en tout d'achards, "limoun qaris" (citrons) et "mellah" (légumes mélangés).
1 demi-cuillerée à soupe de concentré de tomate.
1 douzaine de petits oignons.
1 cuillerée à soupe de câpres.
6 olives noires et 6 olives vertes.
2 tomates fraîches.
De la farine.
Du sel et du poivre.

• 1 Prenez le morceau de mérou dont vous aurez retiré toute la peau, roulez-le dans la farine saupoudrez-le de sel et de poivre.

• 2 Faites chauffer l'huile d'olive dans une casserole épaisse, mettez-y le poisson à frire. Faites-le dorer des deux côtés et retirez-le.

• 3 Faites maintenant la sauce tomate, en ajoutant de l'eau chaude au concentré de tomate. Ajoutez les achards en les coupant si c'est nécessaire ; mettez en même temps les oignons, les câpres, les olives et les quartiers de tomates fraîches.

• 4 Mettez le tout dans la cocotte, remettez-y le poisson et laissez mijoter jusqu'à ce que le poisson soit cuit.

MULET FARCI

Pour 4 personnes.
Temps de préparation et de cuisson : il dépend de la taille du poisson mais comptez 1 heure 20 minutes au moins.
1 mulet de 1 kilo au moins.
1 œuf dur.
Du persil haché.
1 oignon grossièrement haché.
Du gruyère râpé.
4 ou 5 pommes de terre.
Du safran. Du sel et du poivre.
80 grammes de "smen" (beurre tunisien). Le beurre ordinaire conviendra très bien mais ne donnera pas la même saveur au plat.
De la farine.

• 1 Faites une fente le long du dos du poisson et coupez l'arête principale en deux endroits (tout près de la queue et à 3 centimètres de la tête). Retirez l'arête principale ainsi sectionnée, retirez également les intestins.

• 2 Mélangez l'œuf dur avec le persil, l'oignon et le gruyère. Mélangez le tout, farcissez-en le poisson, recousez-lui le dos, saupoudrez-le de farine.

• 3 Mettez-le dans un plat allant au four avec 80 grammes de smen (ou de beurre), entourez-le de pommes de terre crues coupées en deux et que vous aurez préalablement roulées dans un mélange de safran (pas beaucoup), de sel et de poivre noir, ajoutez de l'eau froide pour couvrir les pommes de terre.

• 4 Mettez le plat dans le four chaud et laissez-le jusqu'à ce que le poisson soit cuit, ce qui dépendra de sa taille. C'est généralement assez long. Pensez à l'arroser de temps en temps.

Cette recette me fut donnée par Zohra El Naoui, à Sidi Bou Saïd, ce village enchanteur, tout blanc et bleu, perché sur le promontoire, au-delà de Carthage. Elle me dit aussi que l'on pouvait appliquer cette recette au merlan et m'indiqua une autre façon de faire la farce, la voici (mais je préfère la première) :

• 1 Lavez deux pieds de fenouil, faites-les cuire à l'eau salée.

• 2 Hachez-les menu, ajoutez du gruyère râpé et quatre œufs battus.

• 3 Mélangez le tout et farcissez-en le poisson.

Je suppose que ceux qui choisissent cette seconde façon de faire roulent le poisson dans les œufs après l'avoir enduit de farine et que les pommes de terre deviennent facultatives au lieu d'être obligatoires.

MULET À LA SAUCE PIQUANTE

C'est une façon tunisienne classique de servir le poisson.

Cette variante m'a été expliquée par M. Ben Abdesselem, chef au restaurant de la République, à Zarzis, après que je l'eus dégustée à sa table.

Chauffez un peu d'huile d'olive dans un poêlon, faites-y revenir doucement des oignons hachés, puis ajoutez-y une bonne cuillerée de concentré de tomate et une petite cuillerée de poivre de Cayenne ou d'harissa.

Laissez cuire 5 minutes.

Ensuite, ajoutez assez d'eau pour recouvrir le poisson, que vous mettez à ce moment-là.

M. Abdesselem conseille de choisir des petits mulets, toutefois, un autre poisson à la chair ferme, et dont la taille conviendrait, fera l'affaire.

Faites cuire environ 20 minutes à feu doux, servez le poison nageant dans le liquide de cuisson.

"BRIK" À L'ŒUF ET AU THON

J'aurais aimé pouvoir expliquer la confection de cette spécialité tunisienne depuis le tout début, c'est-à-dire depuis la fabrication de la pâte qui sert à faire les "brik" ; elle est aussi intéressante qu'elle est difficile. Mais, même en Tunisie, il est devenu de plus en plus courant d'acheter des feuilles de pâte toutes prêtes plutôt que de les faire à la maison. Aussi vais-je gagner au moins deux pages d'explications en vous disant tout simplement que, pour faire ce plat, vous avez besoin de deux feuilles de "brik" par personne. Elles se présentent comme des crêpes extrêmement fines d'environ 25 centimètres de diamètre (en vente dans les magasins de produits alimentaires orientaux).

Il faut plier chacune d'elles deux fois afin d'en faire un cornet triangulaire dont un côté sera courbe. Dans ce cornet, on met un œuf cru, un peu de persil haché, quelques câpres et un peu de thon (en conserve), on ourle les bords et on le fait dorer à la grande friture :

après quoi, il ne reste plus qu'à le déguster en essayant de ne pas faire couler l'œuf, ce qui n'est pas si facile !...

Je dois dire, pour être honnête, que le thon n'est pas obligatoire ; toutefois, c'est un bon prétexte pour inclure cette recette ici, car ce plat est si délicieux que j'userais de n'importe quel stratagème pour le faire connaître et le faire goûter.

SALADE AU THON À LA TUNISIENNE

Ajoutez des petits morceaux de thon en conserve (à raison de 75 grammes par personne) dans les salades suivantes :

Salade Meshoulya

Grillez quatre poivrons verts au charbon de bois, ainsi que deux tomates, deux gousses d'ail et un oignon. Retirez la peau noircie. Faites durcir deux œufs ; puis, écrasez au mortier : du sel, une cuillerée à café de graines de carvi en poudre ("karouiya"), les gousses d'ail, les poivrons, les tomates et en dernier, l'oignon. Mettez ce mélange dans un saladier et ajoutez les œufs durs hachés. Ajoutez du jus de citron et de l'huile d'olive pour que l'ensemble soit bien onctueux, décorez le dessus avec des olives noires.

Salade sfaxienne

Prenez un concombre, des oignons, des pommes, des piments rouges et des tomates. Hachez le tout en petits morceaux, mélangez-le bien, salez et arrosez-le de jus de citron ; puis, mettez des feuilles de menthe (hachées fin) et de l'huile d'olive.

DAURADE AUX CITRONS CONFITS

La façon la plus courante de conserver les citrons en Afrique du Nord, qui est en tout cas employée à travers toute la Tunisie, consiste à les mettre dans de l'eau salée dont la salinité permettrait à un œuf de flotter. On y garde les citrons dans une grande jarre pendant un mois avant de les utiliser. Ils sont fendus en quatre dans la longueur, mais ne sont entièrement coupés qu'au moment où on les sort pour les utiliser. Toutefois, pour le cas présent, j'aime assez cette autre méthode quoiqu'elle soit plus coûteuse.

Coupez 500 grammes de gros citrons en tranches assez épaisses. Mettez-les dans une passoire avec quelques pincées de sel, laissez-les ainsi une journée. Ensuite, mettez-les en couches bien tassées dans une jarre et couvrez-les d'huile d'olive (il vous en faudra au moins un demi-litre). Veillez à ce que les tranches supérieures soient toujours recouvertes d'huile d'olive et prévoyez une marge suffisante pour permettre aux citrons d'absorber une certaine quantité d'huile d'olive Gardez-les trois ou quatre semaines avant de vous en servir.

Irène et Lucienne Karsenty expliquent dans leur livre *La Cuisine pied-noir* comment on utilise ces citrons pour faire cuire une daurade.

Pour 6 personnes.
Temps de préparation et de cuisson : 1 heure.

1 daurade de 1,5 kilo (N° 128).
20 tranches de citrons confits.
1 verre et demi d'huile d'olive venant de la jarre
où sont conservés les citrons.
1 cuillerée à café de coriandre (soit en poudre, soit fraîche et hachée).
1 cuillerée à café de paprika.
Du sel et du poivre.

• 1 Après avoir écaillé, vidé et lavé la daurade, faites-lui de légères incisions le long des flancs.

• 2 Posez quinze tranches de citrons dans le fond d'un plat à gratin, et couchez-y la daurade.

• 3 Assaisonnez le poisson, saupoudrez-le de coriandre et de paprika. Disposez les cinq autres tranches de citron sur le dessus du poisson et versez l'huile d'olive sur le tout.

• 4 Mettez le plat à four très chaud, réduisez la chaleur peu après et faites cuire encore 40 minutes en arrosant de temps en temps.

Ce plat a une saveur délicieuse et inhabituelle. La recette peut être utilisée pour d'autres poissons de bonne qualité à chair ferme.

MÉROU, SAUCE ROUGE

Cette recette algérienne, comparativement au "Mérou à la sfaxienne", a subi davantage l'influence espagnole.

Pour 6 Personnes.
Temps de préparation et de cuisson : 30 à 40 minutes.
6 darnes de mérou (N° 116).
1 verre et demi d'huile d'olive.
500 grammes de tomates.
6 gousses d'ail.
1 petit piment rouge haché.
1 cuillerée à soupe de coriandre (de préférence fraîche et hachée).
1 cuillerée à soupe de paprika.
5 cuillerées à soupe d'huile d'olive.
Du sel et du poivre.

• 1 Versez un verre et demi d'huile d'olive dans la casserole. Couvrez-en le fond de tranches de tomates préalablement pelées et épépinées.

• 2 Couchez-y les darnes de mérou, joignez-y l'ail et le piment.

• 3 Assaisonnez, couvrez avec le restant des tranches de tomates, assaisonnez de nouveau en y mettant également la coriandre, versez le mélange de paprika et d'huile d'olive sur le tout.

• 4 Cuisez 5 minutes à feu vif, puis baissez le feu, couvrez et laissez mijoter pendant 30 minutes.

ALOSE AUX DATTES FARCIES

(Recette de Mme Guinaudeau, auteur de *Fès vu par sa cuisine*).

Pour 8 personnes au moins.
Temps de préparation et de cuisson : 45 minutes environ.
450 grammes de dattes noires de Tafilalet (qui peuvent être remplacées par des pruneaux).
75 grammes d'amandes hachées.
50 grammes de semoule.
1 cuillerée à café de sucre.
1 demi-cuillerée de gingembre en poudre.
75 grammes de "smen", ou de beurre.
Le quart d'1 oignon haché fin.
1 demi-cuillerée à café de cannelle en poudre.
Du poivre noir et du sel (un peu).

• 1 Videz l'alose, lavez-la dans l'eau salée.

• 2 Faites cuire la semoule (bouillie ou à la vapeur), laissez-la refroidir. Lavez et nettoyez les dattes. Faites un mélange avec la semoule, les amandes hachées, le sucre, un peu de beurre et une pincée de sel et de gingembre. Farcissez les dattes avec ce mélange.

• 3 Remplissez le ventre du poisson de dattes farcies puis cousez-le soigneusement.

• 4 Mettez-le dans un plat allant au feu avec le restant de beurre, une louche d'eau, beaucoup de poivre et un peu de sel, une pincée de gingembre et l'oignon haché menu.

• 5 Cuisez à four doux jusqu'à cuisson complète (sans doute plus de 3 heures). Puis, décousez le ventre du poisson, retirez-en les dattes, disposez-les autour du poisson (toujours dans le même plat) et remettez le tout à dorer au four.

• 6 Quand l'eau est évaporée et le jus caramélisé, quand la peau est croustillante et dorée, l'alose est prête à recevoir un nuage de cannelle et à être servie.

MARINADE DE POISSON À LA MODE MAROCAINE

Cette recette marocaine, qui vient de Fès, servait autrefois surtout pour l'alose. Actuellement, elle est utilisée pour tous les poissons de mer que l'on peut se procurer sur le marché de Fès. C'est effectivement une recette polyvalente, dont l'effet de transformation de n'importe quel plat de poisson en un plat typiquement marocain est assuré.

12 gousses d'ail.
1 poignée de gros sel.
1 bouquet de coriandre.
1 cuillerée à café de paprika.
1 cuillerée à café de poudre de graines de cumin.
1 pincée de poivre de Cayenne.
2 citrons.

Si vous êtes en train de faire ce plat, c'est sans doute que vous êtes en Afrique du Nord et que vous avez un de ces grands mortiers avec son lourd pilon de cuivre qui engendre cette résonance scandée si typique des cuisines maghrébines. Alors, accroupissez-vous par terre avec votre mortier et son pilon et passez un agréable moment à réduire en poudre l'ail, le gros sel et la coriandre (le paprika, les graines de cumin et le poivre de Cayenne seront déjà en poudre). Mettez maintenant de l'assaisonnement dans le fond d'un plat, ajoutez-y le jus de deux citrons. Laissez les morceaux de poisson dans cette marinade pendant deux bonnes heures.

Il vous appartient de choisir ce que vous ferez après, car cela dépend de la qualité du poisson que vous accommodez. Mais, à Fès, la prochaine chose à faire serait sans doute d'enfariner les morceaux de poisson, de les mettre dans la grande friture très chaude, puis de les mettre à rafraîchir avant de les manger.

Espagne

Les provinces d'Espagne diffèrent considérablement les unes des autres, aussi bien en art culinaire que dans les autres domaines. Cinq d'entre elles nous intéressent ici : l'Andalousie, la province de Murcie, celle de Valence, et la Catalogne, qui, à elles quatre, couvrent toute la côte entre le détroit de Gibraltar et la frontière française, et enfin les îles Baléares (Majorque, Minorque et Ibiza).

En Andalousie, province qui comprend aussi une partie de la côte atlantique avec le port de Cadix, nous trouvons, à Malaga, la première des grandes villes espagnoles de la Méditerranée, et à Almeria, d'intéressantes spécialités culinaires. Signalons-le en passant, le terme "à l'andalouse" veut dire en principe que l'assaisonnement comporte des tomates et des poivrons.

Murcie propose une façon très particulière de cuire les poissons au four dans une carapace de gros sel ; et Valence, fameuse pour son riz, offre des combinaisons de poissons, de fruits de mer et de riz, telles que "arroz a la marinera".

Le premier livre de cuisine espagnole, publié en 1477, fut imprimé à Barcelone, et depuis lors, les écrits sur la cuisine catalane n'ont cessé de proliférer. Il y a toujours eu une influence réciproque entre les techniques culinaires de cette région et celles du sud de la France, spécialement le Roussillon et le Languedoc ; la frontière gastronomique comme la linguistique est beaucoup moins nette que la frontière politique. Mais de nombreux plats de poissons catalans tels que "zarzuela de pescado" sont très spéciaux et sont une source de fierté pour les Catalans. "La cocina catalana no admite trampas en la cocina*", dit un dicton catalan, voulant affirmer par là que, par exemple, il ne serait pas admis d'offrir un poisson de qualité inférieure en le masquant par une sauce fantaisie.

Et pour finir, les îles Baléares. Un des livres de cuisine les plus agréables que l'on puisse trouver en Méditerranée a paru à Majorque. Intitulé *Cocina selecta mallorquina*, c'est l'œuvre de la Señora Coloma Abrinas Vidal, née en 1887, à Campos del Puerto, qui vint s'engager comme cuisinière à Palma en 1901. Elle était âgée de plus de soixante-dix ans lorsqu'elle consentit à transmettre son savoir par écrit. Comme elle n'avait jamais appris à lire et à écrire, elle a dicté les recettes et depuis lors en ajouta quelques-unes chaque année, aussi les éditions successives de son livre deviennent-elles de plus en plus volumineuses. Elle termina la septième édition (1968) sur une réflexion tout empreinte de sentiments pieux avec la déclaration suivante écrite en caractère gras : "En six ans, j'ai fait six éditions de mon livre, dans chacune d'elles, j'ai ajouté de nombreux plats, quatre-vingt-six dans la présente édition, mais il semble qu'elle doive être la dernière car maintenant je me sens très âgée." Je rends hommage à cette dame pleine de talent, surtout pour l'attention qu'elle porte dans son livre aux recettes de poissons majorquaises, beaucoup plus nombreuses que le touriste ne l'imagine et dont un choix généreux figure ici.

* "La gastronomie catalane n'admet pas la tricherie dans la cuisine."

CALDILLO DE PERRO
"Soupe de chien"

Une soupe de poissons au jus d'oranges amères

C'est une soupe andalouse, originaire d'El Puerto de Santa Maria, près de Cadix, à deux pas en venant de la Méditerranée.

L'élément essentiel de ce plat est le petit merlu (pescadillas) qui doit être très, très frais, encore luisant d'eau de mer. Dans son livre *Guia del buen comer español* *, Señor Dioniso Pérez a décrit la scène qui se déroulait naguère, à minuit, sur le quai de Cadix lorsque les bateaux de pêche revenaient. Les amateurs de « soupe de chien » attendaient là, dans le noir, anxieux de pouvoir se saisir des poissons dès l'instant de leur arrivée.

Pour 4 personnes.
Temps de préparation et de cuisson : 30 minutes,
plus 1 heure de marinade dans le sel.
Des jeunes merlus.
De l'huile d'olive.
De l'oignon haché fin.
Du jus d'oranges amères.
Des gousses d'ail.
Du sel et du poivre.

• 1 Couper les merlus en darnes de 7 centimètres d'épaisseur. Les couvrir de beaucoup de sel et les laisser ainsi se raffermir pendant 1 heure.

• 2 Faire chauffer l'huile d'olive dans une casserole, y faire frire les gousses d'ail. Les retirer lorsqu'elles sont brunes ; les jeter.

• 3 Faire frire dans la même huile les oignons hachés fin. Avant qu'ils ne se colorent, ajouter beaucoup d'eau. Faire cuire, à couvert, jusqu'à ce que les oignons soient mous.

• 4 Ajouter les morceaux de merlu sur un feu plus vif, pour que le mélange ne cesse pas de bouillir. Laisser bouillir 15 à 20 minutes. Ajouter, au dernier moment, le jus des oranges amères.

Certains ajoutent des petits morceaux de pain quand la soupe est servie. La tradition veut qu'elle soit servie dans une "casuela de barro" (poêlon de terre) ; cela se fait ainsi dans le restaurant El Resbaladero à El Puerto de Santa Maria.

SOPA DEL DUELO
Soupe de deuil

Cette soupe andalouse s'appelle aussi "Sopa de los muertos" (soupe des morts). Elle est servie traditionnellement à ceux qui veillent les morts avant l'enterrement, d'où ces noms macabres. C'est un genre de "gazpachuelo", c'est-à-dire une soupe dans laquelle on ajoute de la mayonnaise. Voici la recette du restaurant El Rincón de Juan Pedro, à Almeria. Le résultat est aussi joli que délicieux.

Pour 6 personnes.
Temps de préparation et de cuisson : environ 30 minutes.

* "Guide de la bonne chère espagnole".

1 litre et demi de bouillon de poisson.
2 tranches de jambon fumé coupées en petits carrés.
500 grammes de baudroie.
500 grammes de merlu.
6 crevettes roses.
1 poignée de petits pois.
1 poivron rouge haché.
6 cuillerées de mayonnaise au citron.
Des croutons frits.
Du sel et du poivre.

• 1 Préparer le poisson, le couper en morceaux.

• 2 Porter le bouillon à ébullition.

• 3 Y mettre les morceaux de poisson, de jambon, les crevettes, le poivron et les petits pois. Les laisser cuire 20 minutes environ.

• 4 Au dernier moment, ajouter la mayonnaise (qui doit être légère et avoir un fort goût de citron), puis les croûtons.

On obtient, alors, une soupe jaune pâle qui, grâce au rose du jambon et des crevettes, au rouge du poivron et au vert des petits pois, n'a pas du tout un aspect funèbre.

SOPA DE PEIX
Soupe de poissons de Majorque

On prépare généralement cette soupe avec des picarels (N° 145) ou des oblades (N° 143). On peut aussi la préparer avec de la baudroie (N° 249) qui, ne s'écrasant pas à la cuisson, sera servie à part.

Pour 4 personnes.
Temps de préparation et de cuisson : 30 minutes.
1 kilo de poissons (voir texte).
2 ou 3 tomates hachées.
3 échalotes hachées.
Du persil haché.
De l'ail, haché ou pilé.
200 grammes de bettes (à côtes), selon goût.
1 tasse de riz.
1 litre un quart - 1 litre et demi d'eau.
1 demi-verre d'huile d'olive.
Du sel et du poivre.

• 1 Nettoyez et videz les poissons.

• 2 Chauffez l'huile d'olive dans un poêlon en terre (du genre de ceux qui s'appellent "greixonera", en Espagne).

• 3 Faites-y fondre les tomates ; puis ajoutez les échalotes, du persil et les bettes puis les poissons, et laissez cuire pendant quelques minutes.

• 4 Ajoutez l'eau et laissez bouillir pendant 30 minutes.

• 5 Passez la soupe. Jetez-y le riz, refaites bouillir et continuez la cuisson jusqu'à ce que le riz soit presque cuit. Ajoutez alors l'ail et le persil. Remettez à cuire 2 minutes puis servez.

SUQUILLO (OU SUQUET)
Soupe de poissons à l'espagnole

On trouve dans certains endroits de la côte espagnole des plats qui portent des noms tels que "bulavesa". Ce sont des plats locaux qui imitent ou qui évoquent la bouillabaisse. Mais il y a aussi des plats du même genre qui sont vraiment d'origine espagnole. En voici une recette qui vient de San Carlos de la Rapita, dans la province de Tarragone.

Pour 4 personnes.
Temps de préparation et de cuisson : 25 minutes.
1 kilo de turbot ou de denté (ou d'un autre poisson à chair ferme).
1 verre et demi d'huile d'olive.
4 gousses d'ail.
1 tomate.
Du persil.
Du sel.
Du paprika.

• 1 Nettoyez les poissons. Coupez-les en morceaux s'ils sont gros. Saupoudrez-les de sel.

• 2 Pilez l'ail et la tomate avec du persil.

• 3 Mettez l'huile d'olive à chauffer dans un grand poêlon en terre. Lorsqu'elle est bien chaude, ajoutez le mélange d'ail, de persil et de tomate. Remuez un peu. Ajoutez du paprika. Remuez encore un peu. Puis ajoutez le poisson et assez d'eau chaude pour le recouvrir.

• 4 Faites bouillir à gros bouillons pendant 5 minutes, puis plus doucement pendant 12 minutes.

• 5 Servez dans le poêlon.

ARROZ A LA MARINERA
Fruits de mer, poissons et riz

En Espagne, la région de Valence est la plus importante pour la production du riz et la "paella valenciana" est un plat réputé à juste titre. C'est un mélange de poulet, de porc, de fruits de mer et de riz, avec quelquefois des saucisses. "Arroz a la marinera" est un plat du même genre, dans lequel le riz n'est accompagné que de poissons et de fruits de mer.

Pour 8 personnes.
Temps de préparation et de cuisson : 40 minutes.
500 grammes de poissons (de la baudroie, de l'encornet et de la seiche).
500 grammes de fruits de mer (crevettes ou langoustines, moules lavées mais entières).
25 centilitres d'huile d'olive.
2 oignons hachés.

4 tomates pelées et hachées.
Beaucoup de paprika.
700 à 750 grammes de riz (de Valence si possible).
2 litres de bouillon de poisson, même un peu plus.

• 1 Préparez le poisson. Coupez-le en gros morceaux et en bandes.

• 2 Chauffez l'huile d'olive et mettez-y le poisson.

• 3 Quand le poisson est bien doré, ajoutez les oignons, les tomates et le paprika. Laissez frire quelques minutes en prenant bien soin de ne pas laisser brûler le paprika.

• 4 Ajoutez le riz et deux fois son volume de bouillon de poisson ; 3 minutes plus tard, ajoutez les fruits de mer. Laissez cuire 20 minutes, jusqu'à ce que le riz ait absorbé tout le liquide.

Cette recette a été établie d'après les conseils avisés qui m'ont été donnés au restaurant Blayet situé au bord de la mer, près de Valence, tout à côté de l'Albufera.

"Arroz a la banda" est un plat très semblable qui se fait à Alicante. Le riz est servi à part, le poisson est accompagné de pommes de terre. Poisson et pommes de terre se mangent à la vinaigrette.

PASTELILLOS DE PESCADO
Rissoles de poisson

Il s'en vend beaucoup dans les boutiques d'alimentation, à Valence notamment.

Temps de préparation et de cuisson : 35 minutes.
De la pâte feuilletée.
Des poivrons rouges hachés.
Des tomates pelées et hachées.
1 boîte de miettes de thon.
De l'huile d'olive.
Du jaune d'œuf.

• 1 Faire revenir dans l'huile d'olive les tomates et les poivrons hachés, ajouter les miettes de thon. Ce mélange sera la garniture des rissoles.

• 2 Étaler la pâte feuilletée. Découper des rondelles de 15 centimètres de diamètre.

• 3 Mettre la quantité voulue du mélange sur une moitié de rondelle en laissant le centre et les bords libres. Refermer en forme de demi-lune, ourler les bords tout le tour.

• 4 Enduire de jaune d'œuf (avec un pinceau) le dessus de la rissole.

• 5 Mettre à four chaud pendant 15 à 20 minutes, jusqu'à ce que la croûte soit dorée.

PEIX EN ES FORN
Poisson cuit au four avec des bettes

Recette majorquaise.
Pour 4 personnes.
Temps de préparation et de cuisson : 1 heure 10 minutes.
800 à 900 grammes de filets

ou de tranches de poisson (du colin, par exemple).
3 grosses pommes de terre.
1 gros oignon.
1 bouquet de persil.
200 grammes de bettes.
2 tomates, pelées et hachées.
1 verre et demi à 2 verres d'huile d'olive.
1 demi-verre de vin blanc.
Du sel et du poivre.

• 1 Peler les pommes de terre ; les couper en rondelles. Huiler un plat à gratin et le garnir avec les pommes de terre.
• 2 Hacher l'oignon, le persil et les bettes. En mettre la moitié dans le plat, ainsi que la moitié des tomates. Assaisonner.
• 3 Disposer le poisson dans le plat. Le recouvrir du restant d'oignon, persil, bettes et tomates.
• 4 Assaisonner de nouveau et verser l'huile d'olive sur le tout. Mettre à four modéré pendant 1 heure. Ajouter le vin blanc avant que la cuisson ne soit tout à fait terminée.

PESCADO EN ESCABECHE
Poisson en escabèche

Les Espagnols préparent diverses escabèches (sortes de marinades) qui parfument le poisson et aident à le conserver. En voici une :

Piler au mortier des gousses d'ail avec du safran et un peu de gingembre. Ajouter du vinaigre, du sel et de l'eau, en dosant tout cela pour que le goût en soit agréable. En couvrir le poisson frit. Ajouter des tranches de citron et deux feuilles de laurier ; laisser ainsi jusqu'au lendemain ou même davantage.

On fait des marinades semblables dans beaucoup d'endroits en Méditerranée, et le mot espagnol "escabeche", s'y rencontre sous diverses formes, telles que "escabèche" en France, "scabetch" en Algérie, "scapece" en Italie, etc.

ZARZUELA DE PESCADO
"Opérette" de poisson

Pour 12 personnes au moins.
Temps de préparation et de cuisson : 40 minutes.
1 oignon coupé en tranches.
4 à 6 gousses d'ail.
Des aromates.
Trois quarts de verre d'huile d'olive.
6 grosses tomates.
4 cuillerées à soupe de persil haché.
1 demi-cuillerée café de paprika.
1 demi-cuillerée à café de safran.

1 cuillerée à soupe de farine mélangée avec un peu d'eau.
1 verre de vin (selon goût).
Du sel et du poivre.
Poisson (quantités approximatives) :
500 grammes d'encornets.
500 grammes de colin.
500 grammes de baudroie.
2 ou 3 soles.
Quelques tranches de mérou.
350 grammes de crevettes.
1 homard (à volonté).

• 1 Nettoyer le poisson et le couper en tranches. Préparer un fumet de poisson avec les têtes, du sel, du poivre, des aromates et des tranches d'oignon. Laisser réduire. Passer et mettre de côté.

• 2 Hacher l'ail et le mettre à cuire doucement dans l'huile d'olive chaude, dans une casserole épaisse. Peler et épépiner les tomates, les mettre dans la casserole après les avoir hachées et mélangées au persil. Laisser mijoter 10 minutes jusqu'à ce que le mélange soit bien moelleux.

• 3 Ajouter alors le poisson, en prenant soin de mettre en premier ceux qui demandent un temps de cuisson plus long (baudroie, encornet, mérou, homard, crevettes) ; le colin et la sole peuvent être mis à cuire un peu plus tard. (Si l'on utilise des crevettes déjà cuites, les mettre en fin de cuisson.) Cuire quelques minutes, ajouter le paprika, le safran, le fumet de poisson et le vin. Ajouter la farine en mélangeant le tout avec précaution afin de ne pas écraser le poisson.

• 4 Cuire 15 minutes, assaisonner avec du sel et du poivre. Servir très chaud.

ALL I PEBRE
Ragoût d'anguilles

Dans l'Albufera, près de Valence, les anguilles sont abondantes. Voici comment on les accommode. "All" et "pebre" sont les noms catalans que l'on donne dans la région de Valence à l'ail et au piment.

Pour 8 personnes.
Temps de préparation et de cuisson : 30 minutes.
8 anguilles, assez petites.
1 verre d'huile d'olive.
3 ou 4 gousses d'ail, hachées fin.
12 amandes, blanchies et hachées fin.
1 cuillerée à café de paprika.
1 morceau de piment rouge (gros ou petit selon le goût).

• 1 Nettoyez les anguilles, mais ne retirez pas leur peau. Coupez-les en morceaux.

• 2 Faites cuire dans l'huile d'olive très chaude l'ail et les amandes, puis le paprika qui ne doit surtout pas brûler. Ajoutez ensuite un demi-litre d'eau et les morceaux d'anguille.

• 3 Cuire 15 minutes. Ajoutez le morceau de piment rouge vers la fin de la cuisson. Laissez le plat reposer pendant quelques minutes avant de le servir.

ANGUILAS

Civelles cuites à la grande friture

C'est un plat qui est très apprécié dans beaucoup d'endroits en Espagne. Cette version-ci m'a été indiquée par Don Francisco Bauza, du restaurant Gina, à Palma. Il est assez comparable à " Ce'e alla salvia".

Des civelles.
De l'huile d'olive.
1 gousse d'ail par personne.
Des piments rouges hachés grossièrement.

• 1 Utilisez, pour faire ce plat, des poêlons individuels en terre, tels que l'on en trouve à Majorque.

• 2 Mettez dans chacun d'eux de l'huile d'olive en quantité suffisante pour y cuire des civelles pour une personne. Ajoutez-y du piment rouge et une gousse d'ail par poêlon. Chauffez alors jusqu'à ce que l'huile commence à fumer. Jetez-y les petites anguilles, elles seront cuites immédiatement.

• 3 Servez-les dans le poêlon où l'huile continue à bouillonner.

Il est d'usage de remuer les civelles, dans leur bain de friture, avec un ustensile en bois et de les manger également avec des fourchettes en bois.

CONCHAS DE ATUN

Coquilles de thon sauce écarlate

C'est une façon agréable et pittoresque de servir le thon en conserve. Chez nous, c'est d'habitude Pamela Davidson qui le prépare ainsi, et les instructions suivantes témoignent de son expérience.

Pour 6 personnes.
Temps de préparation : 10 minutes.
1 boîte de thon.
Quelques petits pois cuits.
1 œuf dur.
Pour la sauce écarlate :
2 poivrons rouges frais ou en conserve.
3 jaunes d'œuf.
Du sel.
De l'huile d'olive.
Le jus d'1 demi-citron.

• 1 Si les poivrons rouges sont frais, les faire griller un peu, en enlever la peau et les graines. Couper et réserver quelques lamelles de poivron.

• 2 Piler le restant, y mélanger petit à petit les jaunes d'œuf, du sel et de l'huile d'olive jusqu'à ce que vous obteniez une belle sauce épaisse. Y ajouter le jus de citron.

• 3 Mettre un peu de thon dans chaque coquille ; le couvrir largement de sauce écarlate ; disposer des petits pois autour. Garnir avec une rondelle d'œuf dur. Faire un treillage rouge sur les petits pois verts avec les lamelles de poivron.

BESUGO CON ALMENDRAS A LA CASTELLANA
Daurade aux amandes à la castillane

Pour 6 personnes.
Temps de préparation et de cuisson : 60 minutes.
1 grosse daurade (N° 133) ou 2 petites (1,5 kilo).
1 citron coupé en demi-tranches.
100 grammes d'amandes.
2 cuillerées à soupe d'huile d'olive.
1 oignon haché fin.
Plusieurs brins de persil hachés fin.
25 centilitres de sauce Béchamel.

• 1 Nettoyez le poisson et coupez-le en six morceaux. Faites une fente dans chaque morceau et mettez-y une demi-tranche de citron.

• 2 Blanchissez les amandes et faites-les chauffer au four jusqu'à ce qu'elles commencent à se colorer. Insérez-les dans les morceaux de poisson comme garniture.

• 3 Enduisez d'huile d'olive le fond d'un plat à gratin. Mettez-y le poisson. Répandez dessus l'oignon haché et une partie du persil haché. Versez encore un peu d'huile d'olive sur le tout. Mettez à four doux pendant 45 minutes environ.

• 4 Pendant ce temps, faites une sauce Béchamel ; ajoutez-y le reste du persil et versez-la sur le poisson juste avant de servir.

BOQUERONES A LA MALAGUENA
Anchois à la mode de Malaga

Le long de la côte espagnole des environs de Malaga, on pêche des anchois en abondance.

Nettoyés puis enrobés de farine, ils sont tenus par la queue entre le pouce et l'index de la main gauche, les corps se déployant en forme d'éventail à cinq branches en travers de la paume. Si les queues sont fermement maintenues, elles tiendront ensemble pendant un moment. L'éventail d'anchois sera mis alors dans la grande friture extrêmement chaude, les queues resteront collées ensemble.

Cet "évanchois" pourra se garder pendant quelque temps dans une marinade.

CAP-ROIG (O DENTON O MERO) CON SALSA DE ALMENDRA

Rascasse rouge [ou denté ou mérou] à la sauce aux amandes

Cette recette m'a été indiquée par Don Nicolas Magraner Garcia, de Palma.

Pour 4 personnes.
Temps de préparation et de cuisson : 40 minutes.
800 grammes de poisson, coupé en morceaux.
De la farine salée et poivrée.
De l'huile d'olive.
100 à 150 grammes d'amandes, blanchies et grillées.
4 à 6 tomates, pelées et coupées en deux.
2 foies de poulet.
1 verre de Xérès.

• 1 Roulez les morceaux de poisson dans la farine assaisonnée. Faites-les dorer légèrement à la poêle dans de l'huile d'olive.

• 2 Moudre ou piler les amandes. Faites griller les tomates et les foies de poulet. Mélangez le tout en y ajoutant le xérès.

• 3 Mettez les morceaux de poisson avec leur huile de cuisson dans un poêlon en terre. Versez la sauce par-dessus. Couvrez et cuisez doucement pendant 30 minutes environ.

CHANQUETES Y ALADROCH

Les "chanquetes" sont les tout petits nounats transparents (N° 212). Ils sont mangés entiers, frits en beignets, d'un brun doré, avec leurs tout petits yeux noirs ressortant comme des têtes d'épingle. On les sert avec du citron. À Malaga, on en mange beaucoup.

Les "aladroch" de Valence peuvent paraître très semblables, mais ce sont des alevins d'anchois (N° 61). Comme la poutine, on les vend au marché dans des seaux. L'omelette à la poutine (p.177) peut être comparée à la "tortilla de aladroch" d'Espagne : dans l'une comme dans l'autre, on ajoute de ces poissons minuscules dans les œufs battus avant de les faire cuire.

Il faut remarquer toutefois que le nom "aladroch", contrairement à celui de "poutine", peut être utilisé pour l'anchois un peu plus grand.

Il y a, en Espagne comme en France, une grande confusion dans l'appellation de ces petits poissons. Le nom "chanquetes" est souvent donné aux alevins d'anchois alors qu'il devrait être réservé aux gobies transparents.

CONGRIO (O MUSOLA O JIBIA) CON PASAS Y PINONES

Congre [ou émissole ou seiche] avec raisins secs et pignons

C'est la recette la plus souvent employée à Majorque pour préparer les seiches. En fait, je la connais grâce à une famille de Palma où l'on sert aux enfants, pour déjeuner, ce plat préparé avec de l'émissole, et les enfants sont tout excités à l'idée de manger du requin.

Pour 4 personnes.
Temps de préparation et de cuisson : 30 minutes.
800 grammes (net) de poisson (voir texte).
De la farine.
1 tomate pelée, épépinée, hachée.
De l'huile d'olive.
1 gros oignon haché fin.
Des raisins secs.
Des pignons.
Du persil haché.
De l'ail.
Du paprika.
Du sel et du poivre.

• 1 Nettoyer le poisson, le couper en morceaux que l'on roule dans la farine (sauf s'il s'agit de seiche).

• 2 Les faire frire dans de l'huile très chaude (de préférence dans un poêlon en terre) jusqu'à ce qu'ils soient bien dorés.

• 3 Ajouter l'oignon et le laisser dorer. Ajouter la tomate, baisser le feu et laisser mijoter.

• 4 À la fin de la cuisson, ajouter les raisins secs et les pignons, puis un "picadillo", c'est-à-dire un hachis de persil et d'ail avec du poivre et du paprika.

DENTON AL HORNO
Denté au four

Pour 6 personnes.
Temps de préparation et de cuisson : 40 minutes.
1 denté de 1 kilo (nettoyé).
1,5 kilo d'oignons émincés.
1 citron, coupé en demi-tranches.
6 gousses d'ail hachées.
Un peu de persil haché.
1 cuillerée et demie à soupe de chapelure.
1 verre d'huile d'olive.
Du gros sel et du poivre.

• 1 Mettre les oignons émincés dans le fond d'un plat à gratin.

• 2 Inciser le poisson des deux côtés ; insérer les demi-tranches de citron dans les fentes. Disposer le poisson sur le lit d'oignons.

• 3 Bien mélanger l'ail, le persil et la chapelure, humecter en y ajoutant de l'huile d'olive et étaler la pâte sur le poisson.

• 4 Saupoudrer de gros sel et de poivre noir moulu ; verser avec délicatesse le restant d'huile d'olive sur le poisson.

• 5 Mettre à four doux jusqu'à ce qu'il soit doré (30 minutes).

Ce plat majorquais, bien corsé, tel qu'il est préparé chez Señora Catalina Vera de Puerto de Andratx, se retrouve sur la côte espagnole dans une version moins relevée, qui convient très bien à d'autres membres de la famille des brèmes, par exemple : le pagre, le pageot rouge, la daurade, le sar (Nos 129, 131, 133, 138).

Préparer le poisson comme ci-dessus en le garnissant de lamelles de poivron rouge ainsi que de demi-tranches de citron. Pas d'oignon. Mettre un peu de beurre et quelques feuilles de laurier au fond du plat, et y déposer le poisson. Sortir le plat du four au bout de 10 minutes, arroser le poisson de vin blanc et l'oindre, après l'avoir retourné, du mélange de persil, ail (trois gousses au lieu de six), chapelure et huile d'olive. Le remettre au four 20 à 30 minutes.

MERLUZA RELLENA
Merlu farci

Le merlu est un des poissons préférés des Espagnols et les modes de préparation en sont nombreux. L'un d'eux, assez surprenant, consiste à le farcir avec du jambon et des œufs durs. En voici une recette assez simple.

1 merlu.
Du jambon.
Des œufs durs.
Des olives noires dénoyautées.
1 feuille de laurier.
Du persil.
Du sel et du poivre.

• 1 Nettoyer le poisson, l'ouvrir par-dessous, en retirer l'arête principale.

• 2 Le fourrer d'un mélange de jambon haché, d'œufs durs et d'olives. Le refermer.

• 3 Mettre le poisson à mijoter dans de l'eau assaisonnée de persil, d'une feuille de laurier, de sel et de poivre.

On peut aussi farcir le merlu d'une façon plus compliquée, qui rappelle le plat turc : "Uskumru dolmasi" (p. 254). Ainsi que le font les Turcs, on met dans la farce autant de chair que l'on aura pu prélever de poisson, sans en abîmer la peau. On mélange cette chair avec d'autres ingrédients dont : du jambon haché, des œufs durs écrasés, un poivron rouge haché... Le poisson, une fois farci, est mis dans un plat grassement huilé, garni d'une feuille de laurier, de morceaux de tomates et cuit au four.

A Sfax, en Tunisie, j'ai entendu parler d'une recette semblable ; il paraît que l'on y prépare le mulet de la même façon, en mélangeant la chair du poisson avec des œufs durs (sans jambon) et du persil. Il serait intéressant de savoir si la recette tunisienne procède des recettes turques et espagnoles ou si, au contraire, elle a été empruntée par les Turcs et les Espagnols au moment de leur domination en Tunisie, et adaptée à leur usage.

MERO A LA NARANJA
Mérou à l'orange

"De la mar el mero y del monte el cordero" (De la mer vient le mérou et de la montagne vient l'agneau), dit un dicton de Valence, car les habitants de cette région pensent que le mérou et l'agneau sont les produits les meilleurs de l'une et de l'autre. Le mérou est très apprécié aussi à Almeria : en voici une recette alléchante.

Pour 6 personnes.
Temps de préparation et de cuisson : 45 minutes.
6 darnes de mérou de 150 grammes chacune, grillées ou frites.
50 grammes de beurre.
50 grammes de farine.
50 centilitres de bouillon de viande.
2 oranges.
Du sel et du poivre.

• 1 Faire un roux épais et l'allonger progressivement avec du bouillon. L'assaisonner.

• 2 Ajouter le jus d'orange jusqu'à la consistance voulue, soit celle d'une sauce moyennement épaisse.

• 3 La verser sur le poisson et décorer avec des demi-tranches d'oranges.

J'ai toujours eu l'impression qu'il y avait une affinité entre la saveur du mérou et celle de l'orange, et j'aime particulièrement cette sauce. Mais certains pourraient préférer une sauce plus acide, qu'il est facile d'obtenir en remplaçant les oranges par des citrons ou par des oranges amères.

RAYA A LA MALAGUENA
Raie à la mode de Malaga

Pour 6 personnes.
Temps de préparation et de cuisson : 35 minutes.
1,5 kilo (net) de raie (de préférence N° 31).
1 demi-verre d'huile d'olive.
1 fine tranche de pain émiettée.
1 brin de persil haché.
12 amandes blanchies.
1 kilo d'oignons, émincés.
1 ou 2 gousses d'ail.
500 grammes de tomates, pelées, épépinées et coupées en morceaux.
1 pincée de safran.
Du sel et du poivre.

• 1 Coupez la raie en assez gros morceaux, mettez-les dans un plat à gratin et saupoudrez-les de sel.

• 2 Chauffez l'huile d'olive dans une poêle et faites-y frire le pain, le persil et les amandes jusqu'à ce que les amandes deviennent brun doré. Retirez ces ingrédients, écrasez-les et faites-en une pâte.

• 3 Ensuite, dans la même huile, faites frire les oignons et l'ail. Quand ils sont brun doré, ajoutez-y les tomates et le safran. Remettez le tout à cuire pendant 10 minutes ; mettez, au même moment, le plat de poisson au four.

• 4 Lorsque le contenu de la poêle est cuit, passez-le et remettez-le dans la poêle avec la pâte de pain et d'amandes.

• 5 Puis, versez le tout sur le poisson, qui était au four depuis une dizaine de minutes ; ajoutez de l'eau, du sel et du poivre. Remettez à cuire au four 15 minutes. À ce moment-là, le poisson sera cuit et la sauce réduite.

MUJOL (O DORADA) A LA SAL
Mulet [ou daurade] au gros sel

C'est un mode de préparation intéressant que l'on utilise à Murcie. Il faut choisir un spécimen assez grand de la famille des mulets ou de celle des brèmes de mer (daurade, denté, pagre, etc.). Le poisson ne doit être ni écaillé ni vidé, il suffit de le laver.

Pour 4 personnes.
Temps de préparation et de cuisson : 60 minutes.
1 poisson (voir texte) de 1 kilo.
500 grammes, au moins, de gros sel.

• 1 Choisissez un plat allant au four, assez grand et assez profond. Versez-y une couche de gros sel et couchez-y le poisson.

• 2 Recouvrez complètement le poisson de sel. Tapotez-le bien.

• 3 Mettez le plat à four moyen et laissez-le 50 à 60 minutes.

• 4 Vous vous apercevrez, quand vous le retirerez du four, que le sel en durcissant a formé une sorte de carapace. Cassez-la en tapant avec un objet lourd. Sortez le poisson. La peau restera sur la croûte de sel et la chair succulente du poisson apparaîtra, prête à être dégustée.

LA BAUDROIE

Diverses façons d'accommoder la baudroie en Espagne.

Les Espagnols sont très friands de baudroie et inventent de nombreuses façons de l'accommoder et de la présenter. Plutôt que de donner une seule recette détaillée, je présente toute une série de suggestions (et une mise en garde).

En profitant de la ressemblance entre la chair de la baudroie et celle de la langouste, voici ce que vous pouvez faire. Coupez dans la baudroie des darnes de taille régulière, salez-les et faites-les cuire au four telles quelles pendant environ vingt minutes (selon leur épaisseur). Laissez-les refroidir, coupez-les en morceaux de la taille des morceaux de queue de langouste, couvrez-les de sauce écarlate (p. 287), et servez-les froids avec une salade.

La "rape a la marinera" peut être faite de diverses façons. Dans ce plat, on offre, en même temps, des tranches de baudroie à la farine, avec par exemple des moules, des palourdes et des crevettes. Tout cela est cuit ensemble au court-bouillon avec des poivrons rouges hachés et de l'assaisonnement. Avant de servir, on saupoudre le tout d'œufs durs écrasés, garniture très estimée des Espagnols.

La région de Malaga, qui revendique l'honneur de faire la meilleure soupe de baudroie d'Espagne, est aussi le pays de la "rape con patates" (baudroie aux pommes de terre). Les tranches de baudroie salées et farinées sont frites dans l'huile chaude d'un côté, puis elles sont réservées et l'on fait cuire des oignons et des tomates dans leur huile. À peine ont-ils un peu frit que l'on y ajoute des rondelles de pommes de terre avec de l'eau pour les couvrir. Dès que les pommes de terre sont à moitié cuites, on y remet les morceaux de poisson et le tout continue à cuire très doucement, avec des décorations faites de lamelles de poivrons rouges sur le dessus.

La cuisine catalane mélange, de façon inattendue, le chocolat avec la viande ou la volaille, ainsi qu'avec la langouste ou le poisson. À Barcelone, un de mes collègues a relevé pour moi une recette de "rape con chocolate" dont j'ai fait l'essai avec un vif intérêt.

Pour 6 personnes.
Temps de préparation et de cuisson : 30 minutes.
1 kilo de baudroie.
75 grammes de chocolat à cuire.
2 gousses d'ail.
Du persil haché.
1 cuillerée et demie à soupe de vinaigre.
3 cuillerées à soupe d'huile d'olive.
1 demi-feuille de laurier.
1 demi-cuillerée à café de paprika.
Trois quarts de verre d'eau.
Du sel et du poivre.

• 1 Faire frire les tranches de baudroie.

• 2 Faire fondre le chocolat ; y ajouter l'ail et le persil mélangés avec le vinaigre, l'huile d'olive et l'eau, la demi-feuille de laurier et le paprika ; assaisonner de sel et de poivre.

• 3 Mettre les tranches de baudroie et laisser cuire doucement jusqu'à ce que le poisson soit cuit et la sauce réduite.

(Mise en garde : d'après les réactions familiales, il est préférable de préparer ce plat en petite quantité car chacun a envie de le goûter mais peu ont envie d'en faire un repas.)

SALMONETES CON SALSA ROMESCO
Rougets grillés à la sauce romesco

Pour 6 personnes.
Temps de préparation et de cuisson : 20 minutes, mais le poisson doit mariner 2 heures.
4 rougets de 200 grammes chacun environ.
Trois quarts de verre d'huile d'olive.
Le jus d'un citron.
Du persil haché.

Pour la sauce romesco :

1 petit oignon haché.
2 cuillerées à soupe d'huile d'olive.
4 tomates pelées, épépinées et hachées.
6 gousses d'ail.
18 amandes grillées.
2 cuillerées à soupe de vinaigre (ou de jus de citron).
2 cuillerées à café de paprika. Du sel.

• 1 Préparer le poisson à l'avance ; le saler légèrement et le laisser mariner 2 heures dans de l'huile d'olive additionnée de citron.

• 2 Pour faire la sauce, commencer par frire l'oignon dans l'huile d'olive. Puis, écraser ensemble l'oignon, les tomates, l'ail et les amandes avec un filet d'huile d'olive jusqu'à en faire une sorte de purée dans laquelle vous incorporerez, pour finir, le vinaigre (ou le jus de citron), le sel et le paprika. Vous pouvez le passer pour obtenir une sauce plus moelleuse.

• 3 Retirer les poissons de la marinade, les égoutter et les faire griller. Décorer de persil haché. Servir la sauce à part.

TORTILLAS DE SARDINAS FRESCAS
Omelette aux sardines fraîches

Recette des Baléares.

Pour 4 personnes.
Temps de préparation et de cuisson : 20 minutes.
4 sardines fraîches.
6 œufs.
1 gousse d'ail.
Du jus de citron.
Du paprika.
De l'huile d'olive.
Du sel. Du persil.

• 1 Nettoyer et écailler les sardines. Les ouvrir par-dessous, en retirant l'arête et la tête, mais en laissant la queue intacte.

• 2 Prendre les œufs, séparer les blancs des jaunes. Battre les jaunes avec un peu de sel et un peu de persil. Battre les blancs en neige.

• 3 Mettre l'huile d'olive à chauffer dans une grande poêle et faire frire légèrement la gousse d'ail.

• 4 Mélanger délicatement les jaunes et les blancs d'œuf ; en mettre la moitié dans la poêle et faire cuire à feu doux.

• 5 Alors que la cuisson commence, poser rapidement les sardines ouvertes dessus, les saupoudrer de persil haché et de paprika et les asperger de jus de citron.

• 6 Verser sur le tout le restant des œufs. Faire couler un filet d'huile d'olive au bord de la poêle afin que l'omelette n'attache pas.

• 7 Cuire la "tortilla" très doucement et la retourner une fois afin que les deux côtés soient dorés. (C'est une opération délicate. Pour ma part, je préfère cuire le dessus au gril.)

Les sardines cuisent très bien à l'intérieur de l'omelette, et ce plat inhabituel est très bon.

SIRVIOLA CON SALSA
Sériole en sauce rouge

Recette de Señora Vidal, *Cocina selecta mallorquina.*

Temps de préparation et de cuisson : 35 minutes.
1 sériole (N° 161).
De l'huile d'olive.
Des carottes.
Des poivrons rouges.
Des tomates.
Des gousses d'ail.
Des tranches de pain (de la veille).
Du lait. Un œuf battu.
Du sel et du poivre.

• 1 Couper la sériole en darnes, les faire frire dans l'huile d'olive.

• 2 Sortir les darnes et les mettre dans un poêlon en terre ("greixonera").

• 3 Faire cuire les carottes dans de l'eau.

• 4 Faire griller légèrement les poivrons rouges. Leur retirer la peau et les couper en quatre. Puis, les faire frire rapidement dans l'huile de cuisson des poissons avant de les mettre dans la "greixonera".

• 5 Toujours dans la même huile, faire frire légèrement l'ail, puis les tomates.

• 6 Couper les carottes, qui seront cuites, en rondelles et les joindre au mélange d'ail et de tomates. Verser le tout sur le poisson.

• 7 Faire tremper les tranches de pain dans du lait, puis dans l'œuf battu. Faire frire et disposer autour du plat de service.

LANGOSTA A LA CATALANA
Langouste à la mode catalane

Bien des recettes portent ce nom. L'une d'elles dit de faire une sauce en mélangeant le sang de la langouste avec du chocolat ! La recette suivante est plus simple et d'une saveur espagnole très authentique.

Pour 2 personnes.
Temps de préparation et de cuisson : 40 minutes.
1 langouste vivante.
1 verre d'huile d'olive.
2 cuillerées à soupe d'oignons hachés fin.
3 tomates moyennes pelées, épépinées et coupées.
2 poivrons verts épépinés et coupés en lamelles.

1 pincée de safran.
2 ou 3 brins de persil hachés.
2 verres de vin blanc sec.
1 cuillerée à soupe de cognac.
1 demi-cuillerée à café de poivre de Cayenne.
Du sel et du poivre.

• 1 Couper la langouste.

• 2 La mettre à frire dans l'huile d'olive pendant quelques minutes à feu modéré. La retirer et la tenir au chaud.

• 3 Dans la même huile, faire brunir les oignons ; ajouter tomates et poivrons ; y joindre les morceaux de langouste puis le safran, le persil et le vin blanc. Couvrir et laisser cuire 30 minutes environ.

• 4 Retirer les morceaux de langouste et les faire égoutter. Les maintenir au chaud dans le plat de service.

• 5 Faire réduire la sauce à feu vif, puis ajouter le cognac (le flamber) et le poivre de Cayenne. Verser le tout sur les langoustes. Servir. Vous pouvez décorer le plat avec des croûtons frits.

CALAMARES RELLENOS CON JAMON
Encornets farcis au jambon

Pour 4 personnes.
Temps de préparation et de cuisson : 30 minutes.
4 encornets de 250 grammes environ chacun.
100 grammes de jambon fumé.
2 ou 3 tomates pelées.
Du persil.
1 gros oignon haché.
2 gousses d'ail.
De l'huile d'olive.
Du sel et du poivre.

• 1 Nettoyer les encornets ; en jeter les intestins et les sacs d'encre (car l'encre n'est pas utilisée dans cette recette).

• 2 Couper les tentacules. En faire un hachis avec le jambon et les tomates. Ajouter du sel, du poivre et du persil haché. Le mélange doit être très épais. Farcir les encornets, sans les remplir tout à fait. Les fermer et les maintenir avec des cure-dents.

• 3 Faire cuire doucement dans de l'huile d'olive l'oignon haché et les gousses d'ail entières. Ajouter, si l'on veut, une tomate supplémentaire. Quand l'ensemble est bien fondu, y mettre les encornets ; laisser cuire à feu doux pendant 20 minutes. Ajouter un peu d'eau (ou de vin) si la sauce réduit trop.

PULPOS CON PAPAS
Poulpe aux pommes de terre

Cette recette vient de Barcelone, où l'on peut la déguster au restaurant Los Caracoles. C'est une façon commode de traiter un poulpe de grande taille.

Pour 4 personnes.
Temps de préparation et de cuisson : 1 heure 30 minutes à 1 heure 45 minutes.
1 poulpe de 1 kilo.
1 verre d'huile d'olive.
2 gousses d'ail hachées.
2 oignons hachés.
Du persil haché.
1 feuille de laurier.
500 grammes de pommes de terre coupées en rondelles.
Du safran.
Du sel et du poivre.

• 1 Commencer par l'habituel "sofrito", c'est-à-dire en faisant revenir dans l'huile d'olive, l'ail, l'oignon et le persil hachés.

• 2 Y ajouter le poulpe nettoyé et coupé en morceaux. Au début de la cuisson, il dégorgera. Mais la quantité de liquide produit varie, il est même parfois nécessaire d'ajouter un peu d'eau.

• 3 Laisser cuire doucement pendant 1 heure ou parfois plus jusqu'à ce que le poulpe devienne tendre. À ce moment-là, ajouter la feuille de laurier, le sel et les pommes de terre.

• 4 Laisser mijoter 20 à 30 minutes jusqu'à ce que le poulpe et les pommes de terre soient cuits ; ajouter une pincée de safran delayée dans un peu de jus de cuisson. Remuer et servir.

Recettes de la Mer Noire

Du point de vue gastronomique, les recettes des bords de la Mer Noire font la transition entre le Moyen-Orient et l'Europe Centrale.

Si la cuisine que l'on y déguste est marquée par l'influence des pays qui la bordent ; au nord et à l'ouest, on y trouve aussi l'emprunt des traditions locales.

Une eau abondante venant des fleuves qui se jettent dans la Mer Noire. diminue le degré de salinité de ses eaux au point d'atteindre à peine la moitié du degré de salinité de la Méditerranée ; ceci est une des raisons qui explique le manque de variété d'espèces de la faune marine par rapport à celle de la Méditerranée à laquelle elle est reliée par le Bosphore et par la mer de Marmara. Cela explique aussi le grand nombre de recettes de poissons d'eau douce par rapport à celles des poissons de mer.

J'ai entendu dire qu'en 1930 en Bulgarie, la consommation annuelle de poisson de mer était en moyenne de 200 g par personne. Quoi qu'il en soit, la population du bord de la mer et celle des ports a ses propres recettes de plats de poissons de mer. En voici une petite sélection : Avant de vous parler de recettes, je dois vous faire part des remarques générales sur la Bulgarie.

Ce pays est bien connu par ses yoghourts ; mais depuis peu de temps, les bulgares ainsi d'ailleurs que les Libanais et bien d'autres pensent qu'il n'est pas sain, voire dangereux pour la santé, de consommer en même temps du yoghourt et du poisson. C'est une légende (c'est faux) et cela a été démenti de manière catégorique par M. Tashev, un académicien bulgare bien connu, spécialiste en nutrition.

Dans une réponse faite au lecteur d'un magasine bulgare, il a affirmé nettement qu'il n'y avait aucun danger à combiner les deux et que l'unique raison pour l'interdire serait que ces deux aliments sont l'un et l'autre riches en proteines, et que l'on pourrait considérer comme un non-sens d'ajouter l'un à l'autre dans un même plat.

En Bulgarie celui qui goûte du poisson serait bien avisé d'y adjoindre du "Pitka" et non pas du pain ordinaire ; c'est une miche de pain de campagne, fendue sur le dessus, accompagné de "Choubritsa", qui est un mélange d'herbes séchées et pulvérisées, mélangé parfois à du paprika. Sa couleur varie du vert au rouge en passant par le gris, selon la saison.

Voici comment procéder :

Détachez un morceau de votre "Pitka" et trempez-en la partie fraichement coupée dans le "Choubritsa" avant de le manger. Cela s'harmonise parfaitement bien avec les plats de poisson ainsi qu'avec la "Shopska salata", salade où sont incorporés de petits poivrons rouges, sauvages et qui pourrait constituer le début du repas.

TIKVITCHKIS ANSHOA
Courgettes farcies aux anchois

Ceci est une vieille recette de famille que m'a indiquée Maria Jonhson, née Kaneva. C'est un plat aussi bon chaud que froid ou que légèrement réchauffé. Il vous faut :

1 ou 2 boîtes de filets d'anchois de 50 grammes.
8 à 10 grosses courgettes, 900 grammes environ.
3 cuillerées à café d'huile d'olive.
200 grammes d'oignons hachés.
100 grammes de champignons hachés (ou de carottes rapées).
60 grammes de coulis de tomates.
1 cuillerée à café de paprika.
8 à 10 gousses d'ail épluchées et deux petites tomates.

• 1 Raclez légèrement la peau des courgettes dans le sens de la longueur, Plongez-les dans une casserole d'eau bouillante laissez cuire doucement pendant environ 20 minutes, salez légèrement. Lorsqu'elles sont cuites, égouttez-les. Laissez froidir puis coupez-les en deux moitiés dans la longueur. Râclez la chair que vous réservez ainsi que les "coques". Placez-les dans un plat allant au four et préalablement huilé. Placez les coques les unes contre les autres.

• 2 Par ailleurs faites frire les oignons à feu doux jusqu'à ce qu'ils deviennent bruns, ajoutez-y alors les champignons (ou les carottes) et laissez frire quelques secondes.

Ajoutez ensuite le coulis de tomates et laissez mijoter encore quelques secondes avant d'ajouter la chair des courgettes que vous avez égouttée auparavant. Saupoudrez de paprika, mélangez bien le tout. Arrêtez la cuisson lorsque c'est chaud. Ajoutez maintenant les filets d'anchois finement coupés, du poivre noir fraîchement moulu, les gousses d'ail. Mélangez bien et garnissez les courgettes de cette farce.

• 3 Décorez chaque courgette avec des filets d'anchois et des rondelles de tomate. Arrosez le tout avec l'huile d'olive de la ou des boîtes d'anchois. Mettez à griller à four très chaud pendant 45 minutes environ jusqu'à ce que la farce ait prit une belle couleur. Ce plat est servi l'été garni de zests de citron.

Que vous le serviez chaud ou froid, prévoyez de l'accompagner de pain français bien croustillant et réchauffé au four.

RIBI PECHENI NA KEREMIDI
Poisson cuit dans une tuile

Keremidi est le nom donné en Turquie aux anciennes tuiles. Si elles sont de celles dont les extrémités sont fermées, elles servent de plat de cuisson. Un support en bois permet de les transporter du four à la table.

Pour 5 personnes
5 poissons (1 kilo en tout)ou 5 darnes de même poids.
6 à 7 cuillerées à soupe d'huile.
6 oignons nouveaux hachés.
1 tomate pelée et coupée en morceaux.

I bouquet de persil finement haché.
3 cuillerées à café de poivre moulu
I demi citron.

• 1 Nettoyez le poisson, saupoudrez-le de sel. Faites chauffer la moitié de l'huile dans une poêle et faites-y revenir les oignons à feu doux. Ajoutez les tomates, le persil, le poivre et un peu de sel. Laissez mijoter le tout à feu doux afin de le faire réduire.

• 2 Par ailleurs, vous avez préchauffé 5 Keremidi. Huilez-les légèrement, mettez-y la sauce répartie également dans chacune d'elles. Posez le poisson dessus. Arrosez-les avec l'huile qui reste. Mettez à four modéré pendant 20 à 30 minutes jusqu'à ce qu'ils soient cuits.

• 3 Servez chaud avec des zestes de citron. Lorsque l'on m'a offert ce plat à Sofia, le poisson était une Moruna, c'est à dire un Beluga de la famille des Esturgeons. Il était préparé en larges darnes, bien cuites et absolument succulentes.

GAROSI
Foies de maquereaux salés

Pour faire ce plat, on utilise les gros maquereaux d'automne qui sont très gras.

• 1 Prélévez les foies et lavez-les soigneusement afin qu il ne reste plus la moindre tache de sang. Placez-les alors les uns sur les autres dans une jarre, mettez du sel abondamment entre chaque couche. Comptez 8 à 10 g de sel pour 100 g de foie. Un foie pèse en moyenne 8 g.

• 2 Couvrez le tout d'une mousseline pliée en deux. Dès qu'une trace de sang apparaît sur le tissu, retirez-le, lavez-le et remettez-le et ce, jusqu'à ce qu'il n'y ait plus aucune trace de sang. Versez alors de l'huile d'olive dans la jarre afin de recouvrir complètement les foies.

• 3 Laissez la jarre dans l'obscurité dans un endroit frais ou dans le réfrigérateur Laissez-les ainsi pendant deux semaines environ avant de les consommer. Ne les gardez pas plus de six mois.

En principe, ces foies de maquereaux sont aussi bons pour la santé que l'est l'huile de foies de morue. Mais, contrairement à celle-ci, ils sont d'un goût très agréable. Ils sont servis avec l'apéritif. C'est ainsi que, dans le vieux livre de cuisine de la famille Kanev, il est conseillé de les déguster. L'habitude est de les servir comme l'on sert les cacahuettes avec un verre de bière. Parfois ils sont servis sur des petits triangles de pain beurré arrosés de citron.

RIBEN KABAP V GUIVETCHETA
Brochettes de poisson

La cuisson se fait dans de petits récipients individuels en terre cuite qui ont la même forme que le grand plat à gratin appelé "Guivetch".

Il vous faut :
750 grammes de Brême de mer ou de tout autre poisson de mer.
De la farine, du sel.

4 cuillerées à soupe d'huile de tournesol.
1 demi kilo de poireaux.
300 grammes de tomates.
5 poivrons rouges marinés.
200 ml de vin blanc.
Du poivre noir fraîchement moulu.
1 cuillerée à soupe de persil haché.
2 œufs.
3 cuillerées à soupe de yoghourt.
50 grammes de fromage râpé (le "Kashkaval" est utilisé en Bulgarie).
5 petits piments frais.

• 1 Coupez les filets de poissons en assez petits morceaux. Saupoudrez-les de farine de sel et faites les frire dans l'huile de tournesol. Lorsqu'ils sont cuits, retirez-les et mettez à cuire dans leur huile de cuisson, les poireaux, préalablement lavés et coupés en rondelles. Ajoutez les tomates lavées et coupées, les poivrons rouges coupés en lamelles et un peu de sel.

• 2 Versez le vin et faites mijoter le tout sans couvrir jusqu'à ce que le liquide soit presque évaporé. Lorsque la sauce est devenue épaisse et onctueuse, ajoutez le poivre noir et le persil. Rectifiez l'assaisonnement et versez cette sauce dans les Guivetcheta. Répartissez-y les poissons frits. D'autre part, cassez les œufs dans le yoghourt, battez bien et versez le tout sur les poissons. Saupoudrez de fromage rapé. Mettez les guivetcheta dans le four à température moyenne pendant 15 à 20 minutes jusqu'à ce que les œufs soient cuits et le dessus bien doré.

• 3 Servez avec des morceaux de citron, 1 piment frais par personne et beaucoup de pain. Trempez le piment dans le plat en le tenant par la queue. Si vous trouvez cela trop fort, mangez vite un morceau de pain.

CIORBA DE PESTE SMÂNTÂNA
Poisson à la sauce aigre

Depuis peu le terme "Ciorba" est un terme assez connu sur la côte Pacifique des Etats-Unis. Il désigne une sauce aigre, typique de la cuisine des Balkans et spécialement de Roumanie. L'effet d'aigreur est obtenu par l'utilisation du jus de fermentation des grains de blé et de son ainsi que par le liquide qui s'écoule de la choucroute ou du jus de fermentation de prunes vertes, de feuilles d'oseille ; le verjus est aussi utilisé à cette fin.

En Roumanie, pays où il n'y a pas de citronniers, on utilise pourtant le jus de citron, c'est un excellent moyen pour obtenir le résultat cherché.

Il vous faut :
1 kg de poisson nettoyé.
1 litre et demi de "Ciorba" (l'explication suit).
2 carottes coupées dans la longueur)
1 grosse pomme de terre coupée en 2.
1 poireau, 1 ou 2 côtes de céleri,
de l'aneth, 4 brins de persil,

4 tomates en tranches,
sel et poivre,
du céleri sauvage,
1 cuillerée à soupe d'estragon haché, de l'aneth ou de fenouil,
2 jaunes d'œuf,
120 ml de crème aigre,
50 g de beurre,
2 cuillerées à soupe de persil haché,
8 petits piments.

• 1 Pour faire le "Ciorba", commencez par mettre des os de porc frais et l'os d'un jarret de veau dans 1 litre d'eau froide.

• 2 Faites bouillir. Ajoutez les 2 carottes, 2 pieds de persil avec leur racine (si possible) , quelques côtes de céleri, quelques tomates fendues et quelques brins de persil. Couvrez et laissez cuire jusqu'à la cuisson complète des légumes Ajoutez alors 450 ml. de jus de choucroute ou de tout autre liquide acide (voir ci-dessus). Faites faire un bouillon et retirez du feu.

• 3 Passez le liquide au tamis. Ajoutez les carottes, le poireau, la pommes de terre, le céleri, le fenouil, le persil. Assaisonnez. Faites cuire ces légumes. Ajoutez alors 1 tomate coupée en morceaux et le poisson.

• 4 Lorsque le poisson est cuit, hors du feu, retirez le persil et mettez l'estragon et le céleri sauvage. Vérifiez le degré d'aigreur. Au besoin ajoutez un peu de liquide aigre.

• 5 Entre temps, vous aurez battu 2 jaunes d'œuf que vous aurez mélangé à la crème aigre. Incorporez-les délicatement dans le "Ciorba". Parsemez le tout de tout petits morceaux de beurre. Saupoudrez de persil.

• 6 Servez avec des petits piments comme dans la recette précédente.

SATSIVI IZ RYBY

Poisson à la sauce aux noix (Georgie)

Les noyers sont abondants en Géorgie. Ils sont à la base même de la fameuse sauce Satsivi. Celle-ci est servie avec la viande, le poulet et comme pour cette recette-ci avec du poisson.

Les noix sont riches en huile ; aussi cette recette convient-elle spécialement à des poissons blancs à la chair ferme et maigre. Le cuisinier saura choisir le poisson qui convient. Je conseille le turbot qui est si bon en Mer Noire ; ainsi que le bar, un gros grondin ou encore une merluche mais, sans exclure des poissons à la chair plus riche, tels que la bonite et la truite saumonnée qui survit en Mer Noire ainsi que je l'indique p. 49.

Pour 4 personnes

Il vous faut :

550 g de poisson blanc, une fois nettoyé.
2 feuilles de laurier.
8 grains de poivre noir.
100 grammes de noix décortiquées.

4 gousses d'ail.
2 cuillerées à café de paprika. Sel.
1 cuillerée à café de graines de coriandre.
4 petits oignons hachés fin.
20 ml de jus de grenade, de verjus ou de vinaigre doux de vin.
1 cuillerée à café de cannelle.
1 cuillerée à café d'ail écrasé.
Poivre noir fraîchement moulu.
6 oignons nouveaux.
3 cuillèrées à café de coriandre ou de persil.

• 1 Coupez le poisson en 4 ou 8 morceaux, mettez-le dans une casserole avec les feuilles de laurier. Couvrez-le d'eau légèrement salée. Portez à ébullition et laissez cuire à feu doux pendant 10 minutes environ, jusqu'à ce que le poisson soit cuit (attention, ne laissez pas trop cuire), si les morceaux sont minces, 4 à 5 minutes suffiront.

• 2 Placez le poisson dans le plat de service, après l'avoir égoutté, puis mettez-le au frais. Réservez le liquide de cuisson. Pilez ensemble les noix (mais, gardez-en 2 ou 3 pour la décoration du plat), l'ail, le paprika, le sel, joignez-y les graines de coriandre. Ajoutez de l'eau de cuisson, juste assez pour donner à la sauce une consistance de crème. Cette sauce ne doit pas être trop claire.

• 3 Versez-la dans une casserole, ajoutez les oignons. Mélangez bien et faites cuire à feu doux 8 à 10 minutes ; puis mélangez le jus de grenade (ou verjus ou vinaigre) avec la cannelle, l'ail pilé et le poivre noir. Vous ajoutez cela à la sauce que vous faites mijoter encore 5 à 10 minutes. Remuez de temps en temps tout en surveillant la consistance. Le but est d'obtenir une sauce crèmeuse.

• 4 Versez cette sauce Satsivi chaude sur le poisson et remettez au froid.

• 5 Lorsqu'il est froid, décorez avec les noix, des tiges d'oignons qui pourront simuler la queue en éventail du poisson. Saupoudrez de coriandre, et de persil. Servez froid.

HARENGS AUX POMMES

Cette recette tirée de *La Cuisine Ukrainienne* (Kiev 1975) ne prévoit pas de cuisson. Elle convient à l'alose mais aussi à d'autres poissons de la même espèce, harengs etc.

Pour 4 personnes
2 poissons bien frais.
400 grammes de chapelure.
4 pommes.
3 cuillerée à soupe de crême aigre
50 grammes de beurre

• 1 Prenez 2 poissons bien frais et assez gros que vous nettoyez et videz. Enlevez la tête, la queue et les nageoires, la peau et les arêtes.

• 2 Mélangez la chair du poisson avec 400 g de chapelure (si possible de pain complet) trempée dans du lait et égouttée.

• 3 Ajoutez 4 pommes pelées, épépinées et coupées en fines lamelles,3 cuillerées à soupe de crême aigre et 50 g de beurre.

• 4 Passez le tout au moulin à légumes.

• 5 Puis, dans un plat oval, disposez -y votre mélange en lui donnant la forme de poisson. Ajoutez-y les têtes, les queues et servez.

ROULEAUX DE POISSON À L'UKRAINIENNE

Pour cette recette, presque tous les poissons conviennent. Les auteurs de *La cuisine Ukrainienne* proposent de choisir des esturgeons.

Je suggère une merluche ou une Brème de mer.

Pour 4 personnes
Il vous faut.
4 à 8 filets de poisson longs et minces (600 g en tout).
2 œufs durs.
2 poireaux hachés menu.
3 cuillerées à café de persil haché et 2 d'aneth.
2 à 3 cuillerées à soupe de crème aigre.
Sel et poivre.

• 1 Mélangez les ingrédients (réservez les filets) et assaisonnez modérément.

• 2 Etalez ce mélange sur les filets que vous roulez.

• 3 Saupoudrez de farine puis roulez-les dans la chapelure (de pain complet, si possible).

• 4 Faites les frire puis passez-les au four avant de les servir.

Ce plat peut être consommé froid., mais pensez alors à débarrasser les filets frits de leur excédent d'huile avant de les mettre à refroidir. (sur un papier absorbant, par exemple).

Index des noms de poissons, crustacés, mollusques et autres fruits de mer

Index des recettes

Cet index répertorie toutes les recettes avec leur nom d'origine (en majuscule) ainsi qu'en français (en minuscule), à moins que leur traduction ne soit pas nécessaire ou ne soit pas possible. Il répertorie également les recettes indiquées dans le catalogue des poissons, spécifique à chaque poisson ou crustacé.

Bibliographie

I- OUVRAGES ABORDANT LES SUJETS TRAITÉS DANS LE CATALOGUE ET DANS LES NOTES

Aleem, A. A., "Marine resources of the United Arab Republic", dans *Studies and reviews of the G.F.C.M. of the F.A.O.*, N° 43, Rome, 1969.

American Fisheries Society, *A list of common and scientific names of fishes from the United States and Canada* ; 3e éd., Washington, D.C., 1970.

Bakurdjiev, Hristo et Bakurdjieva, Ivanka, *Ribi i ribni prodoukti*, Dsp. Reklama, Sofia, 1976.

Bănărescu, Petru, Pisces, Volume XII de *Fauna republicii populare romîne*, Editure Academici Republicii Populare Romîne, Bucarest, 1964.

Berthelot, Sabin, *Études sur les pêches maritimes*, Paris, 1868.

Bini, Giorgio, Atlante dei pesci delle coste italiane, Mondo Sommerso, Vol. I-VIII, Rome, 1960-70.

Bonaparte, C., *Iconografia della fauna italica per le quattro classi degli animali vertetrati*, Vol. III : Pesci, Rome, 1832-41.

Burdon, T. W., *A report on the fishing industry of Malta*, Malta Government Printing Office, 1956.

Çakiroglu, Saïd B., *Karadeniz' de Balikçiligimiz*, Ankara, 1969.

Cavanna, G., *Doni di Nettuno*, Florence, 1913.

Cuvier, G., Valenciennes, A., *Histoire naturelle des poissons*, 22 volumes, Paris, 1828-49.

D'Angelo, G., Gargiullo, S., *Guida alle conchiglie mediterranee*, Fabbri Editori, Milan, 1978.

Davidson, Alan, *North Atlantic Seafood*, Macmillan, Londres, 1979, Viking Penguin, New-York, 1980, et Penguin, Harmondsworth, 1980.

De Caraffa, T., *Essai sur les poissons des côtes de la Corse*, Bastia, 1902.

Devedjan, K., *Pêche et pêcheries de Turquie*, Ottoman Public Dept Office, Constantinople, 1926.

Dieuzeide, R., Novella, M., Roland, J., *Catalogue des poissons des côtes algériennes*, Vol. I-III, Alger, 1953-5.

Euzière, J., *Les pêches d'amateurs en Méditerranée*, Robaudy, Cannes, 1951.

Faber, G. L., *The fisheries of the Adriatic and the fish thereof*, Londres, Bernard Quaritch, 1883.

FAO, *Catalogue of names of fish, molluscs and crustaceans of commercial importance in the Mediterranean*, Vito Bianco Editore, Milan, 1965.

George, C. J., Athanassiou, V. A., Boulos, I., "The fishes of the coastal waters of the Lebanon", dans *Miscellaneous papers in the natural sciences*, N° 4, Université américaine de Beyrouth, 1964.

Gousset, J., Tixerant, G., *Les produits de la pêche*, Informations Techniques des Services Vétérinaires, Issy-les-Moulineaux, sans date, c. 1973.

Joubin, L., Le Danois, E. (éd.), *Catalogue illustré des animaux marins comestibles des côtes de France et des mers limitrophes*, Paris, 1925.

Lanfranco, G. G., *A complete guide to the fishes of Malta*, Department of Information and Tourist Services, Malte, 1958.

Louis, P. A., *Les îles Kerkena, étude d'ethnographie tunisienne et de géographie humaine*, Vol. I : Les Travaux, Publications de l'Institut des Belles Lettres Arabes, Tunis, 1961.

Lozano, F., *Nomenclatura ictiologica - Nombres cientificos y vulgares de los peces españoles*, Instituto Español de Oceanografia, Madrid, 1963.

Lozano y Rey, L., *Los principales peces marinos y fluviales de España*, 3e éd. revue par Fernando Lozano Cabo, Madrid, 1964.

Luther, W., Fielder, K., *Die Unterwasserfauna der Mittelmeerküsten*, Paul Parey, Hamburg and Berlin, 1961.

Naintre, L., Oddenino, C., Laurens, M., *La pêche en mer*, Éditions Prisma, Paris, 1948.

OCDE, *Multilingual dictionary of fish and fish products*, 2 e éd., Paris, 1979.
Palombi, A., Santa Relli, M., *Gli animali commestibili dei mari d'Italia*, 2e éd., Milan, 1961.
Poljakov, G. D., et al., *Peshquit e shqiperise* (guide des poissons albanais), Universiteti Shtetëror i Tiranës, Tirana, 1958.
Prudhomme, M., *Inspection sanitaire des poissons, mollusques et crustacés comestibles d'eau douce et de la mer*, Vigot, Paris, 1957.
Risso, A., *Ichthyologie de Nice*, Paris, 1810.
Šoljan, T., *Fishes of the Adriatic*, Vol. I de *Fauna and flora of the Adriatic*, Nolit Publishing House, Belgrade, pour le Department of the Interior and the National Science Foundation, Washington, D.C., 1963.
Svetovidov, A. N., *Rȳbȳ Chernogo Morya* (Poissons de la mer Noire), Zoologicheskii Institut Akademii Nauk SSSR, Leningrad, 1964.
Vulkanov, A., et al., *Cherno More* (un ensemble de textes sur tous les aspects de la mer Noire), Georgi Bakalov, Varna, 1978.
Wheeler, A., *The fishes of the British Isles and north-west Europe*, Macmillan, Londres, 1969.

II- OUVRAGES AYANT TRAIT AUX POISSONS EN MÉDITERRANÉE DANS L'ANTIQUITÉ

Apicius, *De re coquinaria*.
Les dix livres de cuisine d'Apicius, traduits du latin… et commentés par Bertrand Guégan,
René Bonnel, Paris, 1933.
Aristote, *Historia animalium*.
Athenaeus, *Deipnosophistae*.
Badham, Rev. C. D., *Prose Halieutics ou Ancient and Modern Fish Tattle*, Parker, Londres, 1854.
Cotte, M. J., *Poissons et animaux aquatiques au temps de Pline - Commentaires sur le livre IX de l'Histoire naturelle de Pline*, Paris, 1945.
Deonna, W., Renard, M., *Croyances et Superstitions de Table dans la Rome Antique*, Bruxelles, 1961.
Juvenal, *Satires*.
Lacroix, M. L., *La faune marine dans la décoration des plats à poissons - Étude sur la céramique grecque d'Italie méridionale*, Verviers, 1937.
Radcliffe, W., *Fishing from the Earliest Times*, 2e éd., John Murray, Londres, 1926.
Saint Denis, E. de, *Le vocabulaire des animaux marins en latin classique*, Paris, 1946.
The halieutica ascribed to Ovid, édité par J. A. Richmond, Athlone Press, 1962.
Thompson, D'Arcy Wentworth, *A glossary of Greek fishes*, Oxford University Press, 1947.

III- OUVRAGES AYANT TRAIT À LA CUISINE

Balmez, Didi, *Carte de Bucate*, Editura Technică, Bucarest, 1978.
Barberousse, Michel, *Cuisine provençale*, Séguret (Vaucluse), . 1970.
Bernaudeau, A., *La cuisine tunisienne d'Oummi Taïbat*, Tunis, 1937.
Boni, A., *Italian regional cooking*, Londres, 1969.
Bouayed, Fatima-Zohra, *La cuisine algérienne*, SNED, Alger, 1978.
Brun, M., *Groumandugi : réflexions et souvenirs d'un gourmand provençal*, Marseille, 1949.
Bute : John, Fourth Marquis of Bute, K.T., *Moorish Recipes*, Oliver and Boyd, Edimbourg, 1955.
Caminiti, M., Pasquini, L., Quondamatteo, G., *Mangiari di Romagna*, 2e éd., Milan, 1961.
Carnacina, L, Veronelli, L, *La buona vera cucina italiana*, 2e éd., Rizzoli Editore, Milan, 1970.
Caròla, voir ci-dessous Francesconi.
Ceccaldi, Marie, *Cuisine de Corse*, Éditions Denoël, Paris, 1980.
ChanotBullier, C., *Vieii receto de cousino*, Tacussel, Marseille, 1976.

Chantiles, Vilma Liacouras, *The food of Greece*, Avenel Books, New-York, 1979.
Corey, Helen, *The art of Syrian cookery*, Doubleday, New-York, 1962.
Correnti, Pino, *Il libro d'oro della cucina e dei vini di Sicilia*, Mursia, Milan, 1976.
De Croze, Austin, *Les plats régionaux de France*, Paris, 1928.
David, Elizabeth, *A book of Mediterranean food*, John Lehmann, 1950, Penguin, 1955.
David, Elizabeth, *French provincial cooking*, Michael Joseph, Londres, 1960, et chez Penguin depuis 1964.
David, Elizabeth, *Ralian food*, Macdonald, Londres, 1954, Penguin, 1963.
Deighton, Len, *Basic French cooking*, Jonathan Cape, Londres, 1979.
Derys, Gaston, *L'art d'être gourmand*, Albin Michel, Paris, 1929.
Domenech, Ignacio, *La nueva cocina elegante española*, 6e éd., Barcelone, c. 1930.
Eren, Neşet, *The art of Turkish cooking*, Doubleday, New-York, 1969.
Escudier, J.-N., *La véritable cuisine provençale et niçoise*, Toulon, 1964.
Francesconi, Jeanne Caròla, *La Cucina Napolitana*, Naples, 1965.
Galizia, A. et H. Carvana, *Recipes from Malta* , Progress Press, La Valette, 1972.
García, Graciano (éd.), *El libro de oro de la cocina española*, Vol. 4, Pescados, Manscos, Oviedo, 1960.
Georgievsky, N. I., et al., *Ukrainian cuisine*, Technika Publishers, Kiev, 1975.
Gobert, E. G., "Les références historiques des nourritures tunisiennes", dans *Cahiers de Tunisie*, 4e série, 1955.
Gobert, E. G., "Les usages et rites alimentaires des Tunisiens", dans *Archives de l'Institut Pasteur de Tunis*, Tome XXIX, N° 4, décembre 1940.
Grewe, Dr Rudolf (éd.), *Libre de Sent Soví*, Editorial Barcino, Barcelone, 1979.
Guinaudeau, Mme Z., *Fès vu par sa cuisine*, Maroc, 1958.
Howe, R., *Greek cooking*, André Deutsch, Londres, 1966.
Isnard, Léon, *La gastronomie africaine*, Albin Michel, Paris, 1930.
Jouveau, René, *La cuisine provençale de tradition populaire*, Éditions du Message, Berne, sans date mais récent.
Karaoglan, A., *A gourmet's delight*, Beyrouth, 1969.
Karsenty, I. et L., *Le livre de la cuisine pied-noir*, Paris, 1969.
Kouki, Mohamed, *Poissons méditerranéens, cuisine et valeur nutritionelle*, Tunis, sans date mais récent.
Kouki, Mohamed, *La cuisine tunisienne "d'Ommok Sannafa"*, Tunis, 1967.
Lyon, Ninette, *Le guide culinaire des poissons, crustacés et mollusques*, Marabout, Verviers, 1979.
Macmiadhachain, Anna, *Spanish regional cookery*, Penguin, 1976.
Marin, Sanda, *Carte de Bucate*, 5e éd., Editura "Cartea Românească", Bucarest, 1946.
Marianović-Radica, D., *Dalmatinska kuhinja*, 6e éd., Slobodna Dalmacija, Split, 1967.
Médecin, J., *La cuisine du Comté de Nice*, Julliard, Paris, 1972.
Da Mosto, R., *Il Veneto in Cucina*, Milan, 1969.
Nencioli, M., *Cacciucco (come si cucina il pesce)*, Editoriale Olimpia, s. d.
Pérez, D., *Guia de buen comer español*, Madrid, 1929.
Petrov, L., Djelepov, N., Yordanov, E. et Ouzounova, Inj. C., *Bulgarska natsionaina kouhnya* (La cuisine nationale bulgare), Zemizdat, Sofia, 1978.
Rabiha, *La bonne cuisine turque*, 2e éd., 1925.
Ramírez, Leonora, *El pescado en mi cocina*, Barcelone, 1968.
Ratto, G. B. et G., *Cuciniera genovese*, Pagano, 15e éd., Gênes, 1963.
Rayes, G. N., *L'art culinaire libanais*, publié au Liban, 1957.
Read, I., Manjón, M., *Flavours of Spain*, Cassell, Londres, 1978.
Reboul, J.-B., *La cuisinière provençale*, Marseille, 1ère éd., 1895.
Roby, *Les poissons de la pêche à la poêle*, Librairie Arthème Fayard, Paris, 1960.
Roden, C., *A book of Middle Eastern food*, Nelson, Londres, 1968, Penguin, 1970.
Della Salda, A. G., *Le ricette regionali italiane*, La Cucina Italiana, 1967.
Sencil, Edith E., *Cuisine turque*, Edition Minyatür, Istanbul, sans date mais c. 1965.

70 Médecins de France, *Le trésor de la cuisine du bassin méditerranéen*, révision par Prosper Montagné, Editions de la Tournelle, c. 1930.
Stan, Anisoara, *The Romanian cook book*, The Citadel Press, New-York, 1951.
Stansby, M. E., Proximate Composition of Fish, dans *Fish in nutrition*, Fishing News, Londres, 1962.
Stechishin, Savella, *Traditional Ukrainian cookery*, Trident Press, Winnipeg, 1979.
Tselementés, N., *Odigós Mageirikis*, 9e éd., Athènes, 1948.
Turabi, Effendi, *Turkish cookery book*, 2e éd., W. H. Allen, Londres, 1884.
Uvezian, Sonia, *Cooking from the Caucasus*, Harcourt Brace Jovanovich, New-York, 1978.
Vella, M., *Cooking the Maltese way*, 2e éd., Cordina's Emporium, La Valette, s. d.
Vidal, C. A., *Cocina selecta mallorquina*, 7e éd., 1968.
Vidal, Charles, *Nostra cózina*, Éditions Occitania, Paris et Toulouse, 1930.
Yeğen, E. M., *Alaturka ve Alafranga Yemek Öğretimi*, Istanbul, 1967.

Achevé d'imprimer en mai 1997
Dépôt légal 2e trimestre 1997

Imprimé en CEE